安平桥志

泉州市文化广电新闻出版局　编

厦门大学出版社　国家一级出版社
XIAMEN UNIVERSITY PRESS　全国百佳图书出版单位

《安平桥志》编纂委员会

顾　　问：黄展岳　陈支平　郑国珍　舒　琳　丁毓玲　吴鸿丽

主　　任：张镇国

副 主 任：出宝阳　张文节　李志强　唐春晓　黄　良　吴佳和
　　　　　吴艺娟

成　　员：许永定　许自兴　吴再造　吴育旗　吴清标　吴景良
　　　　　吴聪乐　苏文彬　林龙海　林荣钳　林莉莉　黄尤敏
　　　　　蒋钦泉

主　　编：黄真真　高俊仁

执　　编：陈冬挺

编　　委：许显荣　陈　钧　陈咏民　萧长奕　颜呈礼

协编单位

泉 州 市 文 物 保 护 管 理 所

晋 江 市 安 海 镇 人 民 政 府

晋 江 市 文 化 体 育 新 闻 出 版 局

南 安 市 文 化 体 育 新 闻 出 版 局

安平桥志

安平桥的地理位置

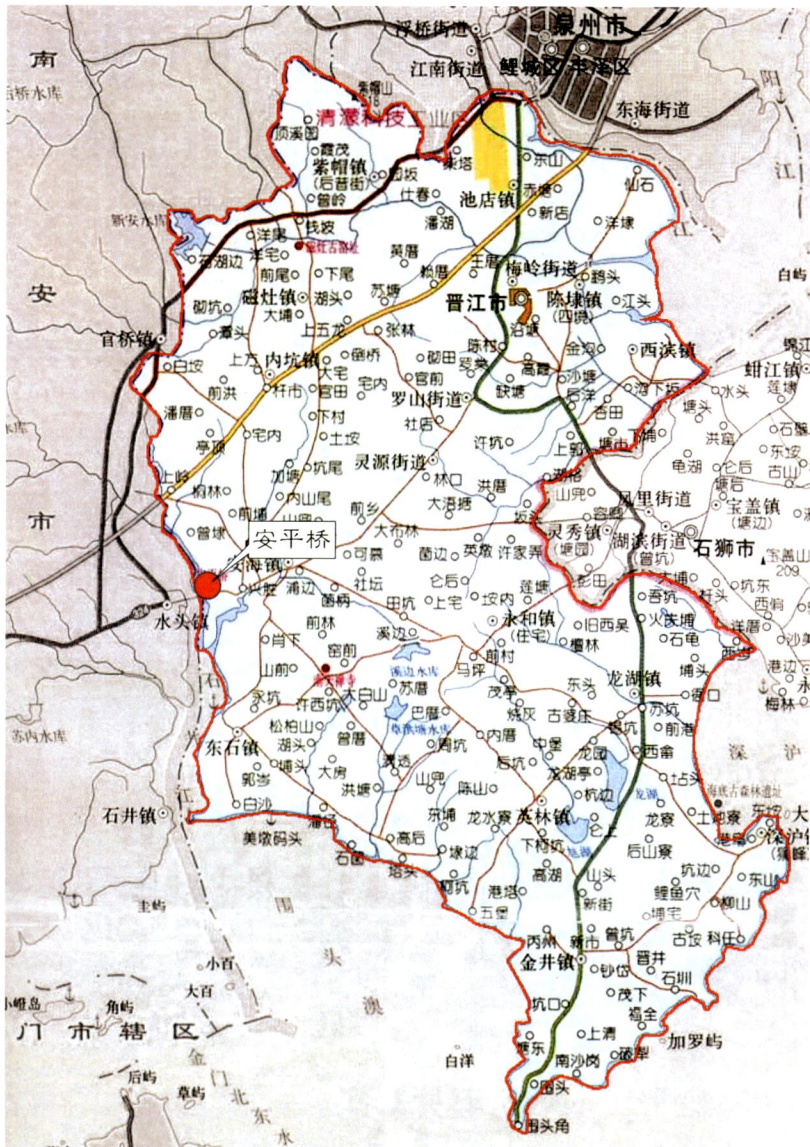

福建省在中国的位置

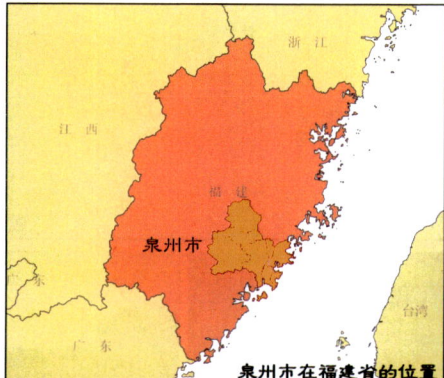

泉州市在福建省的位置

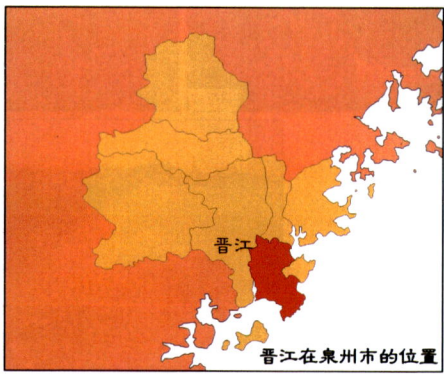

晋江在泉州市的位置

福建四大古桥分布图

九牧
浦城
临江
武夷山　武夷山
桐木　高苏坂
石陂
兴田　南
建阳　浦
水吉　溪
松溪
政和
寿宁
福鼎
柘荣　太姥山
光泽　阳
邵武　吴家塘　溪
镇前
周宁
福安
溪柄
霞浦
大埠岗　闽
仁寿
建瓯　玉山
东游
平湖
双溪　鸳鸯溪
屏南
黛溪
霍童
宁德
房道　溪
泰宁　金湖
顺昌
古田水库
三沙湾
建宁　梅口　溪　南平
将乐　玉华洞　闽
古田　罗源
丹阳
安远　夏茂
水口　连江
沙县　尤溪口　闽侯
马尾　闽江口
明溪　尤溪
池园　鼓山
福州
宁化　新阳　南屿　长乐
清流　永安　桃源洞－鳞隐石林　嵩口　永泰　樟　十八重溪　江田
长江　馆前　汤泉　葛坑　溪　青云山　福清
小陶　西洋　大　龙江桥　海坛
冠豸山　大田　南埕　莆田　平潭
连城　新桥　德化　仙游
朋口　象湖　永春
万安　剑斗　湖头
新泉　雁石　梅水坑
桃溪　古田　漳平　九　仙都　洪濑　清源山　惠安
龙岩　永福　龙　官桥　泉州　洛阳桥
武平　上杭　坎市　适中　安溪　南安　晋江
蓝溪　华安　同安　石狮
永定　岐岭　长泰　江东桥　安平桥
芦溪　漳州　同安
南靖　龙海　金门
平和　鼓浪屿－万石山　厦门
九峰　佛昙
漳浦
云霄
诏安　东山

台　湾　海　峡

三沙湾

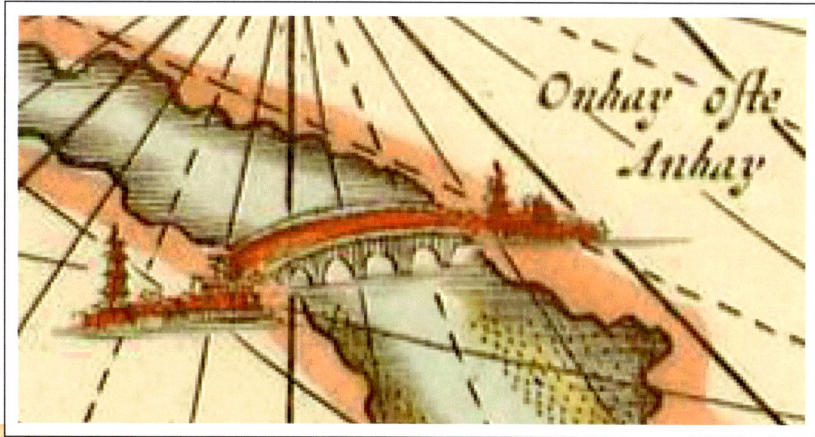

荷兰人绘制的安海港海图

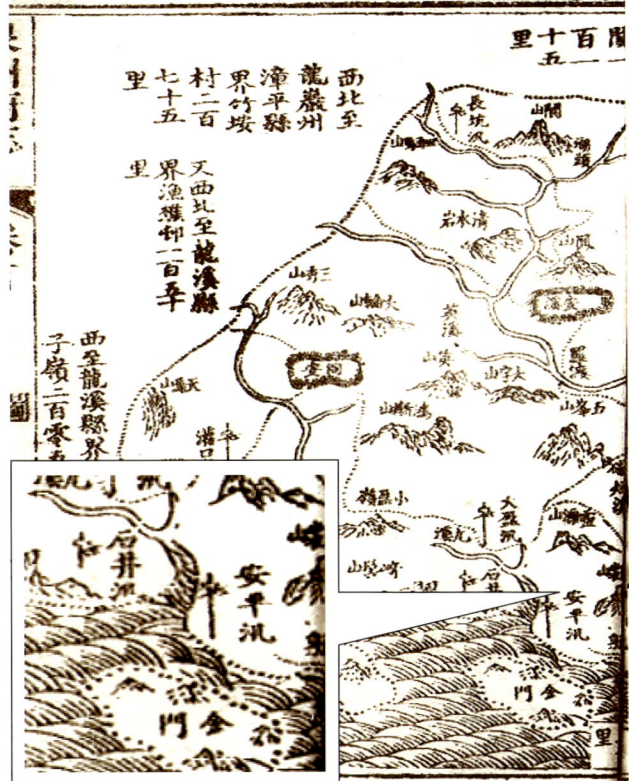

安平汛——《泉州府志》（乾隆版）晋江县疆域图

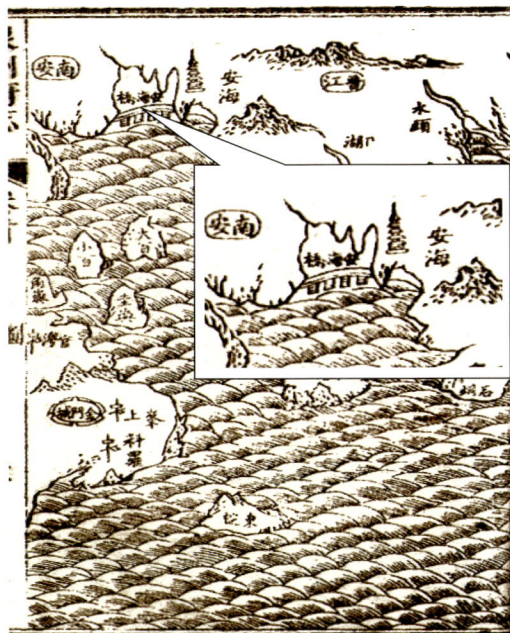

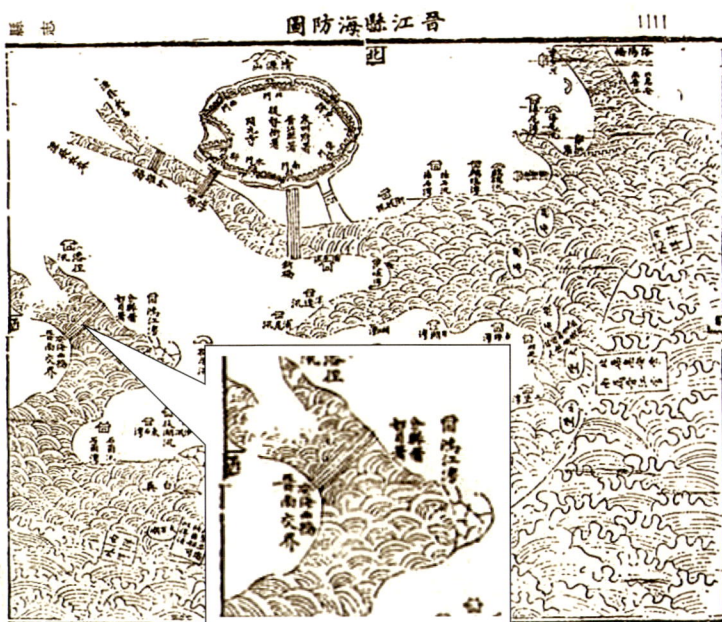

安海桥——《泉州府志》（乾隆版）海防图

安海西桥——《晋江县志》（道光版）海防图

《方舆胜览》

《大明一统志》

《八闽通志》

《泉州府志》（万历版）

历代志书关于安平桥的记载

《泉州府志》（乾隆版）

泉州府志 卷之十

津渡 六

安平桥

馬平橋化囵

東洋橋

瑞獅橋

陳坑橋

《晋江县志》（道光版）

安平西橋，在八都安海鎮新江南安之界，舊以舟渡，宋紹興八年僧祖派始築石橋，未就。二十一年，守趙令衿成之。

《福建通志》

在四都安平西橋（往安海港晉江南安之界舊以舟渡宋紹興八年僧祖派始議為石橋里人黃護及僧智淵合施錢萬緡為之未就郡守趙令衿成之

成之曦水橋

陳坑橋

瑞獅橋

濟橋

彈在十四都旭湖橋

興安橋在三十九都

《南安县志》（民国版）

南安县志卷之七 當建志之四

中僧行傳乃千田中砌石為小橋，以續舊橋，長一百三十餘丈，鄉人呼為「蜈蚣橋」。

大盈橋在三十四都，宋紹聖間里人陳公研建，元大德五年里人許居仁重修。

同邑人黃光生重建。

春利橋在三十四都

遺橋通為

通濟橋在三十七都九溪村。

安平橋在三十九都，舊為東溪渡，宋淳熙九年里人楊春卿始建石橋三百餘丈，

鎮安橋在三十九都

邑人黃振輝等修

兴安桥在三十九都

二三〇

20世纪50年代安平桥文物调查

一江春水向东流　雨．风，古没古
个平石刻今将化，故古端以文物来．

1958年考察中亭

沧桑历数几多时，往事如烟尚可谈
若老认真细史谈　辟事明得力纪牌．

1958年考察中亭

安平桥石将军

20世纪70年代搭建临时木桥

20世纪80年代安平桥大修前发掘勘查

安平桥185号墩

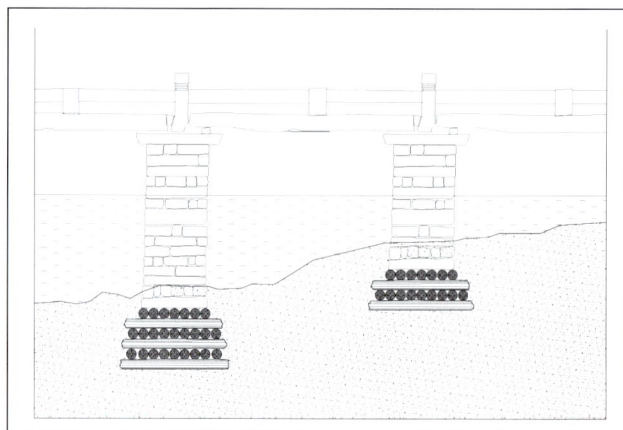

安平桥"睡木沉基"营造法示意图

安平桥87号墩

安平桥234号墩

安平桥78、79墩在考古发掘现场

20世纪80年代安平桥大修前发掘勘查

安平桥312号墩挖掘中

安平桥312号墩基石

安平桥出土栏柱

安平桥出土狻猊

安平桥出土栏柱

安平桥塔刹尚轮

2007～2008年安平桥全面加固维修

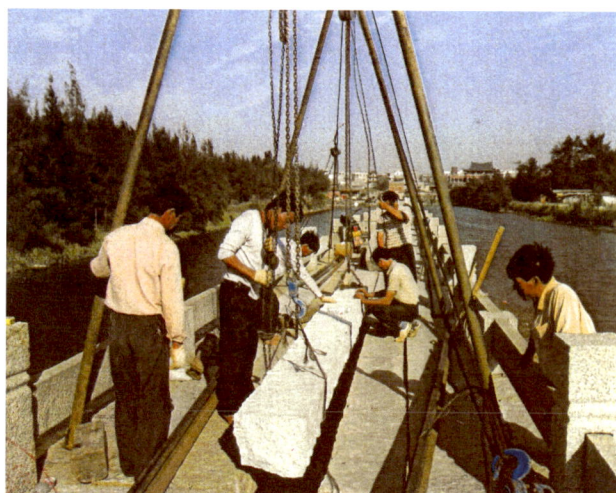

2007～2008年安平桥维修前后对比

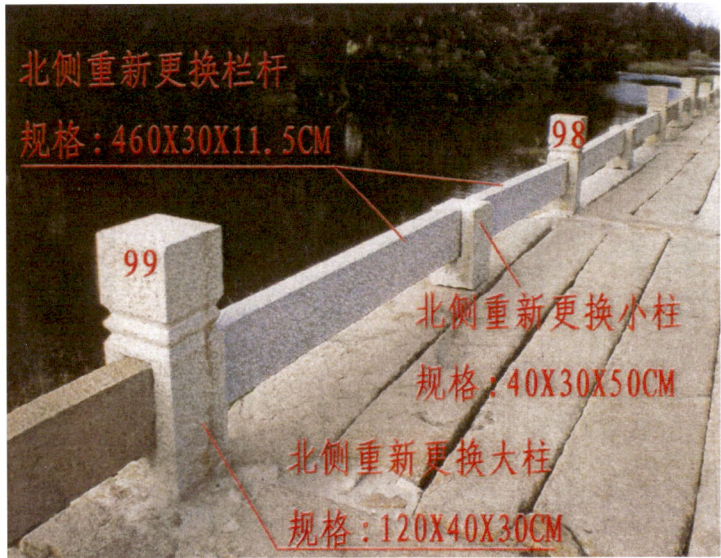

北侧重新更换栏杆
规格：460X30X11.5CM

99

98

北侧重新更换小柱
规格：40X30X50CM

北侧重新更换大柱
规格：120X40X30CM

216

重新更换桥板
规格：560X50X28CM

217

207

南侧重新更换栏杆
规格：605X30X11.5CM

208

南侧重新更换小柱
规格：40X30X50CM

《安海五里桥全景》——民国20年（1931年）台湾高雄摄影师拍摄

安海五里桥全景

厦門から泉州に至る者は先づ安海に着く。本寫眞は此處の五里橋にして長さ實に五里(中里)に達してゐる。唐の程千歳の造られたもので古蹟として有名である。橋の中程に亭があつての步行者の休憩所になつてゐる。亭の中に「天下無橋長此橋」と書してある。橋の先に二檣の石將軍の像があつて左右に立つてゐるの白臉で高さ六尺頁さが二千有餘斤もあると云ふ。

安海五電橋。相傳爲唐時程千歲咬金所建遺物。但尙離古代、然橋心有亭。大牛爲後人修葺所存。亭內有書文曰、「天下無橋長此橋」七字。遊客至此。可賞休憩之所。橋呌石像二檣。分立左右。每臉赤顏。身高六尺。土人常云。每檣石將軍重均有二千餘斤喬。

《安海五里桥全景》说明文

《安海远望》——民国20年（1931年）台湾高雄摄影师拍摄

安海遠望

五里橋は安海區中第一の名勝で當時の工程の雄大なる事を悟る事が出來る。而も材料は全部石材のもので長さ五里、幅二間の堅牢な橋で、其の形は似も蜈蚣の樣である。橋の上から安海の一帶が眺められ、風景雅觀泉州入りの門戶になつてゐる。

安海五里橋者。爲安海第一の名勝也。且橋建多年。今成古蹟。有古工之價值。未知費況架橋建築。純用石材。時何期。長有五里蹇縈。可觀鳳帆出沒。點綴尤勝。達脫全橋。宛似天然蜈蚣形也。悅目如此。其樂安能不陶々乎。

《安海远望》说明文

安平桥旧貌

安平桥旧貌

民国35年（1946年）安平桥照片

民国27年（1938年）10月，安海绅商学界欢迎弘一法师莅水心亭留影纪念

20世纪30年代的安海水心亭码头

20世纪70年代的安平桥

20世纪70年代中亭旧貌

瑞光塔和水心亭旧貌

瑞光塔旧貌

安平桥西端桥头

安平桥

双边尖船形墩

长方形桥墩

四板桥

八板桥

水心禅寺石雕

中亭泗州佛石造像

石雕

石雕

中亭石塔须弥座

桥塔石雕

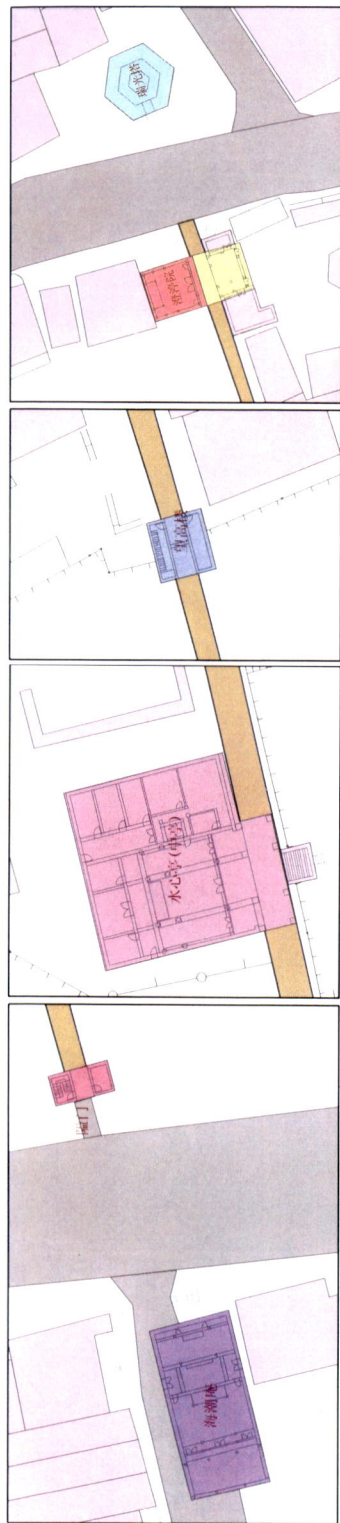

安平桥附属文物分布图

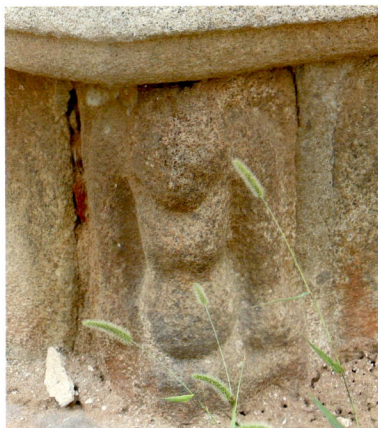

瑞光塔及其须弥座力士浮雕

水心禅寺门楼

水心禅寺三圣殿

弘一法师驻锡旧址——澄亭院

水心禅寺大悲殿

安平桥东端桥头石将军

桥顶原貌

望高楼之西面

望高楼之东面

东段憩亭和镇风塔

西段憩亭

水心亭（俗称中亭）

中亭守桥石将军

中亭滴水观音

中亭翠堵婆塔

中亭楹联

新兴宫（原万应公宫）

西端临门之东面

水国安澜

西端临门之西面

安平桥

听潮楼

海潮庵牌坊

海潮庵

保护标志

桥碑（南宋绍兴年间立）

建桥、修桥石刻（桥板）

乡规民约石刻（石柱）

造桥石刻

造桥石刻

中亭碑林

中亭碑林

重修安平桥记（明天顺三年）
水心亭碑记（明万历二十八年）

水心亭记（明崇祯十一年）

施琅修安平桥碑记（清康熙二十二年）
注：该碑立于浮桥的接官亭边

重修安平桥记（清雍正五年）

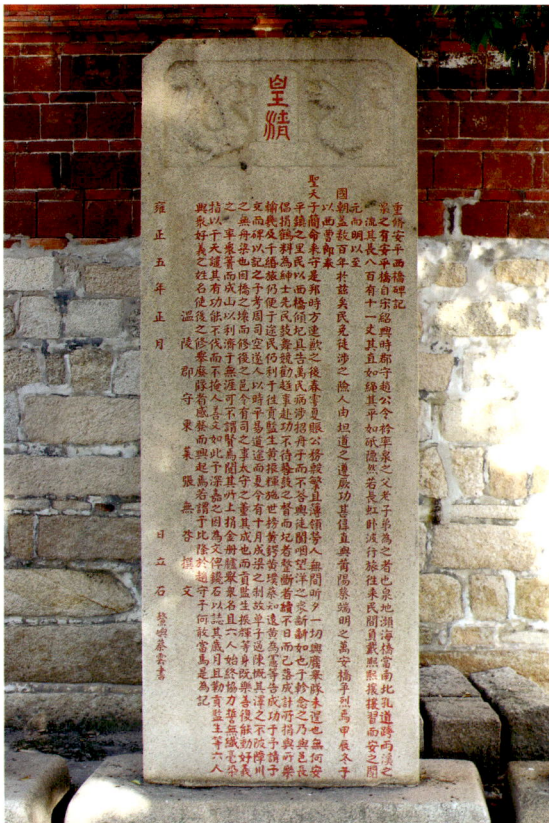

重修安平西桥碑记（清雍正五年）

重修安平西桥碑记（清乾隆十三年）

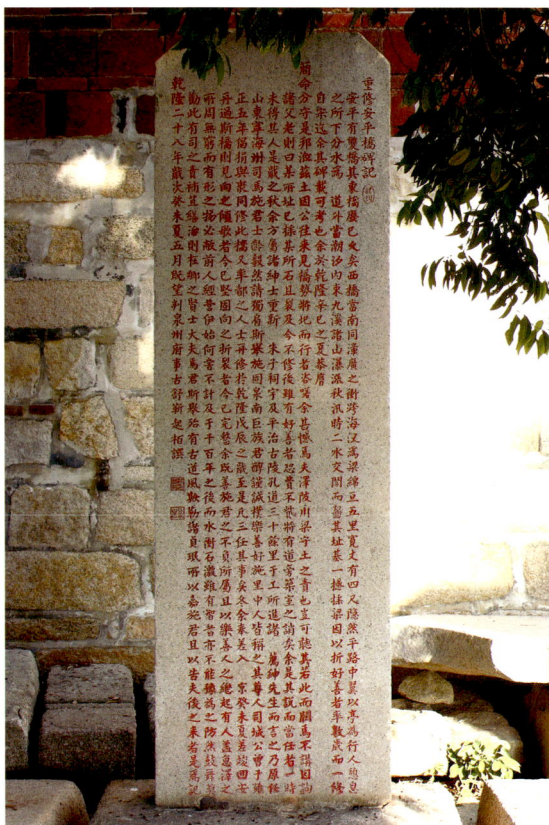

重修安平西桥碑记（清乾隆二十八年）

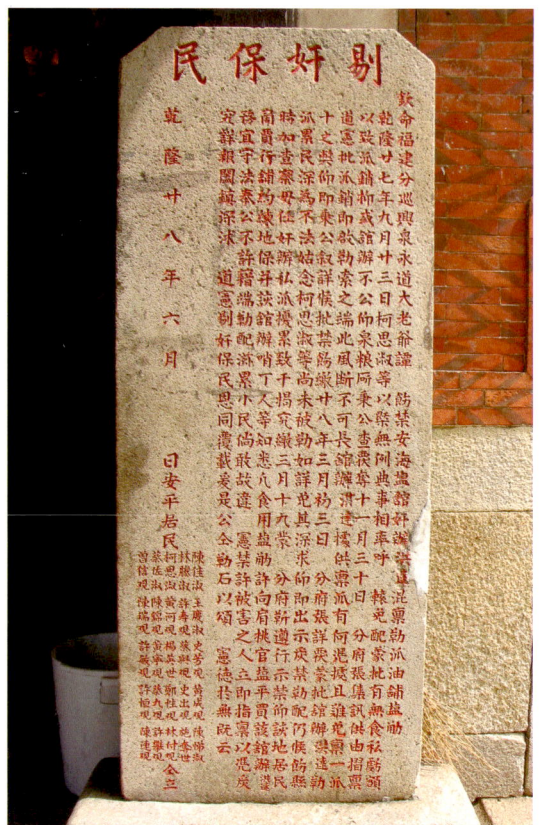

剔奸保民（清乾隆二十八年）

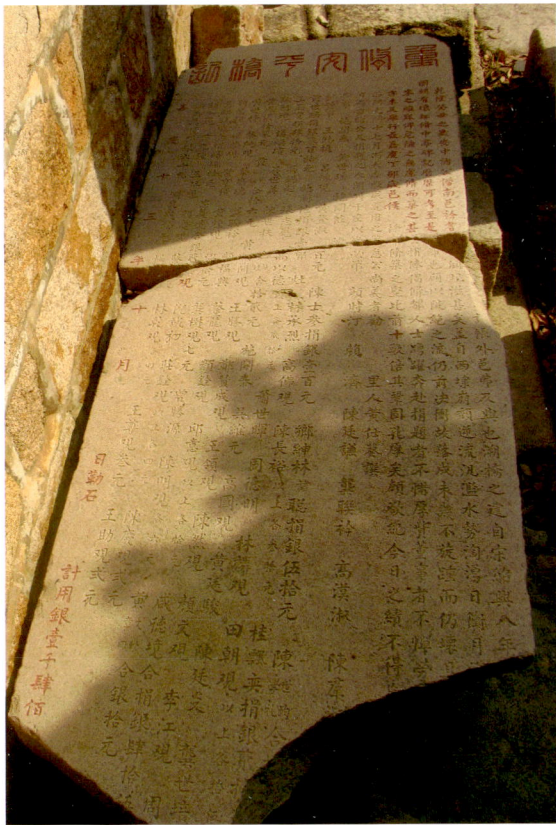

重修安平桥记（清嘉庆十三年）

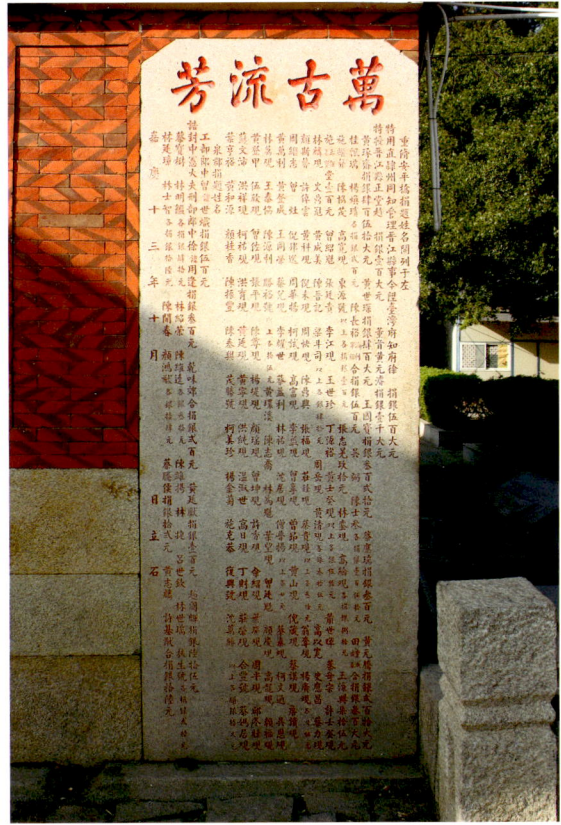

万古流芳（清嘉庆十三年）

重修安平桥记（清嘉庆十三年）

重修安平桥记（清嘉庆二十一年）

翻盖海潮庵碑记（清道光四年）
捐修安平桥记（清道光六年）

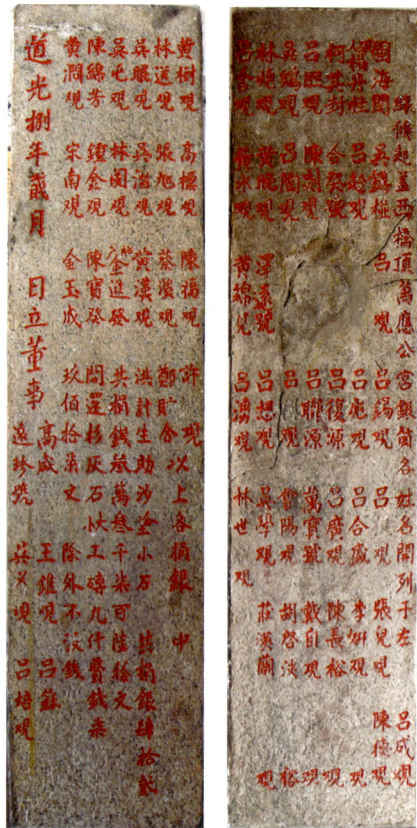

万应公宫碑记（清道光八年）

重修西桥碑记（清道光二十九年）

重修安平桥记（清光绪十二年）

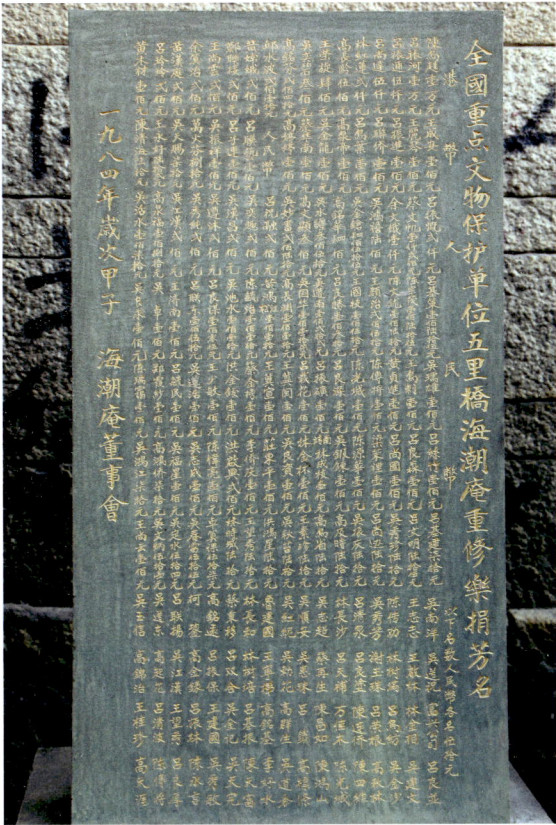

海潮庵重修乐捐芳名碑（1984年）

重修安平桥记（1985年）

重修水心亭碑志（1987年）

安平桥抗震史话（1991年）

重兴水心亭西塔古寺碑记（1996年）

碑志（1997年）

郭沫若《咏五里桥》碑记（1998年立）

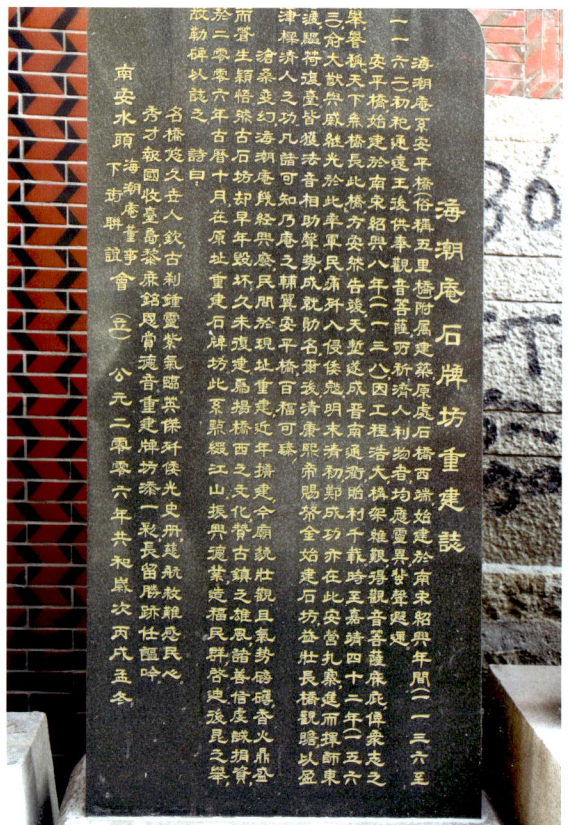

海潮庵石牌坊重建志（2006年）

安平桥附属建筑匾额

澄亭院

水月参禅

望高楼

水心古地

金汤永固

水心亭

寰海镜清

水国安澜

听潮楼

海潮庵

民俗活动——白塔结灯

民俗活动——踩桥

民俗活动——端午赛龙舟

民俗活动——端午水上抓鸭

民俗活动——中秋博饼

民俗活动——中秋烧塔仔

五里桥湿地公园

安平桥生态文化公园

国画　丰子恺（宿于水心亭时作）

水粉画《白塔》 洪世清

国画《记忆中的古镇安海》 黄鸿仪

油画《安平桥畔是我家》 蔡鸟取

目　录

第一章　自然环境

第二章　历史沿革

第三章　工程建筑

第四章 碑记石刻

第五章 专项评估

第六章　保护开发

第七章　文书档案

第八章　论文报告

第九章　诗词文联

第十章　人物传略

附　录

序 一

　　安平桥创建于南宋绍兴年间（1138～1152年），横跨于泉州市属晋江安海镇与南安水头镇交界的海湾上。东西走向，全长约五华里，俗称五里桥。在古代，号称"天下无桥长此桥"，现在仍是存世的最长的平梁式石桥。1961年被国务院公布为首批全国重点文物保护单位。

　　安平桥的修建，打通了泉州南下漳州、潮州的交通，为泉州宋元海外交通跃居世界东方大港作出了重要的贡献。时至今日，这里仍然是泉州滨海富庶之地，晋南两地的水陆交通要冲，旅客往来称便。然而历经沧桑变迁，明清以降，安平桥下早已不见昔日的汹涌波涛，桥上也少见商旅繁忙景象。长桥两侧海滩泥沙淤积，大部分被围垦成为农田；桥面长期失修，石板坍塌断裂，破损严重。为复原旧观，20世纪80年代，由国家拨款，进行过多次大规模整治。加固桥墩，平整桥面，复原桥上原有的一些憩亭、石护栏、石雕、碑刻；清除长桥两侧的泥沙淤积；新建若干排污工程。重现了一大片碧波水面，景观有了很大的改进。然因工程浩大艰巨，至今尚未疏通南下大海的航道。也就是说，整治安平桥及其周边环境、水道，还有很多工作需要继续完成。我小时候就听说泉州海边有一座很有名气的五里桥，心向往之，惜无缘一见。及长，离家北上，羁寓北京，直到20世纪80年代有一次南下省亲，有幸跟随泉州文博界友人前去沿海文物考察，才第一次目睹了久负盛名的安平桥雄姿。此后，我又多次南来，每次总要满怀崇敬的景仰心态，到此地一游，缅怀它千百年来默默奉献的丰功伟绩。每当看到长桥及周边环境多有改进，心感欣慰。但期望复原宋元风貌，达到联合国规定的世界文化遗产要求，看来尚需时日，则又不免留下些许遗憾。

　　客观地说，安平桥两岸的世代居民，以及历代地方官，对这座长桥是真心爱护的。千百年来，安平桥经过无数次的修葺重建，历代编修的福建通志、泉州府志、晋江南安两县志，近年编修的各种地方志书和旅游手册，都没有忘记它；古今地方官、乡贤、士人也留下许多记述颂赞它的篇章，都足以证明。美中不足的是，志书零散、杂糅，私人著述多有偏颇、省略，给当代研究者带来不便，为全面整旧复旧留下不少欠缺。

　　宗亲黄真真长期从事泉州文物保护工作，对此深有感受。为弥补这些缺憾，她不辞辛苦，默默收集、梳理历代安平桥的有关史料。经历多年努力，终于编纂成《安平桥志》一帙书稿。书稿资料齐全，体裁新颖；集资料性、知识性、学术性于一帙。可以预期，《安平桥志》的出版，将对安平桥的历史沿革研究大有裨益，为安平桥的保护和利用迈上一个新的台阶，为提升泉州的知名度作出贡献。承真真关爱，要我为书稿写篇序。我心系乡情，素来对安平桥心怀敬意，故不自弃年老力衰，思绪迟钝，遵嘱写上几句话，权作为序。

黄展岳（中国社会科学院考古研究所研究员、荣誉学部委员，时年89岁）

甲午年春节于北京木樨园寓所

序　二

　　黄真真研究员和高俊仁先生共同主编的《安平桥志》即将出版，征序于我。黄真真是我的大学同班同学，如今有大作问世，自然是值得庆贺。依照时风惯例，作序人是要为书主多说些赞誉美言的。但是既为同学，这样不免有亲亲相护的嫌疑。权衡之下，感觉还是以扯点别的事情为佳。

　　说到桥，现今的泉南地区，宽敞的交通道路纵横交错，遇到海河溪流阻碍，清一色的钢筋水泥桥架设其上，蔚为壮观。可是我对小时候家乡的记忆，通汽车的公路很少，蜿蜒各乡里的大小道路，总是以石桥相为架通。桥与石头似乎是连结在一起、不可分开的，没有石头，就没有家乡的小桥流水。

　　20世纪70年代末，我进入厦门大学历史系读书，算是从乡巴佬逐渐见到大世面了，比家乡的小石桥大得多的大石桥也见识了好多座。不但如此，泉南的著名石桥，竟然进入历史学的教科书。虽然这些大石桥与自己出生的家乡有好几十里的距离，但是如果学习古人"廉让之间"的家乡概念，把自己放进清代府、县的范围之内，泉南理所当然可以算是我的家乡，这就使得我也连带感到脸上十分的有光彩。

　　脸上有光彩的原因，是因为家乡的大石桥，不仅仅写进历史教科书，而且还有两座因其独特的石头构造而被列入国家级的文物保护单位名录。这就是黄真真女士所撰写志书的安平桥（又称五里桥），以及宋代大名人蔡襄主持修建的、如今号称中国古代四大名桥之一的"万安桥"（又称洛阳桥）。至于等而下之被列为省级、市级、县级文物保护单位的泉州地区古代桥梁，总该有以十计数之多吧！

　　自从安平桥和万安桥被列为全国文物保护单位之后，热心的历史学家和地方文史爱好者们，纷纷奋起探讨安平桥、万安桥等石桥的历史贡献，以及它们的形成原因与保护价值等等。大家从宋代泉州社会经济的进步与海内外商业贸易的繁荣，中外交通兴盛的诸多因素，谈到这些因素对于家乡石桥的建造、普及起到了相辅相成的作用，以及对于后世的不可估量的价值。我相信这些热心的历史学家和地方文史爱好者们的高论，一定是足以传世的"不刊之论"。然而，在我的记忆意识中，家乡的石桥，似乎没有这样的高深。她的存在,是如此的朴实无华,令我油然而生"别有一番滋味在心头"。

记得小时候父母亲大人及家乡的长辈们,给年幼的我们叙述了许多关于石桥的故事,至今难忘。举其一端为例：蔡襄建造万安桥,长辈们的传说就显得格外地生动感人。万安桥所在的洛阳江,为江海交汇之处,风急浪大,石桥建造之前,过江全靠渡船,十分危险,不时有人翻船罹难。某日,有一孕妇随众坐渡船过江,狂风大作,浪高逾丈,在这即将船毁人亡、危急万分之际,忽然空中传来一声："蔡大人过江,不得惊动阻拦！"江海顿时风平浪静,渡船顺风顺水,平安驶向对岸。这位孕妇就是蔡襄的母亲,有感上苍护佑,悲天悯人,督促蔡襄从小立志读书、孝敬长辈,并希望蔡襄一朝成名为官,一定要发愿建造洛阳桥,以解民众之苦。果然,蔡襄为官之后,不敢忘记母亲的教诲,想尽办法,争取回原籍做官。最终如愿以偿,以泉州太守的身份,历尽千辛万苦,建造了万安桥。

民间关于蔡襄建造万安桥的传说,其传奇色彩与文人们的坟典记载,迥有不同。家乡父老乡亲的叙述之所以令我久久不能忘怀,是在利民济人的万安桥上,揉入了温馨的慈母孝子的道德情怀。虽然说,我自己的一生以教席为生,随波逐流、平平庸庸,不能回报生我养我的家乡父母,但是每当想起家乡石桥的种种传说,不免要从内心发出惆怅内省的太息。我相信,家乡关于石桥的故事,一定给家乡的人民,以及外出的游子,铭刻了永不磨灭的历史文化记忆。

黄真真学妹的大作嘱我作序,我却一不留神扯偏了题。尽管如此,我还是固执地认为,家乡的石桥,是家乡祖祖辈辈繁衍生息历程中所不可分割的一个组成部分,它承载着家乡近千年以来父老乡亲生生不息的文化寄托与美好愿望。近年来,家乡的石桥日行日少。我担心有那么一天,家乡的石桥会不会同石桥的传说故事一样,成为历史的记忆？也许正是因为如此,学妹和她的同事们,苦心孤诣,发掘整理资料,编写《安平桥志》,把一座完整的历史文化丰碑呈现给我们,让后代们有所追寻,有所缅怀。如果真是这样,那么《安平桥志》编写出版的价值,就不单单是所谓的学术意义了。它是家乡一份丰厚的文化遗产,在历史社会的变迁中得以永恒。

陈支平（厦门大学人文学院教授、博士生导师）

2014 年元旦于厦门大学国学研究院

凡　例

一、本志以实事求是的态度、求真存实的原则，全面系统地记述安平桥的历史与现状。

二、本志按照中国地方志指导小组制定的《地方志书质量规定》（中指组字［2008］3号文）的指导意见编修，坚持志书体例，横排门类，纵述史实，述而不论。

三、本志体裁采用述、记、志、传、图、表等。分设章、节、条、目等层次。有关图片、照片前置于卷前插页。全书除引用原文外，均以第三人称记述。文体除了引用原文外，均采用现代汉语记叙体；书中引用碑记与文章，若有模糊不清的字眼，均以□号代替。

四、本志叙事涉及的地域，以安平桥属地权辖为主，适当涉及对外影响的相关地域。

五、本志设《人物传》，人物立传按照"生不立传"的原则处理，入传人物以卒年先后为序，在世人物以事系人，不以为传。人物的称谓，临文不讳，一般直书姓名，不加尊称和褒贬之词。

六、本志设《大事记》，所载内容，都是在本志记载年限内，有关安平桥的政治、经济、文化、科技、军事以及自然等方面的重大事件，记述采用编年体。

七、本志的记述时间，上限起于1138年，下限至2014年10月。历代纪年沿用原年号，括号夹注公元纪年，并省略"公元"两字；中华人民共和国成立以后，采用公元纪年，遇有农历，则加括号备注。

八、本志记述历史朝代、政区、机构、官职、地名、人名、货币等，均依当时称谓。地名除经国务院和地方政府正式命名或更名外，一律沿用历史或习惯称谓，必要时加注今名。科技术语、名词、名称，一律采用中文名称。书中引用的档案文件中，所有记述"建国前"、"建国后"，"解放前"、"解放后"等文字，均指中华人民共和国成立前、后。

九、本志的数字用法，按照《中华人民共和国国家标准出版物上数字用法的规定》，公元纪年、月份、日期和统计数字，统一使用阿拉伯数字；星期、不定数、次第、习惯用语和中华民国以前的纪年使用汉字，中华民国纪年使用阿拉伯数字。计量单位按国务院 1984 年 2 月 27 日颁布的《中华人民共和国法定计量单位》执行。记述历史事件中的计量时，仍按当时使用的旧计量单位记载。

十、本志字体，除必要时使用繁体字外，一律用国务院 1956 年公布的《汉字简化方案》中的简化字和 1964 年批准的《简化字总表》。

十一、本书入志资料均采用正史、旧志、书籍、报刊、档案文件、文物考古、实地调查勘测的资料，一般不注明出处。

大事记

南宋绍兴八年至十五年（1138 ～ 1145 年）

僧祖派始筑石桥，安海富商黄护与僧智渊各鸠金万缗为助，未就。

南宋绍兴二十一年至二十二年（1151 年 11 月 ~ 1152 年 11 月）

泉州太守赵令衿应士民之请，与新兴化县令黄逸（黄护之子）、僧智渊再醵金成之。桥原长八百十有一丈，广一丈六尺，疏为水道三百六十二间，勒石曰："安平桥"，俗称"五里桥"，亦称"西桥"。

南宋绍兴二十二年 (1152 年)

里人以造桥余资造砖塔于桥东岸，曰"瑞光塔"。俗称"白塔"。塔高八丈，周八丈四尺，五层六角，塔尖有葫芦，内有蒸笼层，中置镇塔宝物。塔内层层有级，可达塔尖。

南宋绍兴年间

西塔寺建成，建寺者不知肇于何人。寺盖有转轮藏殿，西为小殿以祀佛，东为库房以贮物。塔东为大殿，殿后僧房，轩后为菜园，后俱废为民房。其寺西临水关石路，东抵黄家永安庄，南抚石城墙，北枕槐花树。

南宋绍兴年间

南安县尉陈大方碑题"安平桥"篆书三字，字径二尺，配搭匀整，气象崚嶒，右旁款楷书"右迪功郎南安县尉陈大方立,刊者刘长岳"。现碑已残,仅存"桥〞字及落款。

明永乐二年（1404 年）

里人黄韦倡修安平桥。

明永乐十七年（1419 年）

秋，重建超然亭。其后，当南涯溪潮的地方，桥梁冲毁，乡人用木板暂代桥梁过渡。

明天顺元年（1457 年）

重修安平桥，将木板改为石板，到天顺三年（1459 年）八月竣工，由陈弘撰述碑记。

明天顺三年（1459 年）

耆民安国募众重修。据重修碑记载:"溪潮之处毁断尤甚。先新水心亭，次及桥道。"

明成化元年（1465 年）

里人蔡守辉、刘耿倡修安平桥。

明嘉靖九年（1530 年）

白塔庚寅点灯（俗称结塔），辛卯科（1531 年）中式黄国宠、柯实卿、林大任三人。

明嘉靖十年至十一年（1531 ～ 1532 年）

因海水冲击埭岸，中亭被波及损坏，由黄文器、蔡克振等人倡建。

明嘉靖三十七年 (1558 年)

五月初五（端午节），倭寇由惠安登陆，猝攻安平。时有难民万余人仓惶从西桥欲入镇城避难，突遭扼截。里人黄仰急率亲随数十人据桥力拒，难民因得保全。后因寡不敌众，遂从弟黄廷英血战至死。

明嘉靖四十二年（1563 年）

爱国名将俞大猷、戚继光在安平桥一带统率军民堵住海口，痛歼倭寇。

明万历十八年（1590 年）

白塔庚寅点灯，辛卯科（1591 年）中式陈廷一、黄志清发解。

明万历二十八年（1600 年）

中亭因长年风雨侵蚀而倒塌，由颜嘉梧募款重修中亭并修桥九间。

明万历三十一年 (1603 年)

台风暴雨大作，海水暴涨，潮水漫过安平桥桥面四五尺，船舶漂流过桥，潮退后搁浅于海埭内。各港澳船舶损坏无数。

明万历三十四年（1606 年）

九月，里人礼部尚书黄汝良作《重修安海西塔募缘疏》，倡修西塔，并易名曰"文明塔"。

明万历三十五年（1607 年）

五月十三日，拆西塔葫芦头，见蒸笼中书："曾盛、李五娘祈求子孙安宁，绍兴二十二年九月十一日立。"

明崇祯十一年（1638 年）

由郑芝龙奖倡，商人吴寰宇、曾希止等人重修水心亭。

清顺治十三年（1656 年）

丙申迁界，西埭废。

清康熙二十二年（1683 年）

施琅捐俸修造安平桥。

清康熙二十三年（1684 年）

施琅重建中亭。

清康熙四十六年 (1707 年)

提督蓝理筑西埭，将土填水心亭两旁，阔十丈，长里许，盖屋百余间为市。翌年又拆西桥头，筑土岸以接三陡门，建新街在朱子祠前。

清康熙四十九年（1710 年）

白塔庚寅复点灯，越年辛卯科（1711 年）中式柯国乔、蔡增勤，副榜颜共书。

清康熙五十一年（1712 年）

施韬倡修安平桥。

清康熙五十八年（1719 年）

白塔重修塔尖，庚子科（1720 年）黄元钟中广东武解元。

清雍正三年（1725 年）

秋，山洪暴发，安平桥崩坏数坎，乡人用木板接渡。

清雍正四年（1726 年）

黄振辉、施世榜捐资修建，安平桥数坎木板换成石板。

清雍正五年（1727 年）

张无咎、叶祖烈、施世榜等人重修。碑记载：乙巳（1725 年）秋，山水暴涨崩坏数坎。

清乾隆十三年（1748 年）

马鏕作《重修安平西桥碑记》，碑载：西桥倾圮县告万民病涉。

清乾隆二十八年（1763 年）

施士龄重修安平桥。

清嘉庆十二年（1807 年）

州同治黄元礼等重修白塔，戊辰科（1808 年）施继源遂中乡魁。

清嘉庆十三年（1808 年）

是年，由晋江知县升任台湾知府的徐汝澜捐银重修安平桥。

是年，安平桥西端（水头）建造门楼，门楼上的石匾楷书"水国安澜"四字由南安知县盛本所题，后于民国时毁。现存建筑是 20 世纪 80 年代修桥时重建。

清嘉庆二十一年 (1816 年)

已调任泉州知府的徐汝澜再次捐银重修安平桥并为之作记。董事们感其事，在龙山寺东侧建长生祠纪念。

清道光四年（1824 年）

由乡绅吕顶官、吕胆官等人及合成号、远珍号等商家合资重新翻盖海潮庵。

清道光六年（1826 年）

举人杨丹桂，"泽远号"商家等捐修安平桥。

清道光八年（1828 年）

二月，举人杨丹桂等修盖安平桥上的万应公宫。后改名为新兴宫。

清道光十年（1830 年）

柯琼璜、黄元礼庚寅白塔自点灯，辛卯科（1831 年）中李逢时。自明嘉靖庚寅至清道光十年庚寅（1530～1830 年）三百年间，白塔数次点灯或修建，应出 14 名中式。

清道光二十六年 (1846 年)

居民以西桥中亭路途遥远，另于西塔前桥头建小寺，祀观音菩萨。亦称"水心亭"，又曰"桥头佛祖"。

清道光二十九年（1849 年）

陈庆镛倡，董事会重修安平桥。

清咸丰二年（1852 年）

五月，立节孝坊在安平桥头。据《安海志》载："节孝坊，在西桥头。清为黄克恭妻王氏立，时在咸丰二年（1852 年）五月。"该牌坊石柱原仅存西侧一构件立于原址，即安平桥头近望高楼处一民居大门口。石柱两面分别刻"之死矢靡它两孤成立，此生名不朽万古传芳"。

清同治三年（1864 年）

安平桥东段(安海)原建有桥头隘门，该楼原始建于宋。后拆毁。是年,在新桥头建"望高楼"。东面有黄章烈所题"望高楼"与"金汤永固"石匾，西面有"寰海镜清"石匾。

清同治五年（1866 年）

中亭重修，"世间有佛宗斯佛，天下无桥长此桥"的石刻对联，由黄恩承所立。

清光绪三年（1877 年）

同治进士龚显增由安平趋漳郡，道出西桥，其见闻载入《亦园脞牍》。

清光绪九年（1883 年）

安海慈善家林瑞佑、林瑞岗兄弟捐银二百圆重修安平桥。

清光绪十二年（1886 年）

林瑞佑、林瑞岗、蔡启昌、蔡浅等人重修安平桥竣工，碑记载："自癸未（1883 年）十月兴工，越乙酉（1885 年）葭月告竣。"

清光绪二十七年（1901 年）

六月，安平桥崩坏，陈缆驹等人倡修。

自宋以来，安平桥历次大小修复的石材，都是采自金门岛附近的大百屿。是年，金门绅士以风水被破坏为由，出面阻止开采，因而发生诉讼。陈缆驹等人据理力争，最后由洪景云、陈生寅等人出面调解，乃获顺利开采。

民国 9 年（1920 年）

廖仲恺受孙中山之托，到闽南召陈炯明回粤讨伐桂系军阀，廖仲恺到泉州，路过安平桥，留下《黄金缕·抵安海感赋》一词，借安平桥之景以抒发忧国忧民之情。

民国 11 年（1922 年）

蒋介石任粤军参谋长时，自漳州到安海，安海地方绅士倪世祯、王台石等人在安平桥迎接，蒋介石稍憩泉安汽车公司后转道去福州。

民国 15 ~ 16 年（1926 年 11 月 ~ 1927 年 1 月）

厦门大学考古学教授陈万里、顾颉刚等人曾三次到泉州考古，都是从厦门乘轮船到安海，再由安海转乘汽车到泉州。他在《闽南游记》一书的《泉州第一游记》一文就写出安海的繁华景象："沿路所见房屋，都用红砖砌墙，仿佛新式村落，别成一种景象……安海虽非县治，商业颇盛，有三里市街、五里长桥之谚。"他在三次游记中还描绘了他到过的安海码头、车站、大街、平民医院、照相馆、养正学校、天主堂、安平桥、龙山寺等，可惜游安平桥那天，因风大，未能走到桥尾水头，甚为遗憾。

民国 16 年（1927 年）

北京大学校长蔡元培与北大教授马叙伦南下考古和游览，到养正学校讲演，在安海名人陈清机陪同下游览了安平桥。

民国 17 年（1928 年）

1 月 2 日，旅菲晋江、南安籍华侨共同捐资重修安平桥。

民国 21 年 (1932 年)1 月

旅菲乡友，又以桥坏，踊跃捐输，交由蔡道基转托安海三益行主持重修。

民国 24 年（1935 年）

重修安平桥中亭。

民国 25 年（1936 年）

3 月 1 日，安海成立五里桥垦荒筹备委员会。

民国 27 年（1938 年）

农历九月二十日，弘一法师由漳州经同安梵天寺过安平桥来到安海，驻锡于安平桥上的澄渟院，并书题"澄渟院"。居此整整一个月中，每日都有各界人士前来探望、求字。他在安海写了几封信寄出给外地的友人，信中描绘了安海的繁华。

农历十月二十六日，一架日本飞机窜入安海、水头上空，并投弹炸毁安平桥两段桥面。

民国 32 年（1943 年）

黄年钗主持围垦水心亭西南侧海滩、面积达 80 亩耕地的"陈厝埭"。当时安海发行股票，允许沿海村民集资围海造田。西垵村也围垦了 100 多亩土地。

民国 34 年（1945 年）

9 月 3 日，因前一日举行日本投降仪式，安海人民激动万分。9 月 3 日破例举行"白塔点灯"习俗，原是每六十年才举办一次。

民国 36 年（1947 年）

3 月 13 日，泉永水利建设委员会请将安平桥填筑海埭工程划归办理案，议决照审查意见通过。

4 月 26 日，福建省建设厅长朱代杰实地视察安平桥围垦工程。

10 月 1 日，六县水利协会发布安平桥围垦工程招商承包的启事。

民国 37 年（1948 年）

5 月 15 日，安平桥海滩围垦工程竣工。该工程围垦土方共 8 万立方米，修筑涵洞 6 个，缺口 17 处，围堰堤长 5200 米，所得耕地 2000 亩，此次工程费用达 7,780,758,458 元。

5 月，安海地方人士会同四区专署李工程师及水利局韩工程师，以及南安水头地方人士前往勘测，并在中亭召开会议，讨论修建事宜。

6 月 23 日，安海镇公所邀集安海和水头两地乡绅会商讨论重修安平桥的计划。

9 月 26 日，晋江县金井塘东旅菲华侨蔡金枪独资捐输修桥物资洋灰 300 包，钢铁 70 担，合计金圆券 8000 元。晋南五里西桥修筑委员会召开第二次会议，决定将其呈报往晋江、南安两县政府褒扬嘉奖。

12月9日，晋江县金井塘东村旅菲华侨蔡金枪所捐物资已经运到，安平桥中亭段数坎桥墩的维修工程开工。

12月16日，著名漫画家、音乐家、散文家丰子恺偕其女丰一吟到访安海，追寻其师弘一法师的足迹，举办画展，并入住10年前弘一法师曾住过的安平桥澄渟院。期间，丰子恺赠送观严法师一幅画作。

民国 38 年（1949 年）

1月9日，六县水利会主持人秦望山由福州抵达安海，邀集安海、水头两镇人士开会商讨安平桥垦荒事宜。

4月25日，福建省晋江、永春、南安、惠安、安溪、同安六县水利协会发布领垦安平桥东西两埭启事。

是年，吴修潭独捐杉木176根，作为修复安平桥的桥板。

1951 年

2月，安海搬运公司开始围垦海埭，至1953年基本完成，围垦面积710亩（包括水域区）。至1992年底，围垦面积扣除保护安平桥的征地外，还有耕地300余亩。

1957 年

10月26日，福建省文化局就"本届省人代会第四次会议提案第70号建议修建安海至水头公路，该局拟于1958年修筑。但因该路线上有安平桥大石桥一座必须拆除填塞才能通车"，专函上呈中央文化部，询问晋江县安海安平桥有无保留价值。

11月2日，文化部文物管理局函告福建省文化局，指出应根据历史、艺术、工程价值及群众意见，全面研究，提出处理意见，报请福建省人民委员会批准后执行。建议福建省文化局对古桥进行全面普查，搜集资料，研究保护，保存标准分别纳入保护单位。之后福建省文管会曾派人前往调查，并将调查结果报请中央，经文化部文物局和交通部公路总局研究后，认为该桥在研究我国交通史上具有一定的参考价值，应予保留。

11月12日，中央文化部文物局就安平桥是否保留一事，批复意见。福建省文物局收到批文后，批示由文管会与工程部门对安平桥进行全面调查。

12月中旬，福建省文物管理委员会派人对安平桥进行实地勘察。

1958 年

6月21日，安平桥海滩开始围垦。

7月，晋江县在安平桥海埭进行围垦，工程需要石料9万多立方，报请拆除安平桥石料用于围垦。收到报请利用安平桥石料围垦建闸的报告后，福建省文化局立即发文向福建省人民政府委员会表示反对。

是年，福建省博物馆泉州籍文物工作者许清泉等人受省文管会委派，到安海实地调查安平桥。随后，他们将调查结果写成一篇名为《宋代福建安海五里长桥》的论文，发表在1958年的《文物参考资料》，引起社会对安平桥的关注。

1959年

8月14日，国家文化部文物管理局同意拨款4万元，修复安平桥。

8～9月，连续4次台风，暴雨不断。致使山洪夹带大量漂浮物横塞安平桥孔洞。由于西姑港桥墩输水道排水差，落差大，水压强，造成位于新兴宫以西的7～9间桥板被冲塌。当时政府无法及时修复，只得暂时拨款修架木桥以供通行。

10月1日，为庆祝中华人民共和国成立10周年，安海举行"结塔点灯"活动。白塔各层檐尖悬挂大红灯笼，六方垂檐小灯环绕，夜间灯光辉煌。

12月17日，福建省文化局将中央文化部补助修理安平桥经费4万元，转拨晋江县人民委员会，要求立即动手进行筹备，在年内抓紧备料。

1960年

7月26日，福建省文化局责成晋江县文化局，速将安平桥现状实测图、修理设计图、施工说明书及详细预算，于本年8月底以前送达，以便转报中央文化部文物管理局研究同意后施工。

1961年

3月4日，国务院公布安平桥为第一批全国重点文物保护单位。安平桥被编入第三类"古建筑及历史纪念建筑物"，编号12，时代南宋，地址为福建省晋江县。

3月31日，福建省人民委员会公布《执行国务院关于公布第一批全国重点文物保护单位名单的通知》。

4月25日，福建省文化局发布《关于第一批全国重点文物保护单位的具体保护管理办法的意见的通知》。规定重点文物保护单位，应立即组成保护管理组织，指定专人兼职负责，建立保护档案，划定保护范围和树立保护标志。确定"安平桥一切石料、附属石刻、石碑等都不得移作他用，凡已散置或移作他用的一切石料、石刻、石碑等一律要收集起来，妥予保管。"

5月，南安县文化局向福建省文化局报送《安平桥在解放前后变迁情况》的检查汇报一文，转请审阅并望速作具体指示或派员前来指导。至于该桥的保护管理工作，据市局于4月25日以（61）文社字第0036号通知精神"原则上以晋江县为主，会同南安县共同研究执行"。

5月，晋江县人民委员会公布《安平桥管理保护条例》，其中指出"安平桥具体由晋江县安海镇、南安县水头镇、晋江地区文管会共同管理此桥，按历来群众习惯的以八板桥为晋江南安两县分管界"。规定安平桥保护管理范围，"从安海白塔起至水头海潮庵止为桥之全长，两边各离桥两丈为保护范围（有水处两丈以外），桥之上下一切木石建筑材料雕塑等如石刻的石狮子、石将军、石栏杆、石镇方、石碑、憩亭、桥板、桥基石等为本桥管理范围"。

9月18日，晋江专员公署文化局向福建省文化局上报《晋江安平桥勘察报告》，请求审查并转报中央。

11月16日，福建省文化局将《关于晋江安平桥的修缮意见》上呈文化部，汇报安平桥损坏的情况。

12月7日，福建省文化局拨款5000元抢修晋江安平桥中亭堤岸。

1962年

1月15日，福建省文化局转发中央文化部《关于安平桥的保护修缮意见》，要求晋江专署文化局立即按1961年9月18日《晋江安平桥勘察报告》的四点紧急措施着手进行工作。

3月1日，中央文化部根据福建省文物局的要求，派文物局古建筑研究员罗哲文和交通部工程师来福建。福建省交通厅联系，派出吴、姜两位工程师协同一起赴晋江专区进行安平桥的实地勘察，研究确定了有关安平桥的修缮方针和组织领导问题。

3月5日，由泉州文化局许局长、专署交通局林局长及晋江、南安县文化局长及有关工程师和罗哲文到安平桥进行实地勘察，并在安海镇召开了包括安海镇领导、安平桥保护小组、华侨、当地驻军等代表参加的座谈会。经过一周的勘察和座谈，由交通部工程师和福建省交通厅吴、姜工程师研究提出了安平桥抢修和复原的初步方案，征求了专、县领导意见，并于3月12日上午在福建省文化局和福建省交通厅召开的有关单位会议上做了研究。

3月20日，由福建省文化局拟出《关于安平桥勘察情况与抢修复原意见的报告》

中指出：安平桥长年失修，致使部分桥墩倒塌倾斜，桥顶石板残、断甚多，有的地方搭木板，随时有倒塌的危险，严重的影响交通安全。报请福建省人委批准解冻 1959 年文化部整修安平桥专款 40000 元，和 1961 年福建省文化局拨修桥中亭护岸专款 4000 元，共 44000 元。并报请福建省人委批准成立"安平桥修建委员会"专职其事，委员会由福建省文化局、交通厅、文管会、晋江专署、晋江和南安县文化、交通部门以及安海镇人委等单位组成。

4 月 11 日，福建省文化局将《关于安平桥抢修方案的请示报告》报送福建省人民委员会、中华人民共和国文化部、文化部文物管理局、交通部。

11 月，全国人大常委会副委员长、中国科学院院长郭沫若到泉州视察，并参观安平桥名胜古迹，亲笔题写《咏五里桥》七言律诗一首。

1963 年

5 月 29 日，福建省文化局向福建省人民委员会呈送《关于安平桥抢修方案的请示报告》。

7 月 1 ～ 3 日，强台风登陆晋南一带，风力达到 10 ～ 12 级，并带来特大暴雨。中亭港上游山洪夹带大量漂流物堵塞了中亭水道。安平桥被冲垮了两孔。过后，由晋江县金井塘东村华侨出资购买木材，修架木桥。

12 月 2 日，福建省文化局要求晋江县文教局立即对安平桥中亭护岸新修工程采取处理措施。

12 月 7 日，福建省文化局就抢修晋江安平桥一事发文要求文化部追拨经费。

是年，福建省人民委员会同意解冻 1959 年中央文化部拨文物保护费专款 40000 元，1961 年追拨 5000 元未冻结，可以继续使用。

是年，著名桥梁专家茅以升来安海考察，对五里长桥赞叹不已。他写了一篇《安平桥》的文章发表在 1963 年 9 月号《文物》，文章称："安平桥又名五里桥，并非离什么城市有五里路，而是它本身就有五里长，这在世界古桥中，恐怕是惟一的。泉州民间多年来传说'天下无桥长此桥'，却也当之无愧。"

1964 年

4 月 20 日，福建省文化局就安平桥修缮工程中存在的问题上报文化部。

7 月 11 日，安平桥西姑港一段修缮工程经省文化局委托晋江养路段代办，具体由段工程队负责施工，工程于 1963 年 12 月 8 日正式开工，至 1964 年 6 月 30 日竣工，并于 7 月 11 日由福建省文化局代表会同专署文化局及工程队代表等有关单位进行验收，一致认为质量符合要求，同意验收交付保管使用。

10 月 9 日，福建省晋江专员公署因安平桥修建费用由原来 62,117.98 元降为 61,738.89 元，尚可节余 8261.11 元。之后，向福建省文化局申请追拨 3000 元以凑齐 11,000 元以修建安平桥中亭防水堤坝。

是年，政府拨出专款，重修新兴宫两侧的两孔木桥。拆去木板桥，重修为石桥。但修复后的桥，比原来多出了一个桥墩。

是年，南安水头公社组织围垦筑埭，范围自桥西岸至新兴宫以西安平桥的两侧，并建"新愚公水闸"。

1965 年

11 月 9 日，安平桥西端水头港段的第二桥墩和第一、二两孔桥梁塌毁，长达 11.5 米。原因是南安县水头公社的水头、埭边两大队为发展生产，围垦了桥西段一带的海滩，并在桥西端南面 30 米处建双孔排涝水闸一座（闸高 4.7 米，孔宽各为 2.2 米），水闸又未及时装启闭机，故在最近一次的大海潮时，由于潮水涌集闸门孔道，直冲桥身，造成以上塌毁事故。

11 月 26 日，文化部派杜仙洲等 4 人会同福建省文管会韩秘书，前来泉州检查了解全国重点文物保护单位相关情况，并对安平桥进行测绘。

是年，水头公社发出"向海进军，向海要粮"的号召，开始进行围海造田。至 1968 年，水头至中亭已全部完成围垦。

1966 年

1 月 13 日，福建省晋江专员公署向福建省人委报告：安平桥目前已有 14 个墩（中亭 9 个墩、水头 5 个墩），存在不同程度的损毁现象；中亭港边台、中亭后驳岸以及水头港边台等处也已倾倒。请求拨款 11 万元进行修复。

1 月 18 日，福建省文化局关于晋江安平桥西段围垦海滩和桥身安危关系的调查处理简报上报到省人委文教办公室。

4 月 14 日，福建省文化局就关于安平桥修缮和保护管理意见，报告福建省人民委员会。

6 月，新兴宫以东中亭港以西，被围垦成埭。

1967 年

2 月 17 日，晋江专员公署文化局函复福建省文管会《关于安平桥损坏情况和处理意见》，报称 1966 年 3 月间，晋江专署办公室会同各有关单位前往实地勘察，发现安平桥有 14 个墩（中亭 9 个墩，水头 5 个墩）存在不同程度的损毁现象，中亭港边台、中亭后驳岸以及水头港边台均倾倒，损坏情况比 1966 年更为严重，特别是中亭港边台等两处。根据近段损坏的发展情况，要求提早复修。

1972 年

冬，安海公社在桥头水心亭南建水闸，拒海水于外，安海旧码头，将军桥、三陡门、望高楼一带桥段北侧全部与海水隔开。

1973 年

7 月 3 日上午，第一号台风从同安登陆，正面袭击安海、水头，风力最强达 12 级。台风带来暴雨，持续到 4 日。安平桥靠中亭的 3 座桥墩被冲毁。此次，安平桥没有及时重修，在很长的一段时间里，往来交通都靠小船摆渡，后来，由交通部门拨款建造木桥，以利通行。

11 月 1 日，福建省革命委员会向国务院请示称：据晋江县革委会来函报告，仅 1966 年以来，因桥身损坏招致过往行人落水、撞伤事故达百余起。为加强重点文物单位的保护和交通安全，要求迅速维修。

是年，经台风袭击，安平桥被冲垮 4 个墩 1 个台 8 个孔，长达 45.5 米。因此交通中断，行人全靠小船过渡，来往十分不便。后来，晋江地区革委会从福建省革委会下拨的十五号台风救灾款中拨出 5 万元，作为该桥修复经费。

1974 年

3 月 22 日，福建省晋江地区革命委员会，向福建省革命委员会、国家文物管理局申请增拨修复安平桥经费。

4 月 4 日，为加强对修复安平桥工程的领导，成立晋江地区五里桥修复领导小组，自 1973 年 4 月 7 日起启用"晋江地区养路段五里桥施工站"印章。

7 月 5 日，晋江地区革命委员会报请福建省革委会，建议福建省革委会组织省计委、交通、财政、文化部门对安平桥进行一次联合调查，采取有效措施，尽速批准全面修复。预计需经费 787,892.88 元，并建议修建一条公路桥以利根本解决交通和文物的矛盾。

10 月 10 日，福建省革命委员会文化局、财政局、交通局联合向国家文物事业管理局、财政部、交通部发送《关于修复晋江县安平桥和修建桥堤公路的报告》。

是年，安平桥中段桥墩坍塌，群众架起 2 条木板以供通行，不久桥墩陆续坍塌至 5 墩，致使桥面交通完全中断，由安海群众自发建置几艘木船，暂时解决两岸人员来往问题。

1975 年

5 月 17 日，由于安平桥修复工程艰巨，任务重大，经费有困难，短期内无法修通。经晋江地委常委研究决定，由地区财政局拨款 15,000 元交晋江县革委会负责领导修建便桥，以利群众通行。

5 月 29 日，福建省革命委员会文化局致函国家文物事业管理局，报告安平桥维修经费使用情况和工程进度以及追加预算意见：1973 年省拨款 50,000 元，于 1974 年 4 月上旬开工，至 12 月底为止，业已修复中亭段 4 个墩 5 个孔，计费去 48,435.30 元。后国家文物局再拨维修补助费 50,000 元，其中以 22,000 元作为修复水头段 1 墩 1 台之用，现已竣工。余 28,000 元，继续进行中亭段的维修工作。因此段工程处于深水之中，加上受潮水涨落影响较大，工程艰巨，光围堰花了 10,000 余元，共需追加预算 154,517 元。

1976 年

是年，安平桥桥墩倒塌 3 座，安海公社向晋江县交通局申请 1 万元补助，安海木材公司提供几十方的木材原料，由黄培基带领一支工程队，建起一座长 27 米，宽 1.5 米的木桥，暂供行人通行。

1977 年

4 月，中亭港南侧安平桥闸开建，历时 3 年建成，蓄淡水灌溉农田，自此安平桥与海水隔断。

1978 年

农历 3 月，晋江县文化局下拨 8 万元修桥经费，动用近百名工人，历时半年，重修安平桥。

10 月 19 日，国家文物事业管理局同意拨款 7 万元，补助晋江维修晋江安平桥中亭港四个桥墩和桥面、修筑中亭护坡以及整修中亭周围环境等。

1979 年

春节期间，白塔 5 层塔檐每方挂满电灯泡，重现"白塔结灯"的盛况。正月初一至初三连续 3 夜，白塔与晋江革命烈士纪念碑的夜景遥相呼应，交相辉映，迎接改革开放新时代的到来。

5 月，晋江县政府成立维修领导组，对安平桥中亭段进行维修（至 1980 年 3 月竣工）。

9月10日，晋江地区交通局、公路分局、水电局、财政局、文化局向福建省交通局、水电局、财政局、文化局上呈报告，要求修建晋江安平桥南水闸公路桥。文称：地区水电部门同意安排40万元，年初已拨20万元，修筑古桥以南的一座水闸，为此，我们建议采用类似卢沟桥和赵州桥那样的措施。就在兴建的水闸上面，修建一座由晋江安海至南安水头的公路桥。这样，既有利于古桥的保护，又有利于交通。如能利用建闸有利条件扩建公路桥，比起重新修建一座公路桥，可节约开支30万元。这公路桥建成之后，由晋江经南安水头往漳（州）、厦（门）的车辆行程，可以缩短8公里。据勘察研究，修建水闸上面的公路桥堤（全长2600米）需要经费25万元，加上接桥的两头公路共需建路工程款75万元，要求今年先拨25万元，以结合水闸一起动工，并请安排古桥修建，利用修桥挖土回填公路桥用土更为有利，对维修古桥需款139万元，请上级批示，并给拨款解决。

12月6日，福建省文化局正式向国家文物局报送安平桥的维修方案和经费预算，提出维修工程可分三期进行。

1980 年

1月27日，安平桥修复工程委员会讨论研究了桥墩修复问题，一致同意华侨大学土木工程系提出的试修方案，争取于2月下旬先着手试修78、79、86、87号4个墩，根据"整旧如旧，恢复原貌"的原则，保质保量地完成试修任务，在总结试修工程的基础上然后制定分期施工计划任务。

3月10日，福建省计划委员会、福建省财政局、福建省交通局、福建省文化局就修建安平桥南水闸公路的问题，批复晋江地区行政公署："为了保护国家重点文物——安平桥，同意在安平桥以南修建水闸的同时，修建2.6公里的桥堤公路。"公路和公路水闸桥梁总投资100万元，其中：由地区水利经费拨给40万元，省财政拨给30万元，省交通局从养路费中拨给30万元，全部资金今年拨给，由地区掌握，包干使用。关于安平桥本身修筑费用问题，因该桥系属国家重点文物保护单位，其修缮经费由省专题上报财政部和国家文物事业管理局拨款解决。

8月21日，为了切实地保护国家重点文物——安平桥，加强对该桥全面维修的领导工作。经研究决定成立安平桥修复委员会，由地委常委、行署副专员段英力任主任；李传枝、张大任、蔡文东、柳云龙、许宗廉、施雪仪、苏永乐、张金钟等为委员；聘请庄为玑、许清泉、黄培基等为顾问。委员会下设办公室，负责处理日常工作事宜。

并于 10 月 11 日启用"晋江地区五里桥修复委员会办公室"印章。

8 月 23 日，福建省文化局转拨国家文物事业管理局下拨安平桥的维修补助费 30 万元供开工使用。

10 月间，国家文物局派文物馆谘议委员陶逸钟总工程师来闽实地考察，指出"摸清桥墩基础条件是确定修复工程的关键"。

11 月 20 日至 1981 年 1 月 14 日，福建省、晋江地区、晋江县各级文物考古人员配合华侨大学土木工程系对安平桥进行全面勘查、测绘、照相。根据桥墩的形式和损坏情况的不同，选定 78、79、87、39、185、234、312 等 7 个墩基进行重新勘探发掘与地基土的物理力学试验，华大土木工程系认为这 7 个墩的地基土层系第四纪全新世浅海沉积物，土质压缩系数大，强度低，其中 78、79、87 号墩地基承载力小于基底压力，修复时应该基础改作 1 米厚的粗砂垫层并用钢叉实密，39、185、234、312 号墩地基承载力均大于基底压力，地基基础可不必处理。

是年，成立了安平桥修复委员会。对安平桥进行全面修复，同时扩建桥南公路桥闸，新建安海至水头公路。

是年，国家拨 140 万对安平桥进行全面整理。

1981 年

3 月，对安平桥 78、79、87、89 四个墩基进行考古发掘、基础设计和试修，为今后全面修复做好资料准备。

10 月 19 日，晋江地区行政公署文化局、交通局关于报送修建安平桥桥南水闸桥堤公路工程预算书，安海至水头新建的安平桥桥南公路，经福建省公路局晋江分局派员实地测设完毕，并按平原微丘公路技术标准制定工程预算，路基宽 7.5 米，路面宽 6.0 米，全线里程 3.45 公里，总投资 364,500 元。

2 月 17 日，晋江地区行政公署发布关于修建安平桥桥南公路有关问题的通知，该公路线段测算已经结束，并报福建省交通厅批准，可正式动工修建。经研究决定，由地区公路分局组织力量负责全部工程施工任务，晋江、南安两县分别成立修建指挥所，负责各自县境内公路沿线所需土地（包括青苗）的征用、房屋等建筑物的拆迁以及群众思想教育等工作。为保证该工程能顺利按时动工，公路沿线路基范围内自发文之日起一律不准再种任何作物，不准修建任何建筑物。

1982 年

5 月，全国首批重点文物保护单位——安平桥，全面修复工程正式动工。

1983 年

7月26日，晋江地区行政公署决定调整原五里桥修复委员会机构，成立五里桥修复工程领导小组。名单如下：组长：朱江水、李传枝、邱锦水、潘用庭、杨忠滑；领导成员：庄炳章、姚家潭、朱义固、张金钟。下设办公室，庄炳章兼任主任，李意标任副主任。

10月19日，晋江地区行政公署，批转地区文化局、文管会《关于回收五里桥两侧土地的请示报告》的公告，修复五里桥和恢复古桥两侧旧有地貌。公告规定有关单位和广大群众必须大力支持，任何单位和个人，都不得影响、阻碍古桥的修复和保护，如有个别人干扰破坏古桥的修复，劝阻教育无效者，应依法追究处理。

1984 年

2月16日（元宵夜），安海工人俱乐部组织了白塔点灯活动。展现"长桥白塔壮古镇，花彩月明庆元宵"的节日盛况。

4月10日，晋江地区行政公署发布关于安平桥两侧保护区管理问题的通知，规定桥上禁止车辆通行；古桥两侧30米以内为绝对保护区，以外150米范围内为影响区和协调区；任何单位或个人不得在上述保护区内搞违章建筑。

5月23日，福建省文化局，据文化部文物局（84）闽字2号核定直拨晋江安平桥修复继续工程经费30万元，转拨晋江地区财政局。

10月6日，福建省文化厅，转拨文化部文物局下拨安平桥维修费20万元。

11月5日，福建省文化厅撤销晋江县安平桥保管所，设立晋江地区安平桥保管所。

是年，海潮庵董事会重修海潮庵。

1985 年

1月8日，福建省文化厅将文化部文物局直拨安平桥全面维修经费10万元，转拨晋江地区文化局。

5月7日，福建省文化厅、福建省文物管理委员会在晋江安海镇组织安平桥维修竣工验收会议。安平桥经文化部文物事业管理局和福建省人民政府拨款140万元，于1982年5月正式开始全面修复的工程，历时三年，现已告竣。参加验收的人员有文化部文物局负责人、福建省文管会主任张格心、省府副秘书长、省文管会副主任计克良主任、晋江地区行署顾问张田丁、副专员朱江水，以及国家、省、地、县镇各级相关单位人员。与会人员一同参加安平桥竣工验收典礼并剪彩。

5月10日，晋江地区编制委员会，核定晋江地区安平桥文物保管所事业编制3人，经费列入文物事业费开支，从1985年5月起执行。

5月，成立安平桥文物保管所。编制3名，工作人员2名，负责安平桥的保护管理。隶属泉州市文物管理委员会办公室。

8月，安海至水头的新公路建成通车。

1986 年

3月26日，泉州市文化局根据泉委（1986）3号文件精神和第三次市长办公会的决定，原地、市文管会已经合并；国家重点文物保护单位安平桥文物保管所正式成立。为开展工作之需，自即日起，启用"福建省泉州市文物管理委员会"和"泉州市安平桥文物保管所"新章，原"晋江地区文物管理委员会"和原"泉州市文物管理委员会"印章同时作废。

1987 年

12月12日，泉州市副市长，市文管会主任薛祖亮于晋江县安海镇召开有晋江县副县长吴良良、文化局长王敦余，安海镇镇长朱义固及市、县文物干部参加的会议，研究、确定安平桥维修后续工程，确定新建安平桥文物保管所的选址与式样（地址在望高楼东北侧，式样为仿古建筑）；对白塔进行全面维修环境整理和重建4座水中塔等问题。

1988 年

春节，白塔结彩点灯。

8月18日，在完成安平桥保管所设计后，本与省三建签了建筑合同，在解决实用地后，10月18日放样动工。

1989 年

5月27日，福建省文物处林玉山处长会同有关市、县文化与文物部门对安平桥文物保管所等基建工程进行竣工验收。

12月，经过一年多的努力，市文管办在市规划办和测量部门的支持下，对安平桥等11处国家文保单位进行科学、准确地测绘保护范围和划定建设控制地带，至年底已完成本市10处国家级文物的测绘划定工作，同时草拟了《泉州市文物保护单位范围和建设控制地带的规定》送市政府审批公布实施。

1991 年

6月6日，位于安平桥南侧的"安平工业综合开发区"举行开工奠基典礼。福建省委书记陈光毅、省长贾庆林等为奠基碑揭幕。该开发区总体规划面积2.154平方公里，由香港封域发展有限公司独资开发建设和经营。

9月，泉州市人民政府与泉州市安平开发建设有限公司签订了《合作开发安平旅游区意向书》。

1992 年

是年，海潮庵董事会重修海潮庵。

1993 年

3月14日，泉州市水利水电局根据验收材料核定，安平桥闸工程的级别评定为"大Ⅲ型"水闸。为科（或副科）级编制管理单位，可配备主任1～2名（包括副主任）、专业技术人员2～3人、管理运行工人12～18人。

7月13日，泉州市人民政府，决定对安水公路安平桥闸至水头段进行改建（先期对安水公路安海至安平桥闸段1.35公里进行改建），该路段拟改建为二级公路，路基宽度12米，其中长110米、宽7.10米的安平桥闸公路桥加宽9米，工程造价997万元。由于安水公路安平桥闸至水头路段改建项目资金缺口较大，报请福建省政府支持并给予拨款500万元，以促进改建工程早日实施。

中秋节，水心亭佛祖往南海进香谒祖归来，白塔结彩点灯迎接。

1994 年

2月24日（元宵节），水心亭董事会再度组织白塔结彩点灯，庆祝元宵节。

6月14日，日本长治大学四位教授及福建省、泉州市有关领导莅临安海镇，到安平桥中亭观看端午节"捉鸭"民俗活动。

1995 年

8月10日，泉州市人民政府划定全市17处省级以上文物保护单位的保护范围及建控地带。全国重点文物保护单位安平桥的保护范围为桥两侧各35米至堤岸，东至瑞光塔，西至海潮庵；建设控制地带为南至公路（安海通往水头），北距古桥180米范围内。

1997 年

年初，泉州市人民政府发布严禁一切机动车辆通行安平桥的通告。

是年，泉州市财政拨款6万元用于清除周边违法建筑及环境整治。

是年，晋江市政府拨款6万元，对安平桥周边环境进行整治，对违章乱搭进行拆除。

是年，泉州市政府财政拨款10万元，用于抢修安平桥受台风损坏的部分。

1999 年

3 月 2 日（元宵节），白塔结彩点灯，庆祝元宵节。

是年，海潮庵董事会重修海潮庵。

2001 年

3 月中旬，福建省广电厅副厅长带领作家、记者一行 15 人，到安平桥、朱祠、龙山寺、星塔等地采风。

12 月，《安平桥》普通邮资明信片（1 枚）发行，志号 pp50，面值 60 分。

2002 年

9 月，《安平古桥》普通邮资信封（1 枚）发行，志号 pf54，面值 80 分。

2003 年

5 月 11 日，福建省委常委、组织部长李红，在泉州市委书记施永康、晋江市委书记龚清概等人陪同下，到恒安集团调研党建工作，并参观安平桥与安平别墅区。

7 月 22 日，安平桥之"安平飞虹"景观入选泉州十八景。

2004 年

3 月 25 日，泉州市文管所在对安平桥主体及周边环境进行全面细致的调研后，由文管所主任黄真真执笔，向泉州市文物局提交了《关于安平桥保护整治方案的请示》。

5 月 18 日，泉州市人民政府副市长洪泽生率市府办、财政局、规划局、环保局、旅游局、文物局等有关单位及晋江市政府、安海镇政府、市直有关部门和南安市政府、水头镇政府、市直有关部门负责同志前往国家重点文物保护单位安平桥，现场查看安平桥保护现状，并召开现场办公会议，就有关安平桥的保护问题进行协调。

会议决定，成立泉州市国家重点文物保护单位安平桥整治领导小组。组长：洪泽生；副组长：张一申、颜子鸿、陈益；成员：余惠西、许笃慧、王晓雄、庄慧、黄庆祥、出宝阳、李逊庆、柯孙毓、王欢迎、颜宏哲、吴奕民、蔡清炎、钟文玲、蔡温恩、王小阳、潘国团、王罗生、吴宗斥、陈进生、吴志钦。

会议提出了如下保护措施：1. 要统一认识，增强抓好安平桥周边环境工作的责任感和紧迫感。2. 要把握重点，组织专门力量，限期完成安平桥有关环境整治任务。3. 要条块结合，理顺关系，依法管理保护好安平桥。

12 月，泉州文管所主任黄真真通过对安平桥主体及附属文物保护现状，及对周边环境全面深入调查后，向上级主管部门提交了治理方案。

2005 年

4月，安海、水头两地群众捐2万多元，对安平桥中亭古建筑重新油漆。

10月，《安平桥全国重点文物保护单位记录档案》由泉州市文物保护管理所完成立案工作。该任务由福建省文物局指导，国家文物局监制。档案包含有：主卷（文字卷、图纸卷、照片卷、拓片及摩本卷、保护规划及保护工程方案卷、文物调查及考古发掘资料卷、文物保护工程及防治监测卷、电子文件卷）、副卷（行政管理文件卷、法律文书卷、大事记卷1961～2005年）、备考卷（参考资料卷、论文卷）。立卷工作由文管所黄真真主持，李仁里、赵守榕、邱端雅、蒋树卿等人参加。

是年，泉州市财政拨10万元，对中亭往安海方向桥下两侧进行部分清淤。

2006 年

9月25日，泉州市文化局任命李仁里为泉州市文管所安平桥文物管理站主任。

是年，南安市拨款6万元，由泉州市文物局组织人员对拟拓宽的沿海大通道中的安平桥西桥头引桥部分进行考古勘探工作。

是年，南安水头海潮庵董事会下街联谊会兴建海潮庵牌坊。

2007 年

6月6日，泉州市政协主席林荣取、副市长林伯前带领有关部门人员到安平桥召开提案现场督办会议。会议要求，由泉州规划局带头，从文物保护、环境整治、旅游开发等方面考虑，立即着手规划。

6月上旬，南安市有关部门对严重污染安平桥上游的埔坪、朴里、埕边3个村的22家从事造纸、石材的企业，进行强制停电，勒令其停产整改。

6月14日，由于连日暴雨，安平桥中亭港上游水面涌集了大量水浮莲，危及安平桥的安全。泉州市文物保护管理所主任黄真真立即召集管理人员赶赴现场，与文物属地政府的相关部门和单位，共同研究清理水浮莲事宜。经过协商，由安海镇政府出资4000元，晋江市水利局安平水闸管理处出资3000元，泉州市文管所出资3000元，共集资1万元补贴安海冬泳协会，由冬泳协会派出人员，连日清除水浮莲，确保古桥安然无恙。

6月19日，《海峡都市报》开始推出"拯救安平桥"专题系列报道，引起社会强烈反响。

6月下旬，南安市政府出台《安平桥周边水环境综合整治工作方案》，整治安平桥上游污染源。至6月28日，南安市有关部门已完成对66家石材企业的调查摸底，并对部分企业下达限期整改通知。

7月10日，晋江市安海镇政府、公安、行政执法、工商等部门组成联合执法组，对位于安平桥上游违规排放污水的47家石材加工企业，强制断电，勒令其停产整改。

9月20日，泉州市文物保护管理所向泉州市文物局递送《关于安平桥抢险加固的报告》，报告称："全国重点文物保护单位安平桥，自20世纪80年代初全面维修，迄今已近30年，由于自然力及环境污染等原因，致使安平桥桥板断裂9条、防护栏10几处、桥墩垮圮1处。古桥面临倒塌危险，急需抢险加固。现委托泉州市金龙文物古建筑工程有限责任公司，负责对安平桥进行抢险加固工程。安平桥修缮工程建筑工程预算265 633.20元。"

9月29日，泉州市财政部门斥资30万元，启动安平桥大修工程。

10月17日，在泉州市文物局局长陈健鹰陪同下，福建省法制办、福建省文物局联合立法调研组到安平桥进行调研文物保护管理工作。

10月，泉州市文物部门开始对安平桥进行维修，此次共更换9条断裂的桥板。

是年，泉州市政协委员张秀惠递交的《关于全国重点文物保护单位安平桥的环境整治建议》一文，被列入泉州市政协一号提案。

2008 年

2月26日，泉州市文物局、泉州市文管所相关负责人现场勘查安平桥，对古桥进行一次全面检测，研究新一轮的维修方案。

4月29日，历时2个月，泉州市文管所对安平桥出现严重裂纹的20条桥板进行更换，共修复了35处石栏杆，加固维修3座桥墩。

6月14日，福建省人大环城委的分管领导在省、市文物局领导的陪同下，视察安平桥。

9月20日，泉州市文物保护管理所牵头成立安平桥文物保护管理委员会中亭理事会。

2009 年

1月7日，由晋江安海桐林"黄护·黄逸历史文化研究会"发起，泉州市文管所主持协调，安海桐林黄氏大宗理事会等社团承办的庆祝安平桥始建870周年大型活动中，晋江、南安2000多名黄氏后裔和当地民众，徒步走过安平桥，用"踩桥"的方式，庆祝安平桥始建870周年。

3月，由清华大学中国文化遗产保护研究所编制的《安平桥保护规划计划书》，获得国家文物局审核同意立项，并确定核拨80万元至泉州市文物局，《计划书》中明确保护工作的目标是"保护为主，抢救第一，合理利用，加强管理"的文物工作方针。

5月8日，泉州市文物保护管理副主任孙亚宏与晋江、南安各界民间保桥人士50多人在安平桥中亭聚会，为保护安平桥建言献策。

5月中旬，泉州市委书记徐钢，获悉安平桥畔防护林被砍后，指示副市长洪泽生，协调相关部门进行调查。5月21日，泉州市森林公安对砍伐安平桥防护林一事进行调查。

6月6日凌晨，安平桥（水头段）水域遭约上百辆次土方车倾倒土石填埋，还有推土机进行平整作业。10日，大量土石被倒进该水域。

6月11日，泉州市文物局会同南安市水头镇相关领导召开紧急会议，泉州市文物局副局长出宝阳要求水头镇政府调查在安平桥水域填埋土石的相关责任人，并责令恢复该水域原貌。

6月16日，泉州市委督查室会同市森林公安局、文物局等单位负责人前往现场逐一核实有关情况，并对当事人依法予以处罚。

6月19日，泉州市政协副主席陈元殿、王祖耀带领泉州政协委员一行13人，到晋江市调研"海丝"文化保护工作，考察了安平桥的文物保护工作情况。

6月30日，泉州市副市长潘燕燕一行，由泉州市文物局局长陈健鹰、副局长出宝阳陪同，到安平桥检查文物保护管理工作情况，在现场听取了文管所主任黄真真的工作汇报。

7月24日，泉州市文物管理局组织对安平桥抢险加固工程进行初步验收。施工单位泉州市古建筑工程公司基本能按照设计方案进行施工，经泉州市文物管理局组织文物专家对维修前和维修后新、旧桥板的实际尺寸、材质进行比对，以及对维修的桥墩的砌筑工艺进行勘验，施工单位能采用安全措施更换断裂桥板、栏杆，加固桥基，整个抢险加固工程基本符合设计要求，同意通过验收。安平桥抢险加固工程于2007年年底开始，2008年初结束。

10月9日，泉州市环保局、效能办派出两个督察组，前往安海、内坑、水头、官桥等4个乡镇，会同当地政府和电力、公安、城管等部门有关负责人，抽检市环保局公布的污染企业中的31家，实地督查，依法关闭安平桥上游的污染企业。

10月26日，《晋江经济报》记者从中国商标网查询到："安平桥"已被人抢注成商标，所涉及使用的商品包括：纱、线、毛线和粗纺毛线、绣花用纱等多项，使用年限截至2015年5月31日，并以10万元的价格在网上挂牌转让。

11月5日，数辆土方车将数十吨土石倒进安平桥附近水域。26日上午，土石被平整，围垦出新陆地，向安平桥逼近4米多。

11月11日，泉州市文物保护管理所主任黄真真偕同南安市政府、水头镇政府有关领导到安平桥调研关于连续违填安平桥保护范围水域之事。

11月14日，由安平桥历史文化研究会编印的《五里桥》内部交流刊物出刊，这份刊物的宗旨是凝聚民间爱桥情缘，增进两岸文化交流，共探安平历史沧桑，同谋安平桥"国宝"未来远景。

11月16日，在中国古桥研讨会暨海峡两岸学术交流大会于福州召开之际，全国政协委员、茅以升科技教育基金会秘书长茅玉麟及各地古桥研究专家共21人，在泉州市文管所主任黄真真陪同下，专程到安平桥考察。

11月26日，晋江市人大常委会组织对晋江市十五届人大三次会议确定的重点建议办理落实情况进行检查。此前，晋江市人大常委会副主任颜子鸿在人大会上提交了《关于保护安平桥的建议》。本日，检查组到安平桥检查。

11月28日，由安平桥业主单位——泉州市文管所委托北京清华城市规划设计研究所制定的《安平桥保护专项规划计划书》上交国家文物局，等待批复。

12月，位于安平桥东端的弘一法师故居史迹"澄渟院"，在未经泉州市文物主管部门批准的情况下，被水心禅寺董事会拆除重建。

是年，安平桥作为重要涉台文物报请国家文物局立项作总体规划设计。

是年，有关部门强制关停安平桥周边49家石材加工厂和3家小造纸厂，并结合农村家园清洁行动，开展安平桥周边生活垃圾清理，建设2座垃圾转运站，定期对安平桥周边水浮莲，及水漂浮垃圾进行清理。

是年，安平桥海潮庵董事会重修海潮庵。新建山门及僧房综合楼。

2010 年

1月1日，安平桥历史文化研究会成立，挂靠单位是泉州市民族民间文化保护工作研究会。成立大会在晋江市向前走彩色印刷有限公司举行。该会编辑出版的《五里桥》刊物，截至2012年共出版10期。

2月28日（元宵节），承白塔庚寅点灯传统，安平桥历史文化研究会组织民间人士举行结彩塔点灯和"三里街·五里桥游灯"活动。

1月，国家文物局拨专款80万下达至泉州市文物局。2010年4月1日泉州市文管所和北京清华城市规划设计研究所签定《安平桥保护规划设计方案》合同书。

3月19日，晋江市市长尤猛军率队到安海现场办公，实地视察了安平桥文化公园拟建地块，考察了安平桥及周边区域，对迅速启动安平桥文化公园提出具体意见。

3月31日，泉州市人民政府办公室印发《关于加强安平桥保护和管理的工作方案》。决定成立泉州市安平桥保护和管理工作领导小组。按照文物保护属地管理原则，决定将安平桥的保护管理工作下放由晋江、南安两市政府负责。

4月7日，泉州市安平桥保护和管理工作领导小组成立，由泉州市副市长潘燕燕任组长，规划建设、文化文物、民族与宗教事务、执法局、水利局等部门参与，出席会议的还包括晋江、南安两位副市长。

"两会"期间，泉州政协委员颜培增提交《保护拯救安平桥的几点建议》，呼吁各级政府保护整治安平桥。

4月29日，晋江市委书记杨益民带队前往安海调研安平桥公园项目，他要求安平桥文化公园设计总体格局要突出文化、生态、休闲，把文化内涵的创造放在首位。

5月3日，晋江市召开专题会议，研究部署安平桥周边环境整治及文化公园建设。晋江市委书记、市长尤猛军，副市长蔡萌芽、吴清滨参加会议。

5月28日，泉州市召开安平桥保护和管理工作领导小组第一次成员会议。会议要求，安平桥建设控制地带内所有在建施工项目，将一律责令停建并查处。泉州市副市长潘燕燕在会上作了指示。

6月7日，为贯彻落实第67次市长办公室会议精神，按照潘副市长5月28日召开的安平桥保护管理工作协调会暨安平桥保护管理工作领导小组成员会的工作部署和要求，泉州市城乡规划局在建设大厦五楼第一会议室主持召开了安平桥保护有关规划编制工作的座谈会。泉州市文物局、建设局、环保局、民宗局、旅游局、林业局和文物保护管理局；晋江市规划建设与房产管理局、农业局、文体局、旅游局、博物馆、民宗局和安海镇政府；南安市规划建设局、水利局、文体局、民宗局、林业局、环保局、文体局和水头镇政府；福建省城乡规划设计研究院、上海市城市园林设计研究院、清华大学建筑设计研究院等单位参加了会议。会议在听取3家设计单位有关安平桥保护规划的方案汇报后，与会单位代表就安平桥保护规划编制工作展开了认真的讨论，提出了许多意见及建议。

6月10日，晋江市人民政府为落实泉州市文物局《关于加强安平桥保护和管理工作方案》和晋江市"3·19"市长办公会精神，大力推进安平桥文化公园拓展改造和周边环境整治工作，特制定了工作目标任务和组织机构设置及职责的工作方案。

8月10日，南安市水头镇五里桥文化公园规划设计方案送达。8月26日，安海镇安平桥生态文化公园详细规划方案（讨论稿）送达。泉州市城乡规划局领导对安平桥保护的规划工作高度重视，及时组织局相关技术骨干进行认真的分析和审查。

9月1日，泉州市城乡规划局再次组织晋江市规划建设与房产管理局、南安市规划建设局、安海、水头两镇的领导参加的两家设计单位参加的规划方案汇报，会议同时邀请了市文物局、水利局、旅游局、园林局等市直相关单位。安海、水头两镇领导高度重视，先后就规划方案的调整、完善和优化工作多次与规划局进行沟通与协调，于9月中旬完成规划成果方案，等待向市政府汇报后确定评审和报批程序。

9月23日（中秋节），来自晋江、南安两岸乡亲600多人，欢聚安平桥中亭，以闽南特有的博饼习俗和南音会唱等方式欢度中秋佳节。活动由泉州文管所主任黄真真主持。

9月26日，泉州市政府办公室出台《安平桥上游下洪溪外曾溪流域环境整治方案》。

9月30日，安平桥生态文化公园奠基仪式在安平桥畔举行。安海镇党委书记许天祥主持仪式，晋江市统战部部长洪学谋讲话。

9月30日，安平桥南安水头段五里桥文化公园正式动工，总投资约2.5亿元，规划总面积约70公顷。

9月30日，泉州市环保局根据《泉州市人民政府办公室关于印发安平桥上游下洪溪、外曾溪流域环境整治工作方案的通知》（泉政办〔2010〕192号），将103家企业列入限期整改的工业污染企业名单予以公布，并接受社会各界与群众的监督。

10月9日，因安海水心禅寺在没有履行任何审批手续的情况下，在安平桥的文物保护范围内进行违法建设，文物保管所人员多次制止未果。泉州市文物管理局特别发函制止安海水心禅寺在安平桥保护范围内违法建设。要求晋江市人民政府对水心禅寺这种顶风违建行为应予坚决制止、查处。违建项目应予拆除，恢复原状。

10月18日，泉州市城乡规划局报告了安平桥保护规划编制工作跟踪督导情况。

10月，晋江市财政拨款维修安平桥，此次维修共更换断裂桥板近30条，修复断落石栏杆 10 余处。此外，由民间热心人士集资兴建的安平桥中亭"滴水观音"石雕像落成。

11 月 12 日，《安平桥生态文化公园详细规划方案》于本日通过了泉州市城乡规划局主持召开的技术评审。

11 月 14 日，泉州市文物科技保护协会年会暨学术研究会在泉州召开。会上，泉州市文管所主任黄真真就安海段的"安平桥生态文化公园"及水头段的"五里桥文化公园"的规划提出意见和看法。会后，与会人员到安平桥实地考察。

12 月 4 日，晋江安海镇政府组织 200 多名工作人员，对安平桥周边 30 多处临时搭盖进行清理拆除。

12 月中旬，在安平桥历史文化研究会支持和配合下，福建电视台综合频道《发现档案》栏目组，到安平桥拍摄录制《古桥春秋》专题片。

12 月 29 日，安海镇举办建镇 880 周年庆典，多项重点项目举行奠基开业仪式，其中包括安平桥生态文化公园拓展改造项目奠基仪式。当天下午，全国政协副主席何厚铧，全国政协经济委员会副主任、全国侨联常委颜延龄等一行参观游览安平桥。

12 月 30 日，台南市文化协会高国英、台南市安平区郑道聪参观安平桥。

12 月，从 5 月份开始，晋江市安海镇就制定了安平桥环境专项整治方案，组成环境整治小组，至年底共拆除临时搭盖 126 处，面积近 30,000 平方米。

是年，水头海潮庵董事会重修海潮庵。

2011 年

2 月 17 日（元宵节），安平桥历史文化研究会与安海桐林黄护·黄逸历史文化研究会联合组织在安平桥畔举办大型传统游灯活动。

4 月 16 日，安平桥历史文化研究会与《东南早报》记者组成考察组，到大百屿实地考察安平桥石材的产地。

4 月 18 日，泉州市文物保护管理所向泉州市文化广电新闻出版局申请安平桥保护规划设计费用的余款 58 万元，支付北京清华城市规划设计研究所。

4 月 20 日，泉州市文广新局组织泉州、晋江、南安三地政府相关部门代表，就清华大学中国文化遗产保护研究所等单位联合编制的《安平桥保护规划》初稿文本召开座谈会。

5 月 24 日，泉州市文物保护管理所向福建省文化厅申请经费约 20 万元，以改建安平桥中亭危房。

5月28日，安海镇政府组织环保、行政执法、电力等相关单位，强制关闭安海仁寿村、下洪村一带共10家非法石材加工企业，切断了部分污水污染安平桥水域的源头。

5月31日，由泉州市监察局副局长洪建设、泉州市水利局副调研员庄凤鹏等组成的督查组到晋江，对安平桥上游下洪溪、外曾溪流域环境整治工作进行督查。晋江市副市长吴清滨陪同检查并汇报整治工作。

6月6日（端午节），为纪念端午节及中国第六个文化遗产日，由泉州市文物保护管理所主办、安平桥历史文化研究会协办的"安平桥主题文化"图片展，在安平桥中亭举行，这次活动旨在纪念安平桥列入第一批全国重点文物保护单公布50周年。此外，还举行"水上捉鸭"、"嗦啰嗹"等民俗表演。泉州市文管所主任黄真真主持了这次活动。

6月6～11日，由泉州市文物保护管理所、安平桥历史文化研究会、南安市成功书画协会等单位，在端午节到第六个中国文化遗产日期间，为加强安平桥文物保护管理工作，配合安平桥综合整治和资源开发利用，提升安平桥的文化软实力，联合举办"安平桥文化主题活动"。

7月，安平桥历史文化研究会配合晋江电视台到安平桥拍摄专题片——《安平桥望高楼因何而建》。

9月12日，中秋之夜，安平桥历史文化研究会在安平桥望高楼北侧，组织举办一场大型的民俗活动——烧塔仔。泉州电视台、晋江电视台、泉州晚报、海峡都市报、东南早报等媒体纷纷到现场采访报道。

是年，安海镇旧城改造项目正式启动，位于安平桥的桥尾埔被征拆。自此，桥尾埔不复存在。

2012 年

2月6日（元宵节），由安平桥历史文化研究会、黄护·黄逸历史文化研究会、安海霁云殿"嗦啰嗹"采莲队联合举办"闹元宵庆佳节"千人游灯活动在安平桥畔举行。

3月1日，水头中心小学255名少先队员，在五里桥文化公园举行"保护五里桥、清洁新家园"主题活动。

3月，由南安水头镇政府主办，成功诗社承办"五里桥杯诗联"活动，征集到海内外诗联5000多份，编印出版了《成功诗刊》第四期。

4月15日，新疆维吾尔自治区博物馆一行6人，由中国闽台缘博物馆党政办郑副主任陪同参观安平桥。

4月26日，福建师范大学林国平教授带领8名研究生，到安平桥中亭调研，拍摄佛祖"签枝"，进行国家社科基金后期资助项目《签占与中国社会文化》一书的前期田野调查活动。

6月7日，福建省委书记孙春兰、省长苏树林带领全省各设区党政主要领导和省直有关部门负责人，考察了安平桥小流域治理工程。

6月23日（端午节），在安平桥畔举办了纪念古桥落成860周年暨端午节主题活动。在水头段的"五里桥文化公园"内，由南安市水头镇人民政府、泉州市文物保护管理所共同举办首届"中国·水头五里桥杯龙舟赛"活动；在安海段由冬泳协会主办端午"捉鸭比赛"；在水心亭（中亭）则由安平桥历史文化研究会、黄护·黄逸历史文化研究会组织举行"绑粽比赛"、舞狮舞龙、广场舞等民间民俗表演活动。泉州电视台、泉州晚报等多家新闻媒体到现场作了报道宣传。

7月7日，《五里桥文化》获南安市文化体育新闻出版局批准发行。证号南简报N087号。主办单位是水头镇人民政府。

9月30日，中秋之夜，文管所与安海各界在安平桥畔举办"烧塔仔"等民俗活动。

10月9～19日，《海峡都市报》联合晋江市、南安市环保局，推出"关注安平桥治水特别行动"系列策划，呼吁舆论关注安平桥周边流域整治。

10月19日，《海峡都市报》邀请市民、人大代表、政协委员以及泉州、晋江、南安等地的相关部门负责人，共同走访安平桥部分污染区域，现场为安平桥把脉，商讨安平桥的治水方法。

10月，安平桥被泉州社科联授予"泉州市首届社会科学普及基地"。

2013 年

2月1日，安平桥东段的安平桥文化生态公园正式动工建设。同日，福建省委书记孙春兰视察安平桥西段的五里桥文化公园。

2月24日（元宵节），由安平桥社科普及基地、安平桥历史研究会、安海黄护·黄逸历史文化研究会等民间组织，在白塔下共同举办了民俗节庆活动——"烧塔仔"。

7月30日，上午，中国文化遗产研究院副总工程师沈阳、泉州市文广新局副局长出宝阳，以及晋江、南安两地文体局负责人、安海镇领导等现场走访安平桥，查看安平桥损坏的程度（全段共5处栏杆或桥板脱落、断裂），并召开协商会议。

10月15日，安平桥抢救性维修开始启动，经过5天的连续施工，安平桥修缮工程本日完工，本次维修共换下6条桥板与9处护栏。

2014 年

2月24日，晋江市文化体育新闻出版局致函泉州市文管所，要求下拨安平桥桥板断裂抢险维修加固专项经费10万元整，以支付并结清工程款。

5月6日，福建省文物局于2013年向国家文物局上报《关于全国重点文物保护单位泉州安平桥中亭修缮设计方案的请示》后，本日，国家文物局签发给福建省文物局《关于安平桥中亭修缮工程方案的批复》，原则同意安平桥中亭修缮工程方案，按照计划，中亭将于7月22日起封闭施工。

6月7日，连日大雨，安平桥附属文物建筑——白塔的第三层与第四层的塔檐部分坍塌，同时，第四层背面墙体严重脱落。消息经过各路媒体报道，引起泉州市、晋江市、安海镇等各级部门与广大群众的关注。

6月10日，安海镇人民政府呈文晋江市人民政府，请求晋江市政府组织有关部门及专家人员对白塔抢修保护问题进行调查研究，科学制定监测及修缮方案，同时协调上级文物主管部门，尽快启动白塔修缮工程。

6月11日，连日来，安海镇社会各界、海内外社团对白塔塔檐坍塌一事高度关注，呼吁并敦促相关单位采取措施进行抢救。

6月17日，清华大学建筑设计院文化遗产研究所总工程师朱宇华受邀到安海对白塔进行勘察，并提出了抢救性修复方案和整体整修方案。

6月，"纪念郑成功诞辰390周年暨第三届南安·国际郑成功文化节"开幕，来自台湾和马来西亚的嘉宾共450余人参观安平桥，领略郑成功故里的人文风情。

7月1日，清华大学建筑设计院相关专家成立安平桥白塔三维扫描测绘小组，并邀请测量专家运用三维激光扫描仪对白塔的古建筑原貌进行详细记录，为修缮工作提供科学依据和基础数据。

7月2日，受福建岩土工程勘察研究院委派的地质勘察小组，对白塔塔基进行勘探。在31米深处钻孔采集到塔基下方的地质岩土样本，送往泉州检验，然后以检测报告为依据，选用合适地桩来加固塔基与纠偏塔身。

7月3日，为期三天的白塔检测工作，于下午全部完成，专家组带着采集的数据返回北京。

7 月 10 日，金门黄氏宗亲会理事长黄文远一行，在安海黄护·黄逸历史文化研究会的宗亲陪同下，走访了安平桥。

7 月 22 日，中亭关闭，等待维修。

7 月 22 日，2014 年海外华裔青少年"中国寻根之旅"夏令营晋江营的成员一行到安平桥参观游览。

7 月 25 日，安平桥入选文都摄影作品，在北京首都机场展出。

8 月 15 日，安海镇居民张世源捐资人民币 100 万元，用于维修白塔。

8 月 18 日，人民网"行走新丝路"摄制组一行 18 人，到安平桥采访。

9 月 13 日，安平桥入选"东亚文化之都·泉州"图片世界巡回展，上午在马来西亚的古晋正式启动。这是继 63 幅文都摄影作品在北京首都国际机场开展后，安平桥在世人面前的再一次亮相。48 幅文都图片还将陆续前往丹麦哥本哈根、塞尔维亚贝尔格莱德、美国纽约、加拿大多伦多、新西兰奥克兰、南非约翰内斯堡、土耳其伊斯坦布尔这 7 个城市展览，整个活动将于 2014 年年底结束。

10 月，历时两年的搜集与整理，《安平桥志》正式由厦门大学出版社出版。

概　述

安平桥坐落于福建省晋江市安海镇与南安市水头镇交界的海湾上。安平桥始建于南宋绍兴八年（1138 年），绍兴二十二年（1152 年）建成。因桥长五华里，故俗称"五里桥"，为世界上最长的跨海梁式石桥，素有"天下无桥长此桥"之美誉。

安海地处晋江与南安的交界处，扼晋江、南安、同安水陆要冲，是古代泉州海外交通的重要港口商贸重镇。《读史方舆纪要·卷九十九》载："安海镇府南二十里。古名弯海，宋初始改弯为安，曰安海市。西曰新市，东曰旧市。海舶至，州遣吏榷税于此，号'石井津'。建炎四年（1130 年），置石井镇。"《安海志》载："斯时，海港千帆百舸，乘风顺流，出入海门之间；渡头风樯林立，客商云集，转输货物山积；市镇之繁荣，不亚于一大邑。"清陈万策《重修安平桥记》亦云："安平地压巨海，广衍数十里，南北往来市舶之区，泉之一大都会也。"可见，古代安海港海交贸易非常繁荣。

在安平桥未建时，晋南两地的人员往来、货物交流，全靠舟船运输。赵令衿《石井镇安平桥记》说："濒海之境，海道以十数，其最大者曰'石井'，次曰'万安'，皆距闽数十里，而远近南北官道所从出也……惟石井地居其中，两溪尤大，方舟而济者日千万计。飓风潮波，无时不至，船交水中，进退不可，失势下颠，漂垫相系，从古已然，大为民患。"随着泉州海外交通贸易的繁荣发达，安海港的地位显得更加重要，其作为海港商品的集散地，上通泉郡，下抵厦漳，而陆路交通受到限制，严重地制约货物的流通交易。也就是说，到了南宋初期，单靠舟渡已适应不了社会经济的发展，由此可见，安平桥是随着经济发展的需要而架设的。

要在万顷波涛上架设这么长的石桥，肯定是一个浩大的工程，除了经济发展的客观需求，还必须具备充分的财力物力。伴随着安海港对外交通贸易的发展，安海周围市场十分活跃。经济的高度繁荣，给当地人民带来丰厚的收入，安海商人尤获大利。明《八闽通志·卷十八》载："安平桥在石井镇，宋绍兴八年（1138 年），僧祖派始议为石桥，镇人黄护及僧智渊各施钱万缗为之倡"。有了捐资万缗的倡导者，安海的殷实商人群起应之，纷纷捐款用于造桥及后来修桥。2011年安海旧城改造，出土安平桥的石栏杆柱，上面阴刻"当镇旧市周园舍三佰贯文造此间愿延福寿"。横卧在中亭的一条石桥板的背面镌刻着"万历庚子颜哲五世孙嘉梧募缘重修中亭并修桥九间立记"。私人捐款，动辄"一间"，说明当时安平商人的财力，非同一般，完全可以满足建桥的庞大资金。此外，还有往来于安平商圈的外地商人，也积极捐输。20世纪80年代修复安平桥时出土的石栏，有阴刻"浯洲屿（金门）颜达为考妣施此一间"和"崇放里□头保□十六娘□□共施造此一间"等字。特别是当时寺庙的僧人，把修桥造路视为一项积德修行的善举，带头劝募建桥，更能促使富商士信民众的乐于捐献，形成群策群力的建桥力量，赵令衿在《石井镇安平桥记》中也记载："斯桥之作，因众志之和，资乐输之费，一举工集"。

跨海大桥的建造，不仅要求有相当的财力，而且还要具备一定的科学技术水平。宋时，由于泉州海交贸易发展的需要，大量修建桥梁，为泉州建桥的黄金时代。据《泉州港与海外交通》一书统计，泉州的桥梁建筑215座，宋朝建造的有109座，其中晋江就有50座。在这些桥梁中，不少是工程浩大的跨海长桥，是故明代王世懋的《闽部疏》称："闽中桥梁甲天下"。特别是洛阳桥的建造，以其筏形基础、养蛎固基、浮运架桥三项技术创新，而名闻于世，为安平桥的建造，积累了丰富的经验。主持修建安平桥的祖派是个得道高僧，《闽书 ·方外志·释衲》略曰："本州承天寺祖派慈惠禅师，述南北《华严》忏文，极诣精妙，至今行世。"他不仅精通佛学禅理，而且熟谙水利工程。清道光《晋江县志》明确记载晋江知县洪元英委派祖派偕体柔重建"溲浦埭"水利工程一事。由于之前泉州众多桥梁的建造经验，加上祖派个人渊博的水利工程知识，建桥的技术，自然比以往更为成熟、更为先进。

有了这么多的有利条件，建桥便是顺理成章的事情。然而，以当时落后的工具设备，建造这么浩大的工程，其难度远非现代人可以想象，桥建到一半，祖派、黄护便相继过世，跨海工程被迫中断。直到绍兴二十一年(1151年)，赵令衿任泉州太守，工程才得以继续，并有新兴化令黄逸为倡，率僧惠胜等继续造桥,过了一年，全桥竣工。桥长八百一十一丈，宽十六尺。

安平桥与万安桥同属于"长桥浅基"的梁架式石桥，其建造者们吸取了万安桥的建桥方法，但又不照搬其经验。安平桥的桥墩基础，不但采用以往普遍使用的"打桩基"，而且还采取更科学的"睡木沉基"法，也叫卧椿沉基。睡木沉基是继万安桥创造的筏形基础后又一可贵的创造，既简单方便，又省工省料，是当时先进的筑基建桥技术。而且这样做可使桥墩建在坚实的基础上，增强了桥墩的坚固。

桥墩的设计上，安平桥比万安桥等其他桥梁更为合理科学。由于桥跨越中亭港、西姑港、水头港等多个港道，港道有深有浅，水流有缓有急。设计者非常注意滩土地质的特点，根据海潮洪水的流速和流向的不同，设置桥墩的位置和形状，因地制宜，各有特点。2014 年实测安平桥，共有疏水道 361 孔，桥墩 360 个（不包括两端的桥台）。桥墩筑成长方形、单尖船型及双尖船形三种。方形桥墩筑在水流较缓的浅海上；单边船形墩，迎潮流急的一头为尖形，背潮水流缓的一头为方形；双边船形墩，两端呈尖形，筑在水流湍急而港面较宽的主要港道之间。可见，当时就能巧妙运用潮汐涨落规律，区别不同部位，采取形态各异的桥墩结构，以缓和海潮冲击。

桥体为东西走向，是花岗岩和沙石构筑的梁式石桥。这些桥板石大都是从相距 9 海里的大百屿开采，海运而来的。桥板长短不一，最长的有 11 米长。巨大桥板石的施工方法是利用潮汐的涨落，控制运石船只的位置，然后把石板架装上去，这与现代的浮运架桥法基本相同。

据赵令衿《石井镇安平桥记》中有"以栏楯为周防"之语，桥上原有扶栏望柱，以保护行人安全。20 世纪 30 年代，桥上的石栏杆已几乎全部消失。现在桥两侧石栏杆，系 20 世纪 80 年代全面修复时根据出土构件模样新建。

安平桥在初建时就建有几座桥塔和桥亭，这些桥的附属建筑历代有兴有废。桥塔以风水理念和点缀景观的需要而建。最大的桥塔位于桥东端，五层六角，高 22.55 米，名瑞光塔，俗称"白塔"，曾易名文明塔。其他 5 座"镇风塔"于 20 世纪 50 年代被拆毁，现为 20 世纪 80 年代重建。其中有 4 座是方形实心小石塔，配对分别建于桥之东西两段的南北侧，距桥体 8 米，两座位于五港，两座筑于西姑港，塔高 5.6 米。另一座为六角形石塔，筑于中亭南侧 10 米处，塔高 6 米左右。系由周边发现的零散构件拼筑而成。桥上原建有五亭作为行人避雨、憩息之所。桥东端为超然亭，以祀观音，后火烧，明筑城废。桥中为泗州亭（又名水心亭，俗称中亭），祀泗州佛于其中。现存中亭系清代重建，民国重修。桥西端亭早期废，清嘉庆年间建造"隘门"，民国时被毁，现"门楼"系 20 世纪 80 年代所建。桥东西端与中亭之间也分别有一座"憩亭"，毁于民国时期，20 世纪 80 年代重建。

桥上及周边还有许多建筑，多数为清代修建。清康熙年间，于中亭后建寺，祀观音，俗称"中亭佛祖"。清同治年间桥东段距白塔以西100余米建"隘门"一座，取名望高楼。因该桥段两侧已填土成陆地，建房成民居，为防御需要，建此门楼。道光年间中亭佛祖香火鼎盛，为方便善信进香，在桥东端另建一小宫分奉"中亭佛祖"，又名桥头观音。小宫亦沿用原水心亭名称，故桥有两处水心亭。20世纪70年代至90年代，于桥头水心亭南侧港面架空建"水心禅寺"。桥西段西姑港有新兴宫一座，俗称"万应公宫"，有道光年间《缘修起盖西桥万应公宫》碑记。

八百多年来，由于山洪、潮水、台风、地震等自然力的侵袭以及人为的破坏，安平桥要能够确保畅通并一直保存至今，经常性的修缮是必不可少的。从明永乐二年（1404年）至今，有文献与石碑记载的，共有20次重修。

1957年晋江县人委会拟在安海与水头之间修建公路，有关部门建议拆除安平桥，加以填塞修路。后因福建省文化局呈报中央文化部，文化部要求福建省文化局根据历史、艺术、工程价值和群众意见等方面，进行全面调查研究再做决定。随后，福建省文管会派出泉州籍文物工作者许清泉等人对安平桥进行实地测量考察，由许清泉撰写出题为《宋代福建安海五里长桥》的调查报告，并将调查结果报送中央，引起了世人的关注。

1958年，晋江县在安平桥海埭进行围垦，有关部门拟拆桥利用石料围垦。福建省文化局根据文化部（58）文物文字第33号批复："认为该桥在研究我国交通史上具有一定的参考价值，应予保管"的相关文件，立即发文报告省人民委员会表示反对。至此，安平桥正式被有关部门发文认定不可拆毁，应予保护。1961年3月4日，安平桥被国务院公布为第一批全国重点文物保护单位。

1963以后，各级政府及有关部门多次拨款、组织人员对安平桥进行维修。1980至1985年，由国家拨款140万元，对安平桥进行全面维修。之后，在桥的南面400米处开辟一条新公路，以禁止车马继续在桥上通行，使安平桥不再承受交通重负，从而更有效地得到保护，直至后来成为游览观光的景点。1986年，"安平桥文保所"成立，古桥从此有了专门的保护机构。2004年，按照国家文物局要求，泉州市文管所为安平桥建立了一套完整、科学、翔实的记录档案。

2007年10月至2008年5月，泉州市财政拨款60万元，对古桥进行全面加固维修，更换断裂桥板29条，加固桥墩3个，修复桥栏35处。2009年，安平桥作为重要涉台文物报请国家文物局立项作总体规划设计。

2010年后，安平桥两岸政府在桥西段和东段以桥为轴心，分别建造"五里桥湿地公园"和"安平桥生态文化公园"。两座公园的建设，进一步加强了古桥保护，净化、美化了安平桥的周边环境。

安平桥素有"天下无桥长此桥"之誉称。英国皇家学会会员、剑桥大学冈维尔和凯厄斯学院院长李约瑟在其巨著《中国科学技术史》中说，中国宋代在福建"造了一系列的巨大板桥梁"，这些桥"在中国其他地方或国外任何地方都找不到和它们能相比的"。中国桥梁专家茅以升评价安平桥时说："这在世界古桥中，恐怕是唯一的"。在中国桥梁史上，安平桥在工程技术、人文艺术、文物考古，均占有重要的地位，其重要价值，体现在以下几个方面：

（1）安平桥建于泉州海外交通贸易高度发达繁荣的南宋时期，列"绍兴十大名桥"之首，是泉州港黄金时代的产物。如此耗费巨资建造跨海长桥，印证了当时泉州社会经济发达、财力富足。宋、明的安平商人也是从这里走向世界，与各国进行长达几个世纪的贸易活动，在中国商史上占有重要地位。

（2）安平桥墩基采用交叉木排的"睡木沉基法"，达到桥墩能整体均衡沉降的目的。"睡木沉基"较"筏型基础"省工、省料，在建桥技术上有突破的科学创新。

（3）安平桥建成后，促进安海与海内外的经济文化交流，加速安海的文化发展。此后，安海人文荟萃，代有才杰，以"文化古镇"享誉于闽南诸郡。

（4）明末，大海商郑芝龙于安平置第开府，筑城垣、通海道、重修水心亭。至今，星塔存有郑成功少年读书处遗迹。靖海侯施琅、提督蓝理、施韬、施世榜等，均倡修过安平桥。安平桥及其附属文物实证了海峡两岸的人文、经济的密切联系，有着共同的历史渊源。

（5）安平桥留存碑文、石刻30多方，这些都是建桥、修桥重要的历史资料，也是各朝各代书法、诗文的艺术展示。而且桥成以来，历代留下大量诗词、记文，其中不乏有名家佳作，是文学艺术的宝贵财富。

（6）安平桥素以文物胜迹和自然景观享有盛誉。明清时期，安平有八景，"双桥跨海"（指安平、东洋桥）、"二塔凌霄"（瑞光塔、龙兴塔）为其中两景。2003年泉州评选古今十八景，"安平飞虹"又名列其中，成为泉州一处有代表性的名胜古迹。特别是"五里桥湿地公园"和"安平桥生态文化公园"两座公园的建造，再现昔日安平桥宏伟壮观、桥下碧波荡漾的历史自然景观，成为现代城市中心的肺部。安平桥，无疑将成为闽南旅游休闲的经典景点！

综上所述，安平桥以其先进的造桥技术，世界第一跨海长桥的伟大成就，在世界桥梁史上占有特别重要的地位，同时反映了当时泉州经济发达、港口繁盛的历史事实。其丰富的历代石刻、诗文，则是文学、书法艺术的硕果。安平桥与安平港是海峡两岸人文、历史、经济密切联系的纽带。安平桥更是泉州海上丝绸之路和东亚文化之都的重要载体。

第一章　自然环境

自然环境

第一节　地理位置

安平桥位于中国福建东南部泉州市境内，地处晋江市安海镇与南安市水头镇交界的海湾上，扼晋江、南安两地水陆交通的要冲。安平桥的地理坐标为：北纬24°30′～25°56′，东经117°25′～119°05′。

安海湾位于福建省东南部的围头湾内。湾的东侧为晋江市安海镇，西侧为南安市水头镇。湾口向南，东起晋江市东石镇白沙头（北纬24°37′42″，东经118°26′20″），西至南安市石井镇（北纬24°37′33″，东经118°25′56″）。口门宽度仅有0.8公里，海湾东西宽1.88公里，南北长9公里，略呈南北向延伸的狭长小海湾。安海湾岸线长度33.53公里，海岸主要由淤泥质平原海岸组成，仅在湾口西南侧为基岩岬角海岸，湾口东侧有沿岸沙坝和沙嘴发育。海湾面积13.13平方公里，其中滩涂面积为9.79平方公里，水域面积为3.34平方公里，大部分水深在5米以内，且自北向南逐渐变深，最大水深12.5米（在湾口处）。海湾北半部有诸条小河溪注入，泥沙来源丰富。安海湾属于构造成因海湾，但因后期泥沙的充填，至今已演变成为泻湖型海湾。

第二节　地质地貌

一、地质

泉州市位于欧亚板块中国东南沿海陆缘近弧顶处，地质构造以北东向、北北东向构造为主体，并伴有其他方向的构造。环太平洋岩浆隶属华南地层东南沿海地层分区，广泛分布中生代火山岩系地层，其他地层分布局限。岩浆侵入活动频繁，以燕山期酸性和中酸性侵入岩类为主。

安海湾位于华南加里东褶皱带东部，闽东南沿海中生代火山断折带中段，NE—SW向长乐—南澳断裂带穿过本湾。区内自加里东运动以来，长期处于隆升剥蚀之中，从印支运动直至燕山运动中期，因受太平洋板块对亚洲大陆的俯冲挤压，因此产生的构造变形达到高潮，形成了长乐—南澳大断裂。激烈而频繁的燕山运动，大规模的断块活动伴随着大面积的火山喷发和岩浆侵入，并在滨海一带同时产生强烈的动力变质作用，石井等地出露的前泥盆系的混合岩化动力变质岩，就是这个时期的产物，它构成了高100米左右的基岩丘陵。

喜山运动仍至新构造运动时期，大规模的构造变动已趋缓和，基本上是沿着老的构造隆起剥蚀，使中生代的火山岩、花岗岩和变质岩大面积出露形成大片的剥蚀丘陵和台地。

安海湾区地层周边出露有古生界前泥盆系片岩，变粒岩和混合岩等动力变质岩和第四系的地层。

1. 前泥盆系变质岩。见于石井附近，构成高约80～150米的剥蚀低丘陵。其岩性为含矽线石黑云母石英片岩、二云母片岩、斜长变粒岩、眼球状混合岩和混合花岗岩等。因出露不全，面积小，厚度难测，据邻区海湾周边出露情况估测厚度约2000米左右。

2. 新生界第四系。主要有残积层、更新统冲洪积层、全新统的海积层和冲洪积层等，现分述如下：

残积层：分布面积广，多见于海拔50米以下的台地和山坡地。岩性主要为粘土、砂粘土、粘砂土和碎石等组成，依母岩的性质而异。一般剖面自下而上，可分为三个带，即泥质碎石角砾残积带、白色粘土带（高岭土带）、砖红色粘土带等，厚度不等，一般在5～20米之间。

更新统冲洪积层：主要分布于丘陵台地中的河谷两岸，一般高出河床约10～30米之间，构成狭窄河谷阶地。主要岩性为粘土、砂粘土、含砾砂土和砂砾卵石等组成，具有一定的二元结构，一般都有上细下粗的沉积特征，下部为砂砾卵石层，厚度约0.5～6米，岩石成分主要为火山岩和花岗岩。砾石大小不一，一般为5～20厘米，呈次棱角状，杂有砂粘土，呈半固结状。上部为砂质粘土层，含粘土层，含少量细砾砂，厚约0.6～4厘米，呈半固结状。

全新统海积层：分布于滨海地区，海拔在8米之下，组成滨海平原，部分为围垦滩地，面积约15平方公里。岩性主要为粘土、砂粘土和粘质砂土等，含少量海生贝壳。厚度大，一般数米至30米不等。

全新统冲洪积层：见于台地中的河谷两岸，高出河床约 3～10 米，分布面积小，组成河谷小平原。岩性为砂粘土、泥质中细砂和含砾砂土等，呈松散状。

二、地貌

1. 安海湾陆地地貌（略）。

2. 安海湾海岸地貌。

海蚀地貌。该湾沿岸滩涂围垦多，绝大部分海岸为人工堤岸，现代海蚀地貌不发育，主要有海蚀崖和土崖两种形态。分述如下：海蚀崖，仅见于石井一带，在丘陵临岸的基岩岬角岸段均有分布，由片岩和变粒岩等岩石组成。海蚀崖高 4～5 米，最高约 10 米，崖壁较为陡峭，崖面新鲜。目前因码头修建等原因，天然的海蚀岸段不断为人工堤岸所取代。土崖：它是红土台地岸、在海浪冲蚀作用下崩塌而成。在东柄村一带，土崖高达 5～6 米，最大达 10 米余，崖面新鲜，多呈直立状。这种由风化的红色砂粘土构成的土崖，抗蚀力差，基部常常因为海水冲蚀而崩塌后退，岸线不稳定，目前大部分岸段都有海堤防护，保护台地上的田庄。

海积地貌。沙嘴和沙坝：见于湾口东侧，白沙村建于其上，叫白沙嘴，长达 3 公里余，宽约 300～500 米，顶部高出高潮面约 3～5 米，呈箭状向西延伸，直指安海港湾口。白沙嘴原是一个大型的湾口坝，在白沙和潘径之间，原也有一个出海口，于 20 世纪 60 年代，晋江盐田围垦后，建海堤把白沙和潘径连在一起；变安海湾为单口海湾，迫使沙坝单向西伸展成为白沙嘴，目前沙嘴角仍缓慢向西伸展，使安海港逐渐形成一个泻湖湾。由于潮流的作用，西行的沙流转向南，于口外形成众多形态极不规则的沙洲和离岸沙坝，即拦门沙，对于安海港口开发危害极大。

潮滩：该湾潮滩发育，滩涂面积约占整个海湾面积的 80% 以上，滩面宽阔平缓，最宽达 2 公里。由于潮沟的分割，呈片状分布。由砂质泥组成，表层有浮泥，厚约 2～3 厘米不等，人行下陷。目前湾内大部分已筑堤围垦成盐田，其堤外潮滩均辟为蚝坪，用于牡蛎养殖。

海岸特征与动态：安海湾三面为丘陵台地环绕，湾口又有白沙沙嘴，沙洲和沙坝等大型堆积地貌发育，港湾隐蔽，潮滩宽阔，是个近于封闭的小泻湖湾，具有台地港湾岸和泻湖平原岸等特点，湾内海蚀土崖岸和淤泥质平原岸相间，岸线曲折。在九溪上游石壁水库建成之后，相继又在湾内进行大面积的滩涂围垦和湾口填海建闸等工程建设，致使海湾水域变小，纳潮量减少，水流变缓，大量泥沙停积于湾内，潮滩淤积厚达 2～3 米，平均淤积速率为 10 厘米 /a。目前由于沿岸滩涂围垦，人工堤岸防护，河口建闸，入海泥沙逐渐减少，潮滩淤积日渐减缓，宽浅的水道趋于稳定。

3. 海底地貌

该湾潮滩发育，整个海湾为潮滩所占据，水域面积小，低潮时，即成为单一的水道和众多的树枝状潮沟，伸向湾顶，水道窄小，在近湾口处最宽。0 米线以下的水域也只有 500～600 米，水深约 2 米，仅在口门深槽较深，最大水深 15 米左右。

三、地震

湾区新构造运动，从邻区形变测量资料来看，主要以缓慢的间歇性上升为主。新构造活动表现强烈，是地震频繁且活动较强烈的地区之一。据国家地震局福州地震大队资料，1604 年，泉州湾外曾发生过烈度 8 级的地震，1907～1929 年的 23 年间，泉州东海中曾发生过烈度为Ⅵ～Ⅶ度的 5～6 级地震 41 次，1970 年以来，地震的发生更频繁，主要受活动的新华夏构造体系所控制，其中受长乐—南澳大断裂控制尤为明显。它是本区主要发震构造，属浅震型地震，具有很大的破坏性，因此，在兴建各种主要工程时，应尽可能避开新华夏构造体系及与其他不同体系的构造交汇和复合处，并采取必要的防震、抗震措施。

第三节　海洋水文

一、潮流

1. 潮流性质。

安海湾潮流属半日潮流，调查的两个测站，各层的潮流性质形态数 F=(WO1+WK1)/WM2 均小于 0.2，其平均值为 0.14，可见潮流是半日潮流，M2 分潮流在潮流组成中占主要成分，但是，潮波的浅海效应较明显，浅海分潮流也不可忽视，M4 分潮流幅值对M2 分潮流幅值的比值均大于 0.05，其平均值达 0.17，故这种潮流又叫做非正规半日浅海潮流。

2. 潮流流向和流速。

在深槽布设的两个测站的潮流是地形控制的稳定往复流，M2 分潮流的椭圆旋转率（K

值）均小于 0.05。涨潮北流入湾内，落潮南流出湾外，受地形影响。湾口涨潮流为北偏西向流，落潮流为南偏东向流，湾内则是涨潮流为北偏东向流，落潮流为南偏西向流。

二、波浪

安海湾由围头湾顶部向北伸入陆地，形成一狭长形海湾。湾口狭窄，湾外波浪不易侵入，口内水浅，且多潮滩，不可能产生大浪。

本海湾的波浪，是根据 1961 ～ 1979 年在围头角外设一简易波浪观测站观测资料统计分析的，围头湾外海域常浪向为东南东，频率 37%；次常浪向为北东和南东向，频率分别为 21.8% 和 16.4%。强浪向为东南东，最大波高为 7 米；次强浪向为南东和北东向，波高分别为 6.8 米和 6.5 米。本海域以涌浪为主，涌浪与风浪出现频率之比为 69 : 31。

春季：常浪向为东南东向，出现频率为 11.6%；强浪向为北东向，最大波高 4.2 米。

夏季：常浪向为南东向；频率 11.4%；强浪向也为南东向，最大波高 6.8 米；次强浪向为北东向，波高 6.5 米。

秋季：常浪向为东南东向，频率 9.4%；强浪向也为东南东向，最大波高 7.0 米；次强浪向为北东向，波高 6.0 米。

冬季：常浪向为北东向，频率 7.1%；强浪为南东向，最大波高 5.5 米；次强浪向为南东向，波高为 4.7 米。

三、港道

安海湾自口门以内分为三段，自南向北分别俗称马江、龙江、鸿江。安平桥坐落在安海湾上，横跨 5 个港道。自东往西分别为水心亭港、午港、中亭港、西姑港、水头港等五条港汊，分述如下：

1. 水心亭港。在桥东段大致以 5 号桥墩处为主流东西两侧，曾经是安海主要货运船只进出和停泊的港道，20 世纪 70 年代在桥的南侧建"水心亭水闸"蓄淡水，海水被阻隔，船只已无法进入停泊。20 世纪 80 年代到 90 年代，在水心亭水闸至安平桥之间的水道上，立柱架空扩建水心亭禅寺。

2. 午港，一说为将军港。在桥东段大致以 52 ～ 53 号桥墩处为主流东西两侧，1947 年在此围垦"政府埭"，中途废。1950 年围垦"解放埭"，港道海水被阻隔，用于淡水蓄水灌溉农业。1985 年安平桥全面修复桥两侧清淤蓄水，午港即废。

3. 中亭港。在中亭往西大致以 195 ～ 196 号桥墩为中点东西两侧，北纳九溪水，南通海。九溪，又名大盈溪，发源于官桥与同安交界的铁峰山南坡，自西而东入官桥九溪，向东南流经水头文斗、大盈、至安平桥注入石井海。全长 24 公里，河床宽 20 ～ 80 米，流域面积 130 平方公里，因上游九条涧流汇注一起而得名。其中游建筑一个蓄水量 5800 万立方米的石壁水库。1981 年安平桥闸建成后海水不再进入港道，为五港最后阻断海水进入安平桥的港汊，也是现在石壁水库排洪入海的主要水道。

4. 西姑港。在桥西段大致以 267 号桥墩处为主流东西两侧，1965 年水头公社组织在周边围垦造田后，海水不再进入，成为蓄水灌溉农田港道。1985 年安平桥全面修复，桥两侧清淤蓄水，港汊不复存在。

5. 水头港。在桥西段，大致以 342 ～ 358 号桥墩处为主流的东西两侧，北接大盈溪水，南通海。水头港为五条港道最深、水流最急的港汊。通过这里的桥跨普遍较大，最长处是 12.8 米，为全桥第一。全桥的双头船型桥墩，大都集中在水头港，共有 17 座。1965 年南安水头公社组织在周边围垦，并在桥南侧建"新愚公水闸"，水头港近桥处海水被阻隔，成为蓄水灌溉农田和排洪的河道。

安海港属于围头湾的内港，海水涨潮时港面一片汪洋，海水退潮后即出现大面积的滩涂和几条港汊。因历代围垦造田和近代的填海造陆运动，海水被拒，安平桥遂成"陆上桥"。原来的五港发生了变化，仅在原有三条港汊的位置上，保存水心亭、中亭、水头三条蓄排淡水的河道。20 世纪 80 年代，安平桥全面修复，在桥两侧各 30 米范围内清淤蓄水，恢复水上桥的景观。2010 年后，五里桥湿地公园和安平桥生态文化公园先后开建，又在桥两侧拓展清淤范围，扩大蓄水面积，原来五港位置已不明显。

第四节　气象气候

泉州市地处北纬 24°30′～ 25°56′，东临海洋，属亚热带海洋性季风气候，温暖湿润、雨量充沛。泉州的气候有三个基本特征：一是气温高，光热充足。年太阳辐射总量为 120 ～ 140 千卡 / 平方厘米，大部分地区年平均气温为 19.5 ～ 21.0℃，最热月平均气温达 26 ～ 29℃，最冷月也有 9 ～ 13℃。二是干、湿季甚为分明：3 ～ 9 月降雨量占全年的 80%，为湿季；10 ～ 2 月仅占全年的 20%，为干季。三是雨量充沛，绝大部分降雨量在 1000 ～ 2000 毫米。

安海湾附近并无设立气象站，其气象和气候资料，是安海湾东北约 23 公里处的晋江气象站，1960 ～ 1980 年气象资料整理的。

一、一般特征

1. 气温：安海湾周边年平均气温 20.4℃，7 月最热（平均 28.3℃）；1、2 月最冷（平均 11.9℃）；累年极端最高气温 38.7℃，（1966 年 8 月 16 日），极端最低气温 0.1℃（1963 年 1 月 27 日）；气温年较差 16.4℃。

2. 降水：年平均降水量 1095.4 毫米，最多年降水量 1600.80 毫米（1961 年），最少年降水量 815.3 毫米（1978 年）。历年最多月降水量 507.3 毫米（1963 年 7 月），日最大降水量 239.8 毫米（1963 年 7 月 1 日）。全年降水主要集中在夏季（6 ～ 8 月），降水量占全年的 44%，6 月最多；秋季和冬季（10 月至翌年 2 月）降水少，降水量仅占全年的 16%，年平均降水日数（≥ 0.1 毫米）为 112.7d，5 月和 6 月最多。

3. 风：年平均风速 3.9m/s，最大风速 24m/s，风向东北（1960 年 10 月 2 日和 1968 年 9 月 6 日），全年东北风最多，频率为 21%，夏季（6 ～ 8 月）以南西南风为主，其他 3 季均以东北风为主。风为 ≥ 8 级的平均大风日数 36.9d，主要出现在秋冬两季。

4. 雾：年平均雾日数 15.9d，最多年雾日数 27d，最少年雾日数 7d（3 ～ 5 月）为多雾季节，雾日数占全年的 60%，夏秋季节很少有雾，平均每月雾日不到 1d。

5. 相对湿度：年平均相对湿度 78%，月最大相对湿度达 91%（1977 年 6 月），月最小相对湿度仅 52%（1963 年 1 月），日极端最小值 7%，出现在 1963 年 1 月 26 日。一年中，春夏季（3 ～ 8 月）空气较潮湿，相对湿度 79% ～ 86%，10 月至翌年 1 月空气干燥，相对湿度 70% ～ 73%。

二、灾害天气

泉州市自然条件优越，灾害也很频繁。主要灾害有洪涝、干旱、寒害、风灾、雹灾、风暴潮、虫害、滑坡及地震等，尤其以洪涝和干旱最为常见，对国民经济（特别是农业生产）危害也最重。

1. 台风：以 1955 ～ 1980 年统计，在泉州、晋江登陆的台风分别为 2 次、3 次，受台风影响达 147 次，年均 5.7 次。

2. 寒潮：1961～1981 年期间，晋江受寒潮影响达 20 次，平均每年 1 次。历年寒潮最大过程降温达 15.7℃。寒潮剧烈降温、大风以及雨雪交加，常给农业、交通运输等带来危害。

3. 暴雨：暴雨是本地区的灾害性天气之一，主要集中在 5～8 月，1959 年 6 月 10～11 日的大暴雨，洪峰过泉州时超过警戒线 1.5 米，晋江下游洼地一片汪洋，水入新门街，公路中断，工农业生产受到严重影响。

4. 干旱：1960～1980 年期间，春季大旱特旱出现机率 35%，夏季为 60%，秋冬季 25%，各季平均干旱日数为 40～60d，最长连续无降水日数为 53d，1963 年春旱，晋江不少河段可徒步而过，田地龟裂，作物枯萎，群众饮水困难。

第二章　历史沿革

历史沿革

　　安平桥，俗称五里桥，又有西桥、安海桥、五里西桥、安海西桥等称呼，位于福建省晋江市安海镇西畔，是横跨安海湾通往南安市水头镇的一座梁式长桥，为世界上最长的石桥，故有"天下无桥长此桥"的称号。安平桥共长八百一十一丈，阔十六尺，现存的安平桥，实测总长 2255 米，桥宽 3～3.8 米。

　　安海港是宋代对外交通的重要港口。建桥以前，两边民众来往只能坐船，十分危险。南宋绍兴八年（1138 年），由僧人祖派主持，黄护与僧智渊捐款倡建跨海石桥，但因工程浩大，而未能完成。绍兴二十一年（1151 年），郡守赵令衿到泉州上任，主持续建，黄逸响应续建，又经一年全桥竣工。

　　安平桥底的桥墩分三种形式。水较浅、水流缓慢的水域中采用长方形石墩，较深时就改用单边尖半船型石墩，水最深、水流湍急处则采用双头尖形墩。这样的设计，可以减轻水流对桥的冲击力。

　　安平桥全桥由花岗岩石筑成，桥面用长 5～11 米、宽厚各 0.5～1 米的石板铺造，两侧有石栏杆。整座桥上面的东、西、中部分别置有 5 座"憩亭"，以供人休息。

　　安平桥建于波涛汹涌的海湾上，虽然历经潮汐洪水、台风地震的侵袭及人为破坏等天灾人祸，但历代都由官方或民间，组织过大大小小数十次的重修，所以安平桥能历经 876 年，至今仍然完好存世。

　　据志书和现存的碑刻记载，都未提到明代永乐以前的修桥的事情，而桥成到永乐，已经 250 多年了，期间也许有过小修理，但当初桥身坚固，应无疑义。之后，从明永乐二年（1404 年）至今，有明确记载的，共有 20 多次重修。

　　清道光《晋江县志·安平西桥》："明永乐甲申（1404 年），里人黄韦修。天顺三年（1459年），耆民安□国募修。"中亭（水心亭）墙壁上嵌有明天顺陈弘《重修安平桥记》碑，石碑中断为二，碑文下半截文字漶漫不清，有关单位据资料用红漆补写。从安平桥保存的碑刻和历史资料显示，明天顺三年（1459 年）的重修应是自安平桥落成以来的第一次较大规模的维修。

明成化及万历年间，安平桥又有两次重修。清道光《晋江县志·安平西桥》载："成化乙酉（1465 年），里人蔡守辉、刘耿修。"明末安海人颜嘉梧，曾募修安平桥。明崇祯郑芝龙修中亭，中亭对面桥边，原有郑芝龙于明崇祯十年（1637 年）秋倡修中亭、翌年正月竣事所撰立的记事碑。

中亭迁界焚毁，复界后，施琅捐资修复。另外，《安平志》记载，清康熙四十六年（1707 年），蓝理筑西埭，以海土填水心亭（即现在的中亭）两旁，阔十丈，长一里许，筑屋百余间为市，并拆桥头十余坎，以断西塔路，别于桥旁筑土岸，接三陆门，以通新街市。

雍正三年（1725 年）秋，山洪暴涨，再崩坏数坎，仍然用木板接渡。道光《晋江县志·安平西桥》："雍正四年（1726 年），知府张无咎修。"乾隆十三年（1748 年），马鏻重修并作《重修安平西桥碑记》。乾隆二十八年（1763 年），施士龄重修，靳起柏作《重修安平桥碑记》。

乾隆五十八年（1793 年），施开泰、黄世瑶等修。嘉庆十二年（1807 年），黄元潘倡修。中亭立有徐汝澜于嘉庆十三年（1808 年）所撰《重修安平桥记》碑记。

道光《晋江县志》记载的最后一次修桥为嘉庆二十一年（1816 年）："二十一年，黄元礼、施继辉续修。"同治五年（1866 年），重建中亭，所立的"世间有佛宗斯佛，天下无桥长此桥"的石刻对联，就是这年由黄恩承撰立的。光绪九年（1883 年）林瑞岗、蔡启昌等人倡修安平桥，陈楷撰碑记载。光绪二十七年（1901 年）六月，桥再崩坏，陈缆驹等主持倡修。

民国 17 年（1928 年）1 月，旅菲乡友，又以桥坏，踊跃输将，交由蔡道基转托安海三益行主持重修。民国 24 年（1935 年），再修建中亭。中华人民共和国成立前夕，国民党军队，在败退之时，拆毁安平桥的数坎桥板。后由吴修潭独捐长杉 176 根，以木桥代渡。

中华人民共和国成立之初，古桥不但没有及时得到修复，而且损坏极为严重。1957 年，安平桥下大部分港道泥土淤塞，部分桥面距地只有数尺高，有人提出将安平桥拆除，填塞修建公路。得悉消息后，福建省文化局迅速就此呈文中央文化部。文化部文物局很快批复，要求进行全面普查，搜集资料，研究保护保存标准，分别纳入保护单位。省文化局即批示由文管会与工程部门对安平桥进行调查。受福建省文管会委派，福建省博物馆泉州籍文物工作者许清泉等人前往安平桥进行实地测量，撰写出《宋代福建安海五里长桥》一文，引起了世人的关注。

1958 年，晋江县在五里桥海埭进行围垦，工程需要石料 9 万多立方，晋江县人民委员会于 7 月 6 日，向福建省人民委员会报请《利用五里桥石料围垦建闸的报告》。收到抄送文件后，福建省文化局立即于年 7 月 14 日发文，报告福建省人民委员会表示反对。

1959 年，连续四次台风，暴雨不断。致使山洪夹带大量漂浮物横塞安平桥孔洞，造成位于新兴宫以西的 7～9 间桥板被冲塌。1959 年年底，文化部文物局同意对该桥进行加固修缮，并拨专款 4 万元，交由晋江县负责，但因工程较大，技术、劳力无从解决，当时政府无法及时修复，只得暂时修架木桥以供通行。

1961 年 3 月 4 日，安平桥被国务院公布为第一批全国重点文物保护单位。福建省文物局于 4 月 5 日出台《关于第一批全国重点文物保护单位的具体保护管理办法的意见的通知》，严格禁止一切载重车辆通过安平桥或任何船舶在木桥边抛锚停靠，以及在桥基周围进行任何挖土等行为，以保护桥基的安全。晋江县人委会也于 5 月间公布《安平桥管理保护条例》。至此，安平桥被有关部门正式发文，认定为国家重点文物保护单位，应予积极管理保护。

1961 年，福建省、晋江专署、晋江县文化行政部门和福建省文物管理委员会，联合组成安平桥专案小组，进行实地勘察。根据勘查结果，全桥 331 座桥墩中，已倒塌的有 19 座，损坏的 106 座，桥面石梁共损坏 294 条，其中缺失 174 条，断折 112 条，掉下水里 8 条。还有几孔全无桥梁，另架木板通行。因此，文物局一面专案报请中央文化部派技术人员勘察修缮；另一方面对损坏严重的中亭护岸部分拨款 5000 元进行抢修，后因时间和备料问题，并未动工。

1962 年 3 月 1 日，中央文化部根据福建省文物局的要求，派文物局古建筑研究员罗哲文及交通部工程师来福建。福建省交通厅派出吴、姜两位工程师协同，一起赴晋江专区。经过一周的勘察座谈，拟出了安平桥抢修和复原的初步方案。4 月 11 日，福建省文化局将《关于安平桥抢修方案的请示报告》报送福建省人民委员会、中华人民共和国文化部、文化部文物管理局、交通部。

1963 年 7 月初，强台风登陆晋南一带，风力达到 12 级，并带来特大暴雨。中亭港上游山洪夹带大量漂流物堵塞了中亭水道，安平桥被冲垮了两孔。过后，由晋江县金井镇塘东村华侨出资购买木材，修架木桥。1963 年 12 月，福建省人委会批准拨款 68000 元，修复其中损毁最为严重的西姑港桥身一段、7 号墩至 16 号墩共桥墩 9 座。至 1964 年 6 月 30 日竣工，发现多做了一个桥墩，增加了一个孔位，第 10 号和第 11 号两个桥墩，都没有在原位置上修建，因此，改变了安平桥第 8 号和墩至 12 号墩之间一段历史面貌。

1965 年 10 月初，南安县水头公社在安平桥西湾围垦海滩约 1280 亩，把原计划建在桥西端南面 400 米处的水闸，移建在 30 米的近处，堵塞上游泄洪的水头港和西姑港两条港道。同年 11 月，在一次特大海潮冲击下，发生了冲塌水头港桥身一墩二孔的严重事故。此后，架设木便桥，以供通行。

1973 年 7 月 3 日上午，当年第一号台风从同安登陆，正面袭击安海、水头。安平桥靠中亭段被冲垮四墩一台八个孔，长达 45.5 米，桥面交通完全中断。此次，安平桥没有及时重修，在很长的一段时间里，往来交通都靠安海群众自发建置的几艘木船摆渡，暂时解决两岸人员来往问题。后来晋江地区革委会从福建省政府下拨的十五号台风救灾款中拨出 5 万元，作为修复该段桥道的经费。

1974 年 3 月 22 日，为了根本解决文物和交通的矛盾，晋江地区革命委员会，第一次提出采取像卢沟桥和赵州桥一样的措施，另建一条安海至水头的桥闸公路，报呈福建省革委会转报中央。

1974 年 4 月 4 日成立"晋江地区五里桥修复领导小组"。7 月 5 日，晋江地区革命委员会报请福建省革委会，建议福建省革委会组织省计委、交通、财政、文化部门对该桥进行一次联合调查。希望采取有效措施，尽速批准全面修复。10 月 8 日，晋江地区革命委员会政治处文化组，向晋江地区革命委员会报送修复安平桥工程预算书。然而，由于安平桥修复工程艰巨，任务重大，经费有困难，短期内无法解决。1975 年 5 月 17 日，由晋江地区财政局拨款 15000 元，交晋江县革委会负责修建便桥，以利群众通行。

1976 年，安海公社向晋江县交通局申请 1 万元补助，安海木材公司提供几十方的木材原料，由黄培基带领一支工程队，建起一座长 27 米，宽 1.5 米的木桥，暂供行人通行，这段木桥使用了近两年。1978 年 10 月 19 日，国家文物事业管理局同意拨款 7 万元，补助维修安平桥中亭港 4 个桥墩和桥面、修筑中亭护坡以及整修中亭周围环境等，动用近百名工人，历时半年，重修安平桥。

1979 年 9 月 10 日，福建省晋江地区交通局、公路分局、水电局、财政局、文化局联名向福建省交通局、水电局、财政局、文化局上呈报告，再次建议就在新建的水闸上面，修建一座由晋江安海至南安水头的公路桥。这样，既有利于古桥的保护，又有利于交通，如能利用建闸有利条件扩建公路桥，比起重新修建一座公路桥，可节约开支 30 万元。

1980 年 3 月 10 日，福建省计划委员会、福建省财政局、福建省交通局、福建省文化局就晋江地区行政公署《关于要求在安平桥南面修建公路和公路水闸桥梁的报告》

批复同意在安平桥以南修建水闸的同时，总投资 100 万元，修建 2.6 公里的桥堤公路。公路按平原微丘公路技术标准制定工程预算，路基宽 7.5 米，路面宽 6.0 米。之后桥南公路被命名为"安（海）水（头）公路"。

1980 年 4 月 12 日，晋江地区文管会向晋江地区行政公署，福建省文化局、文管会上报安平桥维修计划及预算。据修复方案，需要三年左右才能完成，总工程估计约需 125 万元。8 月 21 日，为了切实地保护国家重点文物安平桥，加强对该桥全面维修的领导工作。决定成立"安平桥修复委员会"，由地委常委、行署副专员段英力任主任。

1980 年 10 月间，国家文物局派文物馆谘议委员陶逸钟总工程师来闽实地考察，指出"摸清桥墩基础条件是确定修复工程的关键"。1980 年 11 月 20 日至 1981 年 1 月 14 日，福建省、晋江地区、晋江县文物考古人员配合华侨大学土木工程系，对安平桥进行全面勘查、测绘、照相。根据桥墩的形式和损坏情况的不同，选定 78、79、87、39、185、234、312 等 7 个墩基进行重新勘探发掘，并进行地基土层的物理力学试验。

1984 年 4 月 10 日，晋江地区行政公署发布关于安平桥两侧保护区管理问题的通知，规定桥上禁止车辆通行；安平桥两侧 30 米以内为绝对保护区，以外 150 米范围内为影响区和协调区；任何单位或个人不得在上述保护区内搞违章建筑。11 月 5 日，福建省文化厅撤销晋江县安平桥保管所，升级为晋江地区安平桥保管所。

从 1980～1985 年，文化部文物事业管理局和福建省人民政府拨款 140 万元，按照"修旧如旧"的原则，依原状对安平桥进行全面翻修。自 1981 年 2 月开工，到 1985 年 5 月竣工，历时 4 年有余。共修复圮损桥墩 236 座，吊装桥板 2252 条，安装石护栏 726 付，装配石狮 18 尊；同时，还修复桥东的水心亭、望高楼，桥西的海潮庵、牌楼以及桥中雨亭、小石塔等附属文物，再现了宋桥原貌。这次整修，不但修复了桥墩，补齐了桥板，安装了桥栏，而且清除桥下淤泥 18 万余立方米，筑堤岸高 4～5 米，恢复了两侧各宽 30 米的水面，使陆上桥又成了水上桥；另外在桥的南面 400 多米处投资 100 万，开辟一条新公路，以绝车马继续在桥上通行，从而更有效地来保护这座举世闻名的古桥。

1985 年 5 月 7 日，福建省文化厅与福建省文物管理委员会在晋江安海镇组织安平桥维修竣工验收会议。5 月 10 日，晋江地区编制委员会，核定晋江地区安平桥文物保管所事业编制 3 人，列文物事业费开支，从 1985 年 5 月起执行。

1995 年 8 月 10 日，泉州市人民政府划定 17 处省级以上文物保护单位的保护范围。全国重点文物保护单位安平桥保护范围为：桥两侧 35 米至堤岸，东至瑞光塔，西至海潮庵；建设控制地带为：南至安水公路，北距桥身 180 米范围内。

1997 年初，泉州市人民政府发布严禁一切机动车辆通行安平桥的通告。同年，泉州市财政拨款 6 万元用于清除周边违法建筑及环境整治。

长久以来，由于经济的高速发展，安平桥周边的厂家林立，加上环保意识淡薄，工业废水直排入安平桥上中游溪渠，桥下水质严重污染，造成对古石桥桥墩的侵蚀破坏。2004 年 5 月 18 日，泉州市副市长洪泽生率泉州市府办、财政局、规划局、环保局、旅游局、文物局等有关单位，晋江市政府、安海镇政府、市直有关部门和南安市政府、水头镇政府、市直有关部门负责人前往国家重点文物保护单位安平桥，现场查看安平桥保护现状，并召开现场办公会议，着手治理污染源，强化平桥保的保护管理。2004 年，安平桥建立了科学、完整、翔实的记录档案。

2007 年，泉州市财政拨款 60 万元，对古桥进行全面加固维修，安平桥抢险加固工程于 2007 年年底开始，2008 年初结束。共更换断裂桥板 29 条，加固桥墩 3 个，修复桥栏 35 处。2009 年 7 月 24 日，泉州市文物管理局组织对安平桥抢险加固工程进行验收。

2009 年，安平桥作为重要涉台文物，报请国家文物局立项作总体规划设计。2010 年 1 月 20 日，福建省文化厅下拨安平桥保护规划编制 80 万元。

2010 年 3 月 31 日，泉州市人民政府办公室印发《关于加强安平桥保护和管理的工作方案》。决定成立以副市长潘燕燕为组长的泉州市安平桥保护和管理工作领导小组，对安平桥进行系统治理。按照文物保护属地管理原则，决定将安平桥的保护管理工作下放由晋江、南安两地市政府负责。

2010 年 6 月 7 日，为贯彻落实第 67 次市长办公室会议精神，泉州市城乡规划局主持召开了安平桥保护有关规划编制工作的座谈会。会议听取福建省城乡规划设计研究院、上海市城市园林设计研究院、清华大学建筑设计研究院三家设计单位有关安平桥保护规划的方案汇报。

2010 年 6 月 10 日，晋江市人民政府为落实泉州市文物局《关于加强安平桥保护和管理工作方案》和晋江市 3 月 19 日市长办公会精神，大力推进安平桥文化公园拓展改造和周边环境整治工作，特制定具体细致的工作方案。

2010 年 8 月 10 日，南安市水头镇五里桥文化公园规划设计方案送达，8 月 26 日，安海镇安平桥生态文化公园详细规划方案（讨论稿）送达。泉州市城乡规划局对安平桥保护的规划工作高度重视，及时组织局相关技术骨干进行认真的分析和审查。安海、水头两镇先后就规划方案的调整、完善和优化工作，多次与规划局进行沟通与协调，于 9 月中旬完成规划方案。

2010 年 9 月 30 日，安平桥生态文化公园奠基仪式在安平桥畔举行。同日，安平桥南安水头段五里桥湿地公园正式动工，总投资约 2.5 亿元。五里桥湿地公园位于南安水头镇东侧，紧靠中亭港，南到安水公路，北面由安平桥桥身向北拓展 500 米，公园规划总面积约 70 公顷（即 1050 亩），其中水域面积约 17.5 公顷，由遗产保护体系、生态湿地体系、公共绿地体系构成。

安平桥生态文化公园项目规划并被列为 2011 年福建省重点建设项目。晋江市政府于 2011 年年初决定，将公园纳入安海镇区海东鸿塔片区整体改造并挂牌招商，总用地面积 71.9 公顷（即 1078.5 亩），整个公园拟投资 3.8 亿元。2013 年 2 月 1 日，安平桥文化生态公园正式动工建设。

尽管因地理区位等客观条件的限制，安平桥形成两个相对独立的文化公园。但相关决策者，并不囿于地域，而是以长远的眼光，以发展的思路，将两个公园作为一个整体进行整合设计。为最终更好地实现"两园统一"，规划中除统筹考虑功能布局和交通对接等问题，也考虑两园水系互通关系。待未来防洪工程改造提升后，可撤销现有堤坝，形成水陆整体的安平桥生态文化公园，将安平桥打造成为一个旅游休闲的经典景点。

第三章　工程建筑

工程建筑

第一节 主体工程

一、桥基

安平桥的桥基不像洛阳桥一律是石堤基础，而是根据地层的不同，分别为睡木沉基和木桩基础。部分采用睡木沉基和打桩基础相结合，比之全部采用抛石筑堤省材省力。

木桩基础

用松木打桩的，先在基础两侧打若干根木桩，然后在木桩上桁架木头固定成同字壳架，再在上面垒筑墩石。称为木桩基础。

睡木沉基

由于有些港道水深泥烂，抛石容易陷下，则先用木头排放在海滩上，然后垒压上大石条，随石条的不断加高，重量的增大，木头排便渐渐沉陷至港底的承重层，从而奠定桥墩的基础。

安平桥的有些基础，采用睡木沉基和木桩基础相结合的办法。在港道中较深的地方，先打下木桩，而后木头架在两根桩上，排列甚疏，一墩仅用 5～6 根，靠外的木材，又用二桩挡住，防止木头向外滚落，然后在木头上垒压石条。

千百年来，安平桥经历了无数次强震和台风暴雨的冲击，尤其经受了明万历三十二年（1604 年）泉州湾外 8 级特大地震的考验，主要是桥基填砌采用刚柔结合的多种办法，极为有效地提高抗震能力，开创出了南宋时期最先进的造桥技术。

二、桥墩

桥墩的设计上，安平桥比洛阳桥等其他桥梁更为科学合理。由于安平桥跨越水心亭港、西姑港、水头港等港道，海底有深有浅，水流有缓有急。因此，设计者非常注意滩土地质的特点，根据海潮涌入港道的流速和流量的不同，因地制宜设计出单尖船型、双尖船型和长方形三种不同形状的桥墩。

安平桥现有疏水道361孔,桥墩360个。墩基多则4层、少则1层,以大条石为基础,每墩条石纵横交叉层间而筑。层高0.27～0.28米,宽度为1.8～2米,长度为4.5～5米,层与层缝接合处雕以凿楔,使之紧密,结构甚为严谨。深者29层,浅则9层,筑成长方形、单尖船型及双尖船形。

长方形墩

此类桥墩为数最多,全桥现有长方形墩290座。宽1.82～2米,长4.5～5米,筑在水流较缓的浅海上。

单尖船形墩

迎潮流急的一头为尖形,背潮流缓的一头为方形。全桥有44座,宽2.25米,长5.25米。筑在水流一边急、一边缓的海湾口。

双尖船形墩

两端呈尖状,以削弱潮水对桥墩的冲击力。此类桥墩现存26座,宽2.8米,长6～7米。筑在水流湍急而港面较宽的主要港道之间,如中亭港及水头港一带。墩之长宽不等,最长7.5米,短者3.4米,墩间11～14米不一,桥墩上置拱层,以架桥板。

这些情况说明,安平桥是在南宋时期,不断总结吸收闽南各地的建桥经验,以更成熟更先进的造桥技术建成的。当时就能巧妙运用潮汐涨落规律,区别水深急流、水流平缓等不同区域,而采取形态各异的桥墩结构。

三、桥面

安平桥桥体为东西走向,是花岗岩和沙石构筑的梁式石桥。桥面宽2.9～4米,直铺4～8条石板,桥板的长短不一,长5～11米,宽0.5～1米,厚0.34～0.78米。墩上桥面横架石板有四板石5间,五板石17间,六板石171间,七板石167间,八板石1间。全桥横架巨型石板共计2308条,长短、宽窄各异,轻者仅2吨,重达20余吨,4～5吨者为多。桥板两端的接头处又横铺着石条与石块,填补空隙,使其联成一体。

四、桥栏

为了安全,原来桥面的两边都筑有花岗石防护栏,左右若一,甚为壮观。故赵令衿《石井镇安平桥记》中有"以栏楯为周防"语,并附以诗云"玉梁千尺天投虹,直槛横栏翔虚空"。20世纪30年代,桥栏几乎毁没。现有的护栏,是20世纪80年代重修安平桥时,根据出土栏石模样而重修。其时共安装石护栏726副,装配石狮18尊。

第二节　附属建筑

一、桥亭

安平桥建成后，赵令衿在《石井镇安平桥记》记载："又因其余财为东、西、中五亭以附，实古今之殊胜，东南未有。"明朝颜嘉梧的《水心亭碑记》载："其南北两涯及中间盖五亭以便休息。"《安海志》载："桥原为五亭，后废其二，惟东、西、中三亭存。东为超然亭，以祀观音，后火焚，明以筑城废；中为泗洲亭，祀泗洲佛于其中；西在南安三十九都鸡暮山下水陆坊"。

超然亭

《安海志》载："旧在西塔前桥头，祀奉观音，后居民失火焚之。"明永乐年间，古陵人张廷芳所撰的《重建超然亭碑记》，记载超然亭曾在永乐己亥年（1419年）重建。后筑安海城时废。

水心亭

水心亭位于安平桥入口处，即东端桥亭，现名为水心亭，也叫桥头亭，为清道光年间所建。时人以去中亭（时称水心亭）烧香往来不便，而于道光年间，在西塔前的桥上建此小宫，分奉中亭的观音菩萨。因亭内奉祀观音菩萨乃是从中亭分炉而来，所以该亭名称就取自中亭的旧名——水心亭。

中亭

中亭的前身是泗洲亭，原祀泗州佛。该亭在道光年间之前，名为水心亭，因位于桥之中部，又俗称中亭。该亭系桥建成时所建，后又多次重修或重建，万历二十九年（1601年）间，中亭岁久风雨坏圮。是年西安里人颜嘉梧重建。明郑芝龙《重修水心亭记》载："中翼以亭，祀大士像于上，往来便之。"顺治十三年丙申（1656年）迁界，亭毁。康熙二十三年甲子（1684年）复界后，施琅重建水心亭。康熙二十六年（1686年）提督蓝理在水心亭（即中亭）两旁填土，阔十丈，长里许，后安海人在亭旁建庙祀奉观音菩萨，人称中亭佛祖，十分灵验。道光年间，中亭佛祖分炉于桥头亭（即现在的水心亭）。

现存建筑为清同治五年（1866年）重建，庙前石柱镌刻"世间有佛宗斯佛，天下无桥长此桥"的对联。民国24年（1935年）再次重修．桥亭以中亭规模最大，面宽10米，本祀泗洲佛，后祀观音。周围保存历代修桥碑记16方。亭前伫立二尊护桥石将军，身高分别为1.59米和1.68米，头戴盔，身着甲，手执剑，系宋代石雕艺术精品。中亭的泗州佛为青石造像，20世纪70年代由安海、水头两地渔民从近海中发现，现供奉于庙前石塔内。

东西憩亭

也称凉亭、雨亭。始建于南宋，代有兴废，现建筑为 20 世纪 80 年代重建，两个憩亭分别在中亭以东 450 米和以西 280 米处的桥上。于桥面竖石柱盖四角亭，面宽各 6 米，砖木结构，内置石椅，供人休憩。每座亭子的四根柱子下面，各设置 1 只石雕狮子，雌雄各 1 对，还有石蟾蜍等镇桥石兽动物等形象。

二、桥塔

瑞光塔

又称"西塔"、"白塔"，屹立于安平桥东端。南宋绍兴二十二年（1152 年），里人以造桥余资，造砖塔于桥头，曰"瑞光塔"。塔为五层六角，高 22.55 米，占地 96 平方米。旁门，中空一井。架大木一柱，上顶塔尖。塔基为石砌六角形须弥座，宽 4 米，塔基六面转角处各浮雕一尊力神，跪姿托塔，塔身砖构，空心。层之间迭涩出檐，以砖代木为拱，设有圆顶拱门，内有砖阶可绕上，外有檐廊，上作拱顶龛，未刻佛容，塔顶置葫芦刹。外塗白灰，故俗称"白塔"。明、清间多次重修，明万历三十四年（1606 年），礼部尚书黄汝良重修，易名"文明塔"，象征文明兴盛之意。历史上有"白塔点灯，金榜题名"的佳话。

白塔是古代安海港船舶出入海港的航标，也被视为古镇安海的标志。

镇风塔

安平桥两侧共有 5 座石塔，均为镇风塔，是闽南建桥时必须建造的附属建筑物，用作风水塔。原塔于 20 世纪 50 年代被毁，现为 20 世纪 80 年代重修安平桥时，依据历史照片重建。

其中 4 座是方形实心小石塔，配对分别建于桥之东西两段的南北侧，两座位于晋江安海之午港，离桥 8 米，两座筑于南安水头西姑港，离桥 8 米左右，塔高 5.6 米，基以条石纵横层间而筑。方塔边长 4 米，由方石从下而上层层叠置，规整有序，塔上雕有莲花瓣图样，四面各置一龛，内镌浮雕佛像。

在中亭南侧离桥 10 米处有一座石构翠堵婆塔，塔高 6 米，塔基座四方形，塔身近似圆形，塔檐六角形塔，共三层，最上面一层为空心，可放置油灯，塔顶为石雕塔刹。塔身供奉泗洲佛石像，系 20 世纪 80 年代用残余构件重新建造而成。

三、寺宫门楼

水心禅寺

1987 年，桥头水心亭成立居士林，宏善扬法。至 20 世纪 90 年代，居士林扩建水心亭念佛堂，于桥头东侧海面另建新寺，正式定名为"水心禅寺"。寺院规模宏大，主体建筑包括三圣宝殿、大悲殿、天坛、山门、围墙等。其后，又在三圣宝殿右侧增建弘法楼。

澄渟院

澄渟院位于安平桥头。是一座与水心亭相连的僧房，三开间，用石板架设成地板，与桥亭相连。石板下面是架空的海域，海水可达。

民国 27 年（1938 年）农历九月二十日，弘一法师应安海水心亭丰德法师之请，由漳州瑞竹岩经同安梵天寺到安海，居此澄渟院一间斗室修行弘法，达一个月之久。弘一法师在此住锡期间，许多安海地方人士慕名前往拜访，于民国 27 年（1938 年）10 月与弘一法师合影留念。照片上题："安海绅商学各界欢迎弘一法师莅安海水心亭留影"。据弘一法师寄给友人的信中写道，他在安海期间，曾应地方人士之请，书写达 300 多幅，赠与安海各界人士。

澄渟院大门原为框原为木构，民国 36 年（1947 年）修葺时始改为石门框，并将弘一法师住锡此间时所书"澄渟院"三字及"民国丁亥冬，一音题，李瑞美号敬"等字样，刻成石匾额，并将其所撰楹联，"如来境界无有边际，普贤身相犹如虚空"，镌刻于石门框，文末有圆形印章一枚，篆书阴刻"弘一"二字，下联落款"安平诸董事，僧性学、观严募建"，澄渟院石门所用石料为安海居民黄发治所捐，并由长住安海的惠安石匠吴源山镌刻。

民国 37 年（1948 年）12 月，弘一法师的弟子丰子恺曾携其女丰一吟专程来此寻觅瞻仰其师的遗迹，也住进了澄渟院。

隘门

安平桥的东西面各建一座门楼，俗称"隘门"。东段隘门称"望高楼"，建于清同治三年（1864 年），距瑞光塔约 180 米。现在隘门为东西向，两层楼阁式，砖石结构，铺设楼板，下为拱门，桥从拱门通过。楼上嵌有一方黄章烈所写楷书"望高楼"三字的石匾额，楼下嵌有一方题有楷书"金汤永固"四字的石匾额。此二方石匾均面向瑞光塔，望高楼的另一面朝西，门上一方石匾题有"寰海镜清"。

西端隘门原系清嘉庆十三年（1808 年）建造的，民国时被毁。现存建筑为 20 世纪 80 年代修桥时重建，嘉庆年间南安知县盛本楷书"水国安澜"四字的匾额原嵌于隘门西面,现嵌于隘门东面。西面"听潮楼"石匾系 1986 年于安平桥东段附近滩涂出土的,2010 年 1 月 22 日镶嵌于西端牌楼拱形门上。

新兴宫

新兴宫原称万应公宫,由民间人士捐资修建。其亭子造型比较奇特,亭子顶分 3 层,下四方,上八方。新兴宫始建于何年无考,内墙上嵌有两方清道光八年(1829 年)的石碑,早期曾放置 13 个陶制的"皇金"(装遗骸的陶缸)。

海潮庵

原位于安平桥西端,即桥尾水头,后废。现存为民国初重建,近年又加以扩建,三开间两进,内祀观音。有清道光年间的"重修海潮庵"的碑记等三方。

第三节　造桥技术

一、睡木沉基

安平桥比北宋万安桥(即洛阳桥,建于 1053 年)的建造迟 85 年,桥却比万安桥(三百六十丈)长四百五十一丈。它吸取了万安桥的建桥经验,同属于"长桥浅基"的梁架式石桥,但又不照搬其经验。安平桥的桥墩基础,不但采用以往普遍使用的"打桩基",而且还采取更为科学的"睡木沉基"法,也叫卧椿沉基。睡木沉基是继洛阳桥创造的筏形基础后又一可贵的创造。由于有些港道水深泥烂,抛石容易陷下散落,浪费大量石材,而睡木沉基法是在泥滩上将椿木平列分层交叉,然后垒压上大石条,随石条的加高,重量不断增大,木头排便渐渐沉陷至港底的承重层,从而奠定桥墩的基础。"睡木沉基"法既简便,又省工省料,是当时先进的筑基建桥技术。这样做可使桥墩建在坚实的基础上,增强了桥墩的坚固。

二、浮运架桥

安平桥的桥板,都是二三丈的石料,每条都是重数千斤以上的,当时科学还不发达,没有起重机等机械设备,仅仅靠手工操作及简易工具。运输方面,没有载重卡车,陆路肯定行不通。所以该项石料,都从金门辖下的大百屿采取,用船由水道运来。

而这样沉重的石板,怎样架设,也是一大难点。当时的工匠使用巧妙的方法,就是从水路运输,利用海运载到桥墩的位置,当潮水高涨的时候,船也随潮高而将石板轻易地托起,与桥墩对齐固定,到了潮退的时候,船随潮水下降了,这样石板就安放在桥墩上,解开了绑扎石板的麻绳,船也就可以脱离了后驶开。既省力又方便,确实巧妙与科学。如果潮水上涨未能达到需要的高度时，即把杉排一排一排地垫进船下，使船只浮升至适当的水位时，把石板移动安置在桥墩上：待潮水下退时，把船和杉排解开分离。而在水浅的区域或海坪上，架设时，把石料卸在桥墩边，利用绞绳的旋转器（安设在桥墩上），用绳把石料缚住，沿着架设的斜辊吊装到桥墩上。这两种方法应该就是清人周亮工《闽小记》所谓"激浪以涨舟，悬机以牵引"的施工方法。

三、养蛎固基

桥成之后，又用牡蛎加固桥基，即在桥基上广泛种植海蛎，利用海蛎的繁殖滋长，把它凝结起来，成为牢固坚致的基础。这种生物学与建筑学相结合的办法，在北宋建造洛阳桥时已开始运用。

第四节　建桥材料

安平桥石材的来源，主要来自金门岛附近的大百屿。由于现存的碑记及古代文献，均无具体的记载，不少文章都误以为建桥的材料来自金门岛。早在 1961 年，洪少禄在《安平桥修建沿革》一文便指出"自宋以来，安平桥需用的石料，都是从百屿岛开采"。他例举"光绪二十七年（1901 年）六月，桥再崩坏，陈缆驹等主持修桥。因采石而与金门的士绅发生诉讼"一事加以说明。"后来金门的绅士，迷信了风水，以为大百屿的石是金门的灵脉所在。这年（光绪二十七年）特出面阻挡不许开采，因此发生诉讼。修桥的董事陈缆驹等人据理力争，几经交涉，最后由'公亲'洪景云、陈生寅等出面调解，乃获顺利开采。"

根据有关人士登上大百屿，进行现场勘查的结果，发现在峭壁和海滩之间的许多巨石上，出现不少整排矩形小石孔。小石孔长 8 厘米，宽 7 厘米，最深达 16 厘米，呈外宽内窄形状。每排小石孔少有 5 洞，多则 10 洞不等，孔间距不大，罗列整齐，有不同程度的风化现象，显然是人工所为，是常见的采石"凿眼"。仔细观察这些"凿眼"的特征，一、从"凿眼"风化程度的不同，可以推断形成的时期不同，具有一定的时间跨度，说明在不同时期都有在此采过石的事实。二、根据同一石体相邻上下两排"凿眼"的间隔，多数在 72～83 厘米之间，与安平桥一些大桥板的厚度吻合。三、"凿眼"长度在 110～120 厘米，是根据天然石头纹理而定，这种选择可以提高采石的效率，是安平桥早期的桥板之所以宽度不同的原因。

大百屿在安平桥的正南方向 9 海里处的围头湾内，位于北纬 24°33′57″；东经

118°27′12″。岛上长轴为北东—南西走向,南北长0.36公里,东西宽0.2公里,面积0.06平方公里,岸线长0.943公里,最高点海拔25.3米。东南沿岸有一片连绵数百米的岩岸（巨型石窟）。大百屿是座无人海岛,古代系晋江、南安、同安三县交界处,现属南安市管辖。这里石材储量丰富,石材巨大坚实,适合桥板的使用。且大百屿的地理位置得天独厚,四面环海,与安平桥距离很近,适合古代发达的水上运输的需要,船只顺潮流进出装卸即可。其不但易于开采,也便于水运。

以上资料及勘察说明,古代建安平桥的建造和历代维修所需石材主要采自大百屿。1949～1978年间,台湾与大陆军事对峙,处于对峙前沿的大百屿为军事禁区,无法进入采石,修桥者遂考虑另外寻找材料来源。之后,陆上交通迅速发展,石材开采机械化,后期修桥石材补充来源更加广泛,有采自晋江永和巴厝、南安丰州和惠安等地石窟。2007年至2008年修桥的29条桥板及35处桥栏的石料,全部采自南安丰州石砻。

第五节　围垦海埭

安海湾为内海港湾,早期海水涨潮时可达安平桥下,直至南安水头大盈桥附近,退潮时大面积的滩涂露出。海湾周围人口密集,耕地缺乏,粮食紧张,自古就有围海造田的传统。安平桥周边历代围垦海埭是"五里桥成陆上桥"的主要原因。

位于安平桥北侧的"西埭"围垦时间早、影响最大。据《晋江县志》(乾隆版)记载:"西埭,在安海西门外,即曾韦埭。宋御史白承休筑此埭,谓之白使埭,后废。有曾者修之,谓之曾埭。绍兴间,洪水流溃,郡檄晋江县王悦同乡人曾、韦二家修筑,又名曾韦埭。北有庙,祀王悦。嗣而知府马咸赖堰埭而田于两岸,是谓西埭,与曾韦埭合而为一。水自柏峰山发源而来,分为九派,名曰九溪。自九溪分支出黄口店,聚龙潭,达南瀛桥,分一小支流韦舍后圳,出横辰桥,至曾埭而入于西埭。周围一千余丈,广三丈,深二丈。灌田六百石,陡门一在西桥,以泄水势。"

《安海志》有关"西埭"和"外埭"的记载:"明嘉靖八年己丑（1529年）堤决,知县钱立诚修筑之,后二十余年崩塌又甚,知县潭敬所、县丞张泉斗重修。"

清顺治十三年（1656年）丙申焚毁,西埭废。清康熙二十三（1684年）甲子复界,提督蓝理于康熙四十六年丁亥（1707年）占筑,后蓝官罢。雍正八年庚戌（1730年）清丈,蓝业产充公,内埭共田七百五十八亩余。

至于外埭,又名外围永丰埭,与西埭隔岸。雍正元年癸卯（1723年）黄永丰筑,十三年（1735年）,黄伯敬,韦长使给垦,计田四百八十余亩。

中华民国时期，安平桥周围再兴围垦海埭热潮，民间力量围垦海埭为主要形式，但是规模比较小。在抗战最困难的时候，安海商会组织"垦荒委员会"，开垦蔡厝埭、西埭、陈厝埭等，发展生产自救。民国 28 年（1939 年），由蔡子钦与蔡世斗倡议，在金盾码头过港对岸的海滩上，围垦 120 亩的可耕海埭——蔡厝埭，工程由蔡世斗主持。民国 30 年（1941 年）8 月 7 日，安海西埭计划垦荒，"垦荒委员会"举行第一次会议，推举倪世祯为主任委员。会中决议呈请县府拨借 5000 元以开展前期工作，垦荒计划的工程材料费估约 30 万元，拟向海外及本地富户筹借，并印发告海外人士书。民国 32 年（1943 年）由黄年钗主持，在水心亭西南侧海滩，围垦 80 余亩可耕地，名为陈厝埭。继陈厝埭围垦之后，延续旧西埭、临五埭港边之海滩，以西安村颜昌超为首，围垦十五石可耕地。在十五石埭之举后沿东侧，开垦午港边海滩，围堰广阔的可耕地，名为中兴埭。在十五石埭与中兴埭结合部东南侧，靠近中亭港的滩涂，民国 32 年（1943 年）由当兴境居民投资，沿二埭外围筑堤而成，名为羊仔埭，该埭可耕地约 50 亩。由政府主导的围垦计划也开始实施。如民国 36 年（1947 年）8 月《江声报》援引"中央社讯"称："五里桥围垦工程已开始，完成后可获水田四万亩"。同年 10 月 1 日，"晋南六县水利协会"在《江声报》刊登招商启示："本会拟在安海五里桥招商分段承建围垦海堤土方工程"。民国 37 年（1948 年）1 月 20 日《星光日报》报道"围垦安海五里桥月底完成"的消息。但是，由于工程所需要 20 亿的资金短缺，围垦工人罢工等问题使这个规划搁浅，最后只形成小规模埭田。其中，"政府埭"围垦系动用大量救济面粉做经费，围筑该堤，但由于工程中大量偷工减料，剥削工人工资，致使该埭质量很差，完成后尚未耕作即被潮水冲缺倒塌、毁坏。

中华人民共和国成立以后，社会安定，人口剧增，耕地少人口多的矛盾越显突出，特别是农业生产公社化、集体化使劳动力更容易集中等客观条件，围海造田速度加快。1958 年 6 月，由晋江县农业局主持的"晋江五里桥围垦工程"开工，100 名优秀石工和 6000 名民工参与工程建设。围垦工程从晋江东石码头起到南安江崎为止，堤长 3 公里，围垦土地 20,000 多亩。1965 年，水头埔边大队围垦堤长 2.2 公里，围垦可耕面积 1100 亩，水头朴里大队围堤长 1 公里，围垦面积 250 亩，可耕面积 180 亩。

截止 20 世纪 80 年代，安平桥南北两侧昔日的海港、滩涂全部成为农田或蓄淡水灌溉的沟渠湖泊，可谓"沧海变桑田"。

围垦海埭都是依靠人工挖掘海土筑堤岸，在海潮汹涌处还需要加筑石堤才能抵挡住潮水的侵蚀，还要修筑水闸排涝，需要投入大量的人力、财力才能完成。历代主持修筑海埭的有古代官府出面，召集各乡村壮丁参与，如"白史埭"；有士绅出资主持修筑，如"永丰埭";更多的是以宗族姓氏族人联合围垦,如"曾埭"、"蔡厝埭";有股份制形式合作围垦的如"八股埭"、"委员埭";也有单位组织围垦的海埭,如安海码头工会组织围垦的"解放埭"(其范围为民国时期的"政府埭")等。

民国以来,以政府号召,投资组织和地方集体组织围垦海埭的成为主要的组织形式。

至20世纪80年代,安平桥北侧围垦的海埭都已经成为农田,南侧也有部分成为可耕地,更多的是作为盐田用地。

20世纪90年代以后,当地经济发展迅速,工业商贸,码头等建设用地需求日显突出。安平开发区和五里桥工业区在安平桥南侧相继成立。开发区和工业区是在原来海埭的基础上再拓展延伸到埭外海滩,并将挖掘附近小山丘的土方,运载来此填充加高,又是一场规模比较大的"移山填海"造陆运动。

安平桥周围历代围垦海埭一览表

名　　称	围垦年代	主持者	围垦面积
白史埭	宋	白承休	
柯西埭	宋绍兴间	柯国材	
西埭	元	马咸赖	758亩
外围永丰埭	1723年	黄永丰	480亩
朴里埭	历代	水头朴里村民	
万年埭	历代	水头埕边村民	
蔡厝埭	1939年	蔡子钦、蔡世斗	120亩
十五石	1943年	颜昌超	
中兴埭	20世纪40年代	颜昌超	
陈厝埭	1943年	黄年钗	80亩
羊仔埭	1943年	安海当兴境居民	50亩
中亭埭	1951年	安海码头垦荒委员会	130亩
解放埭(政府埭)	1952年	安海码头垦荒委员会	660亩
养中埭(委员埭)	1952年	安海西垵村垦荒委员会	
八股埭	20世纪50年代	安海西垵村村民	
农志埭	1954年	安海西垵村部分村民	
林柄埭(四清埭)	1965年	朴里、埕边、水头等3个大队	1280亩
70埭	1970年	安海西垵大队	
龙舌尾	20世纪70年代	安海公社	1700亩
青年埭	20世纪70年代	安海知识青年	
三乡埭	1970年代	行内、水头、埕边等3个大队	

第四章　碑记石刻

碑记石刻

第一节　碑记

石井镇安平桥记

濒海之境，海道以十数，其最大者曰"石井"，次曰"万安"，皆距闽数十里，而远近南北官道所从出也。皇祐中，莆阳蔡公始桥万安，碑其事而请于朝。惟石井地居其中，两溪尤大，方舟而济者日千万计。飓风潮波，无时不至，船交水中，进退不可，失势下颠，漂垫相系，从古以然，大为民患。爰有僧祖派，始作斯桥，会派死不克竟。余至郡之初，父老来谒曰："斯桥之不成，盖有所待，今岁太和，闾里无事，而公实来，事与时协，且有前绪，不可中废，请相与终之。而不敢以烦吏，使君幸德于我。"是得邦之贤士。"新兴化令黄逸为倡，率僧惠胜谨洁而力实，后先之。经始之日，人咸劝趋，即石于山，依村于麓，费缗钱二万有奇，而公私无扰。自绍兴之辛未十一月，越明年壬申十一月而毕，榜曰"安平桥"。其长八百十有一丈，其广一丈有六尺，疏为水道者三百六十有二。以栏楯为周防，绳直砥平，左右若一，隐然玉路，俨然金堤，雄丽坚密，工侔鬼神。又因其余财为东、西、中五亭以附，实古今之殊胜，东南未有也。涓是良辰，属宾落祭其上，老壮会观，眩骇呼舞。车者、徒者、载者、负者、往者、来者，祈祈舒舒，无所濡壅。日出雾除，海风不扬。岛屿漫湾，寂寞无声。空水苍苍，千里一色。神怪灵幽，波涛弭伏。凫雁之群，鱼龙之族，溯回影限，翱翔上下。耿祝南山，通望扶桑。贝阙珠官，鸿蒙可想。恍如仙游，忽若羽化。虽驱石东来，游鱼漉水，不能绝也。斯桥之作，因众志之和，资乐输之费，一举工集，贻利千载，是岂偶然也哉！且乘舆济人，君子以为惠政；邮梁不修，古人讥其旷职。守令之职，固未有先于此者也。今国家安静，文明武戢，岭海之陬，仁均无外。令衿误膺寄委，假守是邦，早夜之思，惟惧弗称。其敢以此自为功乎？亦因民之利，而勉其所当为耳。既而邦人又请镌诸石，以示永久，且作诗以系之。其诗曰：

> 维泉大海濒厥封，余波汇浸千里同。
>
> 石井两间道所从，坐令往来划西东。
>
> 怒涛上潮纩天风，舟航下颠一瞬中。
>
> 孰锐为力救厥凶，伟哉能事有南公。
>
> 伐石为梁柳下扛，工成若鬼丽且雄。
>
> 玉梁千尺天投虹，直槛横栏翔虚空。
>
> 马舆安行商旅通，千秋控带海若宫。
>
> 震惊蛟鼍骇鱼龙，图维其事竟有终。
>
> 我今时成则罔功，刻诗涯涘绍无穷。

宋朝散大夫权知泉州军主管学事兼管内劝农事赵令衿撰并书

【说明】

《石井镇安平桥记》系南宋绍兴二十二年（1152 年）泉州知军州事赵令衿为安平桥落成撰写的碑文，记建桥经过及描述桥梁之雄伟。原碑已废，碑文引自俞少川、洪谷主编《安海志》（1983 年出版）。

重建超然亭碑记

智周乎万物，而道天下，圣人之济也。若济大川，用汝作舟楫。贤人之济也，虽其为济之道不侔，是亦同于事济也。且以大川喻天下，则其所以为济，事亦大矣，而况不为舟楫者乎？夫然后知济之为义，有所在焉。自舟楫之利以济不通，天下思济之心，滔滔皆是。吾不知其孰果修实济之利，即与其虚济于一时，曷若实济于后世，与其未济于天下，曷若既济于一川，此君子所以思居德而贵成功也。传载子产以其乘舆济人于溱洧，而尹思天下有一夫之溺，犹已溺之。观于二子之济，虚实从可知矣。

方今六合一家，四夷来王，无事相济，相与讨求实济之利，垂至于今，有与桥梁道焉。而江湖传播，夫利涉之胜于吾泉，有五里之桥，盖其功侔造化，谋鬼神，前志备矣。闻者骇异，莫不思历而目瞩之，犹且不及；而况身蒙巨济，天下无一夫不得其所，即是，则徒闻五里乎？步波心如履平地之胜，又焉知夫海阔天清，列坞如绘；水色波光，空碧千里；明星摇波，轻烟笼水；锦鳞游泳，沙鸥翔集；掠影随光，各得其所；悠然兴怀，俯仰与天地万物，上下同流；无不乐其乐，而生其生，安有他哉！亦各得其本心之所同然而已耳。非贤者而后乐此，不贤者虽有此不乐之谓乎。予于是非独私羡有是胜，尤难于有是人；有是人尤难于有是会也。虽然江山朝暮变态，固多兴废，今古不一，又焉可举而集之。咸萃于前，则又在人之一感耳。然则榜曰"超然"，必有得此名山形胜之外者，则予盖有意集诸前修景行。若太守赵公、韦斋父子、朴乡林蕴辈，数君子之讽咏题吟，生平心事之寄版于其上，以待来者。庶几即斯桥之胜，以求济川之心；推济川之心，以待济时之会；推是以往，又何啻一川之大而已哉！

适斯亭重构，黄子闻而成之，遂感其事。落成于永乐已亥之秋。既复其匾，益广其济，立石设浆，请予一言，以纪岁月。吁！予既无文，其可无略，以复起予者，继之以诗曰：

茫茫堪与济寰海，滚滚巨浸渺无外。

其中一撮上碍波，大禹导之东南会。

维兹坤轴驾巨鳌，似为四夷作控带。

坐令百川涌东流，引使冯夷生百态。

伊谁驱石列长虹，撮取乾坤如斗大。

两曜升沉转眼间，十洲往来同一块。

从容平步踏青云，银汉天津何足介。

逶迤台榭接珠宫，蓬岛瀛洲果安在。

达人高视等于空，况抱须弥纳一芥。

欲写山河壮荣观，自觉超然不在内。

不知此老几时回，为此著书述厚载。

毓芳古陵张廷芳　书

【说明】

碑立于明永乐十七年（1419 年），后废。碑文载于《安海志》（1983 年出版）。张廷芳，明朝永乐年间人，晋江古陵（今晋江市磁灶镇五龙村）人，自号退密翁。著有《易经十翼章图蕴义》十卷。

重修安平桥记

安平桥者，乃宋绍兴间有宋赵令衿摄郡作成之。其南北两涯及中间盖五亭以便休息，事悉前碑。逮倾圮，而当南涯溪潮之处毁断尤甚。乡人□□□以木板代跨以渡，然势危□，涯之一累经重建仅存，余皆倒灭，过者病焉。乃天顺改元，北涯耆民安□国广募缘，人咸乐输，遂先新水心亭，次及桥道。自北涯起，倾者砌，断者续，因复建亭于其上。是岁十月兴工，越三年□八月而讫。桥亭次第一新。□成之日，咸以为非斯耆德，曷能复济人之功如是哉！谓宜记之，以示永远。乡人陈弘道远记。

耆民蔡阳生、蔡逊谕、伍嗣悦、蔡四、郑勤治。

天顺三年八月吉日晋南□□□□

【说明】

碑嵌于安平桥中亭左墙，明天顺三年（1459年）立，花岗岩质。高188厘米、宽60厘米。碑额刻"重修安平桥记"篆书横排，字径12×8厘米，碑文楷书竖排，计9行，字径6×6厘米。碑断为两截，碑文下半截文字漶漫不清，有关单位据资料用红漆补写。

水心亭碑记

水心亭之胜，由西桥已成，旋而建之，以便休息。盖宋绍兴间……（多字漶漫不清）先后也。嗣而岁久倾颓，迨我朝天顺三年，陈弘道鸠众重修，亭始……（多字漶漫不清）而日毁月损者五十余年。时有乡先生柯实卿筑城以捍其西，黄伯……（多字漶漫不清）遑而先即世。凡东西肩者、步者，竭蹶而不获一憩，有目击慈悲，咸欲得……（多字漶漫不清）缘之役，先新水心亭，次及桥道。自是岁十一月兴工，越明年十月，上栋……（多字漶漫不清）为而为之，何敢自以为力。但众德难扬，爰纪于石。至于丹腠而华……（多字漶漫不清）

募缘人颜嘉梧舍银陆拾贰两正，劝缘人曾守鲁舍银伍两正。

助缘人陈思远舍银叁拾两正，蒋国清舍银拾壹两正，柯当阳、郑……（多字漶漫不清）

颜廷机、柯奇选各银伍两正，颜益润、颜嘉茂、魏良、高如……（多字漶漫不清）颜国民、陈宏、黄维增、徐建冲各银壹两伍钱正，颜龙见、颜……（多字漶漫不清）曾任传、黄吉伯、许名仁、颜廷烨、黄幼宰、黄幼棉、张杨卿、黄……（多字漶漫不清）黄宜春、蔡志霄、柯奇表、吕成炎、张贵各银壹两正，曾黄……（多字漶漫不清）曾宗禧、曾任岳、许廷冕、黄亮猷、陈绳武、颜廷接、李乔栋……（多字漶漫不清）许应新、黄大章、陈一芳、史廷焕、伍尧潜、卢玄著各银伍钱正……（多字漶漫不清）伍齐正、陈应立、李春华、洪富各银叁钱柒正，林宇廉、郑……（多字漶漫不清）共用二百二十两，并修桥九间。

万历庚子岁十一月十有六日　募缘人颜嘉梧立

【说明】

碑嵌于安平桥中亭左墙，明万历庚子年（1600 年）立。高 254 厘米、宽 84 厘米，碑额刻"水心亭碑记"，楷书横排，字径 15×15 厘米，碑文楷书竖排 16 行，字径 5×5 厘米，碑文下半部风化严重，文字漶漫难辨。

水心亭记

重修水心亭记

桥成于宋绍兴年间，渴虹饮流，蜿蜒五里许，中翼以亭，祠大士像于上，往来便之。岁积就圮，风雨飘摇，余不胜蒿目。夫一笠盖佛，昔犹美谈。使山行者歇力疲于经树，而利涉徒步之众，触热冲飚，莫觅片席少憩地，大非津梁初意矣。然独为君子不敢也，乃谋之商人吴寰宇、曾希止等，捐资以倡，跻宇等亦乐于输工。石之倾侧并葺而新之。是役也，举以众擎，力省功倍，糜金钱仅贰百有奇，阅四月而告成功云。

崇祯拾壹年正月　日

钦差管协守潮漳副总兵事前军都督府带俸右都督郑芝龙奖倡

吴寰宇、曾希止、郑心昂、陈跻宇、伍学源、许耀岳、王月湖、伍万我、鄞珍峨、伍万石、王握枢、宋子怀、蔡联苍、王缵凤、陈揆玄、郭耀国、陈启衷、叶植宇、吴春宇、郑寿苍、洪千如、蔡寰衷、王我素、宋念石、洪白鼎、吕培宇、沈质所、蔡若英、蔡献畴、吴珍峰、吕清如、彭璧塘、吕致塘、留珍源、柯起逵、陈宗旗、陈奕鸿，萧仰浩、周荣笙、李冲寅、陈廉誉、王贵吾、邓仁宇、林鸣元、黄柏松、林三顺、郭辉石、陈殿一、吕西来、杨辉宇、施　敬、王渐逵、伍振川、李铭邹、李顺壁等仝立。

　　题缘弟子蔡奎　督工弟子史伯贞、谢玉　石匠黄重镌

【说明】

　　碑在安平桥中亭，明崇祯十一年（1638 年）立，高 230 厘米、宽 70 厘米，碑座高 43 厘米。碑首篆刻"水心亭记"4 字，横排，字径 20×10 厘米，碑文楷书竖排，计 12 行，满行 45 字，字径 4.5×5 厘米。碑文记载崇祯十年（1637 年），时任潮漳副总兵右都督的郑芝龙奖倡重修水心亭之事。

施琅捐修安平西桥碑记

　　康熙癸亥，少保将军靖海侯施公平定台湾旋师，捐俸修造安平西桥、郡城南桥，以次告竣。西隅士庶复以浮桥倾圮为请，遂蒙将军捐俸千两，并集绅士共成盛举。工兴于丁卯年四月，成于戊辰年八月。用志功德，永垂不朽。

乡　绅	黄叶筠	黄元骥	吴黄龙	黄觐光			
举　人	粘拱卤	林淦翰	黄光祖	陈方升			
贡监生	周　澎	黄翼峦	黄翼丽	周师曾	黄时衍	黄锡祚	黄　镛	纪振声
生　员	黄肇璜	黄翼虑	黄士喈	黄克锡	公标都士	黄继猷	纪汶相	郑廷录
	高昂瑛	粘一震	黄　隐	傅廷器	林浣桂	吴颜良	粘一升	吴　晋
	黄德济	苏电骢	苏应捷	许甘姝	李尧华	涂晋全	何芯逵	施延缵
	黄日革	李文莊	黄元高	周尧贞	张　居			

康熙岁次戊辰年蒲月谷旦仝立石

【说明】

　　碑在鲤城浮桥桥畔的接官亭之侧，清康熙二十七年（1688 年）立。碑中记载清康

熙二十二年（1683 年），施琅平台旋师，捐俸修造安平桥、顺济桥和浮桥的史实。该碑通高 315 厘米，宽 116 厘米，厚 15 厘米。碑额高 54 厘米，浮雕双龙戏火球。正文楷书，竖排 5 行，字径 9×9 厘米。捐修名录竖排 4 行，字径 3.5×3.5 厘米，碑底座高 55 厘米，宽 138 厘米，厚 40 厘米。

重修安平桥记

　　安平地压巨海，广衍数十里，南北往来市舶之区，泉之一大都会也。其西襟九溪之流，波涛漾折以浚于海，属安平胜景焉。因阻孔道，行者病之。宋绍兴间，郡守赵公令衿始为石桥，纵然若虹，长五里许，由是千百年来民免病涉。阅时久远，渐致倾圮。乙巳秋，山水暴涨，崩坏数坎。好义者莫为之倡，则惮而不前。郡侯张公无咎、邑侯叶公祖烈闻之，捐俸为倡，委其职于贡监生黄振辉、施世榜、黄锷、黄璞、蔡知远、黄为宪等，使董其事。多士协力，课督不懈，桥仍其旧。落成有日，适予蒙恩归里，泉人感郡邑侯之泽不能忘也，佥请一言勒诸石以垂不朽。古者，合方氏掌天下道路津梁之制，岁有兴举。彼济盈濡轨，民则病矣，乘舆为恩，尤非善理。贤守令能使周道坦然，尽人以济，可不谓盛？官为倡，士争先，上下咸和，以成厥举，是循治之风也。则千百年后之戴德于守令者，不犹今之戴德于赵侯乎！

　　赐进士出身通议大夫日讲官起居注詹事府詹事兼翰林院侍讲学士陈万策撰

　　首事出银计开：黄锷出银六十两　施世榜出银五十两　黄璞出银三十大员　黄振辉出银二十五大员　蔡知远出银十两　黄为宪出银十大员

　　募题银计开：郑维奎出银二十两　吴世昌、王麟德各银十五两　陈孕祥出银十二两　蔡源昆、龚硕采、林高团各银十两　张启梅、苏芳、蔡思聪、张允哲、张德捷各银十大员　黄增顺、陈道辅、户部馆各银八大员　柯湜甫、施挺瑛、洪青伟各银五两　黄士崇出银四两半　陈来官出银四两　杨士哲、伍志高、黄学洙、曾正泰、蔡源丰、曾仲龙、高合兴、陈宪章、王槐春、杨德昌各银十中员　陈鸣聪、史昊、陈琬若、高永和、封兴使、黄志茂各银三两　陈善老出银二两五钱　吴安使、陈居老、蔡永盛、龚年老各银三大员　伍长胜、蔡奇显、洪能老、王科老、施荣奇、姚志华、陈珍享、王钦进、陈春官各银二两　黄耀金出银五中元　黄士沄、陈旋老、蔡廷懋、吴高瓚、高雅老、陈宸老、王赐老、黄懋华、杨翁老、许聪使、郑让、高士老、王应甲各银二大员

　　督工黄贤官、蔡怨官

　　鳌屿蔡云书

　　雍正五年正月　日立石　石匠林部、柯协师造

【说明】

　　碑在安平桥中亭，清雍正五年（1727 年）立。花岗岩质，高 270 厘米，宽 103 厘米，厚 16 厘米。碑额高 48 厘米，浮雕双龙护匾图案，中刻篆书"皇清"竖排，字径 12×12 厘米；碑文楷书竖排，计 18 行，字径 5×5 厘米，捐资芳名字径 3.5×3.5 厘米。

重修安平西桥碑记

　　泉之有安平桥，自宋绍兴时郡守赵公令衿率泉之父老子弟为之者也。泉地濒海，桥当南北孔道，跨两溪之流，其长八百有十一丈，其直如绳，其平如砥，隐然若长虹卧波。行旅往来，民间负载，熙熙攘攘，习而安之。阅元而明，以至国朝，盖数百年于兹矣。民免徒涉之险，人由坦道之遵。厥功甚伟，直与莆阳蔡端明之万安桥争烈焉。甲辰冬，予以西曹郎奉圣天子简命，来守是邦。时方连歉之后，春雩夏赈，公务殷繁，且簿领劳人，无间昕夕，一切兴废举坠未遑也。无何，安平镇之里民以西桥倾圮具告，万民病涉，招舟子而不答，舆徒阗咽，望洋之众断断如也。予轸念之，乃与邑长倡捐鹤料为绅士先。民鼓舞竞劝，趋事赴功，不待蘩鼓之督，而圮者整、断者续，不日而已落成。计所捐与所乐输几及千缗，旅乃便于途，民仍利于往。贡监生黄振辉、施世榜、黄锷、黄璞、蔡知远、黄为宪等告成功于予，请予文而碑以记之。予考周司空遂人以时，平易道途，而夏令有十月成梁之制。故单子过陈，慨其泽之不陂，障川之无舟梁也。因桥之坏而修复之，邑令有司之事，太守之董其成也。而贡监生振辉等身既乐善，复能动好义之人，率众篑而成山，以利济于无涯，可不谓贤焉。阅其所上捐金册，胪举众名；且六人始

终协力，誓无纤毫染指以干天谴，其有功能不伐，而不掩人善又如此，予深嘉之，因为文，俾鑱石以志其岁月，且勒贡监生等六人与众好义之姓名，使后之修举废坠者感发而兴起焉。若谓予比隆于赵守，予何敢当焉。是为记。

温陵郡守东莱张无咎撰文

雍正五年正月　日立石　鳌屿蔡云书

【说明】

碑在安平桥中亭，清雍正五年（1727 年）立，花岗岩质。碑高 271 厘米、宽 103 厘米。碑首浮雕双龙护匾图案，中刻"皇清"2 字，篆书竖排，字径 12×12 厘米；碑文楷书竖排，计 17 行，字径 5×5 厘米。泉州知府张无咎撰文，记倡修安平桥经过，阐明造桥修路是有司职分，表彰董事的贡监生黄振辉、施世榜等及众捐资人好义乐善。

重修安平西桥碑记

安平地滨山海，道通晋南同三邑之冲，其西出者曰西桥，绵亘八百余丈，右障田数百顷，通毫光、琥光之溪流，水利攸关，左临大海，先是民艰于徒涉，宋绍兴间初建是桥，镇之人始履坦无忧。但年远代湮，不无颓圮，虽官是郡者时加修葺，而波涛雄涌，潮汐不替，非坚确不能历悠久。余署分防兹地，莅政之三月，过其处，见倾欹低缺，民嗟病涉者十之三四，慨然悯之。乃请诸上台，许以缮修。捐俸外即集绅衿耆老劝助而共襄之，设法分督，专任衿士延为董首，而衿士亦竞相效率，即劳苦不惮烦焉。于是倾者筑之，欹者正之，低者高之，缺者补之。固基址，砥石柱，使无冲崩水患之虞。庶几民歌砥矢，而海埭田亩得享乐利欤。以乾隆戊辰岁八月念一日兴工，至十一月念九日告竣，凡三阅月而桥成。夫兴利除害者，守土之任也；举废修坠者，有司之职也。余膺简命，署莅安篆，桥之兴废，责将安辞？而一方之人，乃能乐义急公，集狐成裘，共襄厥事。甚至风霜栗烈，督率不倦，日无宁晷。此足见是镇之风俗厚、人心朴。不独利行人，卫田畴，而一时之举，千载赖焉。官斯土者，与有荣施，竟默无一言以相表扬，则掩人之德，其美不彰也。爰略书其行事，勒诸贞珉，以为后之乐善好施者劝，而兴废起坏，亦可相继勿替云。因并列诸董首及捐助姓名于左。

乡进士文林郎署泉州粮捕驻镇安海分府马鏕谨撰

本分府马倡修捐俸银壹拾贰两正　乡绅施讳士龄捐银叁拾两

乡绅吴讳节民捐银贰拾两　封君黄讳彩捐银壹拾两　进士佘讳汉章董首捐银伍两
监生陈登高自修桥脚二座、板三孔费银六十余两

董首监生颜思敬、纪廷美、萧时光、陈廷瑜、黄士栽、苏廷俊、陈培璋、龚钟炽、陈宗炳、杨世玑、乡宾蔡文琯、贡生王化鲲、王宗敏以上各捐银拾两董首督工使费自备　职监黄鉴董首督工使费自备　监生黄士善董首理银数全生员吴朝鹤修桥脚一座板二孔

捐助交银计开：曾浚河拾两　王白淑捌两　黄锦记、龚天锡、吴双合、陈荣源、高行远、陈受采、王世美、陈朝凤、张允哲、陈倬云、王元利、陈振兴、蔡万镒、萧应光、黄辉扬、柯文瑞、蔡资深、田协利、许云行、陈元嘉、张焕振、柯宽文、张士贞、杨兴源、陈广崇、王振丰、伍珍源、王合裕、许协泉、陈光锡各银伍两　许广源肆两　林霁光叁两贰钱　许维琦、洪凤、许谨、封翰各叁两　颜式榜贰两伍钱　蔡士龙、许义和各贰两肆钱　龚硕廉、赖德兴、王喜老、黄吉利、蔡协笑、施秦世、陈镇观、朱义老各贰两　蔡懋淑、潘日典、张万盛、王贞利、蔡尚老、黄协兴、洪天成各壹两陆钱　张亦义壹两肆钱　许定光、杨琼世、颜瑞观、曾恭观、许秋老、詹庆老、张瑛老、许佐老、苏岱老、王偶郎各捌钱

发出前详追缴蔡性入官田价银肆两

经管吏书陈龙、陈德、洪仁

时乾隆岁次戊辰腊月中浣谷旦立石

【说明】

碑在安平桥中亭，清乾隆戊辰年（1748年）立。碑高275厘米、宽103厘米；碑额浮雕双龙护牌，牌中竖刻篆书"皇清"两字，字径13×13厘米。碑文为仿宋体，竖排20行，前10行字径4×4厘米；后10行捐资姓名字径3×3厘米。

重修安平桥碑记

　　安平有双桥，其东桥废已久矣。西桥当南、同、漳、广之冲，跨海汊为梁，绵亘五里，宽丈有四尺，隐然平路，中翼以亭，为行人憩息之所，下分水为醋道，外当潮汐，内束九溪诸山瀑涨。秋汛时，二水交斗而凿其址，基一撼摇，梁因以折。好善者率数岁而一修，自宋迄今，其碑载可考也。余于乾隆辛巳之夏恭膺简命，分守是邦，莅兹土，因公往来，见桥势将圮而行者咨嗟，余甚憾焉。夫泽陂川梁守土之责也，岂可听其若此而阙焉不讲？因询诸父老，则曰某所址已摇，某所石且裂，及今不修，后虽有好善者，恐费不赀，将有道旁筑室之诮矣。余是其说，而当任者一时未得其人。是岁之秋，余方属诸绅士重新朱子祠宇及平治古陵孔道三十余里，于工所进诸荐绅先生而言之，乃原任山东宁海州司马施君士龄毅然请独肩斯举。施固泉南巨族，君醇谨诚朴，乐善好施，里中人皆称之。其尊人司城公曾于雍正五年倡捐，与众同修此桥，又率都之人士再修于乾隆戊辰之岁，至是凡三任其事矣。冬，余奉差入京，癸未夏差竣回安，舟过斯桥，则见向之倾欹者今已坚固：向之折裂者今已完整。余既善施君之不负所属，且以乐善人之继起有人。盖惠泽之所周无穷，而有形之物必敝，前人经营伊始，何尝不计及于千百年之后，而水冲石激，虽有智者亦不能豫为之防。然鼓舞奖劝，此有司之责；补苴缮治，则在乡之贤士大夫焉。君斯举殆有古遗风欤！勒诸贞珉，所以嘉施君，且以告夫后之来者。是为记。

　　乾隆二十八年岁次癸未夏五月既望，判泉州府事古舒靳起柏撰

【说明】

　　碑在安平桥中亭，清乾隆二十八年（1763年）立。高224厘米、宽63厘米；碑题楷书竖排，末有篆章"古舒"，碑文楷书竖排13行，文末篆章"靳起栢印"、"松岩"，字径4×4厘米。

剔奸保民

钦命福建分巡兴泉永道大老爷谭饬禁安海盐馆奸办洪达混禀勒派油铺盐斤

乾隆廿七年九月廿三日，柯思淑等以概无例典事，相率呼辕免配。蒙批："有无食私亏额以致派销，抑或馆办不公，仰泉粮所秉公查覆夺。"十一月三十日，分府张集讯供由摺禀道宪，批："派销即启勒索之端，此风断不可长。馆办洪达据供禀派，有何凭据？且难免禀一派十之弊。仰即秉公叙详，候批禁饬缴。"廿八年三月初三日，分府张详覆："蒙批馆办洪达，勒派累民，深为不法。姑念柯思淑等尚未被勒，如详。免其深求，仰即出示严禁勒配，仍候饬县时加查察，毋任奸办私派扰累，致干揭究缴。"三月十九，蒙分府靳遵行示禁："仰该地居民商贾行铺、约练地保并该馆办哨丁人等知悉，凡食用盐斤，许向肩挑官盐平买。该馆办洪达务宜守法奉公，不许藉端勒配，滋累小民。倘敢故违宪禁，许被害之人立即指禀，以凭严究详报。"阖镇深沐道宪剔奸保民，恩同覆载。爰是公全勒石以颂宪德于无既云。

乾隆廿八年六月　日

安平居民陈佳淑、林滕淑、柯思淑、蔡佐淑、曾信观、王庆淑、许寿观、黄河观、陈锦观、陈瑞观、史芳观、蔡与观、杨英世、黄宁观、许敏观、黄成观、史出观、郑性观、蔡九观、许恒观、陈悌淑、施夺世、林付观、许攀观、陈连观仝立。

【说明】

碑在安平桥中亭，清乾隆二十八年（1763年）立。碑高190厘米、宽77厘米，碑首阴刻楷书"剔奸保民"4字横排，字径10×10厘米，碑文楷书，竖排15行，字径4×4厘米。记当时盐馆干办洪达派销食盐，勒索百姓，安海商民上控兴泉永道谭尚忠，谭尚忠批示安海分府严禁勒派累民事。是一起"民告官"并得到胜诉的案件。

重修安平桥记

赐进士出身晋江县知县即用直隶州同知今升台湾府知府析津徐汝澜撰

泉之属巨桥有二：一为万安，一为安平。万安之建自蔡忠惠始，其桥为泉之通衢，圮而叠修者屡，至今完且固。而安平距郡城西南六十里，地与南安接壤，由宋绍兴八年创起，历明及国朝，旋修旋废。迨雍正四年，太守张无咎再整之，越今数十载，日就倾颓，行旅往来，咸以为不便。今夫制度不能无兴废，而以时修举，俾无缺失，唯邑令实主其事。余甫莅事泉南，每思讲明而补救之者不一而足。乃闽省下游，海氛未靖，萑苻以时窃发，有地方之责者方苦攘除之未能；又俗尚强悍，有小愤辄群率相争，抚循劝谕之事，在上尤日不暇给。余于时虽欲修此桥，而愿曷由遂？丁卯维夏，计余从事兹土凡七易寒暑，赖朝廷德化之宏与上宪委任之专，遂使温陵前后道途之攘窃者日靖，民间竞斗之风亦时戢。余适因公出，小驻于此，偶触于目，先捐俸议修，而邑之绅士耆老无不踊跃鼓舞，以为修废举坠，正当其时，乃相与倾囊以资者若而人，遂从事以迄于成。计桥酾水三百六十二道，长八百十有一丈，广一丈六尺，从旧制也。栏楯之倾圮及桥石之中折者乃更新之。是役也，兴工于丁卯六月，迄事于戊辰九月，计阅十七月而落成，縻金钱九千有奇。后之览斯桥者，知所由废，复知所由兴，而又知官斯土者非由政事之暇，虽蓄所愿无能为民兴斯役，是则邑民之大幸，又不徒邑民之大幸也夫！

劝捐董事：粘克昌　吴条光　黄元浚　施继辉

总理董事：黄仕葵　施继源　颜惇飘　黄拱照

　　　　　□□□　□□□

分理董事：黄凤仪　丁文玺　颜惇礼　陈　玮

　　　　　黄克恭　杨焕瑸　蔡应瑞　周德明

　　　　　陈士参　林为魁　黄志敏　高道南

　　　　　田士福　王嘉植　高汉淑　李日新

嘉庆十三年十月　日立石

【说明】

碑在安平桥中亭，碑文由时升台湾知府徐汝澜所撰，清嘉庆十三年（1808年）立。碑高271厘米、宽105厘米。碑额篆书"重修安平桥记"，横排，字径21×21厘米。碑文楷书竖排17行，字径5×5厘米。

万古流芳

重修安平桥捐题姓名开列于左：

特用直隶州同知管理晋江县事今升台湾府知府徐捐银伍百大元

特授晋江县正堂赵捐银壹百大元　董首黄元浚捐银壹千大元

黄琢斋捐银肆百伍拾大元　黄世琛捐银肆百大元　王国宝捐银叁百贰拾元　蔡应瑞捐银叁百元　黄元腾捐银贰百拾大元　桂飘瑞、杨焕瑸各捐银贰百元　陈长裕、涵利、宁裕合捐银伍百元　吴弼、陈士参各捐银壹百伍拾元　王源兴柒拾伍元　施继声、陈协茂、高宽观、东源号以上各捐银壹百元　张志晃玖拾元　林銮观、高纶观各捐银捌拾元　王源兴柒拾伍元　施正谊、善宝堂壹百元　曾绍魁、黄廷贵、李江观、王世珍、丁源裕、黄壬癸观以上各银伍拾元　萧世晖、蔡奇宗、许壬癸观、林麟观、许鼎冠、黄成美、陈晋记、梁斗司以上各银肆拾元　周岳观、黄清观各银叁拾伍元　高明宽、史应昌、蔡力观、颜斯馨、许倬云、黄科观、倪未观、周快观、陈鼎兴、张福观、庄铨观、蔡贵观以上各叁拾元　翁夺观、杨广观各廿伍元　周继志、曾灶、倪邦选、周华扬、柯试观、高富观、李盘观、曾享观、曾昂观、黄山观、倪箴观、蔡谟观、詹读观、黄万利、黄登成、王同荣、蔡兑观、李耀世、蔡益利、林佑观、沈居观、僧普扬以上各廿元　蔡泰观、柯文通、吴恩观、林荔观、王泰协、陈源利、胜裕号以上各拾伍元黄环溪、陈志乔、林为魁、叶望观、曾廷魁、颜庆观、高龙观、赖福观、黄登甲、伍欣观、曾佐观、张平观、陈尊观、杨堤观、颜瑶观、曾坤观、许香观、余绍观、叶庆观、周平观、邱冬桂观、苏文沛、洪祥观、柯祐观、洪育观、黄廷观、黄宁观、洪纯观、温淑世、高日观、丁财观、庄荣观、合丰号、蔡妈居观、叶亨裕、黄和源、颜桂香、陈振丰、陈泰兴、茂盛号、柯美珍、杨金菊、施光恭、复兴号、沈万胜以上各捐银拾大元

泉郡捐题姓名：

工部郎中曾讳世炽捐银伍百元

诰封中宪大夫刑部郎中徐讳用逢捐银叁百元　干味郊合捐银贰百元　黄廷献捐银壹百元　赵国辉捐银陆拾伍元　蔡宝树、林明鉴各捐银肆拾元　林绍荣、陈维逮各捐银叁拾元　陈维扬、林捷、吕世钦、林世瑞、扶生号各捐银贰拾元　林廷璋、林士智

各捐银拾陆元　陈开春、颜鸿猷各捐银拾肆元　蔡腾侯捐银拾贰元　黄志麟、许基猷合捐银拾陆元

嘉庆十三年十月　日立石

【说明】

此碑与徐汝澜所撰的《重修安平桥记》碑并立在安平桥中亭，清嘉庆十三年（1808年）立。碑通高271厘米、宽105厘米。碑额刻"万古流芳"，楷书横排，字径20×20厘米。碑文楷书竖排21行，字径5×5厘米，记载嘉庆十三年（1808年）重修安平桥时，晋江县及泉郡士民的捐资芳名。

重修安平桥记

乾隆癸丑之岁，安中诸公偕南邑衿耆重修西桥。余时设帐外邑，弗及与也。溯桥之建，自宋绍兴八年间，历前明至国朝，有坏辄修，中亭碑记历历可考。至是岁而倾圮滋甚矣。盖自西埭崩颓，逆流泛滥，水势汹涌，日冲月激，遂至于斯，诸公悯往来之维艰，俾危险之无虑，修而筑之，甚盛事也。顾以陡绝之流，仍前决冲，故落成未几，不旋踵而仍坏，且有甚者，而勒碑记事，亦未及举行。兹嘉庆丁卯岁，邑侯徐公捐俸倡修，都人士踊跃奔赴，捐题者不惜厚赀，董事者不惮劳瘁，余亦从诸公襄事其间，凡阅十七月而大告厥成。费用之繁，修筑之坚，比前十数倍，其巩固孔厚矣。顾欲纪今日之绩，不得忘昔日之劳，仅将当日董事诸公及捐题之人开列于左，以为急公尚义者劝。

里人黄仕葵撰

董　　事：施开泰　黄世瑶　施国佐　陈必第　颜时汀　赖济　陈廷谦　龚联衿
　　　　　高汉淑　陈群淑　□□□　□□□

南邑董事：王鸿捷　吕炼观　黄登淑

黄世瑶捐银贰百十元　施国佐捐银壹百元　陈士参捐银壹百元　乡绅林讳聪捐银伍拾元　陈世均、学礼合捐□□元　王国宝捐肆拾元　吴锡超、张志晃、曾灶、林承烈、

高佛观、陈长裕以上各叁拾元　桂飘弈捐银贰拾伍元　陈麟观、杨焕槟、吴世美、陈世扶、高以德以上各贰拾元　萧世晖，周德明、林麟观、田朝观以上各拾伍元　黄凤仪拾贰元　黄学迈、廷毅合拾六元　黄□斌、□珪合拾贰元　施开泰、吴维元、高国观、黄廷骏、陈廷炎、龚世培、黄世榜、蔡纯观、蔡应瑞、龚联衿、王胜观、郑赞成观、王领观、陈然观、颜文观、李江官、周□□、颜读观、杨芳官、叶亨裕、黄煌观、温福兴、蔡宠观、颜铨观、丘意观以上各拾元　咸德境合捐银肆拾伍元　旧拱北境合捐银肆拾元　忠义境合银贰拾元　龚树观七元　曾胜源、陈明观各六元　黄文轸、章回合银拾元　颜时莲、黄元铿、王旺官、颜庆观、蔡□观、倪诚初、庄铨观以上各四元　陈庆观贰元

　　南邑王万顺捐银六十元　渊泉号拾元　杨楚观、林乾观各四元　王尊官叁元　王助观贰元

　　嘉庆十三年十月　日勒石　计用银壹仟肆百□□□□

【说明】

　　碑在安平桥中亭，嘉庆十三年（1808年）立。碑身断为两截，碑的一角残缺，高242厘米、宽90厘米，碑额篆书碑题，字径14×14厘米，碑文楷书竖排18行，字径3.5×3.5厘米。碑文据《晋江县志》补齐。

重修安平桥记

　　安平桥在晋江八都安海港，与南安接壤。曩予宰晋邑，尝鸠众兴修，并记其颠末于石，迄今又十稔矣。去年秋，余以知郡事再至泉州，父老复以桥圮告。盖阳侯为患，自昔已然，而以时修举，固守土者事。矧较前仅十之一，有基勿坏，不尤易为力耶？爰复捐俸倡议重修，俾附近绅耆董其事。即以是秋兴工，至次年夏仲告竣，计麋制钱百万有奇，而完固如旧，行旅便之。邦人因请记于予。夫舆梁之成，岁修有其政，当事者不足以为惠，而又何赘为？予惟是倡，予和女举重若轻，所以能继起有功，民无病涉者，则邦人之功足多焉。故为记从事诸姓氏，以为后来者劝。

　　赐进士出身授阶朝议大夫福建泉州府知府加五级析津徐汝澜撰

晋江县安海董事黄仕葵、施继源、黄世琛、颜惇飘、黄元海、施继辉、黄元礼、颜百朋、冯日新

南安县水头董事吕观我、吕丹书、吕鼎观、吕胆观

泉州府正堂徐　捐俸银壹佰两

安海捐题芳名：

黄世琛捐银壹百贰拾大元　黄元珪捐银二百大元　陈昌国捐银柒拾大元　黄元海、蔡时绍、黄文藻以上各捐银伍拾大元　隆顺号捐银叁拾伍大元　林銮观捐银叁拾大元　张三阳、庄乐观各捐银贰拾四大元　吴弼、陈清淇、桂茂丙、王嘉抵、张偕扬以上各捐银廿大元　王嘉麟、高宽观各捐银拾陆大元　田丰成、东源号、丁源裕以上各捐银拾四大元　施植德、施继声以上各捐银拾贰元　萧世晖、王嘉模、柯试观、张平观、倪未观、高轮观、王梅观、黄万利、和兴号、周传道以上各捐银拾大元　王同荣、田成台、益美号、昆源号、邱琴桂观、李赐观、高日观、黄炮观以上各捐银捌大元　翁夺观、曾哲观、周平观、蔡贵观、洪纯观、曾源记、倪益和、曾广泰、僧然信以上各捐银六大元

南邑捐题芳名：

郭前郑成意捐银叁拾大元　苏内陈笑观、陈众观、陈延观以上各捐银廿大元　莲河福泉号捐银拾贰大元　庄内陈汪观、奎霞林德兴、水头吕惟和、下吴吴元弟、吴鼎泰以上各捐银拾大元　下房王纥观、埕边高元政各捐银六大元　莲河聚升馆、朱弁通馆、莲河逢吉馆、水头吕远珍、吕裕远、吕合顺、吕德茂、吕德兴、吕复源、吕尚朴、吕招贵观、余珍号、王泉裕、裕源号、高叶镜、埕边高志诚、萧广恒、吕光宪以上各捐银四大元

总共捐银壹千叁百零伍大元

嘉庆二十一年岁在柔兆困敦元枵之次皋月下澣勒石

星塔吴其冲书

【说明】

　　碑在安平桥中亭，碑文由时任泉州知府徐汝澜所撰，清嘉庆二十一年（1816年）立。泉州知府徐汝澜撰。碑高277厘米、宽108厘米；碑额浮雕双龙护牌，牌中竖刻篆书"皇清"两字，字径14×14厘米。

翻盖海潮庵碑记

吕顶官拾壹元、吕胆官拾壹元、合成号拾大元、远珍号玖元半、东石周益兴捐贰节、吕广官捌元半、吕振益捌大元、王锥官柒元半、吕处官陆大元、德金号、广恒号、吕侧官、陈福官、以上各六元半、复源号、泽远号、王泉裕、高成官、万宝号、以上五元半、王源裕、王寅官、裕远号、陈山官、以上四元半、吕□官、田长兴、吴永和、以上四元　曾升官、合发号、吕苏官、吕浮官、吴担官、以上三元半、吕趁官、吴寒官、玉兴号、吴唱官、陈泉盛、陈协□、以上各二元半、金得利、金玉鸿、金大成、吴球官、吴福官、吴房官、吴浮官、陈升官、吕益隆、吕合兴、□□官、□□□、以上二元、□□官、□泉号、源□号……（多字漫漶不清）□□□、去钱贰佰九十三元……（多字漫漶不清）

道光肆年拾月　日　□□□、□□□、□□□、□□□、吕□官、□□官、吕培官、王铭官、吴□官、吕□□、□□□、□□□、□□□

捐修安平桥记

举人杨丹桂捐银贰元、吕顶官捐银六元、吕胆官捐银六元、远珍号捐银六元

泽达号、协远号、复源号、协升号、广恒号、倡兴号、德金号、永和号、源裕号、恒珍号、泉裕号、□锦号、吕□号、□发号、陈□官以上□□□□□□

道光陆年拾月　日

【说明】

碑立于安平桥西端的海潮庵右墙外,清道光四年（1824年）立,道光六年（1826年）补刻。碑高185厘米，宽70.5厘米，碑额"皇清"楷书，字径8.5×10厘米。正文楷书竖排19行，阴刻，字径2.5×2.7厘米。碑文分别镌刻翻盖海潮庵者与安平桥捐资者芳名。

西桥顶万应公宫捐修碑记

缘修起盖西桥顶万应公宫银两各姓名开列于左

闽海关	举人杨丹桂	柯其封	吕胆观	吴鹬观	林炮观	吕舍观
吴锡椪	吴趁观	合发号	陈剑观	吕陶观	黄晚观	黄水观
吕□观	□□□	□□□	□□□	□□□	泽远号	黄锦观
吕锡观	吕彪观	吕复源	吕联源	吕□观	吕想观	吕涌观
吕汝观	吕合盛	吕广观	万宝号	曾阳观	吴学观	林世祝观
张光观	李□观	陈长裕	戴自观	胡启淡	庄英圃	高心观
陈便观	王元观	欧好观	张虎观	吴荣裕	高南观	以上各募银贰两
黄树观	林送观	高标观	张旭光	陈福观	蔡溪观	许厅观

郑贮舍　以上各捐银壹中元

吴眼观　吴潜观　黄汉光　洪计生助沙塗小石共捐银肆拾贰元

陈绵芳　锺金观　陈宝发

开还杉灰石大小工砖瓦什费钱染万染

黄润观　宋南观　金玉成　玖佰拾柒文除外不数钱□重事

道光捌年贰月□日立董事

高咸兔　远珍号　王锥观　吴冬观　吕苏观　吕培观　高□□

【说明】

碑石分为2方,清道光八年(1828年)立,分别嵌于新兴宫(即万应公宫)内两侧墙壁。

重修西桥碑记

南安□□□撰并书

晋南之交有西桥焉,通漳广,达福兴,洪□巨浸中,绵亘五里许,壮观也。□□□给谏颂南陈公经斯桥,有倾圮之叹。□□计□利心动,忽欲肩厥任,而□□□□□□

也，因航海走数千里，与曾泽环□□□□，利同母弟，幼出□晋邑□□□也，素好义，倾客□合，促兄归，庀材动工。凡□□□月□鸠□□□□□□□□□□□者伙矣，而斯役独出贞利、泽环□□□□长虹卧波，观瞻更□，远则□□□白舫画鹢通津，近则乌笠红衫鸣□□□□□□赞陈公之德，贞利、泽环之功，与斯桥长垂不朽也哉！是为记。

晋江内坑曾泽元捐制钱捌佰仟文

南安朴乡吕贞长、贞利、贞照、□註、元恃、元全董事同勒

道光二十九年十月谷旦置

【说明】

碑在安平桥中亭，道光二十九年（1849 年）立。高 190 厘米，宽 60 厘米。碑额浮雕双龙护牌，碑中竖刻篆书"皇清"，字径 10×10 厘米，碑题、碑文楷书竖排 13 行，字径 4×4 厘米，文字大多漶漫不清。

重修碑记

□□□存心于物，虽寻常亦必有济也。水头里业货殖者李芸、吴地等，家不中赀，然性好善。岁壬子倡修五埭桥□□之□□年民疫死者相望，则率同志捨葬俱，俾贫无委于壑者百余辈。可谓于物有济矣！兹复捐修安平桥，不掠美而没人善焉。夫岂寻常比哉！故嘉之而乐为之记。

黄闽□捐银□□□□□□□坊淑□□□□□□高万吉、陈□□、陈联源、周尚有

周智记□□□□□□□□□□□□陈万源、源源号、黄长勝、黄长显。

陈协□□□□□□□□□□□施裕记、合盛号、王源兴、高渊源。

陈□□□□□□□□□□□□□□王荣妙、吴锡郎、王裕兴、王虽观。

黄渊□、□□□、八十文□□□、□□芳、□□□□□、盖善号、王裕兴、周成记、周信顺

蔡□□、□□十文、陈□发、以上捐银一百、金同兴、邱裕天、金福春、合珍号、复金号、黄合发

吴恩纬、□□□、□□□、黄□观、吴胜兴、联兴号、周德晋、高同观、曾草木、盖隆号

陈逢□、□□□、□□□、□□□钱千四口金□□□、蓝光明、陈源远、陈长源、颜金发、林金顺

陈协升、□□□、□□□、□□□、□□源。陈和源、王注观、振盖号

以上捐钱一千文。

□□□以上捐钱四千文□□□□□□□□□吴大年撰文并书

□□年□□十□□月李□□、曾草木、黄正玉、刘添羽、陈丝□、萧戕观、郑和泰、新合益、吕草花、吴恩海勒石

【说明】

碑在安平桥中亭，高 180 厘米、宽 69 厘米。碑首刻"重修碑记"四字，楷书横排，字径 9×9 厘米，碑文楷书竖排 14 行，字径 4×4 厘米。碑刻风化严重，文字大多漶漫不清。碑文中有"岁壬子倡修五垛桥"等字样，且所载捐资者"周智记、周成记、周信顺、陈协升"等姓名或商号，与清咸丰四年的《重修东桥》碑记中的捐资者名号一致，据此可以推测出此碑应为清咸丰壬子年，即咸丰二年（1852 年）之后所立。

重修安平桥记

盖闻津梁之渡，所以通往来，而倾圮之忧，尤所以阻行旅。安平之西，鸿江巨浸，中有石桥焉，上通泉郡，下抵厦漳，诚行程之不断，而捷径之可通者也。伊古以来，重修者屡，勒碑纪功，固已林立，知天下事无成而不敝之理。故数年来风雨潮浪冲激，而势复就圮。幸安海林君瑞佑、瑞岗，漳州寮乡蔡君启昌、德浅皆素称乐善、见义勇为者，顾而心恻，欲倾囊劝众修葺，而商诸晋南邑同志者，相与广招善士，募金而董成之。自癸未十月兴工，越乙酉葭月告竣，筹度倍觉巩固。是役也，首倡义举者则林蔡二君也。设法劝捐者则张种官、吕哲官、吕水官、张萃英、赖河官、王会居也。日日督视策画不倦者则吴希冉也。皆竭至诚之心，造无穷之福。而赖喜捐乐助诸善士共扶盛举，则济人之功均为不朽。兹复勒石以志芳名，故不揣固陋，援笔以记其概云。陈楷撰。

世德堂林瑞佑、瑞岗捐贰佰元　蔡启昌、德浅、家骄捐银贰佰元　许世琼官捐银壹佰元　许巧官捐银壹佰大元　柯滩官捐银伍拾大元　许裁官捐银伍拾大元　郭炳训捐银壹佰大元　曾合盛捐银伍拾大元　合顺铺捐银伍拾大元　林往官捐银伍拾大元

陈锡安捐银叁拾大元　吴驭潘捐银叁拾大元　朱奕诵捐银廿四大元　刘惟甚捐银廿四大元　杨世竖捐银廿四大元　曾瑞祝捐银贰拾大元　颜良瞒捐银贰拾大元　张庭湖捐银贰拾大元　蔡声树捐银贰拾大元　李辉辣捐银拾伍大元　吕益金捐碑石一块　吴学成捐银拾四元　吴学瀛捐银拾贰元　许肇同捐银拾贰元　许读配捐银拾贰元　纪义合、芳捐银拾贰元　施至点捐银拾贰元　陈锦官捐银拾贰元　黄扶西捐银拾贰元　赖赐官捐银拾贰元　陈串官捐银拾贰元　张怀椿捐银拾大元　丁逊三捐银拾元　许经例捐银拾元　张泽肃捐银拾元　洪溯岩捐银拾元　合福铺捐银拾元　吴彦官捐银拾元　姚任官捐银拾元　涵真堂捐银拾元　张泽芳捐银拾元　吕文旺捐银拾元　吕水官捐银拾元　吕文官捐银拾元　吕哲官捐银拾元　李能放捐银拾元　吴返水捐银捌元　蔡德恩捌元　杨獭官捌元　李滚官捌元　许经嚖六元　新合和六元　陈仲景六元　庄双路六元　颜遇镜六元　杨久永六元　蔡声镇六元　颜遇时六元　颜成美六元　许逊元六元　苏窗官六元　合福铺五元　施至晋六元　林美卒六元　许志踏六元　洪金石四元　陈蒲官四元　陈光菌四元　曾开官四元　陈狮官四元　柯千潘四元　王拐官四元　何禄官四元　洪绍挑四元　吴茶官三元　吴浮官贰元　吴写官贰元　蔡柠官贰元　蔡景官贰元　陈晟官贰元　李振顺贰元　高发兴贰元　蔡燕官贰元　林光坝贰元　张植登乙元　王瑞官乙元　李礼官乙元

共捐来银壹仟六佰叁拾元

筑雨亭贰座、碑亭弎座并修桥面

下基新筑计十五墩贰十三坎

费用开列于左：

一、捐新造曾庄桥去银四十八元：

一、修后溪、五块、大潭、下尾桥银玖拾叁元：

一、买新石八版，石角四角钱，伸银捌拾六元：

一、买杉、灰、砖、瓦钱，伸银叁百卅捌元：

一、买麻、车、什器去钱，伸银六拾贰元：

一、石司工资、花红钱伸银捌百卅三元：

一、涂、木司、小工钱伸银壹百十五元；

一、谢土神用钱，伸银伍十五元；

一、计用去银壹仟六佰叁拾元

董事

晋邑：陈梦元　王国治　蔡克庸　蓝田璜　陈春挑　赖河官　许世琼　林往官

　　蔡家骄　许巧、裁官

南邑：张种、挽官　郑怀陝　吕哲官　吴冉官　吕水官　张萃英　蔡浅官

　　　　柯滩官　王会居　王会登

大清光绪十二年岁次丙戌四月　日立

【说明】

　　碑在安平桥中亭，清光绪十二年（1886年）立。高233厘米、宽94厘米；碑额刻"重修安平桥记"篆书横排，字径14×14厘米。碑文楷书竖排23行，字径3×3厘米。

告　示

　　钦命福建全省陆路提督军门节制各镇统领达字建威等军程　为

　　特再示谕事：据泉州守参将禀，据中军守备禀，据安海汛专防把总苏玉壶、协防尽先千总苏连元禀：沿海口岸船只往来，迭奉大宪责成守口员弁按船查验，贩运何项货物，开往何处贸易采捕，梁头丈尺若干，舵水人等几名，领何字号牌照。船照相符，书篷烙号，方准放行。倘有不符，或贩禁物及未书烙，私带炮械，不遵挂验，即行截留详办。光绪十一年复经藩宪定章，分别准否出洋，由守口员弁照内加盖小戳。十三年又奉前提宪孙示谕，责成守口弁目严密盘查。本年六月又蒙转奉札准格奉督宪牌，据瑞安、玉环、温中左各协营合禀，温属洋面闽船往来不遵书烙，私带枪炮、人船与照不符，在洋为盗。请饬闽属守口文武一体书烙等情。牌道行县移营如过石湖等澳商渔船只，着命照章报验书烙。再敢抗违，即将人船截留解办，各等因依查。卑汛鸿江澳船只往来不绝，自应遵派目兵，认真访查，无如前领示谕日久无存，以致该澳棍徒串揽各船户，并不照章报验，私自出口。禀经移县委派员役协拏究办。仰恳转读申明定章出示晓谕等情，到守备参将转禀到本军门。据此查沿海商渔船只出入，例由守口文武查验，以杜匪船私带军器出洋伺劫。迭经示禁，饬遵在案。据禀前领告示日久无存，棍匪串揽，船户不遵报验私自出口。应准照案补给，俾知遵守。除檄县一体示谕并究营遵办外，合再示谕。为此，示仰沿海商渔船户人等知悉：尔等务须遵照定章，请给

牌照，书篷烙号，出入口岸应即赴汛报验，毋得私运违禁货物或私带军器、藏匿匪类等项情弊，以致人照不符。一经守口员弁察出，定将该船先行扣留，一面饬县按律惩办，决不宽贷，各宜凛遵毋忽。特示。

　　光绪贰拾三年六月廿七日给发安海汛勒石

【说明】

　　碑在安平桥东端的瑞光塔之下，清光绪二十三年（1897 年）立。碑高 145 厘米，宽 65 厘米。碑首楷书"告示"横排，字径 12×12 厘米；碑文楷书竖排 20 行，首尾两行字径 4×4 厘米，其余字径 3×3 厘米。该碑为清代官方对安海地区的沿海商渔船实行严格管理的告示。

重修安平桥记

　　安平桥，俗称五里桥，建于宋绍兴八年（公元一一三八年）。历代屡有修葺。梁式石构，全桥长二二五五公尺，分三六一孔。昔有"天下无桥长此桥"之誉。一九六一年三月四日，国务院公布为第一批全国重点文物单位，为保护古桥，一九八 0 年文化部文物事业管理局和省人民政府拨款一百四十万元进行维修。并由交通、水利部门在古桥东南侧修建水闸公路，直通福厦线，以利车辆行驶。是年冬，地区行政公署成立领导机构，下设修复办公室，着手测绘试修。八一年冬开始施工，八五年四月告竣，共翻修桥墩三三六座，增补桥板六三四条，恢复桥面栏杆、雨亭、望高楼等附属文物。沿桥两侧挖渠蓄水，自斯面貌焕然更显得雄伟壮观，特勒石为记。

一九八五年四月十日

晋江地区文物管理委员会　立

【说明】

　　碑在安平桥中亭，1985 年立。碑高 278 厘米，宽 103 厘米，厚 18 厘米。碑额篆字，字径 18×18 厘米。正文楷书，字径 6×6 厘米。碑文记载中华人民共和国成立后，第一次对安平桥进行大规模的全面维修的史实。碑文为安海文化名人许书纪所书。

重修水心亭碑志

宋安平桥中亭原祀奉观音大士，清初为方便十方士信之朝拜，乃于西桥古渡头开建一亭，曰水心亭。

迩来安平古镇日臻繁荣，海内外旅游者络绎不绝。为增添人文景观，发扬古镇文明，乃由泉州市文物管理委员会及泉州市政协委员黄忠廉先生等首倡重修水心亭，并辟建水上月台、亭阁庙宇，并得地方热心人士共襄盛举，自是奎山苍苍，鸿水泱泱，亭阁巍然，永沐春光。是为志。

附　四方热心人士捐资芳名于左：

以下港币：

陈李纯治壹万元、欧阳凤鸾壹仟伍佰元、颜陈环治壹仟元、高吴淑珍壹仟元、许陈婉蓉壹仟元、余明新壹仟元、洪其峰壹仟元、黄淑惠捌佰元、黄淑美柒佰元、黄淑秀伍佰元、陈友德伍佰元、许书亮伍佰元、陈英坡伍佰元、陈启革伍佰元、桂光渊伍佰元、高维新伍佰元、高前锋壹仟元、高前进壹仟元、高铭宣伍佰元、高维绵伍佰元、王马亮伍佰元、桂丽璇伍佰元、周招治伍佰元、蔡灿煌伍佰元、许自钦陆佰元、吴良渔伍百元、柯汉川　柯李纯治壹仟元、林丽明肆佰元、高增仁肆佰元、高前凯伍佰元、蔡和平伍佰元、黄素治肆佰元

以下人民币：

姚庆烧贰仟柒佰贰拾元、颜期伟贰仟柒佰元、颜期巢贰仟伍佰贰拾元、杨鲁玙　陈瑞玉贰仟伍佰元、曾国建壹仟元、蔡鑫来壹仟元、许乌刊壹仟元、吴葡萄、李芋园壹仟元、柯培莲壹仟元、洪永惠壹仟元、杨晓梅　颜俊峰壹仟元、高维博陆佰伍拾元、王振海伍佰元、蔡逸生肆佰元、姚道锁叁佰伍拾元、蔡永富伍佰元、蔡锦治肆佰元、黄攸炮　颜玉珠肆佰元、杨春树　吴秀莲肆佰元、吴清泉　陈注肆佰元、许淑珍叁佰元、高铭俊叁佰元、颜纯治叁佰元、杨碧珍叁佰元黄传枞伍佰元、黄悦治叁佰元、黄秀针叁佰元、许越治叁佰元、吴秀端叁佰元、高前锋贰佰元、吴秀冬叁佰元、黄卯治贰百元、李福建贰佰元、林馨远贰佰元、苏远美贰佰元

以下叻币：汉发　黄成泉　家種　合捐伍佰陆拾元

以下港币叁佰元：黄永强、黄少铸、高维博、蔡民螺、唐　竹

以下港币贰佰元：吴玲玲、周珊珊、庄永江、陈崇甫、苏云娥、陈婷婷、丁端治、周秀惠、吴文治、蔡祺祥、黄碧瑜、黄建源、黄德斗

以下人民币贰佰元：

许家礼、黄淑秀、陈丽玲、蔡敦良、高维新、李旭辉、蔡灿煌、陈文典、蔡崇忍、蔡思捌、高增仁、黄攸川、高维泽、释福音、陈乌蔴

以下人民币壹佰伍拾元：

陈乖治、黄攸煌、蔡上海、黄金象、吴奕殊

以下人民币壹佰元：

黄祺祥、高金链、吕青云、黄永安、颜期丁、颜昌培、蔡崇赐、许永恩、吴文理、黄一翔、曾乌眉、黄文秀、黄幼卿、黄景祥、陈春明、陈天平、黄家瑞、利民商店、苏远将、陈亚英、王奕建、陈昌椅、黄秧沾治、王德明、黄家音、颜呈楚、黄福民、高前进、高墀德、丁美德、蔡算治、郑坤元、黄衍水、陈婉仪、黄民强、黄侨生、许瑞旗、丁淑端、张杏宗、许丽青、陈志坦、谢永钦、吴式奎、黄炯贤、陈 斌、刘振兴、李贤谦、施琼华、张德杰、陈启基、王坪来、陈金塔、黄剑彬、吴 琼、周招治、颜园园、黄玉妹、颜期庭、柯百林、黄旻霞、黄少惕、黄建群、蔡再鼎、张晴云、黄碧霜、桂乌养、黄禄财、黄秀润、林淑霞、许自磅、林国彬、陈百全、林水夯、王宁池

全国重点文物保护单位安平桥水心亭董事会　立　公元一九八七年　月　日　立

【说明】

碑在安平桥桥头水心禅寺内，1987年立。碑额7字阴刻楷书，字径6×6厘米。正文楷书，23行阴刻，满行48字，字径3.5×4厘米。

安平桥抗震史话

"天下无桥长此桥"。在世界桥梁史中，始建于宋绍兴八年（公元一一三八年）的安平桥，乃我国首创，保持了八百年之久的桥梁长度之冠。

千百年来，安平桥经受了1604年八级大地震冲击，虽有过修葺，仍基本保存原貌。其抗震能力之强，主要是桥基填砌采用"筏形基础"。现存桥墩三百余座，分为长方形

墩和一头尖一头平的半船形及双头尖的船形墩三种，分别筑于非水深流急、最高潮水位之上与高潮水位之下地段。可见，当时就能巧妙运用潮汐涨落规律，区别不同部位采取形态各异的桥墩结构以缓和海潮冲击。

用巨型花岗石构筑而成的安平桥，桥长二千二百五十五米，桥面每节平铺长石板六至八条，每条石板长约六米，宽与厚各为 0.6 米左右，重达数吨，连成一体，如长龙卧波，气势磅礴。

泉州市人民政府地震局

泉州市防震抗震宣传中心　立

一九九一年十一月

【说明】

碑在安平桥望高楼边，1991 年立。

重兴水心亭西塔古寺碑记

安平西桥建于宋绍兴间，架石为梁，跨海五里，以天下无桥长此桥著称中外。桥上原构石亭五座，桥头曰超然亭，桥中称中亭，祀观音大土，以庇行旅。清初奉观音大士就祀于超然亭，改称水心亭。自是法喜广披、香火日盛。民国初年住僧就亭阁扩建佛院。一九三八年秋，一代高僧弘一大师驻锡斯院，喜其净舍卧波别具幽胜为题，书匾称澄渟院，亭侧有佛塔高耸，俗称西塔，亦建桥时之附构也，塔下旧有佛刹名西塔寺塔，因塔建寺以塔名仰观，今日佛塔之巍峨可见昔年古寺之宏伟。据志记载，旧寺殿堂院舍毕具，益以蔬果林园，规模俨然一大兰若寺。废于清初丙申毁镇，遗基复被占为民居。今当盛世，古桥已得修复，旧观五亭也经焕然新建，独此桥畔古刹仍自湮没无闻，有识之士无不为之扼！

二十世纪八十年代初，有金墩善士黄君忠廉首倡扩建水心亭殿堂，其德配吴氏仁仁礼上海金山寺方丈达缘上人为师，得其教化，深究佛理，力行禅修以宏法。利生为本，仍集在家奉佛。二众创立安海佛教居士林，依水心亭为聚修，晨昏率众课诵参修，鱼磬梵呗馨闻不断，素行不亚禅寺规矩。深以小亭局促为憾，是以萌发复建西塔古寺之宏愿，斯愿首得乃师达缘上人之赞励，多次飞锡南来渟院主持，启建利生大法会，藉以广结善缘，募集建寺基金。嗣后得诸海外侨亲善士之支持。吴之舅氏颜君期伟及族亲黄君加种首献巨资数十万元以为倡，由是十方善信闻风竞起捐输，先后集资三百余万元，乃就亭前水关渠道架石基营造塔寺。主构西方三圣大宝殿，后于殿中铸造西方三圣大佛铜像三尊，通高六米，奇伟庄严，居闽南之冠。寺启建于一九九二年壬申四月，落成于一九九六年丙子之秋。集诸智者善缘，以植福起数百年废寺于沉沙。佛日永照古镇，增辉其德弥大，其功厥伟，是以为铭！

会当盛世　法运弥昌　长桥焕彩　古刹重光　宝相庄严　崇殿恢宏
善因圣果　福泽十方　同证菩提　功德无量　可赞可颂　以铭以彰

公元一九九六佛历二五四零年　岁次丙子吉月
桃溪居士　敬撰
王天准　书丹
安海佛教居士林　立启

附乐捐诸善信芳名于后

【说明】

碑在安平桥桥头水心禅寺内，1996年立。

第二节　石刻

望高楼

望高楼
黄章烈　同治甲子仲冬

【说明】

石匾嵌于安平桥东段牌楼东面，清同治甲子年（1864年）立。花岗岩质。匾高23.5厘米，宽68厘米。楷书，字径16×16厘米，落款字径4×4厘米。

金汤永固

金汤永固
黄章烈

【说明】

石匾嵌于安平桥东段牌楼东面，清同治甲子年（1864年）立。花岗岩质。匾高42.5厘米，宽124厘米。楷书，字径25×25厘米，落款字径5×5厘米。

寰海镜清

寰海镜清
阖镇公立
同治甲子小春

【说明】

石匾嵌于安平桥东段牌楼西面，清同治甲子年（1864 年）立。花岗岩质。匾高 42.5 厘米，宽 124 厘米。楷书，字径 25×25 厘米，落款字径 5×5 厘米。

水月参禅

水月参禅
云樵
甲辰立夏

【说明】

匾嵌于安平桥中亭禅房大门之上，文字为灰雕而成。

千年碣

千年碣

【说明】

石刻嵌于中亭右墙，系一方石联柱残段。

世间有佛宗斯佛　天下无桥长此桥

世间有佛宗斯佛

天下无桥长此桥

同治丙寅荔夏

董事黄恩承　立

【说明】

联对镌刻在安平桥中亭庙前石柱之上,楹联阴刻楷书,清同治丙寅年（1866 年）立。字径 15×11 厘米。上下款 2 行阴刻，边款字径 4.4×3.1 厘米，黄恩承系安海金墩人。

公定界止籴货诸人越界者罚戏一台

公定界止籴货诸人越界者罚戏一台

【说明】

文字刻于安平桥中亭前石柱上,字径 7×7 厘米。此石刻乃是当时商业交易的规约,并非晋南两界的界碑。

当镇旧市周圆捨三佰贯文造此间愿延福寿

当镇旧市周圆捨三佰贯文造此间，愿延福寿。

【说明】

桥栏柱于2011年11月从原安海中心小学校址地下出土，现收藏于安海朱祠内。桥栏柱高1米，正面楷书3行，字径6×6厘米。应为宋代建造的安平桥或东洋桥（明嘉靖年间曾拆东洋桥桥石造安平城）的构件，该桥栏记载安海旧市周圆捐资造桥之事。

同安县□□□□院僧□□□捨一间

同安县□□□□院僧□□□捨一间。

【说明】

桥栏柱于中亭出土，记载同安县寺庙僧人捐修安平桥之事。

万历庚子颜哲五世孙嘉梧募缘重修中亭并修桥九间立记

万历庚子颜哲五世孙嘉梧募缘重修中亭并修桥九间立记

【说明】

文字刻于石桥板正面，楷书，单行竖排：上段文字字径10×8厘米，刻在幡形框内，下面浮雕一朵莲花；下段文字字径8×8厘米。明万历二十八年（1600年）镌刻。石桥板长570厘米，宽58厘米，厚40厘米，现置于安平桥中亭西侧。

浯洲屿颜达为考妣施此一间

浯洲屿颜达为考妣施此一间

安平颜□捨桥梁壹间

【说明】

文字刻于安平桥中亭附近桥栏柱上，行楷书法，分两行竖排，字径8×8厘米。镌刻时间不详，记载浯洲屿（即金门岛）颜达为已故父母捐建安平桥之事。

水国安澜

水国安澜

知南安县事盛本书

嘉庆戊辰年

【说明】

石匾原嵌于安平桥西端牌楼的西面上，清嘉庆戊辰年（1808年）立。2010年被移嵌至安平桥西端牌楼的东面上。石匾长150厘米，高47厘米，楷书横排，字径35×35厘米，左右边款字径6×6厘米。

听潮楼

听潮楼

孙垣题

【说明】

石匾高52厘米，宽92厘米，字径30×30厘米，落款字径5×5厘米。该石匾于1986年被发掘出来，弃置于望高楼内。2010年1月22日被嵌于安平桥西端牌楼的西面上。

安平桥

安平桥

左迪功郎南安县尉陈大方立　刊者刘师岳

【说明】

该残碑现位于安平桥西端牌楼旁，南宋绍兴年间立。碑石仅存"桥"字。残高 142 厘米，宽 125 厘米。碑文字径 110×85 厘米，落款字径 8×8 厘米。碑座高 65 厘米，宽 205 厘米，厚 83 厘米。

第五章　专项评估

专项评估

编者按：本章根据北京清华城市规划设计研究院文化遗产保护研究所，2011 年 6 月关于《福建省泉州市安平桥文物保护规划》的报审文稿第三章"专项评估"整理而成。由于"五里桥湿地公园"及"安平桥生态文化公园"的建成，安平桥周边的一些民居与厂房等建筑物已被拆除，环境有了很大的改变，为保留拆除前的历史原貌，因此编者沿用报审文稿的表述。

第一节　文物价值评估

一、历史价值

安平桥系福建古代四大桥梁之一，是福建宋代桥梁的重要遗存；安平桥作为历史上联系晋南两地居民的重要的交通纽带及周边居民重要的生活场所，也是宋元时期泉州海上丝绸之路起点的重要遗迹，以上结论可通过现存的桥梁主体、文物建筑、附属文物等得到印证。

安平桥具有丰富的历史信息，真实反映历代僧人、名人（如南宋僧祖派、明代郑芝龙，清代施琅、近代弘一法师），在各个历史时期对安平桥修建、修缮及在此生活的历史事件及历史环境。

安平桥桥基采用"睡木沉基"的桥梁筑基技术，是继洛阳桥发明的"筏型基础"、"养蛎固基"之后，造桥技术的又一伟大创造。与桥相关的寺庙、塔亭等附属文物反映了宋朝迄今各个历史时期的生产生活方式以及社会风俗等。

安平桥的桥梁本体、文物建筑及其附属文物、文物环境的存在可以与历史文献记载的相应文字内容相互印证、互为补充，是研究与安平桥相关的人物历史、桥梁与建筑自身发展、区域历史发展的重要证据。

安平桥作为我国古代现存最长的跨海石桥，是宋代桥梁建筑的典型代表，在我国古代桥梁建筑中具有突出代表性。

安平桥桥身基本保留、延续了宋代以来的桥梁结构与格局，并且保留了宋代至民国的建筑及附属文物实物；建筑自身保留的年代特征以及众多附属文物的年代特征包括文字内容，充分体现了安平桥自身的发展变化，提供了大量历史信息。

二、艺术价值

安平桥是我国宋代桥梁的典型代表，在桥梁的空间组合、整体造型、局部构造、细部装饰等方面，都具有宋代闽南桥梁的风格特征及审美情趣，具有相当的审美价值。

安平桥桥梁主体与安海湾组成的湿地景观，和周边相关的历史建筑、自然环境，并融入安海的人文，共同形成具有极高观赏价值的人文景观。

安平桥附属的雕刻、碑刻、匾联等附属文物的造型艺术、题材内容，反映了当时当地人民群众的工艺水平以及审美水平。

安平桥桥梁本体、文物建筑、附属文物，是宋至清以来福建安海地区社会发展水平、手工工艺与人民群众创造构思、精神追求的结合，蕴含着相当高的艺术价值。

三、科学价值

安平桥是我国宋代桥梁的典型代表，它选址合理、整体造型美观、结构设计考究，具有较高的科学价值。其科学地观察港道深浅，水流缓急，分别筑建长方形、船形、半船形三种形式的桥墩，以及"浮运架桥"，特别是"睡木沉基法"，为后人架桥积累丰富的经验。

安平桥代表了宋代福建地区高超的桥梁建筑水平，具有极高的科学价值。

四、社会文化价值

安平桥是第一批全国重点文物保护单位，是福建省泉州市重要的文化资源，是优质的国有资产，是展示和传播福建桥梁文化以及地区文化的重要载体，对地方经济发展有积极的推动作用。

安平桥是泉州安海及水头两镇主要的旅游景点之一，对于带动周边地区发展旅游经济，有至关重要的作用。

安平桥是历史上联系安海与水头两区域重要的纽带，在现今仍然具有重要的交通作用。

安平桥是研究南宋至今各个时代的中国历史及桥梁学、建筑学、宗教学、民俗学的重要史迹。

安平桥是展示福建桥梁营造技艺以及地方文化的重要窗口，是传播当地文化，展现当地民俗的重要载体。

安平桥是福建泉州市安海水头周边地区人民心目中引以为豪的古迹，是周边群众重要的精神寄托。

第二节　文物现状评估

一、真实性评估

真实性评估标准是根据《实施保护世界文化遗产与自然遗产公约的业务指南》82 条，依据文化遗产类别和其文化背景，对遗产文化价值的特征（外形和设计、材料和实体、用途和功能、传统技术和管理体制、方位和位置、语言和其它形式的非物质遗产、精神和感受、其它内外因素），进行真实性评估，评估主要针对以下方面：

建筑形式与设计、建筑材料、建筑工艺、建筑功能、位置与环境、内部陈设、精神与情感。

真实性评估：安平桥桥梁主体在建筑位置、建筑格局、形式、材料、工艺方面基本保持原状，真实性评价较高。

安平桥周边环境经历沧海桑田的巨大变化，周边现今建设有许多现代建筑及工业建筑，环境的真实性评价较低。

安平桥相关的文物建筑及附属文物，在建筑格局及外观上基本保持原状，但文物建筑部分采用现代材料及工艺，内部陈设与历史原状有很大改变，其功能较之传统也有一定改变，真实性评价较低。

安平桥历史上作为连接安海与水头两地的交通纽带，这一历史功能随着社会发展的影响，真实性受到较大的改变。

安平桥桥梁主体及文物建筑、附属文物等历史遗存所承载的历史传统、风俗习惯，寄托着当地居民丰富的历史记忆和情感内涵，现因受现代社会飞速发展的影响，其真实性受到一定影响。

二、完整性评估

完整性评估标准根据《实施保护世界文化遗产与自然遗产公约的业务指南》88 条，

安平桥完整性的评估主要从以下几方面进行：

体现文物价值的必要因素：指作为安平桥文物本体的所有价值载体，在整体上的存留程度。

空间和视域范围：安平桥历史格局的完整程度，以及在周边环境中是否保留完整的历史景观。

历史文化层面：作为福建闽南地区佛教建筑的见证，以及古代建筑的重要见证，现存的文物本体的要素是否能完整地体现这种历史文化信息。

完整性评估：安平桥桥梁本体的遗产完整性较好，但安平桥遗产完整性受人为因素影响较大。

安平桥内的附属文物及历史信息部分遭破坏，影响遗产完整性。

安平桥周边的自然环境风水格局保存较完整，但历史信息、人文环境及历史遗迹部分残损较严重，影响遗产完整性。

安平桥所承载的宗教朝拜等民俗活动基本延续历史原貌，但因现代社会发展的影响，部分相关传统民俗活动遗失或改变。

三、安平桥石质桥身本体现状

安平桥石质桥身本体现状残损评估：安平桥桥身主体是采用闽南地区优质的花岗岩石，料大质优，坚固耐用而且美观。

1981～1985年，经国家文物局和福建省人民政府拨款140万元，对安平桥进行全面修复后，安平桥桥身主体残损有所缓解。现有残损程度较轻，多为部分石板错位、局部石块碎裂、石板轻微风化或酥减等，对桥身主体结构稳定性影响不大。

安平桥现存多数残损点存在人为不当干预，部分石板错位或局部破裂后，用水泥等现代材料进行修复，可能影响文物本体安全性。

四、安平桥文物建筑现状

安平桥的大部分文物建筑经过历年修缮，总体保存情况较好。在屋顶、建筑结构、墙体及基础方面均有轻微程度的残损，不影响文物建筑自身安全及日常使用需要。

安平桥毗邻安海镇的东侧桥头的白塔，结构残损较严重，屋顶及墙体均有较大程度残损，影响建筑结构可靠性，亟待修缮。

安平桥桥上文物建筑多为清代营建，建筑质量较好，残损程度较轻。

安平桥桥身旁五座镇风塔是 20 纪 80 年代复建，但依据早期基址位置建造，现存塔身保存较好，残损程度较轻。

安平桥的 14 栋文物建筑中，结构可靠性结果：1 栋为Ⅲ类建筑，13 栋为Ⅱ类建筑。

安平桥的文物建筑在地面、门窗及装饰方面均存在一定程度残损，但残损程度都较轻，不影响文物安全及使用。

五、可移动文物现状评估

安平桥附属文物类型丰富，有碑刻、题记、石刻、石像、塔亭等。

安平桥附属文物大部分位于原址保护，少部分非原址或不可知。

安平桥附属文物均有一定程度的残损，但大部分残损程度较轻，残损类型多为风化及人为损坏等。

第三节　环境评估

一、安海湾环境

安平桥所处的安海湾在历史上经历了沧海桑田，从入海口变成了内陆的湿地，环境变化巨大；安海湾现在受周边城镇现代社会发展影响，湾内及周边建有许多现代居住建筑和厂房、棚屋等工业建筑，对安海湾的历史景观环境造成不利影响。

安平桥处于安海湾北侧上游区域，汇入安海湾的污染水源主要来自周边各镇区，包含安海镇、水头镇、官桥镇、及石井镇、内坑镇等。这些污水排入安海湾后，再从安海湾南侧入海口排入大海，这些生活、工业污水对安海湾生态景观造成不良影响。

二、周边用地现状

安平桥周边环境以城镇环境为主，此范围用地性质以居住用地及绿地、耕地为主。

安海、水头两镇土地开发不断吞噬安平桥周边湿地，安平桥的自然及历史环境受到较严重的影响。

三、周边建筑现状

安平桥周边建筑大部分为传统民房，以砖石结构建筑为主，另有现代砖混、夯土结构住宅建筑。

安平桥周边建筑以 1、2 层住宅居多，少部分超过 3 层。

安平桥周边建筑屋顶形式大多数为双坡屋顶和平屋顶，占 70% 以上。

安平桥周边建筑房屋质量较好及完好的占 80% 以上，仅少部分为危房或者坍塌。

安平桥周边建筑风貌协调的占 60% 左右，建筑风貌不协调的占 34% 左右。

目前政府公布了安平桥文物保护单位的保护范围和控制地带，部分限制了在安平桥周边环境的新的建设活动。

第四节　展示利用评估

一、开放现状评估

安平桥现仍为连接安海与水头两镇的交通纽带，民众和游客可自由进入进行参观游览及宗教活动。

安平桥有专职人员定时巡逻，保护文物安全。

二、展示利用方式评估

目前安平桥文物本体的展示系统不够完善，展示内容简单，设施不足，方式单一。

缺乏对安平桥周边相关历史史迹的保护与开发，展示系统不完整，层次不够丰富。

展示利用的现状不能充分展示安平桥本身层次丰富、类型多样的历史信息与文化信息，不能突出表现安平桥的重要价值。

第五节　管理情况评估

一、四有工作状况

1. 保护区划

根据《福建省人民政府关于公布全国重点文物保护单位和省级保护单位（第一批）保护范围的通知》（闽政〔1993〕综 218 号），文物保护范围：桥两侧各 35 米至堤岸，东至瑞光塔，西至海潮庵。

根据《泉州人民政府关于划定我市 17 处省级以上文物保护范围和建设控制地带的通知》（泉政〔1995〕综 179 号），建设控制地带：南至安水公路，北至古桥 180 米范围内。

2. 标志说明

在安平桥中亭西侧，竖立青石质"全国重点文物保护单位"的保护标志石碑一处，基座为立柱式；保护标志高 70 厘米，宽 140 厘米。一九六一年三月四日公布。

3. 记录档案

根据国家文物局关于《全国重点文物保护单位记录档案工作规范》（试行）、《全国重点文物保护单位记录档案著录说明》、《全国重点文物保护单位记录档案卷盒、卷内表格、专用纸规范》的要求，泉州市文管所组织全体人员对安平桥进行了一次较全面、科学、翔实的调查，查阅、整理了大量地方史志、论文、图书等，建立了一整套文物记录档案。内容包括：拓片 62 套，其中历代重修碑记 21 方，其他为牌匾及楹联。测绘图纸 4 套，其中有安平桥主体建筑及附属文物的平面图、立面图及剖面图。拍摄照片 4 套。

4. 管理机构

1985 年 5 月成立文物保管所，编制 3 名，工作人员 2 名，负责安平桥的保护管理，隶属泉州市文物管理委员会办公室。

2003 年 4 月泉州市编制委员会根据市文化局申请成立文物保护管理所的报告，同意设立泉州市文物保护管理所，原批准设立的市文管办及安平桥文物保管所机构撤销。

二、管理情况

1. 保护管理历史

始建于宋代，历经宋、明、清几次大修；解放后至今，数次拨款修缮安平桥。

1980 年成立了五里桥修复委员会。

1984 年 11 月晋江县安平桥保管所改为晋江地区安平桥保管所。

1985 年 5 月成立安平桥文物保管所。

2003 年 4 月设立"泉州市文物保护管理所"，安平桥文物保护管理站隶属泉州市文物保护管理所，工作人员 2 名，负责安平桥的保护管理。

2. 保护经费

保护经费主要来自两方面：政府拨款、社会捐赠。

3. 重要保护维修工程

1965 年 11 月 26 日，文化部派杜仙洲等 4 人会同省文管会韩秘书前来泉州检查全国重点文物保护单位情况，并对安平桥进行测绘。

1979 年 5 月，晋江县政府成立维修领导组，对安平桥中亭段进行维修，至 1980

年 3 月竣工。

1980 年，国家拨 140 万元对安平桥进行全面维修。

1981 年 3 月，对安平桥 78、79、87、89 四个墩基进行考古发掘，基础设计和试修，为今后全面修复做好资料准备。

1982 年 5 月，全国首批重点文物保护单位安平桥全面修复工程正式动工。

1985 年 5 月 7 日，安平桥全面修复，进行竣工验收。

1987 年 12 月 12 日，确定安平桥维修后续工程；对拟建安平桥文物保管所的定点选址；白塔全面维修，重建镇风塔 5 座并进行环境清理工作。

1989 年 5 月 27 日，省文物处林玉山处长会同有关市、县文化、文物部门对安平桥基建工程进行竣工验收。

1997 年，泉州市政府拨款 6 万元对安平桥周边环境及违章乱搭进行整治及拆除。

2004 年，泉州市财政拨 10 万元对安平桥中亭至路亭（安海段）进行淤泥清除。

2005 年 4 月，安海、水头群众捐 2 万多元，对安平桥中亭古建筑重新油漆。

2007 ～ 2008 年，泉州市财政拨款 60 万元对安平桥进行全面加固维修。

2010 年 1 月，国家文物局拨出 80 万元，作为安平桥保护规划方案的专项经费。

4. 安全保卫工作概述

2004 年泉州文物保护管理所对安平桥附属文物中亭、保管所配备灭火机各 10 支，并安装了防盗门窗，24 小时有专人值班。

加强对水心亭、海潮庵安全保卫工作，安装防盗门，配备了灭火器材。专门设立了保护机构，24 小时有人员巡逻值班。

安平桥保管所、中亭健全安全保卫制度和责任制度，有 2 名人员负责安全保护工作。

第六章　保护开发

保护开发

编者按：本章的第三节、第四节根据北京清华城市规划设计院文化遗产保护研究所，2011年6月关于《福建省泉州市安平桥文物保护规划》报审文稿的第五章"保护区划"、第六章"保护措施"整理而成。

第一节　加强保护

1961年3月4日，安平桥被国务院公布为第一批全国重点文物保护单位；福建省文物局即于4月5日出台《关于第一批全国重点文物保护单位的具体保护管理办法的意见的通知》，严格禁止一切载重车辆通过安平桥或任何船舶在桥边抛锚停靠，以及在桥基周围进行任何挖土，以保护桥基的安全；安平桥一切石料、附属石刻、石碑等都不得移作他用，凡已散置或移作他用的一切石料、石刻、石碑等一律要收集起来，妥予保管；规定安平桥的保护管理工作，原则上以晋江县为主，会同南安县共同制定执行。晋江县人委会于5月间公布《安平桥管理保护条例》，条例明确安平桥具体由晋江安海、南安水头文管会执行管理，按历来群众习惯的以八板桥为晋江南安两县分管界；安平桥保护管理范围，从安海白塔起至水头海潮庵止为桥之全长，两边各离桥两丈为保护范围（有水处两丈以外）。严禁载重车辆过桥，严禁一切船只停靠缆锭于桥底、桥基、桥板；禁止在管理范围捉鱼敲蛎等行为，以保护桥基、桥板的安全等等。

至此，安平桥被有关部门正式发文，认定为国家重点文物保护单位，应予积极管理保护。

1984年4月10日，晋江地区行政公署发布关于安平桥两侧保护区管理问题的通知，规定桥上禁止车辆通行；桥的两侧30米以内为绝对保护区，以外150米范围内为影响区和协调区；任何单位或个人不得在上述保护区内搞违章建筑。

1984年11月5日，福建省文化厅撤销晋江县安平桥保管所，升级为晋江地区安平桥保管所。

1985 年 5 月 10 日，晋江地区编制委员会，核定晋江地区安平桥文物保管所事业编制 3 人，列文物事业费开支，从 1985 年 5 月起执行。

1986 年 3 月 26 日，泉州市文化局根据泉委（1986）3 号文件精神和第三次市长办公会的决定，因原地、市文管会已经合并，国家重点文物保护单位安平桥文物保管所已正式成立。为开展工作之需，自即日起，启用"福建省泉州市文物管理委员会"和"泉州市安平桥文物保管所"新章，原"晋江地区文物管理委员会"和原"泉州市文物管理委员会"印章同时作废。

1995 年 8 月 10 日，泉州市人民政府划定 17 处省级以上文物保护单位的保护范围。全国重点文物保护单位安平桥保护范围：桥两侧 35 米至堤岸，东至瑞光塔，西至海潮庵；建设控制地带：南至公路（安海通往水头），北距桥身 180 米范围内。

1997 年初，泉州市人民政府发布严禁一切机动车辆通行安平桥的通告。同年，市财政拨款 6 万元用于清除周边违法建筑及环境整治。

2003 年 4 月 16 日，中共泉州市委机构编制委员会，批准泉州市文化局设立"泉州市文物保护管理所"，为泉州市文物管理局领导的正科级事业单位。核定泉州市文物保护管理所事业编制 10 名，其中行政管理人员 2 名，专业技术人员 7 名，工勤人员 1 名；核定科级领导职数 2 名（正主任 1 名、副主任 1 名）。

2004 年，安平桥建立了完整的科学翔实的记录档案。5 月 18 日，泉州市人民政府副市长洪泽生率泉州市府办、财政局、规划局、环保局、旅游局、文物局等有关单位，以及晋江市政府、安海镇政府、市直有关部门和南安市政府、水头镇政府、市直有关部门负责人前往国家重点文物保护单位安平桥，查看安平桥保护现状，并召开现场办公会议，就有关问题进行协调。

会议决定，成立以洪泽生为组长的泉州市国家文物保护重点单位安平桥整治领导小组。会议提出了如下保护措施：1. 要统一认识，增强抓好安平桥周边环境工作的责任感和紧迫感。2. 要把握重点，组织专门力量，限期完成安平桥有关环境整治任务。3. 要条块结合，理顺关系，依法管理保护好安平桥。

2005 年，泉州市财政拨 10 万元，对中亭往安海方向桥下两侧进行部分清淤。

2007 年，泉州市财政拨款 60 万元，对安平桥进行全面加固维修，更换断裂桥板 29 条，加固桥墩 3 个，修复桥栏 35 处。9 月 20 日，泉州市文物保护管理所向泉州市文物局递送《关于安平桥抢险加固的报告》称：全国重点文物保护单位安平桥，自 20 世纪 80 年代全面维修，迄今已近 30 年，由于自然力及环境污染等原因，致使安平桥桥板断裂 9 条、防护栏十几处、桥墩垮圮 1 处。安平桥多处面临倒塌危险，急需抢险加固。现委托"泉州市金龙文物古建筑工程有限责任公司"，负责对安平桥进行抢险加固工程，修缮工程建筑工程预算 265,633.20 元。安平桥抢险加固工程于 2007 年年底开始，2009 年初结束。7 月 24 日，泉州市文物管理局组织对安平桥抢险加固工程进行初步验收。经文物局组织文物专家对维修前和维修后新、旧桥板的实际尺寸、材质进行比对，以及对维修的桥墩的砌筑工艺进行勘验，施工单位能采用安全措施更换断裂桥板、栏杆，加固桥基，整个抢险加固工程基本符合设计要求，同意通过验收。

2009 年，安平桥作为重要涉台文物报请国家文物局立项作总体规划设计。

2010 年 3 月 31 日，泉州市人民政府办公室印发《关于加强安平桥保护和管理的工作方案》。决定成立以潘燕燕为组长的泉州市安平桥保护和管理工作领导小组。会议制订以下工作方案：1. 加强管理，完善安平桥保护管理工作体制和机制。2. 整治违建，切实改善安平桥周边景观风貌。3. 改善水质，彻底解决安平桥水域污染问题。4. 清理淤积，尽快恢复安平桥景观水域。

根据《中华人民共和国文物保护法》关于"地方各级人民政府负责本行政区域内的文物保护工作。县级以上地方人民政府承担文物保护工作的部门对本行政区域内的文物保护实施监督管理"的规定，按照文物保护属地管理原则，决定将安平桥的保护管理工作下放由晋江、南安市政府负责。

2010 年 6 月 10 日，晋江市人民政府为落实泉州市文物局《关于加强安平桥保护和管理工作方案》和晋江市 3 月 19 日市长办公会精神，大力推进安平桥文化公园拓展改造和周边环境整治工作，特制定如下工作方案。

1. 工作目标任务

拓展改造及整治的范围：东起白塔，西至中亭，南到安水公路，北到桥外 150 米。改造整治区域内强制拆除"两违"建筑及临时搭盖，整顿查处源头污染企业，清理生活及建筑垃圾，清除养鸡、养猪场；清理水域淤泥，进行污水治理和水闸改造；加快安平桥文化公园规划设计及拓展改造工作，加强对现有桥体的常态保护和管理，使安平桥晋江段周边环境得到明显改观。

2. 组织机构设置及职责

为加强安平桥文化公园拓展改造和周边环境整治工作的领导，有效协调相关职能部门共同开展工作，特成立安平桥文化公园拓展改造和周边环境整治工作领导小组。组长：尤猛军；副组长：吴清滨、蔡萌芽、张文节；成员：尚建萍、陈诗从、庄文斌、李章凯、张志铭、王清龙、颜宏达、吴鸿造、黄锦民、黄延艺、丁尚光、陈文艺、吴鸿斌、陈健民、洪永胜、苏延辉、林松庆、周全、张胜利、李友加、黄胜鑫、吴金鹏。

领导小组下设办公室，挂靠安海镇政府，具体负责安平桥文化公园拓展改造和周边环境整治工作。办公室主任由张文节兼任。并设拓展改造组、清淤工作组、环境整治组3个工作组，负责保障安平桥规划保护、环境整治各阶段工作的落实。会后，相关政府部门关闭安平桥上游的污染厂家，对周边环境进行彻底整改。

2010年10月9日，因安海水心禅寺在没有履行任何审批手续的情况下，在安平桥的文物保护范围内（"超然亭"南侧）进行违法建设，文物局保管所人员多次制止未果。泉州市文物管理局特别发函制止安海水心禅寺在安平桥保护范围内违法建设。要求晋江市人民政府对水心禅寺这种顶风违建行为应予坚决制止、查处。违建项目应予拆除，恢复原状。

2011年6月6～11日，由泉州市文物保护管理所、安平桥历史文化研究会、南安市成功书画协会等单位，在端午节到第六个中国文化遗产日期间，为加强安平桥文物保护管理工作，配合安平桥综合整治和资源开发利用，提升安平桥的文化软实力，联合举办"安平桥文化主题活动"。

第二节　另辟公路

为了根本解决文物和交通的矛盾，1974年3月22日，晋江地区革命委员会，第一次提出采取像卢沟桥和赵州桥一样的措施，另建一条安海至水头的桥闸公路，希望福建省革委会转报中央。7月5日，晋江地区革命委员会报请福建省革委会，再次建议修建一条公路桥，以根本解决交通和文物的矛盾。10月10日，福建省革命委员会文化局、财政局、交通局联合向国家文物事业管理局，财政部，交通部发送《关于修复晋江县安平桥和修建桥堤公路的报告》，指出安平桥"虽经多次维修，然因载重车辆往来络绎不绝，难以妥善管理。致使时修时坏，甚至经常终中断，现在此桥损坏严重，急需保护，若不采取有效措施，即使大力维修，亦属收效甚微"。提出"为了切实保护好这座古代桥梁，从根本上解决保护文物和交通的矛盾，经多次勘察研究，我们建议，采取像卢沟桥和赵州桥一样措施，另建一条水头至安海的桥堤公路。"据初步估算，修建桥堤公路（全长2600米）经费需130万元。

1979年9月10日，晋江地区交通局、公路分局、水电局、财政局、文化局联名向福建省交通局、水电局、财政局、文化局上呈报告，要求修建晋江安平桥南水闸公路桥。因之前地区水电部门同意安排40万元，修筑安平桥以南的一座水闸，年初已拨

20 万元。为此，建议就在新建的水闸上面，修建一座由晋江安海至南安水头的公路桥。这样，既有利于古桥的保护，又有利于交通，如能利用建闸有利条件扩建公路桥，比起重新修建一座公路桥，可节约开支 30 万元。而且公路桥建成之后，由晋江经南安水头往漳（州）、厦（门）的车辆行程，可以缩短 8 公里。现据勘察研究，修建水闸上面的公路桥堤，加上联接桥的两头公路共需建路工程款 100 万元。并请同时安排安平桥修建，利用修桥挖土回填公路桥用土更为有利，对维修安平桥需款 139 万元，请上级批示，并给拨款解决。

1980 年 3 月 10 日，福建省计划委员会、福建省财政局、福建省交通局、福建省文化局就关于修建安平桥南水闸公路联合批复晋江地区行政公署：

1. 为了保护国家重点文物安平桥，同意在安平桥以南修建水闸的同时，修建 2.6 公里的桥堤公路。

2. 工程投资以自力更生为主，国家适当补助为原则。公路和公路水闸桥梁总投资 100 万元，其中：由地区水利经费拨给 40 万元，省财政拨给 30 万元，省交通局从养路费中拨给 30 万元，全部资金今年拨给，由地区掌握，包干使用。

桥闸工程于 1979 年 10 月破土围堰，1981 年 10 月前已建成左侧 6 孔，开始进行二期右侧 11 孔围堰，于 1982 年春节以前铺砌好底板，汛前闸墩砌至一般潮位，年底基本建成，1983 年安装启闭机和闸门等扫尾项目，春耕前发挥效益。

为了安平桥桥南公路能够及早施工，使这个全国重点文物得到切实有效的保护，晋江行署于 1981 年 6 月 14 日至 15 日，在安海召开由福建省文化局、交通厅、公路局、水电厅、公安厅和地区文化局、交通局、水电局、公安处、财政局、计委、文教办、文管会及晋江、南安县政府，安海公社、镇，水头公社等负责同志参加的会议。会议由副专员段英力主持。与会人员通过实地观看并听取有关部门汇报，就公路走向等问题进行了讨论，作出了决定：

1. 由安海至水头桥南公路走向，应以原有濒海海堤为筑路基础。弯处较大、不便车辆行驶，可适当取直，经水头"新愚公闸门"，越五里桥头，向西绕过南星中学校舍后面，与福厦公路相接；根据现有财力，暂以"四级"公路为标准，迅速制定施工方案上报，并于测绘时沿线树标立界，制止群众继续建造房屋。

2. 水利建设可按原订计划继续施行，水闸公路桥建成蓄水之前，库内各围垦之堤岸，以民办公助原则进行加高培厚，务使蓄水后农作物不致受淹损失，库内外蛏苗、蛎石应按实际情况，本着关心群众利益，合情合理给予解决。

会议要求各有关县、镇人民政府、公社管委会以及省、地各有关部门重视此项工程建设，共同作好此项工程建设，共同作出努力，安海、水头公社（镇）前段做了不少工作，由于这项事业刚刚开始，任务还十分艰巨，必须继续配合，从各个方面积极支持古桥修复及水利、公路建设。

1981年10月19日，晋江地区行政公署文化局、交通局关于报送修建安平桥桥南水闸桥堤公路工程预算书，安海至水头新建之安平桥桥南公路，经省公路局晋江分局派员实地测设完毕，并按平原微丘公路技术标准制定工程预算，路基宽7.5米，路面宽6.0米，全线里程3.45公里，总投资364500元。

1982年2月17日，晋江地区行政公署发布关于修建安平桥桥南公路有关问题的通知，该公路线段测算已经结束，并报福建省交通厅批准，可正式动工修建。经研究决定，由晋江地区公路分局组织力量负责全部工程施工任务，晋江、南安两县分别成立修建指挥所，负责各自县境内公路沿线所需土地的征用、房屋等建筑物的拆迁以及群众思想教育等工作。为保证该工程能顺利按时动工，公路沿线路基范围内自发文之日起一律不准再栽种任何作物，不准修建任何建筑物。桥南公路于1985年8月建成通车。

1992年3月16日，泉州市水利电力局就"安平桥闸体制问题及管理工作"提出意见：安平桥闸是挡潮、排洪、蓄灌、交通和今后开发区供水利用的水闸工程，自1984年10月竣工以来，已发挥了作用，但因水闸等级及体制未定，影响工程效益。1993年3月14日，泉州市水利水电局现根据验收材料核定，安平桥闸工程的级别评定为"大Ⅲ型"水闸，为科（或副科）级编制管理单位。

1993年7月13日，泉州市人民政府，决定对安水公路安平桥闸至水头段进行改建（先期对安水公路安海至安平桥闸段1.35公里进行改建），该路段拟改建为二级公路，路基宽度12米，其中长110米宽7.10米的安平桥闸公路桥加宽9米，工程造价997万元。由于安水公路安平桥闸至水头路段改建项目资金缺口较大，报请福建省政府支持并给予拨款500万元，以促进改建工程早日实施。

第三节　保护区划

一、保护区划划分

依据《文物保护法实施条例》第九条、十三条规定：《文物全国重点文物保护单位保护范围、标志说明、记录档案和保管机构工作规范（试行）》第二章第三条等规定，保护区划将安平桥的保护区划划分为保护范围、建设控制地带 2 个层次。其中保护范围占地面积 13.26 公顷；建设控制地带占地面积 284.5 公顷。

安平桥保护范围四至边界：东至安平桥桥东白塔东侧 10 米；南到安平桥南侧 20 米至水体南驳岸线；西抵安平桥桥西海潮庵西侧；北至安平桥北侧 25 米至水体北驳岸线。占地面积：13. 26 公顷。

建设控制地带分为三类：

1. 一类建设控制地带：东至安平桥桥东白塔东侧规划道路路西；南及安平桥桥身；西抵安平桥桥西海潮庵西侧；北到安平桥北侧 500 米。占地面积：12 1.4 公顷。

2，二类建设控制地带：东至安平桥桥东白塔东侧规划道路路西；南到安水公路（南环路）路北；西抵安平桥桥西海潮庵西侧；北到安平桥北侧 500 米。占地面积：79.4 公顷。

第三类建设控制地带占地面积 83.6 公顷，但在规划中划分不明。

二、保护范围管理要求

1. 基本规定：本区范围与文物安全性紧密相关，土地性质应调整为"文物古迹用地"，由泉州市文化部门主导管理；不得建设有可能污染文物保护单位及其环境的设施，不得进行可能影响到文物保护单位安全及其环境的活动；对已构成破坏和影响文物安全性的因素必须采取保护措施，破坏性设施应当限期治理。

2. 具体规定：本区域为安平桥桥梁本体、文物建筑、附属文物所在区域，是体现第一批全国重点文物保护单位安平桥的核心价值所在；与文物本体安全性相关的土地应全部由国家征购，土地使用性质调整为"文物古迹用地"；除保护工程外，本区域不得进行任何与保护措施无关的建设工程或者爆破、钻探、挖掘等工作；不得进行任何有损文物本体的建设开发活动；基础设施改造应尽量避开文物建筑基础，不得影响文物建筑的结构稳定和安全。

三、建控地带管理要求

1. 基本规定：建设控制地带内不得建设污染文物保护单位及其环境的设施，不得进行可能影响文物保护单位及其环境安全的活动。对已有的垃圾收集站、垃圾处理厂、污水处理厂等污染文物保护单位及其环境的设施，应当限期搬迁或治理。

建设控制地带内应保持安平桥周边原有的环境风貌，不得对自然或历史形成的景观要素进行人工改造。

建设控制地带内各类标示物，指路牌、说明牌等，应统一设计，不得随意在屋顶设置各类广告标牌。

2. 分类具体规定：

一类建控地带管理要求：本区域为安海湾最北侧滩涂分布区域，这一区域现有生态系统稳定性差，属生态脆弱区。安平桥北侧建控地带不允许作为纳污海域，禁止工业、生活、农业、养殖等污染源排入；对此范围内已有的垃圾收集站、水泥厂等所有与安平桥周边环境保护无关的工矿企业，在近期内完成搬迁，对已被污染的区域进行重点整治。

本区域的建设应尊重文物遗存历史情况，项目立项应结合历史研究成果和考古勘察情况慎重立项，工程实施前应首先开展遗存调查。

本区域为中远期安平桥湿地公园重点分布区域，在近期对整个区域范围内的海水、滩涂及其它环境要素进行整治，使其符合湿地公园相关技术指标。

本区域建筑功能应与未来湿地公园展示利用相关，材料工艺及风貌与安平桥及周边历史建筑风貌相协调，未来此区域新建建筑高度不得超过 4 米。

二类建控地带管理要求：对此范围内与安平桥历史风貌不协调的建筑进行拆除或改造，恢复安平桥周边历史传统风貌；本区建设可以考虑配合安平桥展示利用，以旅游服务、展示设施为主。

本区建设项目严格推敲建筑外观，建筑风貌应首先考虑采用安海当地的传统符号和文脉特征。建筑层数不超过 2 层，建筑屋脊高度不得超过 6 米。

四、区划公布与界定要求

经本规划确定后的边界经福建省文物局审核通过后，应尽快依照法定程序由晋江市人民政府公布；保护范围边界应落实界标，围栏和标志牌，以示公众；安平桥的标志说明牌应依照《全国重点文物保护单位保护范围、标志说明、纪录档案和保管机构工作规范（试行）》第三章要求执行。

第四节　保护措施

一、保护措施

保护工程规定：

对安平桥文物遗存进行实施保护工程时，必须严格遵守真实性的要求，坚持不改变文物原状的原则。

保护工程应优先考虑具有可逆性的实施方案；保护文物历史信息的真实性，包括保存各个历史阶段遗留的痕迹。

保护工程应在保护文物遗存的安全性和延续性的基础上，兼顾文物遗存的历史风貌和艺术完整性。

文物建筑的修缮工程应尽量采用传统工艺，谨慎使用新型化学材料；未经国家技术鉴定的，不宜运用。

文物建筑修缮后替换下来的具有历史价值的构件应保留收藏，以利于研究和展示。

定期实施日常保养，制定保养维护制度。

二、环境整治措施

1. 基本要求：

去除文物环境中不安全要素，保障遗产的安全；去除影响文物真实性和完整性的景观要素，保持文物环境的历史风貌，讲求景观和谐。

协调城镇建设和地方旅游发展，合理调整土地关系，构建良性的发展空间；改善文物展示、办公管理以及游客服务的环境和设施。

2. 土地性质调整建议：

凡在安平桥保护范围内的土地使用，必须按照保护规划要求严格控制，不得随意改变保护规划所规定的用地类别。若需变更，必须按照规划变更的审批要求办理相应的手续。凡规划征用为保护区用地的土地，应在规划期内收为国有，并附准确的地形图。

用地性质控制：在整个区域内以安平桥及周边历史遗存为主体，南侧建控地带可适当发展旅游服务的展览、餐饮、宾馆和商业设施。建设控制地带的相关要求，应按照本规划保护区划的管理要求严格执行。

3. 周边建筑改造总体要求：

周边建筑应与安平桥遗产地的整体风貌相协调；按文物法的相关要求，安平桥周边不得建设污染文物保护单位及其环境的设施和工矿企业。

周边建筑的功能应符合规划用地的性质要求；周边建筑的风貌改造，应符合本规划中保护区划和建设控制地带的相关要求。

4. 周边建筑改造措施：

根据保护区划的管理要求，将周边建筑的改造措施分为拆除、现状整修、风貌改造三类。

拆除位于保护范围内的与安平桥风貌极不协调的新建筑，主要是安平桥东桥头两侧近期违规加建房屋等；拆除位于建设控制地带内、对整个安平桥历史生态区域的自然生态、传统风貌景观、实现景观影响巨大的建筑，如安平桥西北角的汽车修理厂、安平桥南侧的垃圾站及污水处理厂等。

现状整修是指建控地带范围以内，建筑风貌良好，与安平桥整体风貌协调的老建筑，如安平桥海潮庵旁传统民居等。对此类建筑，以修缮加固为主，结合具体规划使用要求进行功能、形式的调整，控制建筑规模、主体色彩与质感须与安平桥整体相协调。

风貌改造主要针对建设控制地带内、安平桥周边新建的多层住宅和商业建筑，要求按照保护区划和控制地带的相关管理要求，对建筑物进行降层和风貌改造工程。

安平桥桥东现有干道两侧的一般建筑，是保护区与安海城镇的交接过渡地带，也是连接安平桥及安海历史街区三里街的重要节点，可逐步依据安海传统建筑形式及风貌对其进行风貌改造，保证整体上与传统风貌协调一致。

5. 景观保护措施：

安海及水头周边的山体应保持自然植被，拆除不协调构筑物，限制建设，逐步恢复林木环境；安海湾结合安平桥文物保护规划及安海、水头相关规划进行环境整治，恢复安海湾的历史景观。

安海及水头安平桥周边镇区建设均应考虑与安平桥传统文化因素及水头、安海传统风貌相协调。安平桥周围环境内限制建设，按规划要求控制建筑密度，保证绿化覆盖率。

在保护范围内进行的构筑物、绿化、道路、小品等景观设计，其形象必须符合安平桥的遗产价值，满足遗产环境的历史性、场所性、完整性的前提下，进行功能和造型设计。

三、基础设施规划建议

1. 基本要求：

根据安平桥保护规划和未来展示利用的功能布局计划，重新进行基础设施整体规划和实施方案，根据保护区划的范围整体，统一实施基础设施改造工程。安平桥单体建筑的安防技防要求按本规划要求实施。

2. 给排水规划建议：

规划区内排水设施，依据安海、水头城市总体规划及有关市政工程设计与施工规范完善市政主干管线。

对于文物本体周边统一规划排水设施，禁止所有用水不经处理直接排入安平桥周边水体。

保护范围内水心亭及桥头桥尾各文物建筑管线应全部入地敷设，供水管网采用环状与枝状相结合的布置方式，介入每栋建筑，水压应考虑消防用水的要求。

3. 电力通讯规划建议：

保护区及管理区全部电力电信线路入地，采用地埋线缆，变压器位置设置应相对隐蔽。电力设施的建设，应考虑保护区及管理区的用电需要，逐步进行改造。

4. 消防设施规划建议：

结合安海、水头供水管网，保障安平桥文物建筑，尤其是桥两头离水体较远的文物建筑，室内供水管网的水压，应满足消防需要。保证安平桥文物建筑的每个房间，均配有手持灭火器和灭火设施，实施定期检测和更换制度。采用分区防灾制度，不同区域实施不同的消防预案。

5. 防雷及安防设施建议：

主要文物建筑，尤其是白塔（瑞光塔），应按照国家文物保护要求安装防雷设施，防雷工程纳入古建筑维修专项经费预算。文物建筑的防雷安防设计应委托相关有资质部门进行设计，按程序报相应文物部门审批同意后实施。

第五节　公园建设

一、规划设计

2010 年 6 月 7 日，为贯彻落实第 67 次市长办公室会议精神，按照潘燕燕副市长 5 月 28 日召开的安平桥保护管理工作协调会暨安平桥保护管理工作领导小组成员会的工作部署和要求，泉州市城乡规划局主持召开了安平桥保护有关规划编制工作的座谈会。泉州市文物局、建设局、环保局、民宗局、旅游局、林业局和文物保护管理局；晋江市规划建设与房产管理局、农业局、文体局、旅游局、博物馆、民宗局和安海镇政府；南安市规划建设局、水利局、文体局、民宗局、林业局、环保局、文体局和水头镇政府；福建省城乡规划设计研究院、上海市城市园林设计研究院、清华大学建筑设计研究院等单位参加了会议。会议在听取三家设计单位有关安平桥保护规划的方案汇报后，与会单位代表就安平桥保护规划编制工作展开了认真的讨论，提出了许多意见及建议。

2010年10月18日，泉州市城乡规划局，报告了安平桥保护规划编制工作跟踪督导情况。规划局为贯彻落实第67次市长办公会议精神，根据潘燕燕副市长5月28日召开的安平桥保护管理工作协调会暨安平桥保护管理工作小组成员会议精神，于6月7日上午主持召开了安平桥保护有关规划编制工作的座谈会。并在6月14日形成了会议纪要，印发各与会单位。为有效地指导、督促两镇做好安平桥保护规划的编制工作，就有关调整和完善安平桥保护规划方案于7月14日下达了专题的规划意见。8月10日，南安市水头镇五里桥文化公园规划设计方案送达，8月26日，安海镇安平桥生态文化公园详细规划方案（讨论稿）送达。泉州市城乡规划局领导对安平桥保护的规划工作高度重视，及时组织局相关技术骨干进行认真的分析和审查。于9月1日，规划局再次组织晋江市规划建设与房产管理局、南安市规划建设局、安海、水头两镇的领导参加的两家设计单位参加的规划方案汇报，会议同时邀请了市文物局、水利局、旅游局、园林局等市直相关单位。安海、水头两镇领导高度重视，先后就规划方案的调整、完善和优化工作多次与规划局进行沟通与协调，于9月中旬完成规划成果方案，向泉州市政府汇报后确定评审和报批程序。

二、湿地公园

2010年9月30日，安平桥南安水头段五里桥湿地公园正式动工，总投资约1亿元。五里桥湿地公园位于南安水头镇东侧，紧靠中亭港，南到安水公路，北面由五里桥桥身向北拓展500米，公园规划总面积约70公顷，其中水域面积约17.5公顷，由遗产保护体系、生态湿地体系、公共绿地体系构成。公园的建设注重生态性与低碳节能原则，尽可能增加绿化量、提高绿化覆盖率。考虑到发展旅游经济，今后将适度引进旅游服务设施，寻找生态与经济的平衡点，以减少公园后期日常养护的成本开销，实现"以园养园"的目的，并在将来带动整个水头镇旅游经济的发展。

西段公园的总体规划为"一轴贯东西，一环串八区"。"一轴"指五里桥文化景观轴，西起安平桥西端的隘门，视线延伸至奎峰山；东至中亭港西岸，视线延伸至白塔，中间串起两处古亭景观，是展示五里桥古桥文化的主要轴线。

"一环"指环湖主游路，是公园内最主要的环路，在现在堤岸基础上修建，串起公园的八大景区，承担游览功能。"八区"指八大特色景区，分别是"水国安澜"、"鹿径水云"、"鹊渚听鹏"、"安平夕照"、"振万园"、"瀛洲香海"、"长虹碧波"、"绿野仙踪"。

湖心游赏区是公园的核心部分，将围绕五里桥湖区，总面积约 24.1 万平方米，计划对过去的堤岸进行调整，将之前桥边的沟渠改为湖泊，使湖域视野更开阔，使古桥与水体融为一体。生态展示区位于公园东北侧，是湿地净化工程的核心区域，总面积约 6 万平方米。同时，还在公园北侧预留一片面积约 15.4 万平方米的备用地，前期以储备苗木为主，后期将作为公园扩容用地。

三、生态公园

2010 年 9 月 30 日，安平桥生态文化公园奠基仪式在安平桥畔举行。公园的项目规划后被列为 2011 年福建省重点建设项目。晋江市政府于 2011 年年初决定，将公园纳入安海镇区海东鸿塔片区整体改造并挂牌招商，总用地面积 71.9 公顷，整个公园拟投资 3.8 亿元。2013 年 2 月 1 日，安平桥文化生态公园正式动工建设。

安平桥文化生态公园的总体规划为"长桥为轴、环路串珠、三区体验、安平八景"。一轴——安平桥，并与东侧三里街步行街区相连接，形成人文景观轴线；一环——园区游览观光道形成环线，有机串联各个景点；三区——管理服务区、文化体验区、生态体验区；八景——白塔凌霄、长桥跨海、中亭古韵、鸥鹭点波、绿林生华、西畴春晓、芳草竞鸢、荷浪挹夏。

入口服务区：位于基地东侧，面积 8.0 公顷，对现有场地进行改造，重塑景观形象，增加标志性景观；建设主要服务设施，门户区的标志性景观，主要项目有游客中心、生态停车场、环保车换乘中心、题字石、白塔等古迹修缮、入口广场、桥前广场、地下通道、地雕、休憩亭廊、管理房、自行车租赁处、公厕等。该区拥有安平八景之一景——"白塔凌霄"。

文化体验区：位于基地中部，面积 22.0 公顷，保护好文物古迹，丰富区内游赏内容和文化内涵，使游客更好地领略安海历史文化内涵，主要项目有疏浚河道、人工岛、公厕、观演广场、古渡口等。该区拥有安平八景之二景——"长桥跨海"、"中亭古韵"。

生态体验区：位于基地南北两侧，以观赏湿地、田园景观为主，塑位于基地南北两侧，面积 41.9 公顷，该区恢复生态湿地、田园景观，保护和恢复原生态景观肌底，塑造人与自然和谐共生的空间，主要项目有茶室、荷花池、架桥廊、水车、风车、观景亭、水榭、观景高架、休憩亭廊、水处理池、生态果林、温室花房、苗圃园、栈道、浮岛、湿地、垂钓区、观鸟区、芦苇荡、水岸曲桥。

安平桥跨越安海镇与水头镇，目前以中亭港为界，分别隶属两个行政镇区管辖。

尽管因地理区位等客观条件的限制，安平桥形成两个相对独立的文化公园。但相关决策者，并不囿于地域，而是以长远的眼光，以发展的思路，将两个公园作为一个整体进行整合设计。为最终更好的实现"两园统一"，规划中除统筹考虑功能布局和交通对接等问题，也考虑两园水系互通关系。待未来防洪工程改造提升后，可撤销现有堤坝，形成水陆整体的安平桥生态文化公园。合并后的安平桥公园，总面积达到 140.9 公顷，将成为现代化城市的中心肺部，彻底地改变安平桥的原始功能，使之成为闽南旅游休闲的一个经典景点。

第七章　文书档案

文书档案

编者按：为忠于史实，本章所录入的文书档案，均按原文内容录入。为符合志书编纂规定，编者对原文件的标题、落款、时间及数字的用法都有所改动，严格按照志书的行文规范加以编排，文件中难以辨识的文字，均以□代替。

福建省文化局关于晋江县安海五里桥有无保留价值问题的报告

（57）社字第 1868 号

据本省交通厅公路局（57）路字公第 32550—3 号函：本届省人代会第四次会议提案第 70 号建议修建安海至水头公路，该局拟于 1958 年修筑。但因该路线上有"五里桥"大石桥一座必须拆除填塞才能通车。专来函询问该桥有无保留价值。据查"五里桥"（即安平桥）在八都安海港，晋江、南安县交界处，旧以舟渡。宋绍兴八年僧祖派始筑石桥，未就。二十一年郡守赵令衿成之，酾水三百六十二道，长八百一十一丈。自明永乐至清雍正年间屡经修葺。桥基筑以石墩，桥面筑以条形石板，别无其他雕刻附属文物，结构简单。但因桥横跨安海港面，因而在群众中尚有一定声誉。目前桥下大部分江道泥土淤塞已垦为稻田，部分桥面距地只有数尺高。根据该桥的结构我们认为无甚历史科学价值，拟同意拆除填基修建公路，是否有当请迅批示。

主送：中央文化部

福建省文化局

1957 年 10 月 26 日

文化部文物管理局第 1868 号函复

(57) 文物文字第 620 号

福建省文化局：

(57) 文社字第 1868 号函收到。关于晋江县五里桥问题我局意见如下：

1. 我局没有该桥资料，无法决定其价值及能否拆除，希将资料（包括照片）寄我局一份，供参考研究后再提供意见。

2. 如该项工程紧急，必须即时作出决定，则希你们根据历史、艺术、工程价值及群众意见，全面研究，提出处理意见，报请你省人民委员会批准后执行。如最后决定拆除，亦应在拆除前作出详细实测图样。

3. 你省沿海各县，古代桥梁甚多。据方志记载多兴建于宋代，为使此项保护工作，取得主动地位，希你局即进行全面普查，搜集资料，研究保护，保存标准分别纳入保护单位。以免临时发生问题无所依据，陷于被动。

文化部文物管理局

1957 年 11 月 2 日

晋江县人民委员会报请利用五里桥石料围垦建闸的报告

福建省人民委员会：

我县于今年 6 月份在安海五里桥海埭进行围垦。工程勘察设计有水闸、堤线、堵港三部分。需用条石、方饼块石、乱毛石 9 万立方米，数量巨大。在开采方面的距离都在 5 公里以上，最近的要 10 公里地才有石料可采。成本高、劳力缺、工具（运输车和爆破品）在当前的供应上有困难。由于上述情况，我们认为可以利用五里桥石料，五里桥位于晋江安海，直通南安水头。全桥长五华里，计有 327 孔（靠近水头段经已有五孔塌掉，现改成木桥，中间部分桥孔由于水力冲击相继塌坏），人行及运输实有不够安全之处。为此，根据多快好省之精神，拆除该桥有如下几方面好处：

一、拆除后全部石料可利用在围垦工程上。计石料有 3.5 万立方，每方以 6 元计算，就可节省工程费用 21 万元。

二、拆除后，有利以建场的全面规划，特别是可通拖拉机进行耕作以及水利、交通等设备。

三、拆除后，大大地便利交通可以由安海修建公路直达水头与福泉厦公路衔接起来。即可通汽车，繁荣侨乡经济又缩短泉厦线里程 3 公里以上。同时并便于围垦堤线的施工及建场的运输工作。

四、五里桥早在 1955～1956 年间就先后勘测设计拟改建公路。但因海潮关系修筑不便而停顿，现围垦后，该桥就成为废桥便于修建公路。

根据以上情况，我们认为拆除是有利的，故特呈报上级予以批示。

抄送：福建省农业厅、交通厅、文化局

晋江县人民委员会

1958 年 7 月 6 日

福建省文化局
报请晋江县人民委员会不应利用五里桥石料围垦建闸的报告

（58）文社字第 151 号

省人民委员会：

我局接到晋江县人民委员会，主送你委晋（58）围垦字第 0763 号"报请利用五里桥石料围垦建闸的报告"的抄件一份。

查安海五里桥，系宋代建筑，工程浩大，全长约五里。去年公路局拟修筑公路，省文管会曾派人前往调查，并将调查结果报请中央，经文化部文物局和交通部公路总局研究后，以（58）文物文字第 33 号批复：认为该桥在研究我国交通史上具有一定的参考价值，应予保管，兹将上述情况报告你委，作为批复时参考。

福建省文化局

1958 年 7 月 14 日

文化部文物管理局关于晋江安平桥修理的意见

（59）文物文字第 083 号

接你省晋江县人民委员会（59）晋人教字第 387 号函，关于请求拨款修复安平桥的问题。我局意此桥有较高的历史、艺术价值，且目前对交通往来尚有积极作用，可以修理。修理方案，根据目前情况，以重点加固办法为宜。

此桥的修理保护工作，交通部门密切有关，你局可报请省人委与交通厅取得合作。

关于经费问题，如你省不能全部解决，我局可补助一部分（4 万元左右）。

希你局研究办理，并将情况复告。

主致：福建省文化局

文化部文物管理局

1959 年 8 月 14 日

福建省文化局关于修复安平桥问题

（59）社字第 0967 号

关于安平桥修复问题，8 月□日曾接中央文化部文物管理局（59）文物文字第 083

号来函，同意你县提出重点加固办法，并准备给予一部分经费补助。根据文物局指示，我局又曾将情况报请省人民委员会并与省交通厅进行联系研究。

为了贯彻增产节约精神和尽快解决问题，我局提出如下意见，请你县重新进行研究并迅速报局。

一、可否再压缩重点加固的经费预算？

二、除中央拨给经费外，其余部分，在县范围能否解决？

三、假设 11 月下旬动工，可以完成多少加固工程项目？

发送机关：晋江县人民委员会

抄送机关：晋江专署文化局

福建省文化局

1959 年 10 月 31 日

福建省文化局转拨中央文化部补助修理安平桥经费 4 万元由

（59）文计财字第 1060 号

关于你县安平桥修复经费，接中华人民共和国文化部文物管理局（59）文物文字第 119 号通知，同意补助 4 万元。现将该款由人民银行汇至你县，希立即动手进行筹备，在年内抓紧备料（领据附后，收款后请立即填报本局），该款不得他用。不足款项请你县自行设法解决，希将筹备计划和筹备过程情况及时告知我局。

主送：晋江县人民委员会

抄送：晋江专署文化局、中共晋江县委宣传部、省文管会

福建省文化局

1959 年 12 月 17 日

福建省文化局请速报送晋江安平桥修缮方案预算

关于你县安平桥的修理加固问题，去年12月份曾拨款4万元给你局，据了解尚未施工。现我局又接中央文化部文物管理局（60）文物文字063号函，关于我省文物保护修缮费，今年只补助10万元。重点修缮上杭古田会议址、晋江安平桥、泉州开元寺、清净寺，不足经费须各地自己设法解决。为此，请你局接函后：

1. 速将安平桥现状实测图、修理设计图、施工说明书及详细预算，于本年8月底以前送我局一式二份，以便转报中央文化部文物管理局研究同意后，再行施工。

2. 安平桥所需物资，请详细计算，开列所需数量、规格、品种等即报请县计委列入计划供应，并抄送中央文化部文物管理局及我局各一份。

3. 根据安平桥的修复情况，建议你局选派专人负责，定出计划，并请将进展情况多与我局联系。

主送：晋江县文化局

抄送：晋江专署文化局、晋江县人委

福建省文化局

1960年7月26日

国务院关于公布第一批
全国重点文物保护单位的通知（节录）

各省、自治区、直辖市人民委员会，各部，各委员会，国务院各办公室，各直属机构，中国科学院：

国务院同意文化部提出的第一批全国重点文物保护单位（共计180处）的名单，现予公布。文化部应当继续在省（自治区、直辖市）级文物保护单位中选择具有重大历史、艺术、科学价值的，分批报国务院核定公布，并协同有关的地方和部门加强保护管理工作。

各省、自治区、直辖市人民委员会应当根据《文物保护管理暂行条例》的规定，在短期内组织有关部门对本地区内的全国重点文物保护单位划出保护范围，作出标志说明，并逐步建立科学记录档案；同时还应当督促有关的县、市人民委员会做好所辖境内全国重点文物保护单位的保护管理工作。

中华人民共和国国务院

1961 年 3 月 4 日

抄：各中央局、中共中央办公厅、人大常委办公厅、最高人民法院、最高人民检察院

第一批全国重点文物保护单位名单（共计 180 处）

（一）革命遗址及革命纪念建筑物（共 33 处）编号　分类号

（略）

（二）石窟寺（共 14 处）编号　分类号　名称

（略）

（三）古建筑及历史纪念建筑物（共 77 处）编号　分类号

编号	名称	年代	地址
12	安平桥（五里桥）	南宋	福建省晋江县

（四）石刻及其他（共 11 处）编号　分类号　名称

（略）

（五）古遗址（共 26 处）编号　分类号　名称

（略）

（六）古墓葬（共 19 处）编号　分类号　名称

（略）

注：台湾省的全国重点文物保护单位名单待解放后补列。

福建省人民委员会执行国务院关于公布
第一批全国重点文物保护单位名单的通知

（61）省办文张字第 0919 号

国务院国文习字 48 号的通知，我省上杭县古田村古田会议会址、晋江县安平桥（五里桥）、泉州市清净寺列为第一批全国重点文物保护单位。为此，希省文化局应会同有关市、县文化部门切实做好上列重点文物保护单位的保护管理工作。

主送：上杭县人委、晋江县人委、泉州市人委、省文化局
抄送：龙岩、晋江行署

福建省人民委员会
1961 年 3 月 31 日

安平桥管理保护条例

遵照国务院关于文物保护管理条例的精神，我县会同南安县进行检查处理后提出如下几条保管意见：

一、安平桥的管理遵照执行国务院公布关于文物保管条例的一切规定。安平桥具体由晋江安海南安水头文管会执行管理此桥，按历来群众习惯的以八板桥为晋江南安两县分管界。

二、安平桥保护管理范围，从安海白塔起至水头海潮庵止为桥之全长，两边各离桥两丈为保护范围（有水处两丈以外），桥之上下一切木石建筑材料雕塑等如石刻的石狮子、石将军、石栏杆、石镇方、石碑、憩亭、桥板、桥基石等为本桥管理范围。

三、凡属本桥管理范围的一切木石建筑材料雕刻等物，不得随意搬动散置或移用，

已散移用者于本条例公布起，即送还本桥管委会收管。

四、严禁在保护范围内留住非派管人员或堆放易燃或有损坏桥的物品，严禁在桥的范围内张贴涂刻文字画图和玩投砖石，糊沙泥等破坏行为。严禁载重车辆过桥。严禁一切船只停靠缆锭于桥底、桥基、桥板，禁止在管理范围捉鱼敲蚵等行为，以保护桥基、桥板的安全。

五、本条例经报中央有关部门备案，自公布日起施行，违反者按文物保管政策规定惩办之。

晋江县人民委员会

1961 年 5 月□日公布

福建省文化局催报安平桥修缮保护情况

（61）文社字第 56 号

我局 1 月 17 日曾以计财字第 30 号、四月份以社文字第 90 号先后通知你局将 1960 年初拨下修缮安平桥 4 万元钱如何使用？安平桥今年能否动工修缮？目前保护情况？速报我局，至今未见复文。特再函催办，请速将情况报来，并希根据国务院"关于文物保护管理暂行条例"指示精神，会同南安县文化局研究提出对安平桥的保护措施，及修缮意见，随同报送我局。

主送：晋江县文化局

抄送：晋江专署文化局、南安县文化局、省文管会

福建省文化局

1961 年 5 月 31 日

福建省文化局关于请造送安平桥中亭后堤岸抢修工程计划预算

（61）文社字第 105 号

关于安平桥的调查报告已收。对该桥的全面修缮问题，我局正拟报告文化部批示，工程暂缓。但我们考虑到安平桥中亭后面堤岸已被潮水冲毁，且影响到中亭建筑的安全，有必要及时加以修缮，以防继续毁坏。

为此，特请你局会同晋江县或南安县共同研究，年内劳力、材料问题若能解决，请尽速派专人勘查后，根据节约原则，编造修缮计划预算，报送我局，以便研究拨款施工。

抄送：晋江专署文化局

福建省文化局
1961 年 11 月 5 日

福建省文化局关于晋江安平桥的修缮意见

（61）文社字第 116 号

安平桥是全国重点文物保护单位之一，但其损坏极为严重。根据勘查结果，全桥 331 座桥墩中，已倒塌的有 19 座，损坏的 106 座，桥面石梁共损坏 294 条，其中缺失 174 条，断折 112 条，掉下水里 8 条，并有几孔全无桥梁，另架木板通行。这种损坏的原因主要是：潮汐涨落冲击，台风暴雨吹袭，年久失修，其次是车马行人，络绎不绝，尤其是载重车辆，影响尤大。同时，近年来海军常把数十艘兵舰的绳缆栓于桥墩或桥石梁上，潮涨潮落，拉力极大；其次，当地人民为了扩大农业生产，围垦海滩，把桥上掉落或欲坠的石头搬去筑堤，还有当地群众每天在桥下捕鱼，在桥墩敲蚵等。这种自然和人为的损坏率是惊人的，1959 年去调查时，桥梁损坏仅 99 条。最近调查已发展到 294 条，日益严重地影响到桥梁的安全。我省历年来对这种日益严重的毁坏，曾采取了措施，组织文物保护小组，收集散失石头和附属文物，解决驻军栓绳、车马通行等问题进行了保护。但由于人力、物力、技术等客观条件所限，未能及时加以整修。目前，我们考虑到其修缮问题，无论是全面复查或局部维修，工程都是浩大的，需要巨额经费和大量劳动力，在当前大办农粮、紧缩开支的情况下，是不相适宜的。为了妥善解决安平桥的修缮问题，我们提出如下意见，请审查批示。

1. 长期修缮，逐步维修，拟分期施工：第一期，先修水头港及中亭背后堤岸，1962 年进行，约需款 50 万元；第二期，修西姑港及中亭以东近安海两处破损部分，1963 年进行，约需款 60 万元；第三期，修补桥面、桥墩缺损处和复原桥上附属文物，1964 年进行，约需款 20 万元，预计在 3 年内，修缮完毕。

2. 鉴于石梁太大，重达 2～6 吨，目前石料、运输、技术、经费等方面都存在着相当大的困难，我们认为是否可以先整修桥墩，桥梁暂用木板代替，等以后条件具备了，再全面整修复原。

3. 因安平桥的工程浩大，技术复杂，再者又无古建筑维修技术人员，为慎重其事，建议你部派一位古建工程师来我省具体协助，研究和设计修缮问题，全面安排施工计划，使整修工程建立在稳妥可靠的基础上。上述分期施工计划也有待你部派人具体研究落实。

主致：中华人民共和国文化部
抄送：中共省委宣传部，福建省人民委员会
抄送：福建省文物管理委员会

福建省文化局
1961 年 11 月 16 日

福建省文化局
关于拨款抢修晋江五里桥中亭堤岸的通知

（61）文社字第 126 号

　　关于晋江五里桥中亭堤岸部分亟需立即进行抢修性的修缮工程问题：我局前曾函请晋江专署文化局与你局，邀请建筑工程人员前往勘查并提出抢修经费预算，未知已否处理？目前由于年关紧迫，我们考虑到上述工程无论如何必须在今年年底以前修竣，否则今冬明春继续遭受雨水海潮侵蚀，将造成中亭之倒塌，引起不可弥补的严重破坏事故；因此我局决定根据省文管会今年对该桥检查后提出抢修部分所需的经费意见，特发给你局 5000 元，作为上述抢修经费。款到之日，请即将领款条报送我局，并立即组织施工，争取在今年底以前完成全部修缮工程，并随时将有关情况函告我局。

主送：晋江县文教局
抄送：晋江专署文化局、晋江地委宣传部
　　　晋江县委宣传部、省文管会

福建省文化局
1961 年 12 月 7 日

文化部函复关于晋江安平桥的保护和修缮意见

（61）文物字第 1830 号

　　你局 1961 年 11 月 16 日（61）文社字 116 号函收悉。关于晋江安平桥的修缮问题，我部有如下意见：
　　一、根据你局来函和晋江专署文化局的勘查报告看来，破坏情况是相当严重的，应当引起特别的注意。在目前的情况下，晋江专署文化局所提四点紧急措施是切实可行的，望你局督促执行。

二、关于安平桥的修缮问题。我们正在研究，拟于明年组织有关专业人员前来你省共同研究，届时当另行通知。

主致：福建省文化局

中华人民共和国文化部
1961 年 12 月 14 日

福建省文化局转发中央文化部关于安平桥的保护修缮意见

发文字号（62）第 116 号

关于安平桥的修缮问题，中央文化部办公厅（61）文物字第 1830 号作出以下批示，现转告你局：

一、根据你局来函和晋江专署文化局的勘查报告来看，破坏情况是相当严重的，应当引起特别的注意。在目前的情况下，晋江专署文化局所提四点紧急措施是切实可行的，即请督促执行。

二、关于安平桥的修缮问题，我们正在研究，拟于明年组织有关专业人员，前来你省共同研究，届时当另外通知。

根据上述精神，请你局立即按 1961 年 9 月 18 日晋江安平桥勘察报告的四点紧急措施着手进行工作。

主送：晋江专署文化局
抄送：晋江、南安县文化局

福建省文化局
1962 年 1 月 15 日

福建省文化局关于安平桥抢修报告

局笺函（63）社字 106 号

关于安平桥抢修方案的请示报告，去年我局 4 月 11 日曾以（62）文社字第 020 号报告省委，始未得复，今年省文管会再次派人检查，认为安平桥靠水头镇方向的桥头第三孔和距水头镇 150 米左右处的西姑港附近共有 5 孔均早已倒塌，解放后以木便桥维持交通，几年来因木料被海水侵蚀，桥石木板腐朽不堪，去年曾修补一次，但仍不解决问题，我们研究对上述二处共六孔，应急须进行简单复原性的抢修。因此，请你委批示下面几个问题：

一、批准解冻 1959 年中央文化部拨修安平桥专款 4 万元和 1961 年下拨的 5 千元，作为上述抢修经费。

二、请批准将上项抢修工程所需的水泥 20 吨，木材 48 立方米，纳入计划内供应。

三、建议该桥抢修工程、施工、运料问题，由省交通厅解决，劳力、小工由晋江专署当地安排解决。

四、水头镇驻军利用桥板栓缆汽船问题，我局曾多次交涉，始未解决，请省人委通知支前委员会，同军区联系，建议他们在水头镇建筑靠船码头，以保文物安全。

以上报告是否可以，请速批示。

主送：省人民委员会
抄送：中央文化部文物管理局、省文管会

福建省文化局
1963 年 5 月 29 日

文化部答复福建省全国重点文物保护单位的标志形式和说明稿

（63）文物平字第 1166 号

省文管会 1963 年 5 月 23 日报来你省第一批全国重点文物保护单位的标志形式和说明稿收到，答复如下：

一、关于全国重点文物保护单位的标志形式，我部将拟制统一格式，发交各省。

二、文管会送来的三处全国重点文物保护单位的说明，已请有关单位研究后作了修改，兹同函付去，请查收。

三、从文管会报来的标志形式函上看，说明是与标志制在一起的，说明内容将来如有改动是否方便，请考虑。

主致：福建省文化局

抄致：福建省文物管理委员会

附件：说明稿三份

中华人民共和国文化部

1963 年 6 月 6 日

附件 1：古田会议会址

1929 年 12 月，中国工农红军第四军在这里召开了第九次党代表大会。会议是在毛泽东同志的主持下进行的。这次会议通过了毛泽东同志亲自起草的具有重大历史意义的纲领性文件——《中国共产党红军第四军第九次代表大会决议案》，确定了中国共产党建军的正确路线，同时为中国共产党的建设奠定了思想基础，古田会议的光辉，照耀着中国人民革命事业胜利前进的道路。

附件 2：清净寺

清净寺创建于宋大中祥符二年（1009 年）。现存门楼和礼拜堂的墙壁门窗等遗物具有浓厚的阿拉伯建筑风格。门顶和龛内刻有古体阿拉伯文古兰经，为我国现存最早的伊斯兰教建筑遗迹之一。它不仅是研究伊斯兰教建筑历史与艺术的实物，而且也反映了当时泉州对外通商贸易的盛况。

附件3：安平桥

安平桥始建于宋绍兴八年（1138年），历时14年告成，全长2070米，俗称五里桥，有"天下无桥长此桥"之称。这项工程表现了我国古代劳动人民在桥梁建筑上的伟大气概，对研究我国古代桥梁建筑史和桥梁工程技术方面具有重要的参考价值，同时也反映了宋、元时代闽南沿海地区社会经济繁荣的情况。

福建省人委关于抢修安平桥所需经费、物质等问题的批复

（63）省文办字第6505号

文化局：

你局（63）社字第106号报告悉，关于抢修安平桥所需经费、物质等有关问题批复如下：

一、你局提出解冻1959年中央文化部拨文物保护费专款4万元，根据中央文化部、财政部（61）文物光字第807号和（61）财清字第108号关于处理古建修缮文物保护经费解冻的联合通知规定的精神，同意解冻，1961年追拨5千元未冻结，可以继续使用。但必须专款专用，精打细算，厉行节约。

二、修缮工程所需劳力和物质均有晋江专署统一安排解决。如需省解决的物质，可报省计委审批安排。

三、工程设计施工运料等有关问题，由交通部门协助解决。

抄送：晋江专署、南安县人委、省计委、省交通厅、财政厅、省建设银行、中央文化部、中央财政部

福建省人民委员会

1963年8月13日

福建省文化局
关于请立即对安平桥中亭护岸新修工程采取处理措施的报告

（63）文社储字第 53 号

　　我局去年拨款 12000 元，由你局委托安海建筑生产合作社抢修安平桥中亭背后护岸，此项工程拖延至今年 4 月间施工，6 月完工。

　　在未施工前，省文管会曾派员前往审查设计方案，建议安海建筑生产合作社，对拟修的直立形护岸改为斜形护岸，以减少海潮冲击力，当时该社技术设计负责人，曾接受上述建议。但 7 月间我局得悉上述工程已施工，派员前往了解修缮情况，当时即发现该社擅自修改施工设计图样护岸仍做直立形，勾缝处并已开始外凸龟裂，工程质量十分粗劣，我局人员向该社提出意见，应立即采取加固措施，以免发生倒塌事故。但这些意见仍没有引起他们重视。至 9 月 10 日该护岸便崩毁了三分之一，其余三分之二也摇摇欲坠。经我局派员会同晋江专署文教局与晋江专区养路段工程师，于 11 月 19 日稽查后，从崩毁断石处发现护岸内部结构，采用大量碎石填塞，孔隙甚大，勾缝处也全用黄土，只在表面抹上不到 0.5 厘米的水泥浆，这显然是不负责任的偷工减料行为。根据这一情况，我局认为上述新修护岸的塌毁全系工程事故，应责成安海建筑生产合作社负责赔偿修复。因此，请你局迅即向安海建筑生产合作社交涉此事，并限期督促施工，至于修复方案，请你局会同建筑、水利等有关部门共同检查决定。希将有关措施和处理意见速函我局以便转报省人委。

主送：晋江县文教局
抄报：省人委、省文教办公室
抄报：晋江专署文化局、省文管会

福建省文化局
1963 年 12 月 2 日

福建省文化局关于抢修晋江安平桥和要求追拨经费的报告

(63) 社办字第 58 号

中华人民共和国文化部：

全国重点文物保护单位——晋江安平桥（五里桥），长年失修，损坏情况十分严重，1962 年春季，文化部文物局曾派员会同交通部工程师前来检查勘察过，并提出抢修和复原方案，后来因经费无着，抢修工程和复原设计工程无法进行，1963 年 8 月间，省人民委员会鉴于该桥严重损坏部分必须紧急抢修，以支援农村建设，确保行人安全，决定解冻文化部 1959 年下拨安平桥保护费专款 4 万元，作为抢修经费。随后我局即邀请交通部门工程师前往详细勘查，现将勘查结果和抢修方案、预算、意见要求等报告如下：

（一）严重损坏部位的检查：

安平桥由于年久失修，全桥破损不堪，目前损坏程度最为严重的有三段：

1. 中亭港一段损坏长度达 50 米，计有 2 个桥墩严重倾斜，四个桥墩局部石料松散，2 个桥孔梁变形塌陷，4 个桥孔石梁严重倾斜。

2. 西姑港一段损坏长度达 64 米，计有三个桥墩全毁，3 个桥墩局部倾斜松散，6 孔石梁全毁，3 孔石梁塌陷变形，为全桥损坏程度最为严重的一段。

3. 水头港一段损坏长度达 33 米，计有三个墩台严重倾斜，2 个桥墩局部松散，五孔石梁桥面塌陷变形。

以上 3 段损坏长度共为 147 米，严重损坏墩孔共 20 个，个别墩孔如不急修，不久便会塌毁。

（二）抢修方案：

1. 已毁桥墩予以修复，严重倾斜和松散的桥墩一律予以修整或拆下重建。桥墩基础若有倾斜者，拟在原有基础上加浇一层片石混凝土，使其平整。新修复或整理重建的桥板均用 80# 水泥砂浆砌筑。

2. 以上 3 段共需补充桥面石梁七孔，由于附近无法解决巨大石料，故拟暂以钢筋混凝土梁代替。决定采用 200 级混凝土，三号圆钢筋，其估荷载按 300 公斤／平方米计算。钢筋混凝土梁与桥墩支承自由□□，不加□制。

3. 经费预算：中亭港段需要水泥 24 吨，杉木 42 立方米，钢材 3 吨；西姑港段需要水泥 46 吨，杉木 36 立方米，钢材 7.2 吨；水头港段需要水泥 21 吨，杉木 31 立方米，钢材 1.5 吨。总共需要水泥 91 吨；杉木 109 立方米；钢材 11.7 吨。

（三）意见要求：

据交通部工程师勘察后，认为安平桥损坏程度日有增长，上述三段严重损坏部位必须争取早日抢修，否则时间拖延，将会继续损毁，势必增加抢修经费预算。又据晋江县安海镇和南安县水头镇的广大群众，历年来迫切要求抢修和为维护交通安全，避免意外人身事故，活跃和支持附近二镇广大农村经济交流起见，我局已取得我省交通部门的大力支持，决定将上述工程委托晋江专区养路段负责施工。目前已开始动工抢修西姑港一段，此段工程可在 1964 年第一季度内完工，至于中亭港和水头港二段抢修工程，也可在 1964 年第三季度以前全部修竣，以上工程所需经费 126227 元，除文化部门 1959 年拨给 4 万元待解冻可以使用外，尚不敷 86227 元，要求文化部门在 1964 年第一季度内拨给，以便继续施工完成。至于工程所需主要材料，目前已由我省计委拨给水泥 25 吨，杉木 35 立方米（钢材省内可以解决），现尚急需水泥 66 吨，杉木 74 立方米，要求文化部门也同时协助解决。

附：晋江安平桥三段重点损坏示意图一份

抄报：省人民委员会

福建省文化局
1963 年 12 月 7 日

福建省文化局
关于安平桥修缮工程中存在的问题的请示报告

（64）文社储第 325 号

中华人民共和国文化部：

安平桥西姑港一段的修缮工程，已按照本局 1963 年 12 月 7 日（63）文社办字第

58 号关于抢修晋江安平桥和要求追拨抢修经费的报告，由本省公路局晋江专区养路段承包，于 1963 年 11 月底动工，桥墩工程，现接近完成，预计今年 5 月上旬可以全部竣工。4 月 6 日，省文管会和晋江专署文化局派员会同施工单位负责人前往察看，发现桥墩有问题，跨距比旧有的狭窄。晋江专署即于 4 月 9～11 日，组织检查组（由省文管会、晋江专署文化局、交通局、晋江专区养路段、晋江县文教科、泉州市文管会等单位负责人、业务干部以及社会人士组成），深入现场，进行实地检查，主要发现有以下三个问题：

1. 多做了一个桥墩，使四个桥墩的位置和跨距改变了原状；

2. 有两个桥墩的墩身宽度，由原设计的 2.25 米缩小为 1.8 米；

3. 有六个桥墩的砌法（外围用细毛条石叠砌，内部是填塞块石混凝土）与现有桥墩的砌法（用毛条石横直各一层干砌）不同。

问题的产生，首先是由于设计时，没有下地排水挖泥勘察，仅凭现场目测多设计一个桥墩（设计时，安平桥西姑港便桥一段破坏最为严重，全部倒塌，桥墩的墩基看不见）；其次是施工单位在清基时，发现实有墩基与设计墩数不符，曾经向晋江专区养路段反映过，养路段当时亦未与当地文化行政部门联系，就叫他们按设计蓝图施工；再次是我们文化部门在施工过程中虽有派人下去看过几次，但没有派专人驻在工地，因此不能及时发现问题。

以上这些问题，晋江专署和有关部门研究后提出以下处理意见：

1. 六个桥墩全拆重建：使桥的面貌恢复原状；

2. 拆除尚未完成的二个桥墩，重建一个：可使墩的个数一样，但跨距仍会长短不一，位置也不一样，桥墩砌法只能一个达原样；

3. 拆三个桥墩，重建二个：使桥墩、跨距、位置均合设计修建标准，桥墩砌法按原样会有二个。

4. 全部不动，继续把这段工程修完。其理由是：（1）因该桥历代都有重修，实际原状不明，桥墩各段结构形式不一；（2）工程已近告竣，款额、材料基本花光，如按第三方案返工，追加预算 14506 元。第二方案也需款 13000 元；（3）现有桥墩修建还牢固，并不影响交通和排水，如要返工还要用开炸，这样会造成国家经济上的损失和群众的不良影响；（4）该桥将来还要全面大修，等到大修时再拆除恢复原状。

上述四点意见，晋江专署认为以第四点意见处理为宜，经本局研究并请示了省人委文教办公室，认为从文物保护原则来看，应全拆重建，恢复原状，但从目前的实际情况来看，认为晋江专署提出的第四点处理意见比较妥当。现工程暂停进行，急待处理解决，以上意见是否妥善，盼即电示。

为了接受这次文物修缮工程中的教训，我们决定会同有关部门组织检查组，深入工地进行全面检查，检查报告，以后报送。

抄报：省人民委员会，省人委文教办公室，中共福建省委宣传部

抄送：省文管会，省交通厅，晋江专署，晋江、南安县人委

附件：图表一份

福建省文化局

1964 年 4 月 20 日

文化部复安平桥的抢修问题

（64）文文字第 015 号

（63）文社办字第 58 号函悉。关于安平桥的抢修问题，答复如下：

1. 同意所拟抢修方案，暂以钢筋混凝土梁代替目前无法解决的巨大石料，但在外观和形式上应注意与原来桥石的形式与颜色相协调。

2. 关于经费问题，我部去年曾以文物平字第 1570 号函通知各省市（自治区）自己列入预算，因此，我部掌握的古建经费极少，此桥目前主要是交通安全问题，希望你局会同交通厅专案向省人委报请解决。

3. 关于木材问题，我部上半年度指标已经分配完毕，下年度可调拨一部分。我部水泥已分配完毕，希向省人委报请调剂解决。

主致：福建省文化局

中华人民共和国文化部办公厅

1964 年 1 月 29 日

文化部函告安平桥所需水泥调拨情况

(64) 物字第 151 号

5月14日电悉。关于安平桥抢修工程所需水泥40吨,经与国家物资管理总局调度局联系,据告,须俟6月上旬全国生产物资订货会议结束后,才能进行调整分配指标工作。为解决该工程急需,你局可商请地方物质部门先行借拨,待调整指标到后,再为归还。

主致:福建省文化局
抄致:福建省物资厅

文化部文化物资生产供应管理局
1964 年 5 月 23 日

文化部关于安平桥(西姑港一段)修缮工程的检查和
对水头、中亭港修缮的批复

(64) 文文平字第 1094 号

(64) 文社储字第 546 号报告收悉,同意安平桥(西姑港一段)修缮工程的检查报告,并希以之作为今后文物建筑维修工作的经验教训。

关于水头港和中亭港两处桥墩的修缮问题,应根据"国务院关于进一步加强文物保护和管理工作的指示"的精神,注意保护原状,防止破坏,不要大兴土木。目前如果为了解决交通问题,急需修缮,所需经费应与交通部门联系解决。希你局向福建省人委请示办理。

在进行修缮之前,应作出设计方案。

主致:福建省文化局

中华人民共和国文化部
1964 年 □ 月 □ 日

文化部同意安平桥西姑港修缮工程予以验收

（64）文文字第 240 号

　　1964 年 10 月 14 日送来的安平桥西姑港修缮工程竣工验收报告收悉。我部同意这项工程予以验收。我部调拨的水泥 40 吨，已由中国建筑材料公司北京市公司以（64）统水字 7—20 号函通知本溪水泥厂拨付，该厂原定 9 月交货，你局可直接与该厂联系。

主致：福建省文化局

中华人民共和国文化部办公厅

1964 年 11 月 3 日

关于晋江安平桥中亭护岸修缮计划问题

省文化局：

　　关于晋江安平桥中亭护岸修缮计划问题，我们意见：

　　（一）同意晋江专署水电局和晋江县水利局的设计方案，施工时即按此设计方案执行。

　　（二）同意晋江专署文化局意见，年内先将今年修建安平桥剩款 8000 多元拨给安海建筑社备料抛石奠基。

　　（三）安平桥中亭护岸修缮工程应在晋江专署文化局领导下责成晋江县文化科具体负责，并派出专职干部常驻工地监修，随时检查随时验收，确保工程质量。为了解决施工中便于及时检查工程技术质量及用料问题，同意专署文化局意见就地雇一临时技术员协助监工。

　　（四）请省局函晋江专署文化局委托晋江文教局与建筑社正式签订合同。

福建省文物管理委员会

1964 年 12 月 8 日

福建省文化局
关于安平桥西段塌毁一墩二孔的报告

（65）文社字第 433 号

　　安平桥是全国重点文物保护单位。1965 年 11 月 9 日，其西端水头港段的第二桥墩和第一、二两孔桥梁塌毁，长达 11.5 米。原因是：南安县水头公社水头、埕边两大队为发展生产围垦了桥西段一带的海滩，并在桥西端南面 30 米处建双孔排涝水闸一座（闸高 4.7 米，孔宽各为 2.2 米），水闸又未及时装启闭机，故在最近一次的大海潮时，由于潮水涌集闸门孔道，直冲桥身，造成以上塌毁事故。

　　据调查，该围垦计划，晋江专署水利局认为不利于上游排洪，没有给予批准。但当地大队擅自动工，并把原计划建在桥西端南面 400 米处的水闸，移建在 30 米的近处（为了保存水头镇码头）。事故发生后，南安县人委十分重视，立即堵塞水闸孔道，以阻止海潮继续冲刷桥身，并架设木便桥，以保来往交通。但因该桥 800 年来，历代失修，解放后，对该桥的保护管理虽做了许多工作，桥身仍有许多倾斜变形，目前以中亭港段和水头港段两处较为严重。现在，在该桥西段一带围垦，并建水闸，对这两处桥身的保护管理，关系较大，亟需研究解决。

　　我们建议：请省人委责成有关部门（包括水利厅、交通厅、农垦厅、文化局、文管会、晋江专署、晋江县人委、南安县人委）共同组成工作组，对有关该桥保护管理问题进行调查，特别是对于在该桥西段围垦，如何根据发展生产，文物保护的两利原则，划定围垦及非围垦范围，采取必要的设施等问题进行研究，从而制定一个统一的既有利发展生产，能确保交通，又有利于文物保护管理的方案，然后具体解决维修措施，以免这一全国重点文物单位受到损害。

　　以上报告当否，请批示。

附件：1. 南安水头围垦地形图 1 张

　　　2. 安平桥水头港段塌毁事故检查照 6 张。

主送：省人委

抄报：省委宣传部　文化部
抄送：省文管会、晋江专署、南安县、晋江县人委

福建省文化局
1965 年 12 月 11 日

关于安平桥的几个问题和意见

一、安平桥损坏情况：

1. 安平桥水头港和中亭港两段桥身目前有 3 个桥墩已倾塌，有 11 个墩台严重倾斜松散，7 孔桥面石梁板毁缺。

造成损坏原因有二：（1）此桥建于公元 1138～1152 年，距今 800 余年，长年受山洪海潮冲刷所致。（2）1965 年 10 月间，南安县水头公社在安平桥西段和上游一带围垦海滩，兴建水闸，堵塞了两条港道，迫使上游河水集中冲刷中亭港段桥身，并直接引起水头港段桥墩崩塌，这两年来，桥身急速损坏程度增长了 4 个桥墩。

2. 安平桥中亭背后由于洪水海潮冲刷，亭基下陷。1962 年曾拨款 12000 元修筑护岸，因设计质量不符合要求，不久即崩塌 50 米，为了保护中亭，需要重新修筑。

二、安平桥东段水心亭损坏情况和"安平路"修建水渠破坏桥路事故：

1. 水心亭建于清末以后，亭建于桥孔石梁板之上，目前亭柱严重倾斜，亭基的梁板残断下陷，该处是交通要道，载重板车往来较多，目前若不加固，便可能倒塌。

2. 安海搬运公司为引水灌溉安平桥两岸围垦的田地，在 1966 年 3 月 18 日，在"安平路"（原为桥孔，清代已填塞为路，并建房屋于桥路的两旁，长达 200 米）正中挖掘水沟（深 75 厘米）。3 月 21 日，我们接群众来信报告后，已电请晋江县人委会予以制止，现已暂时停工等候处理，据我们派员到现场了解，安平路路石、石板大部分已被挖掉，其中有五、六根大石梁板已被打断切开，准备作为水渠的材料。这样已构成了严重破坏事故。

三、处理意见：

1. 安平桥水头港和中亭港两段桥身修复和上游围垦问题，经由晋江专署张海天副专员召集有关部门研究后，认为安平桥水头港和中亭港两段必须立即抢修，否则在今年 8 月大潮冲击时，可能造成更大的损坏，为了保证桥身的安全，必须拓宽上游河道宽度，降低水流速度、减轻桥身冲刷。专署决定，今后上游地区海滩一带一律不准围垦，已围垦地带如妨碍泄洪，则由晋江、南安两县负责动员有关社队的堤岸向内移筑。

我们同意晋江专署的意见，认为安平桥急需抢修，否则塌损程度将日益加剧。建议省人委会批准晋江专署（66）署文字第 073 号的报告，拨款 11 万元进行抢修，所需水泥和木材也请省人委会给予安排解决。据我们初步核实后，需用水泥 80 吨，杉木 40 立方米，松木（16 厘米 ×500 厘米）25 立方米。但是修缮工程必须在上游既定河道宽度得到处理以后才进行，否则上游河道狭窄，即使是抢修了，也可能遭受上游山洪冲刷而继续崩坏。

2. 安海段水心亭桥孔石梁残断和亭基下陷问题，必须进行抢救性修缮。我们认为可以把亭上次要的附属僧房拆掉，减轻桥梁负重，个别桥梁板予以更换，加固亭柱，拆卸个别影响桥路交通的亭柱，以确保亭子主要结构的安全。这项工程估价所需经费约 2000 元，可在上次安平桥修缮经费内统一开支解决。

3. 安海搬运公司在安平桥上"安平路"挖掘水渠破坏大石梁板，晋江县安海镇人委会事先没有请示上级批准，便擅自决定动工，明知故犯，以致造成严重损失，建议转请晋江县人委会，对这一破坏事故责成有关单位和人员检查并进行严肃处理、上报。至于安平路修建水渠问题，据我们实地勘察后，认为这条桥路的桥墩和桥梁，在清代就已遭受破坏，目前安海搬运公司为了解决桥两岸围垦的 1000 多亩田地的灌溉，促进农业生产，水渠工程也已挖掘了一半，我们认为，应该支持他们把这条水渠修起来，具体意见是：对已经挖砌的一段继续把它修筑好，上面铺砌石板，以恢复路面原状，对目前尚未挖掘的一段，应沿着桥路边缘挖掘，避免破坏桥路底下桥墩石料。对于桥路上的所有石梁板，应该妥善保护好，不得破坏或移充他用。

福建省文管会

1966 年 3 月 29 日

福建省文化局
关于安海搬运公司在安平桥修筑水渠造成破坏文物事故的处理意见

（66）文社字第 352 号

晋江县人委会：

1966 年 3 月 18 日，你县安海搬运公司在安平桥东段"安平路"修筑水渠，引水灌溉围垦田地，严重破坏全国重点文物保护单位安平桥，经省文管会电请你委予以制止，并派员会同晋江专署文化局、你县文化馆前往安海镇实地了解后，得悉"安平路"路面石梁板和石料大部分已被挖掉，部分大石梁被砸断切开，桥路土下的部分墩基石料也被挖掉或砸断，构成了严重的破坏事故。

安平桥系国务院公布的全国重点文物保护单位，其保护范围早经划定，并由省人委会制竖石碑标志。国务院发布的《文物保护管理暂行条例》第七条规定：全国重点文物保护单位的发掘或迁移，应当报请国务院决定。现据我们调查，上述安海搬运公司修筑水渠工程，是由安海镇人委会批准动工的，事前没有报请上级有关部门批准，这是一种明知故犯的严重错误行为。建议你委根据省人委会（58）省文字第 0580 号公布的命令："福建省保护文物奖惩暂行办法"第三条规定，责成有关单位和人员认真检查，进行严肃处理，并将处理结果上报省人委。

鉴于安平桥自水心亭至孝节牌坊这一段全长 97 米的路面已被破坏，部分水渠已经挖拆。我们认为可以同意安海搬运公司把这一段水渠修好，但在工程中必须将路中桥墩分布和位置、距离、埋入地下深浅尺寸等记录下来，然后在其上面恢复原来路面。现存石梁板和石料一律不得继续破坏或移作他用。自孝节牌坊至望高楼这一段路面全长约 100 米的水渠位置，不得在路正中修筑，应沿着路边缘外修筑，防止埋在地下的桥墩再受破坏，桥头水心亭不得任意拆毁，其加固修缮问题等候报请省人委会研究决定。

以上意见，请你委研究处理，并通知安海镇人委会。

抄送：省文管会，晋江专员公署，晋江专署文化局
抄报：省人委会

福建省文化局
1966 年 4 月 27 日

函复省人委办公厅转来晋江专署关于请求修复安平桥的报告

文社函字第 301 号

晋江专署：

我们曾经收到省人委办公厅转来你署关于请求修复安平桥的报告，近又收到你属一些局、镇提出同样的报告。

目前，我局正在省委派出的工作组的领导下，开展无产阶级文化大革命，在这一运动中，揭露出过去在文物保护工作方面存在不少问题。我局拟在这一运动结束之后，就这方面的问题，采取措施，加以处理。关于修复安平桥的问题，拟放到那个时候，统一进行研究处理。

但是，安平桥不仅是全国重点文物保护单位，而且是南安和晋江之间的交通要道，加以 8 月大潮快要来临，所以，希望你们立即通知南安和晋江两县，采取必要的加固措施，以策安全，维护交通。

主送：晋江专署
抄报：省人委

福建省文化局
1966 年 11 月 15 日

福建省晋江专员公署文化局
函复关于安平桥损坏情况和处理意见

（67）局文字第 002 号

省文管会：

你会去年 12 月 23 日的来函称：要我局会同有关部门派人前往安平桥了解该桥的损坏情况和处理意见，上报省文化局和你会。我局接函后，经与有关部门联系和派员实地了解，现将情况报于下：

一、关于安平桥损坏情况和处理意见的报告问题：我区专署 1966 年 3 月 23 日以（66）署文字第 073 号报告，专报省人委和抄送省文化局，你会以及各有关单位过。内均有详呈，请查核！

二、近年来损坏的发展情况：

去年 3 月间，我区专署办公室会同各有关单位前往实地勘察，该桥有 14 个墩（中亭 9 个墩，水头 5 个墩）存在不同程度的损毁现象，中亭港边台、中亭后驳岸以及水头港边台均倾倒。现损坏情况比去年更为严重，特别是中亭港边台等两处（详见附件照片）。

三、根据近段损坏的发展情况，当地革命群众意见很大，要求提早复修，现能否解决，请速示复。

附件：该桥损坏较厉害部分的照片计□张

抄送：省文化局，晋江、南安县文化馆

福建省晋江专员公署文化局

1967 年 2 月 17 日

福建省革命委员会关于维修晋江安平桥的请示报告

闽革 [1972] 综 120 号

国务院：

晋江县安平桥为国务院 1961 年 3 月 4 日公布的第一批全国重点文物保护单位。

该桥建于宋绍兴八年（1138 年）梁式石桥，全长 2070 米，工程浩大，是国内现存最大的一座古桥。建桥以来，历经风雨潮汐冲击，屡有修葺，形成现在桥栏全无，石墩和石梁残缺的状况。且该桥系晋江与南安的交通要道，每日行人、车辆往来不断。最近，晋江县革委会来函称：仅 1966 年以来，因桥身损坏招致过往行人落水、撞伤事故达百余起。为加强重点文物单位的保护和交通安全，要求迅速维修。

经省博物馆与晋江地区文化组派人实地勘察，提出两个方案：

第一方案：修整桥身倒塌部分，水下墩基不动，水头段重建 6 座墩，整修 7 座倾斜墩，中亭段重建 10 座墩，修筑中亭后挡水护岸一条，维修中亭部分架梁，添补桥面石梁 130 根，初步预算需 6 万 6 千元。

第二方案：整修项目同上，但桥墩的修整工程要求重新扎牢水下墩基，工程较大，质量较为坚实稳固，初步预算需 20 万元。

我们拟按第一方案施工，当否，请批示。

福建省革命委员会

1972 年 11 月 1 日

福建省晋江地区革命委员会
关于申请增拨修复全国重点文物保护单位五里桥经费的报告

晋地革（74）第 021 号

　　我区安平桥，属国务院公布的全国重点文物保护单位，桥身横跨在海滩上，全长五里，俗称五里桥。始建于南宋绍兴八年（1138 年），至今已有 800 多年的历史，是一座闻名国内的古桥。该桥系晋南交通要道，每日往来行人达数千人，对闽南物资交流、人民交通起着重要作用，而且该桥地处侨乡，对海外影响也很大。但近年来相当部分已损坏，去年又逢台风袭击，被冲垮 4 墩 1 台 8 个孔，长达 45.5 米。因此交通中断，行人全靠小船过渡，来往十分不便。如遇海潮上涨，气候转劣，行人路过更加艰难。经常出现交通事故，群众意见纷纷，影响不好。我们多次要求上级拨款修复，未能及时解决。后来地区革委会从省拨的十五号台风救灾款中拨出 5 万元，作为该桥修复经费。但这些款项只够修复水头、中亭段的桥墩之用，而修复这些石板桥面的经费还欠21390.05 元。如用木板桥面也还差 10050.08 元，不但要用去几十立方米的木材，而且容易损坏。因此我们的意见还是以修复石板桥面为好。请拨款修复，以上只是该桥水头、中亭的两段修复工程。而实际上全桥损坏也是比较严重的。我们同意晋江县提出的全面修复方案，需要经费 787892.88 元。并考虑到为了根本解决文物和交通的矛盾，采取像卢沟桥那样和赵州桥一样的措施，另建一条水头至安海的桥闸公路，以上报告，如无不当，请转报中央。

主报：福建省革命委员会

抄报：国家文物管理局

抄送：福建省文化局、省财政局、省博物馆、晋江地区革委会文化组、地区文管会、地区五里桥修复领导小组

　　　　　　　　　　　　　　　　　　　　　　福建省晋江地区革命委员会

　　　　　　　　　　　　　　　　　　　　　　1974 年 3 月 22 日

福建省晋江地区革命委员会
关于修复五里桥问题的请示报告

晋地革（74）052 号

　　晋江五里桥的修复问题，我们已于 3 月 22 日以晋地革(74)021 号文件上报省革委会。该桥自去年 1 号台风被冲垮后，长期交通中断，群众意见纷纷，严重影响人民群众往来，影响生产建设，影响党群关系。该桥的全面修复，是广大工农群众的迫切要求。是革命事业的需要，事关重大。建议省革委会组织省计委、交通、财政、文化部门对该桥进行一次联合调查。采取有效措施，尽速批准全面修复。需经费 787892.88 元，并建议修建一条公路桥以利根本解决交通和文物的矛盾。

　　为了解决目前群众的通行问题，急需修复水头，中亭两段，去年已拨 15 号台风救灾款 5 万元，只够修复这两段的 4 个桥墩 1 个台之用，而修复这一部分的桥面尚缺 21390 元；最近在施工过程中，又发现中亭段 1 个旧桥墩基础变形下沉歪斜 28 厘米，中线不直，整个桥墩南移 28 厘米，不但不能利用，且严重影响邻近桥墩的施工安全，必须修复，需经费 7800 元；同时，中亭段还有 4 个桥墩 1 个台也急需修复，需要经费 72000 元。其中 2 个桥墩早已被冲垮，原来架的木板桥腐朽严重，不宜通行。另外 2 墩 1 台损坏也很严重，随时都有倒塌的危险。以上共需 101190 元，在全面修复未解决之前，望尽速先予批拨，以利修复工程的进行，妥否请批示。

主送：省革委会

抄报：国务院、国家文物事业管理局、省计委、省革委会财政局、交通局、文化局、省博物馆

抄送：地区革委会政治处、生产指挥处、计委、财政局、交通局、文化组、地区文管会

晋江地区革命委员会

1974 年 7 月 2 日

关于修复晋江县安平桥和修建桥堤公路的报告

闽革文 [1974] 72 号

闽革财预 [1974] 112 号

闽革交基 [1974] 127 号

福建省革命委员会文化局

　　　　财政局（报告）

　　　　交通局

国家文物事业管理局、财政部、交通部：

　　晋江县安平桥，始建于宋绍兴八年（1138 年），全长 2070 米，俗称"五里桥"，当时有"天下无桥长此桥"之称，它表现了我国古代劳动人民在桥梁建筑上的伟大气概，对研究我国古代桥梁建筑史和桥梁工程技术方面具有重要的参考价值。1961 年 3 月，经国务院批准公布，列为全国重点文物保护单位。

　　安平桥横跨晋江县安海镇和南安县水头镇之间的海湾上，为晋江、南安两县的交通要道。解放前，长期失修，破损严重；解放后，多次维修，但因台风山洪袭击，各种车辆往来频繁，致使时修时坏，经常造成交通中断，发生交通事故，特别是去年十五号台风袭击，桥梁冲断 2 孔，受损桥墩 11 个、桥台 2 个，至今尚未修复，群众意见纷纷，加之该桥地处侨乡，影响不好。

　　为了切实保护好这座古代桥梁，从根本上解决保护文物和交通的矛盾，经多次勘察研究，我们建议，采取像卢沟桥和赵州桥一样措施，另建一条水头至安海的桥堤公路。这样做，有几个好处：一、有利于保护古桥；二、有利于促进晋江、南安两县工农业生产发展，特别是利用原有围垦堤坝修筑桥堤，既保护了古桥两岸已围垦的约 5000 亩田地，又可控制上游洪水流向，蓄水灌溉，也可解决附近社队因用水所引起的纠纷；三、有利于交通往来，桥堤建成后，由晋江县经安海、水头去漳州、厦门两市的车辆可缩短路程；四、有利于侨区建设，扩大影响。

　　据初步估算，安平桥全面修复经费需 85 万元，修建桥堤公路（全长 2600 米）经费需 130 万元，两项工程合计共需经费 210 万元，请中央帮助解决。

　　以上报告当否，请批示

抄报：国家计委，省革委会宣教口、财贸口、工交口、计委

福建省革命委员会文化局

福建省革命委员会财政局

福建省革命委员会交通局

1974 年 10 月 10 日

福建省晋江地区革命委员会
关于五里桥修建便桥通知

晋地革（75）047 号

　　由于五里桥修复工程艰巨，任务重大，经费有困难，短期内无法修通。经地委常委研究决定，由地区财政局拨款 15000 元交晋江县革委会负责领导修建便桥，以利群众通行。

主送：晋江县革命委员会

抄送：地区文化馆、旅游局、财政局

晋江地区革命委员会

1975 年 5 月 17 日

福建省革命委员会文化局关于晋江安平桥维修情况和追加预算意见的请示报告

闽革文 [1975] 35 号

国家文物事业管理局：

5 月 27 日来电收悉。兹将安平桥维修经费使用情况和工程进度以及追加预算意见报告如下：

安平桥因年久失修，损坏严重（若要全面修复，需经费 80 万元），其中有 11 墩 1 台 13 孔（中亭段 10 孔 10 墩；水头段 3 孔 1 台 1 墩）损坏特别严重，影响交通。1973 年省拨款 50000 元，由晋江地区养路段负责修缮，于去年 4 月上旬开工，至 12 月底为止，业已修复中亭段 4 墩 5 孔，计费去 48435.30 元，尚余 1547.70 元。后国家文物局再拨维修补助费 50000 元，其中以 22000 元作为修复水头段 1 墩 1 台之用，由南安水头公社建筑队承包，现已竣工。余 28000 元，仍由晋江养路段负责，继续进行维修中亭段。因此段工程处于深水之中，加上受潮水涨落影响较大，工程艰巨，光围堰花了 1 万余元，到今午 5 月中旬为止，只修复 1 墩，并备有另外 2 个墩的部分材料，支去人民币 12726 元；修护坡需 17491 元；修便桥（从现在情况看，若工程能继续进行，还要 1 年多时间才能完工。为便利交通，必须先修便桥，需 17540 元，自筹解决 7000 元）需 10000 元，共需追加预算 154517 元。当否，请批示。

抄报：省革委会宣教口
抄送：省革委会财政局，省博物馆

福建省革命委员会文化局
1975 年 5 月 29 日

福建省文化局
转拨国家文物局补助晋江安平桥维修经费的通知

闽文社［1978］236 号

晋江地区文化局、文管会：

接国家文物事业管理局（78）文物字第 177 号批复，同意补助晋江安平桥维修经费 7 万元，款项由我局直拨给你们。请按国家文物局关于"维修晋江安平桥中亭港 4 个桥墩和桥面、修筑中亭护坡以及整修中亭周围环境等"的要求，抓紧筹备，尽快施工，力争在明春雨季之前竣工。此项经费系古建维修补助专款，请注意勤俭节约，专款专用；加强管理，杜绝漏洞。年终工程不能完成，可以结转使用，并将决算报省文管会和抄报国家文物事业局。

抄报：国家文物事业管理局、省文教办
抄送：省博物馆、泉州海交馆

福建省文化局
1978 年 10 月 19 日

福建省晋江地区交通局、公路分局、水电局、财政局、文化局
关于要求修建晋江安平桥南水闸公路桥的报告

晋地交（79）字第 063 号
晋局公（79）字第 264 号
晋地水电（79）第 098 号
晋地财预（79）字第 222 号
晋地署文（79）字第 047 号

省交通局、水电局、财政局、文化局：

晋江县安平桥（又称五里桥）建于宋绍兴八年（1138年），全长2070米，属国家重点文物保护单位，久为晋（江）、南（安）两县交通要道。解放前，由于长期失修，该桥破坏严重；解放后，虽经多次维修，然因载重车辆往来络绎不绝，难以妥善管理。致使时修时坏，甚而经常中断，现在此桥损坏严重，急需保护，若不采取有效措施，即使大力维修，亦属收效甚微。

现在，地区水电部门同意安排40万元，年初已拨20万元，修筑古桥以南的一座水闸，为此，我们建议采用类似卢沟桥和赵州桥那样的措施。就在兴建的水闸上面，修建一座由晋江安海至南安水头的公路桥。这样，既有利于古桥的保护，又有利于交通，如能利用建闸有利条件扩建公路桥，比起重新修建一座公路桥，可节约开支30万元。这公路桥建成之后，由晋江经南安水头往漳（州）、厦（门）的车辆行程，可以缩短8公里，每日即以往返达500辆次计算，就可节省单车行程4000公里。而晋江又是著名的侨乡，每年约有14000多名华侨返里探亲、旅游，若把五里桥原貌保护得好，将会在国内外产生良好的影响。加深华侨热爱祖国、热爱家乡的感情。

因此，我们认为，在水闸上面加建公路桥，确实非常必要，对建水闸经费40万元，已取得落实，年初已先拨20万元。现砂石已进场，急待公路桥的确定。现据勘察研究，修建水闸上面的公路桥堤（全长2600米）需要经费25万元，加上接桥的两头公路共需建路工程款75万元，要求今年先拨25万元，以结合水闸一起动工，并请安排古桥修建，利用修桥挖土回填公路桥用土更为有利，对维修古桥需款139万元，特此上报、请批示，并给拨款解决。

抄送：地区计委、财办、工办、农办、地委办公室、宣传部、晋江县革委会
抄报：省计委、财办、工办、农办、省委宣传部

1979年9月10日

福建省文化局
关于安平桥的维修方案和经费框算

闽文社 [1979] 291 号

国家文物局：

我省安平桥的维修问题，我局已于 10 月 10 日以闽文财（1979）227 号《关于全面维修复原安平桥的紧急报告》上报。鉴于此桥的全面维修工程较大，所需经费较多，国家在短期内付出这笔维修经费尚有困难，近期我们又组织晋江专署、晋江县有关部门，结合当地正在开展的在五里桥附近建设水闸工程的施工进度，对该桥的维修做了研究。我们意见：此桥的维修工程可分三期进行：

第一期工程：维修城头楼至中亭段，即安平桥的中段。这一段有桥墩 159 个，都有不同程度损坏，其中严重损坏的 9 个，倾斜的 20 个，下沉的 13 个，一般残损的 118 个，桥板巨石损失 155 条，水中四方石塔两座倒塌，都急需进行维修。经初步框算，维修此段上述项目需经费 40 万元。

第二期工程：维修中亭至水头镇段，即安平桥的西段。此段桥墩亦有 159 个，除近几年比较彻底地维修 9 墩外，其余也都需进行维修，包括严重损坏的 3 个，倾斜的 24 个，下沉的 22 个，一般残损的 101 个，桥板巨石断裂损失 162 条，水中四方石塔两座倒塌。维修经费需 50 万元。

第三期工程：维修复原城头楼至安海白塔段，即安平桥的东段。并复原西段、中段的桥面建筑和"护栏"等。东段因早已成陆，桥墩桥面被积土淹没，已成为现安海镇的一部分。此期工程工作量较大，所需经费尚待落实。

以上三期工程，其第一期、第二期工程是急修部分，也是维修安平桥工程的最低要求。根据当地水闸建设工程的施工进度，第一、二期维修工程需在 1981 年春夏完成，否则，水闸上水后，将给维修工程带来困难。因此，维修经费希望能在明年、后年春逐步安排下拨，明年先拨 30 ～ 40 万元。

至于第三期维修工程，可视我们的经费情况而定，时间可早可晚，维修内容可多可简，如有条件，全面维修复原当然很好。但考虑到东段早已成为安海镇的一部分，要复原需拆迁民房，工程很大，似为不必，建议略加整修，保留东段的现有状况。但西段、中段的桥面，建议今后继续进行复原，以恢复古桥原貌。

　　以上意见妥否，望批示。

抄报：省文教办

福建省文化局

1979 年 12 月 6 日

关于修建安平桥南水闸公路的批复

闽计 [1980] 基字 121 号

（80）闽财预字 015 号

（80）闽交基字第 026 号

闽文社 [1980]230 号

福建省计划委员会

福建省财政局

福建省交通局　　　（批复）

福建省文化局

晋江地区行政公署：

　　晋地署（1980）综字 017 号《关于要求在安平桥南面修建公路和公路水闸桥梁的报告》悉。经研究，批复如下：

　　1. 为了保护国家重点文物——安平桥（即五里桥），同意在安平桥以南修建水闸的同时，修建 2.6 公里的桥堤公路。

　　2. 工程投资以自力更生为主，国家适当补助为原则。公路和公路水闸桥梁总投资 100 万元，其中：由地区水利经费拨给 40 万元，省财政拨给 30 万元，省交通局从养路费中拨给 30 万元，全部资金今年拨给，由地区掌握，包干使用。

3. 工程所需三材，除水利经费和养路费按供应渠道拨给外，财政 30 万元所需的三材，由省按自筹资金，定额另行下达。

4. 为了使工程顺利进行，请晋江行政公署确定主管单位，并请地区交通、水利等部门把工程设计及施工方案于 3 月底以前分别报省公路局和地区水电局审批，争取早日动工。

关于安平桥本身修筑费用问题，因该桥系属国家重点文物保护单位，其修缮经费由省专题上报财政部和国家文物事业管理局拨款解决。

抄报：财政部、文化部、国家文物事业管理局

抄送：省政府办公室、建委、建行、省物资、水电、公路局，晋江地区工交办、农办、财办、计委、建委、建行、交通、财政、水电、文化、公路分局，晋江、南安县政府，安海、水头公社，存档。

福建省财政局

福建省计划委员会

福建省文化局

福建省交通局

1980 年 3 月 10 日

晋江地区文化局关于安平桥修复的报告

晋江地区行政公署：

福建省文化局、文管会：

我区辖内的国家重点文物保护单位——安平桥（又名五里桥），经省和国家文物局的同意，拟进行全面维修。省文管会曾先后派人实地观察。并于 3 月 26 日同地区文管会，召集南安、晋江两县有关人员，进行认真研究，现将初步确定的维修方案和计划预算项目报告如下：

一、关于维修方案：

据历史资料记载和该桥遗迹的考证，安平桥是宋绍兴年代架于晋江安海和南安水头之间的水上桥梁，桥长 2070 米，宽 4～6 米左右，均是石构建筑；桥墩共有 362 个（361 孔），桥墩之间的间距 6～10 米不等，每孔铺上石板 6～7 条；桥面装有两边围栏及避雨亭、石亭等附属文物。该桥历经 800 多年，变更甚大，现周围已成陆地，桥墩倒塌 12 个、倾斜 44 个、下沉 35 个、稍有破损（需填补）228 个；桥面石板断缺共552 条（其中 10 米长的 14 条、8 米长的 2 条、7 米长的 21 条、6 米长的 515 条）桥上除中亭已修好外，其他如栏杆、雨亭、石塔等全已破损无存。

该桥全面维修，应按照"整旧如旧"的原则，尽量据根现有的资料考证作依据进行维修。其项目应是：1. 所有下沉、倾斜、破损等桥墩要全部填补、扶正、修复。2. 断缺桥板分别补齐。3. 桥上附属文物要全部修复，还其宋时的历史原貌。4. 在桥下两边各挖土 30 米宽、1.5 米深，出土量约 16 万立方米，复为水上桥梁。

二、关于维修计划及预算：

据上述修复方案，估计需要 3 年左右才能完成。工程拟分三期进行。

第一期，在 1980 年配合交通部门，新修安海至水头的公路工程，在古桥的两边取土，同时进行备料（石条、石板、水泥等），预算：（1）今年起土 8～10 万立方米，约需工费 200000 元。（2）备料（订购石板 6～10 米长的 552 条，约需 113000 元，石条 8寸见方的 1500 丈，约需 8 万元）约需 193000 元。（3）雇佣临时工员，工具和管理费等约需 70000 元。今年共应拨款 443000 元。

第二期，1981 年要砌好，补齐桥墩和桥板。全年施工约需 50 万元。

第三期，1982 年要复原桥上附属文物的本来面貌，全年施工约需 25 万元。

三年工程估计约需 125 万元（待后再送测绘图例及全部工程预算表）。为使工程及早进行，我们要求省文管会上报国家文物局今年先予拨下 50 万元。其余用款，可按期下拨。

三、几点建议和要求：

1. 为便利晋江南安沿海交通和切实保护古桥，省计委已于 3 月正式下文，同意拨款 100 万元，在桥南 400 米处，另修安海——水头公路，（据有关部门估算，全部公路工程应增拨 36 万元，才能完成）。为使修桥和修路顺利进行，我们建议晋江行署成立统一指挥机构，促使部门与部门（工交、财贸、计委、文化），县与县（南安和晋江）工作协调，紧密配合。

2. 在修桥前，应先抓公路建筑工程，否则古桥两边无法起土（如公路不用古桥两边的泥土，晋江县的意见，也可将土散开，增加围垦土地的土层），桥上施工人员亦无活动余地，将严重影响正常交通。

3. 古桥两边原为深水海滩，经 800 年的自然环境变更和解放以来的多次围垦，现已成为陆上耕地。因此在工程进行前，必须妥善处理好征用土地问题。

4. 古桥南面修建公路，应领先动工，才能同当地水利围垦配合，特别是公路桥与水闸的施工，应紧密联系，相互促进。

以上报告当否？请批示。

抄送：地区文教办、文化局、晋江、南安县革委会、宣传部、文化局

晋江地区文管会

1980 年 4 月 12 日

福建省文化局关于转拨安平桥维修补助经费的通知

闽文财 [1980] 346 号

晋江地区文化局：

接国家文物事业管理局（80）文物字第 112 号关于"先拨安平桥维修补助经费 10 万元的通知"，现将此笔维修补助经费转拨给你们。此系安平桥直拨维修补助专款，要严格按照古建维修原则，提出维修方案，经审批后，抓紧进行，并注意节约，专款专用。年终如有结余，可跨年度使用，并将决算报我局，抄报省、地财政局。

抄报：国家文物事业管理局
抄送：省财政局、晋江地区财政局

福建省文化局

1980 年 6 月 25 日

晋江地区行政公署
关于安平桥南修建公路和水闸公路桥工程实施意见的通知

晋地署〔1980〕综 207 号

晋江、南安县革委会：

为保护国家重点文物——安平桥（即五里桥），计划在安平桥南修建桥、闸公路一事，经报省人民政府，已由省计划委员会、财政局、交通局、文化局于 1980 年 3 月 10 日下文批复。

根据省批复精神，我署已成立领导小组主管此项工作，由段副专员主持。经研究提出如下实施意见：

一、工程任务分段施工。具体分为：中亭桥闸（由晋江县组织施工），中亭桥闸以东接至安海段（由晋江县组织施工）和桥闸以西接至水头段（由南安县组织施工）三段。每段均成立施工机构，负责具体实施。

二、工程投资以自力更生为主，国家适当补助为原则，按段包干使用：

1. 中亭桥闸：除由省、地水利经费拨给 40 万元（已拨 25 万元，其他待明年省定）建水闸外，其建桥所需增加的经费从省财政拨给的 30 万元包干使用，需增加的三材，报请省按自筹资金，定额拨给。其工程设计由晋江县水电局负责编报晋江公路分局和地区水电局审查。目前桥闸已由晋江安海公社组织施工，水闸经费已分批下拨，现随文下拨建桥经费 30 万元。

2. 东、西段路堤及所属小桥涵工程，从省交通局养路费所拨给 30 万元开支（不足经费，本署已具文报省，尚未批下），待地区交通部门、晋江公路分局搞好路堤设计上报省公路局审批后另行分配下拨。其所需三材由省养路费三材供应渠道拨给。

三、工程技术指导：公路桥堤部分由晋江公路分局、水利部分由地区和晋江县水电局分工负责。

四、桥闸上游两岸防洪排涝由晋江、南安县水电局根据需要负责编制计划，于 9 月底前上报地区水电局另行审批。

以上意见希贯彻实施，争取早日建成投产。

抄报：省人民政府、办公室，省计委，省财政、交通、水电厅、文化局抄送:地区计委、农办、财办、文教办,地区财政、交通、水电、文化局,晋江公路分局,晋江、南安县财政、交通、水电、文化局,安海、水头公社

晋江地区行政公署

1980 年 8 月 12 日

福建省文化局关于转拨安平桥维修补助费的通知

闽文财〔1980〕395 号

晋江地区文化局:

接国家文物事业管理局 8 月 15 日(80)文物字第 247 号关于"再次拨去安平桥维修补助费 30 万元"文,现将此款如数转拨给你们,供开工使用。请严格按照文物保护维修原则,用好管好经费。年终决算按时上报。

抄报:国家文物事业管理局、省文教办
抄送:省财政局、晋江地区行政公署、地区财政局

福建省文化局

1980 年 8 月 13 日

晋江地区行政公署
关于成立安平桥修复委员会的通知

晋地署〔1980〕综 221 号

地区文化局、地区文管会,晋江、南安县革委会、安海公社革委会、水头公社革委会:

　　为了切实地保护国家重点文物——安平桥（即五里桥），加强对该桥全面维修的领导工作。经研究决定成立"安平桥修复委员会"，由地委常委、行署副专员段英力同志任主任；李传枝（地区文化局长）、张大任（地区文化局副局长）、蔡文东（晋江县委宣传部长）、柳云龙（南安县委宣传部副部长）、许宗廉（南安县文化局副局长）、施雪仪（晋江县文化局副局长）、苏永乐（晋江安海公社党委书记）、张金钟（南安水头公社党委副书记）等同志为委员；聘请庄为玑（厦门大学历史系教授）、许清泉（泉州海交馆业务干部）、黄培基（安海公社建筑技工）等同志为顾问。委员会下设办公室，由李意标、崔岩（地区文管会干部）、杨志圻（南安县文化馆长）、黄龙泉（晋江图书馆长）、吕潜云（南安县文物干部）、黄世春（晋江县文物干部）等同志组成，负责处理日常工作事宜。

　　特此通知。

抄报：省人民政府

抄送：省委宣传部、文教办、文化局、文管会。地委宣传部、文教办。

晋江地区行政公署

1980 年 8 月 21 日

福建省文化局关于拨给安平桥维修专款的通知

闽文财［1981］187 号

晋江地区文化局：

　　根据晋江安平桥修复工程需要，现再拨给你局安平桥维修专款 20 万元整，请保证专款专用，抓紧工程进行，保质保量做好全桥的修复工作。

抄送：晋江地区财政局

福建省文化局

1981 年 1 月 6 日

福建省文物管理委员会
关于安平桥试修 4 个桥墩的报告

闽文管〔1981〕001 号

国家文物局，省委宣传部、文教办、省府办公厅：

　　安平桥全面修复工程经你局批准后，即由晋江地区成立安平桥修复工程委员会，并已着手进行古桥现状调查、搜集复原资料和备料工作。去年 10 月间，国家文物局派文物馆谘议委员陶逸钟总工程师来闽实地考察，指出"摸清桥墩基础条件是确定修复工程的关键"。去年 11 月 24 日至今年 1 月 14 日，省、地、县文物考古人员配合华侨大学土木工程系对安平桥进行全面勘查、测绘、照相。该桥桥墩基本情况是：现存 331 个墩中，按损坏情况不同可划分为四类：A 类墩 103 个，只要小修，桥面石梁不动；B 类墩 68 个，桥面石梁要动，墩体也要拆修几层；C 类墩 112 个，桥墩要拆除重砌；D 类墩 48 个，桥墩拆后还要打基重砌。他们根据桥墩的形式和损坏情况的不同，选定 78、79、87、39、185、234、312 等七个墩基进行重新勘探发掘与地基土的物理力学试验，华大土木工程系认为这 7 个墩的地基土层系第四纪全新世浅海沉积物，土质压缩系数大，强度低，其中 78、79、87 号墩地基承载力小于基底压力，修复时应该基础改作 1 米厚的粗砂垫层并用钢叉实密，39、185、234、312 号墩地基承载力均大于基底压力，地基基础可不必处理。1 月 27 ～ 28 日，安平桥修复工程委员会讨论研究了桥墩修复问题，一致同意华大土木工程系提出的试修方案，争取于 2 月下旬先着手试修 78、79、86、87 号 4 个墩，根据"整旧如旧，恢复原貌"的原则，保质保量地完成试修任务，在总结试修工程的基础上然后制定分期施工计划任务。考虑安平桥修复工程的艰巨复杂，国家投资费用大，现有技术力量相当薄弱，因此，希望国家文物局能尽快派古建工程专家来闽指导，以确保工程质量。以上报告当否？请批示。

抄送：晋江地区文管会、华大土建系、安平桥修复委员会

福建省文物管理委员会

1981 年 2 月 20 日

国家文物事业管理局关于安平桥试修 4 个桥墩的复函

（81）文物字第 118 号

福建省文物管理委员会：

　　闽文管（1981）001 号函悉,同意你会所报试修 78、79、86、87 号 4 个墩的维修方案,请即通知安平桥修复委员会着手进行。维修的原则应以"保持现状"为主,局部有科学根据的可以恢复原状。

　　另外,一、安平桥旁建筑公路桥的问题,应抓紧落实开工,否则今后将影响安平桥维修工程的进行。二、安平桥两侧的土地不能再被侵占,不能再修建新建筑的问题,应及早作出规定,明令公布。三、安平桥的保护范围,亦应抓紧划定,并按国务院 1961 年发布的"文物保护管理暂行条例"第五条、1963 年文化部公布的"文物保护单位保护管理暂行办法"的第四条的规定报我局核定省人民政府批准。以上三点均请转有关部门及时办理。

国家文物事业管理局

1981 年 3 月 16 日

关于处理五里桥闸对水头公社影响问题的意见报告

　　晋江县五里桥闸建于安海安平桥下游 400 米处,是一个挡潮、蓄淡灌溉的水闸,灌溉安海镇和安海公社 3 个大队的 6000 亩田地,闸上建桥可以通行汽车。目前这个桥闸又是为保护国家重点文物安平桥而新辟公路的一个组成部分。

　　桥闸工程于 1979 年 10 月破土围堰,目前已建成左侧 6 孔,现正进行 2 期右侧 11 孔围堰,计划于 1982 年春节以前铺砌好底板,汛前闸墩砌至一般潮位,1982 年底基本建成,1983 年安装启闭机和闸门等扫尾项目,春耕前发挥效益。

　　桥闸建成以后,由于闸内蓄水灌溉,对河流右岸的南安水头公社的防洪堤与内涝以及水产方面有所影响，水头公社曾两次报告要求处理。我局曾多次进行实地调查，分别与南安县有关社、队进行座谈，并两次召集两个县以及有关社、队进行座谈协商，要求南安县水电局汇总上报。行署在6月份召开的有省、地、县有关部门参加的研究修复安平桥会议上，对这个问题也进行了研究并提出原则意见。南安县水电局于1981年8月31日向地区水电局报送了处理计划。现根据实际情况以及有关方面座谈协调提出处理的意见。报告如下：

一、桥闸南安一侧的防洪排涝与水产损失问题：

1. 上游防洪问题

地区确定的五里桥闸的设计原则之一是闸孔要大于旧五里桥孔，闸底低于旧桥底。据此确定桥闸共17孔，每孔宽5米，闸底高程2.25～2.5米（石壁高程，下同。中间5孔，底高2.25米；两边12孔，底高2.5米），设计桥闸过水断面从5～8高程大于旧桥的35%～82%，一般情况下，对上游防洪问题，并不因为建桥闸而有所影响。但由于右岸南安一侧原有防洪堤断面不标准，目前有险段6处，需要处理，计划在1982年度将上述险段在外披坡予以抛砌石防冲。

2. 上游排涝问题

桥闸建成后正常蓄水位定为6.5米（略高于平均高潮位6.143米，低于最高潮位6.93米），闸内并无直接淹没耕地损失，其正常蓄水位虽然低于最高潮位，但由于闸内常年蓄水和砌水涨落运行性质不同，对防洪堤内的低于6.5米的1900亩围垦地可能有些影响，需要将堤内排水系统化和开挖堤内排涝沟。考虑到堤内原有排水系统是由水头愚公闸排出，而不是排至中亭港道，因而堤内排涝与闸内蓄水池并无矛盾，且蓄水位6.5米大多至淹至原防洪堤脚。因此，经协商待桥闸建成运行后，视情况再行确定是否需要工程措施。

3. 水产损失问题

桥闸建成后，对水头巷内大队水产将有损失，据调查，闸内外计海蛎石8500株，蛏地40亩。经协商，按2年产量（收购价加议价平均数）加海蛎石需补偿6万元。

由于建闸后对巷内大队水产有所损失减少了群众副业收入，为支持其创造条件发展生产，同意建巷内南坪围垦（700亩）和巷内电灌站。由南安县水电局按建设程序报地区审批，经费由地区按国家统一补助标准审定切块带帽下达，南安县水电局按进度分期拨给。

二、桥闸建成后运行管理方面的几个问题：

1. 由于桥闸工程规模较大，建成后晋江县应加强管理，成立以县为主的管理机构，并配备一定数量的管理人员进行管理。

2. 桥闸上游正常蓄水位 6.5 米是上限,平常蓄水池不得超过。

3. 桥闸运行时,应与上游的双溪水闸经常保持联系。并根据天气预报进行控制运用,特别是 2 个水闸在排水方面一定要密切配合。同意建 2 个水闸的防汛专用电话线,以保证其线路畅通及时联系。

4. 桥闸采用油压启闭设备,为保证其电源,应从安海变电站设专线列入重点供电用户,同时备用柴油发电机组作为备用电源,以保证汛期的安全启动。

5. 为支持巷内大队发展生产,除由双溪水闸经北坪供水外,抗旱时如水源不足,可由晋江县根据五里桥闸统筹调度。酌情安排供水。

以上报告,如无不当之处。请批转 2 个县及有关部门共同执行。

晋江地区水利电力局

1981 年 10 月 18 日

晋江地区行政公署
关于成立五里桥修复工程领导小组的通知

晋地署〔1983〕综 155 号

晋江、南安县人民政府:

为了加强全国重点文物保护单位五里桥修复工程的领导,经研究决定调整原"五里桥修复委员会"机构,成立"五里桥修复工程领导小组"。名单如下:

组　　长:朱江水(行署副专员)

副 组 长:李传枝(地区文化局长)

　　　　　邱锦水(晋江县副县长)

　　　　　潘用庭(南安县副县长)

　　　　　杨忠滑(地区公路分局长)

领导成员:庄炳章(地区文管会主任)

　　　　　姚家潭(晋江县安海镇镇长)

　　　　　朱义固(晋江县安海公社管委会主任)

张金钟（南安县水头公社党委副书记）

领导小组下设办公室，由庄炳章同志兼任主任，李意标同志任副主任。

特此通知。

抄报：省人民政府

抄送：省文化局、地委宣传部、地区文教办、文化局、计委、财办、建委、经委、行署办、财政局、交通局、公路分局、晋江县安海公社、安海镇、南安县水头公社、水头镇，地区文管会

晋江地区行政公署

1983 年 7 月 26 日

关于回收五里桥两侧土地的请示报告

地区行政公署：

全国重点文物保护单位五里桥，正按计划逐步修复，考虑到修复施工和恢复古桥邻近原有地貌的需要，经测计核实，两侧共需回收土地（包括这一范围内各种建筑物，如牛栏、厕所、抽水机房等等），共计 15,4219 亩，为妥善处理土地回收问题，经地区五里桥修复领导小组办公室商请安海公社安海镇和水头公社有关领导共同开会研究，拟作如下处理：

1. 五里桥属国家重点文物保护单位，古桥两侧土地原属文物保护范围，因而，在处置古桥两侧土地问题时，不能按原系土地因国家建设需要征用土地的办法处理，而采用原系文物保护区需回收的办法，但应给有关单位和群众的生产损失予适当补偿；并转请有关部门按实际情况减除该区域内土地的作物产量。

2. 古桥两侧土地的耕作、使用和各种建筑物，情况复杂、种类繁多，为了删繁就简，实事求是地妥加处理，除建筑物和水田，盐田计 112.36 亩，归纳为农地，厕所、水田及盐田、牛栏和机房四种外，其余杂地，沟溪、道路及荒地不计在内，具体的补偿意见是：

（1）水田、盐田每亩产量折款为人民币 1500 元整；

（2）农地每亩产量以水田 60% 计，折款补给人民币 900 元整；

（3）牛栏、机房、厕所等，按其占用面积计算补给外，并酌情补偿其部分拆、迁工费。

3. 古桥两侧树木和其他杂物，由物主在规定期限内自行处理，但不作任何补偿，逾期不作处理者，由五里桥修复领导小组办公室收归公有。

今后，绝对禁止任何单位和个人再在古桥两侧垦殖土地和违章建筑；任何单位和个人不得以任何借口影响五里桥的修复工程和今后的文物保护工作。

以上意见，如无不妥，请即批转有关单位贯彻执行。

晋江地区文化局

晋江地区文管会

1983 年 10 月 15 日

晋江地区行政公署
关于安平桥两侧保护区管理问题的通知

晋地署［1984］综 96 号

安平桥（俗称五里桥）是全国的重点文物保护单位。为切实加强古桥的保护和管理，特通知如下：

一、爱护文物，人人有责；

二、桥上禁止车辆通行；

三、古桥两侧 30 米以内为绝对保护区，以外 150 米范围内为影响区和协调区；

四、任何单位或个人不得在上述保护区内搞违章建筑；

五、对违反本规定，经劝阻教育无效者，要依法惩处。

以上通知，请向广大群众宣传教育，严格遵守执行。

主送：晋江、南安县人民政府

抄送：中央文化部文物局、省政府办公厅、省文化局、地区文化局、文管会、五里桥修复办、晋江、南安县公安局

晋江地区行政公署

1984 年 4 月 10 日

福建省文化局
转拨安平桥修复工程款 30 万元的通知

闽文物［1984］173 号

晋江地区文化局：

据文化部文物局（84）闽字 2 号核定直拨晋江安平桥修复继续工程经费 30 万元。现将此款转拨给你们，请严格遵循"不改变文物原状"的原则，认真组织施工，精打细算，厉行节约，年终上报决算。

抄送：晋江地区财政局，安平桥修复办公室

福建省文化局
1984 年 5 月 23 日

福建省文化厅
转拨安平桥维修费 20 万元的通知

闽文财［1984］340 号

晋江地区文化局：

现将文化部文物局直拨安平桥（五里桥）维修经费 20 万元转拨给你们。使用经费时必须精打细算，厉行节约，专款专用。严格按文物维修原则进行维修，保证工程质量。年终决算按时上报。

抄送：晋江地区财政局、五里桥修复办公室

福建省文化厅
1984 年 10 月 6 日

福建省文化厅
关于更正晋江县安平桥保管所为地区级的通知

闽文财〔1984〕366 号

晋江地区计委、文化局：

　　10 月 4 日省计委闽计（1984）文字 035 号和我厅闽文财（1984）334 号关于下达 1984 年市、县文化事业发展计划的联合通知中，晋江县安平桥保管所，应改为晋江地区安平桥保管所，特此通知。

抄报：省委宣传部、省府办公厅、省编委、省计委
抄送：省财政厅，有关地、市、县编委、财政局

福建省文化厅
1984 年 11 月 5 日

福建省文化厅
关于转拨安平桥维修经费 10 万元的通知

闽文物〔1985〕005 号

晋江地区文化局：

　　现将文化部文物局（84）闽字 11 号直拨安平桥（五里桥）全面维修经费 10 万元，转拨给你们。请注意抓好工程质量，厉行节约，专款专用，认真办理竣工验收决算。

抄送：晋江地区财政局、五里桥修复办公室

福建省文化厅
1985 年 1 月 8 日

福建省文物管理委员会、福建省文化厅
关于安平桥维修竣工验收会议的通知

闽文管〔1985〕024 号

各有关单位：

全国重点文物保护单位安平桥，位于晋江安海至南安水头海湾上，建于宋绍兴八年（1138 年），梁式石构，全长 2251 米，俗称五里桥，昔有"天下无桥长此桥"之誉。由于年久失修，破损严重，经文化部文物事业管理局和福建省人民政府拨款 140 万元，进行全面维修，自 1981 年开始施工，现已告竣，定于 5 月 7 日在晋江安海镇组织验收。现将有关事项通知如下：

一、邀请参加验收的人员

1. 文化部文物局、文物处、计财处、古建筑科学保护技术研究所；

2. 省财政厅、交通厅、水电厅，计委文教处；

3. 晋江地区行政公署、地委宣传部、地区文化局，文管会负责同志；

4. 晋江、南安县人民政府、县文化局负责同志各 1 名；

5. 安海、水头镇人民政府，公安派出所负责同志各 1 名；

6. 各地（市）文化局（文管会）负责文物工作同志各 1 名；

7. 晋江地区各县（市）文物干部各 1 名；

8. 安平桥修复领导小组成员。

二、邀请领导同志：

1. 文化部文物局负责同志

2. 省府顾问、省文管会主任张格心同志，省府副秘书长、省文管会副主任计克良同志；

3. 省委宣传部负责同志；

4. 晋江地区行署顾问张田丁同志、副专员朱江水同志。

三、时间地点

5 月 6 日到泉州市晋江地区干部招待所报到，7 日晨往安海参加验收会议，时间一天。晋江、南安以及安海、水头同志可于 7 日上午 8 时 30 分到达安海。

福建省文物管理委员会

福建省文化厅

1985 年 4 月 4 日

泉州市人民政府
关于划定我市 17 处省级以上文物保护单位的保护范围的请示
（节录）

泉政〔1995〕综 179 号

签发人：薛祖亮

省人民政府：

根据《中华人民共和国文物保护法》及其实施细则，关于对各级文物保护单位应划定保护范围和建设控制地带的规定，为加强文物保护单位的管理保护、落实文物法的规定，有效地保护文物，现将我市开元寺等 17 处省级以上文物保护单位的保护范围和建设控制地带作如下划定：

一、全国重点文物保护单位

（略）

（七）安平桥

保护范围：桥两侧 35 米至堤岸，东至瑞光塔，西至海潮庵。

建设控制地带：南至公路（安海通往水头），北距古桥 180 米范围内。

（略）

以上文物保护单位划定的保护范围和建设控制地带，妥否，请批示。

抄报：国家文物局

抄送：省政府办公厅、省文管会、省文化厅，市文化局、城乡规划局、土地局、文管会

泉州市人民政府

1995 年 8 月 10 日

泉州市人民政府
关于严禁一切机动车辆通行安平桥的通告

泉政〔1997〕1 号

晋江、南安市人民政府、市直各有关单位：

泉州安平桥，始建于宋绍兴八年（1138 年），为我国古代最长之梁式石桥，具有较高的历史、艺术和科学价值，被国务院公布为全国第一批重点文物保护单位。解放后，国家多次拨巨款全面整修，恢复原貌，为保护历史文物，从即日起严禁一切机动车辆通行。

泉州市人民政府

1997 年□月□日

泉州市文物保护管理所
关于安平桥保护整治方案的请示

泉文所〔2004〕2 号

泉州市文物局：

安平桥是 1961 年确定的全国第一批重点文物保护单位，2003 年确定为泉州十八景。为进一步保护、开发、利用安平桥这一文物资源，根据安平桥的保存现状及设施，提出以下保护整治方案。

一、管理方面，采取统一管理分而治之的办法

1. 桥东——晋江市安海镇区域

成立"安平桥安海片区文物保护组"。由安海镇文化站、街道办事处或社区、老人

协会、"水心亭"等方面人员组成。负责桥东地段安平桥的各项保护管理工作。市文管所派员指导、监督。晋江市文化（文物）行政部门参与协调工作。

2. 桥西——南安市水头镇区域

成立"安平桥水头片区文物保护组"，由水头镇文化站、水头街社区、老人协会、"海潮庵"等方面人员组成。负责桥西地段。

安平桥的各项保护管理工作。市文管所派员指导、监督。南安市文化（文物）行政部门参与协调工作。

3. 桥中亭，由市文管所统一管理。内设办公室、旅游接待室。其中"观音殿"对外开放，作游览及自由信仰场所。

4. 桥东保管所仿古建筑作为文管所工作人员驻地。设旅游服务部，为中外游客提供旅游服务设施项目。

5. 成立古桥（桥东、桥西）防火、防盗治安联防队（专职、兼职或义务），以保护游客及周边居民群众的安全。在安平桥所有古建筑，包括"水心亭"、白塔、弘一法师旧址、保管所办公地点、中亭、海潮庵及两座门楼均应设置消防灭火装备以保证文物安全。

二、安平桥保存现状及整治办法（桥东——中亭——桥西）

（一）桥东段

1. 瑞光塔（白塔）常年封闭，铁栏围内杂草丛生有碍景观，极不利文物保护。应清除杂草解决对外开放及安全防护措施，发挥它的作用，提高它的文物价值，加强它防范自然和人为损坏的能力。

2. 水心亭系安平桥附属文物，其文物保护日常监测、保养维修、建立文物档案、消防等应纳入整体管理。

3. 弘一法师旧址长年关闭，为挖掘其观赏研究价值，应对其进行维修和设计陈列展出方案。

4. 瑞光塔至桥门楼地段（陆地引桥），古桥石板路南北两侧脏、乱、差，随意违章建筑，严重影响古桥景观。建议对桥体两侧35米保护范围内的建筑进行改造或拆迁（考虑保留民国建筑及典型民居，一般民房及部分乱搭盖给予拆迁）。留出空地进行绿化美化，使之与古桥风貌相映成趣。在视觉上让古桥的景观向东延伸，以带动安海古镇旅游文化产业的发展。

5. 文物保管所办公地点，建筑物本身建于20世纪80年代初，内部墙体已大部分剥蚀，地面砖破碎，卫生间设备陈旧不堪，应作整体翻修。

6. 距桥门楼约 8 米处的简易建筑，原为安平桥保管所租地给安海镇红旗颜料化工厂搭建作仓库兼加工厂（租用期限 1995 年 1 月 1 日至 2005 年 1 月 1 日止），化工颜料属易燃易爆材料，是古桥保护的二大安全隐患，应立即终止租用合同，限期搬出所有化工颜料。

7. 桥门楼系民国间重修，现已破损，需维修重装保护性栏栅门（铁、木）以利安全防范。

8、解决安海古镇区桥东段及两侧保护范围内居民生活垃圾随意排放问题，桥头社区公共厕所应改建成三化厕，以适应新的城镇卫生设施条件要求，防止古桥环境受污染。

（二）中亭地带

1. 由于海风侵蚀，中亭古建筑油漆已部分剥落，需要重新按原样全面刷漆，以保护木构件防腐防蛀。

2. 中亭原有的内部装修，部分墙贴瓷砖、地铺磨石板材与古建筑不协调，需要改换传统古建筑材料。

3. 中亭历代碑刻 14 方及保护标志碑排放无序，需重新调整排列。并全部描红，包括闻名于世的"天下无桥长此桥"楹联，使之成为一道亮丽的风景。

4. 观音殿前的"放生池"要改建成石围栏以保证游客及晨练群众的安全。靠海边的绿化带也要增设石围栏。

5. 中亭周边环境的绿化杂乱无章，需请园林规划部门重新布局，为古桥建设一个中心小公园。

6. 桥东至中亭的北小岛，在"夜光岛"取缔后，已变成拾荒者的一处自由天地，提请纳入整治。可请园林旅游、规划部门协助设计规划，开发建成一处有亭、台、水榭、花果成林的"蓬莱岛"，与中亭连成一片，成为古桥的一个"桥心公园"。

7. 中亭南面向安水公路延伸的原有的一条小路，可规划建成一条由小石子铺砌，两旁栽种风景树（适合海边成长）的弯弯曲曲的海边小径。可供游客从安水公路下车漫步观览古桥水景。

（三）桥西（南安市水头区域）

1.20 世纪 80 年代修建的安水公路，将桥门楼与海潮庵隔裂。由于大型卡车的频繁通过，已对门楼、引桥及附属文物海潮庵造成严重危害。提请有关部门协调处理，将安水公路迁移至海潮庵以西 200 米建设控制地带外，恢复古桥的统一性、完整性。

2. 桥西门楼至海潮庵地段建设成桥头绿化带，创造一个与桥东、中亭，三点成一线的古桥新景观,营造出"天下无桥长此桥"的古桥艺术长廊。重展"五里长虹"的雄姿,带动水头镇旅游文化产业的发展。

（四）安平桥主体建筑

安平桥桥体经 20 世纪 80 年代维修至今, 受自然力影响加上近年几次大的台风,桥体石栏及桥板多处受损, 其中安海区域石桥板新裂 6 条, 石护栏 2 处, 水头区域石板断裂 3 条。鉴于桥体多处损坏或坍塌,提请市文物局派专家到现场研究维修设计方案,上报省、国家文物局审批, 申请然后拨款抢救修缮, 真正做到有效保护。

（五）安平桥水资源方面

安平桥水质严重污染,造成对古石桥桥墩的侵蚀破坏。调查数据表明, 由于上游水头镇部分工厂、居民生活垃圾、石板材废料、生活污水、化工废料等尽排江中,造成海水发黑变臭,致使游客行至中亭西段桥面难以驻足。目前这种状况已经严重影响古桥及周围的环境风貌。建议由市文物局牵头, 请市政府出面主持召集泉州市、南安市、晋江市政府及文物、环保等相关部门协调解决诸多污染源的处理。按《文物法》第十九条的规定,对已有的污染安平桥文物保护单位及其环境的设施,应当限期处理。希望能早日恢复昔日鱼虾蹦跳、冬泳健儿遨游桥畔的悠然景观。

主要的污染源有：

1. 水头镇上林村造纸厂排污；

2. 埕边村石板材厂排放废弃物；

3. 埕边村生活垃圾填埋场污染；

4. 水头愚公闸对面轧钢厂排放酸水；

5. 埕边溪畔数十家石板材厂排放石料水；

6. 埕边新建皮革加工厂（尚未开工）；

7. 安海镇西安酸洗厂排污。

（六）安平桥水域保护方面

由于常年积淤,造成水域大面积变窄变浅,需要大规模清淤,以营造一种清新的自然景观。

以上请示当否,请批示。

泉州市文物保护管理所

2004 年 3 月 25 日

泉州市人民政府
关于国家重点文物保护单位安平桥保护现场办公会议纪要

泉政专 527 号

2004 年 5 月 18 日

5 月 18 日下午，洪泽生副市长率市府办、财政局、规划局、环保局、旅游局、文物局等有关单位，晋江市政府、安海镇政府、市直有关部门和南安市政府、水头镇政府、市直有关部门负责同志前往国家重点文物保护单位安平桥，现场查看安平桥保护现状，并召开现场办公会议，就有关问题进行协调，纪要如下：

会议指出，近几年安平桥不断遭到破坏，周边环境脏、乱、差，违规建筑相当严重，"陆上桥"、"海上长桥"奇观已经濒临消失。引起了市民的强烈反响，市人大代表、政协委员也提出了议案、提案。市各级政府和文物部门高度重视安平桥保护工作，市政府为了抓好安平桥保护特别是环境综合整治工作，于 1 月 15 日已召开协调会，本次会议召开是在上次摸底调查的基础上再抓落实。

会议认为，安平桥目前主要存在以下 4 个突出问题：一是周边环境脏乱差，与国家重点文物保护单位不适应，也与发展旅游事业不适应。二是违规建筑非常严重，在保护区和协调区内没有按有关规定进行审批，严重影响了景观，威胁到文物的安全。三是水污染严重，工业、企业、生活用水的排放已使安平桥下水质严重发臭，而且污染周边环境。四是文物保护不善，管理不到位，部分建筑没有按规定审批，桥身遭到破坏未能及时维修。

会议指出，造成上述问题的主要原因有：一是对文物保护法宣传力度不够，基层单位、干部、群众文物保护意识不强，不能依法保护；二是没有真正处理好发展经济和保护文物的关系，在发展经济的同时未能保护好历史文物，未能树立可持续性和科学的发展观；三是对安平桥的保护和开发没有科学合理的规划；四是各有关部门对破坏文物、违章建筑不能采取有效措施进行查处；五是安平桥地处晋江、南安两市交界处，又是市属直管，在管理环节上存在一些问题。

针对上述存在的问题，为了加强对安平桥这一珍贵的国宝的保护，会议提出了如下保护措施：

1. 要统一认识，增强抓好安平桥周边环境工作的责任感和紧迫感。各级各有关部门要充分认识到安平桥的保护、整治工作是落实国家文物法的具体任务，是我们解决当前群众反映的热点问题，为民办实事的一项重要措施，也是贯彻当前中央科学发展观的一项具体工作。安平桥周边环境已到了非整治不可的地步，各级各部门必须加强领导、保证投入，本着对历史、对子孙后代负责的态度，加强对文物的保护力度，下决心彻底解决，不能让国宝毁于我们这代人的手。

2. 要把握重点，组织专门力量，限期完成安平桥有关环境整治任务。各级各有关部门要加强文物保护的历史责任感，深刻意识到文物是不可再生资源，组织专门力量，重点抓好以下几项工作：一要重点对水污染进行整治。请市环保局牵头，晋江、南安市环保局抽调人员，组织专门整治工作组，对污染源进行全面摸底调查，然后由泉州和晋江、南安两级环保部门着手以县为单位联合整治，逐个落实，整治过程中要坚持"谁污染谁整治"的原则，能整改的要限期整改，不能整改的要停业整顿，能整改而拒不整改的要坚决关闭停产。二要对周边违章建筑进行彻底清理。请晋江、南安两市分别牵头，安海、水头两镇具体组织实施，成立专项整治组，结合两镇城镇建设、旅游开发规划，严格按照文物保护法有关规定进行整治。任何单位、组织、个人要在保护区内建设必须按程序上报规划、文物等有关部门进行审批；对在建的一律通知暂停，补好有关审批手续后丙建；对已建好的违章建筑能拆除的要坚决予以拆除，确实不能拆除的要改变其建筑风格，使之体现宋代风格，与安平桥相协调，减少损失。三要科学规划、合理开发安平桥的旅游资源。会议建议，晋江、南安两市采取合资合股形式，分别成立旅游开发公司；安海、水头两镇要在确保安平桥得到保护的前提下，结合旧镇改造把两端桥头周边区开发成为集旅游商品、传统民俗艺术展览、停车场为一体的旅游区，建筑风格要体现宋代风格。安海镇要在桥头白塔附近整修出大面积的绿地和停车场；水头镇要结合沿海大通道，做好旅游规划衔接。

会议要求，南安市要负责对安平桥中亭违规建设的加油站进行整治；在建设沿海大通道中严格按省文物局的要求报批，附近向五里桥文物保护区和建设控制带内填土造地的地方要给予清理，恢复原来水域和缓冲区。晋江市要加强对安平桥水渠的管理，重点研究水渠的引水与排放问题，以彻底解决水域的污染，会议同时认为，根据文物保护法律法规，不宜新建一条通往中亭的道路，但可在不破坏安平桥保护规划的前提下按"修旧如旧"的原则，设计供游人中途休息场所，晋江、南安两市应尽可能在桥两侧种植生态林，以增加安平桥的景观，促进旅游服务业的发展。

3. 要条块结合，理顺关系，依法管理保护好安平桥。为确实做好安平桥的保护工作，文物部门要建立保护联席协调会议制度，请两市文物部门共同管理，两镇领导参加，共同解决有关事宜，建立新的管理机制。

会议决定，成立泉州市国家文物保护重点单位安平桥整治领导小组，领导小组名单如下：

组　　长：洪泽生（泉州市人民政府副市长）

副组长：张一申（泉州市人民政府秘书长）

　　　　颜子鸿（晋江市人民政府副市长）

　　　　陈　益（南安市人民政府副市长）

成　员：余惠西（泉州市财政局副局长）

　　　　许笃慧（泉州市国土资源局副局长）

　　　　王晓雄（泉州市规划局副局长）

　　　　庄　慧（泉州市环保局副局长）

　　　　黄庆祥（泉州市旅游局副局长）

　　　　出宝阳（泉州市文物局副局长）

　　　　李逊庆（安平桥管理处副主任）

　　　　柯孙毓（安海镇党委副书记）

　　　　王欢迎（水头镇政府副镇长）

　　　　颜宏哲（晋江市财政局副局长）

　　　　吴奕民（晋江市规划局副局长）

　　　　蔡清炎（晋江市环保局副局长）

　　　　钟文玲（晋江市旅游局副局长）

　　　　蔡温恩（晋江市文体局副局长）

　　　　王小阳（南安市财政局副局长）

　　　　潘国团（南安市国土资源局副局长）

　　　　王罗生（南安市规划建设局副局长）

　　　　吴宗斥（南安市环保局副局长）

　　　　陈进生（南安市文体局副局长）

　　　　吴志钦（南安市旅游局副局长）

出　席：洪泽生　蔡思红　庄　慧　出宝阳　颜子鸿　林建辉
　　　　　吴忠溪　康景忠　王少毅　范辉跃　张志铭　蔡清贵
　　　　　陈森林　范清靖　洪聪晓　陈泰山　陈嘉金　陈进生
　　　　　陈志鹏　洪小红　郑微宏　王欢迎　黄清波
记　录：卓小江

发：市财政局、国土局、规划局、环保局、旅游局、文物局、晋江市政府、南安市政府，晋江、南安市财政局、国土局、规划局、环保局、旅游局、文体局，安海镇政府、水头镇政府，施书记、郑市长、李副市长、周副市长、洪副市长。

泉州人民政府办公室

2004 年 5 月 27 日印发

泉州市文物保护管理所
关于安平桥清淤扩港的请示

泉文管〔2005〕4 号

泉州市文物局：

　　安平桥是全国重点文物保护单位，国家文物局于 1981 年拨巨资对安平桥进行全面维修及清港。经过历年淤积及人为因素，现在的安平桥已变为陆上桥，昔日的自然景观和历史景观遭受严重破坏。为了使安平桥得到有效的保护并恢复往日的景观。今计划将安平桥（安海区域）东南角，距离桥 35 米（中段堤岸以外）的建设控制地带内，进行挖掘清淤扩港。清淤扩港的面积约 10 亩，港内需清除的淤泥约 5000 立方米。其投资费用由承包人安海居民颜方顺负责。特此申请，请给予批准。

泉州市文物保护管理所

2005 年 12 月 1 日

泉州市文物保护管理所
关于安平桥抢险加固的报告

泉文管〔2007〕20 号

泉州市文物局：

全国重点文物保护单位安平桥，自 20 世纪 80 年代初全面维修，迄今已近 30 年，由于自然力及环境污染等原因,致使安平桥桥板断裂 9 条、防护栏十几处、桥墩垮坍一处。古桥面临倒塌危险，急需抢险加固。

现委托"泉州市古建筑工程公司"，负责对安平桥进行抢险加固工程。

特此报告

附件：1. 安平桥修缮工程施工方案
　　　2. 安平桥修缮工程建筑工程预算书

泉州市文物保护管理所
2007 年 9 月 20 日

泉州市文物保护管理所
关于成立安平桥文物保护管理委员会中亭理事会的通知

泉文管〔2008〕22 号

安平桥系 1961 年国务院公布的全国重点文物保护单位。由于安平桥特殊地理位置，横跨晋江安海及南安水头两镇，成为两镇经济文化的纽带。长期以来，两镇民众将中亭作为休闲健身、文化娱乐及宗教信仰的活动场所，为了加强对安平桥中亭的管

理和保护，提高全民文物保护的意识，充分发挥民众参与文物保护的积极性，进一步
提升管理水平,规范管理工作。经研究决定组建安平桥文物保护管理委员会中亭理事会。
该理事会由两镇的有文物保护责任心、有一定的管理能力和奉献精神的社会人士组成。
是一个纯义务性质的民间组织，主要职责是协助市文物保护管理部门，依法做好安平
桥的文物保护工作。理事会人员组成及分工如下：

安平桥文物保护管理委员会中亭理事会名单

理 事 长：黄真真

副理事长：孙亚宏、吴再造、颜维东、吴秀纯

总 干 事：李仁里

副总干事：赵守榕、吕永康、陈丽娜

常务理事：

王丽瑞（女）吕良深　　吕良厚　　吕海良　　吕永康　　孙亚宏　　吴再造

吴秀纯（女）李仁里　　邱端雅（女）苏增尧　　陈文明　　陈丽娜（女）林淑卿（女）

林沧程　　柯良芳　　赵守榕　　黄真真（女）蒋树卿　　蔡文楮　　蔡锦秀（女）

颜维东

理 　 事：

王友德　　陈惠璇　　林天固　　黄宝宗　　高德卿　　萧素华　　曾杏仁

颜嫦娥

宣传接待组：（负责公文签拟及收发、会议筹备及记录,对外宣传及来宾接待等工作）

组 　 长：蒋树卿

副 组 长：陈丽娜

财 务 组：（负责财务管理及财务制度的完善、建设工程的预、决算及现金支付）

组 　 长：邱端雅（会计）

副 组 长：蔡锦秀（出纳）

成 　 员：吕海良 林淑卿 王丽瑞 黄宝宗

事 务 组：（负责安防、监控及联防队的管理,消防安全、水 电设施、卫生设施
及环境美化的维护管理）

组 　 长：李仁里

副 组 长：吕永康

成　　员：王友德

庙　务　组：（负责庙寺宗教活动及日常事务）

组　　长：柯良芳

副　组　长：吕良深

成　　员：林天固　　林沧程　　蔡文楮　　苏增尧　　高德卿　　颜嫦娥

　　　　　萧素华　　陈惠璇

泉州市文物保护管理所
2008 年 9 月 20 日

关于安平桥周边大片的滩涂被毁
百棵防护林遭伐问题调查情况的报告

中共泉州市委督查室　　2009 年 5 月 27 日
（徐书记批示件 2009—71 号办理情况）

徐书记：

　　接到您的批示后，洪泽生副市长立即要求市林业局、森林公安局组织专人查清事实，依法严肃查处。现将有关调查情况报告如下：

　　一、关于"大片的滩涂被毁百棵防护林遭伐"的调查情况

　　5 月 19 日，市森林公安局局长杨桂芝会同南安市水头镇分管领导、南安官桥森林派出所干警和泉州市安平桥文物管理所负责人一同前往安平桥南安水头段进行调查，通过实地查看，查阅有关资料，与相关人员座谈，掌握以下情况。

　　（1）现场勘查情况：在安平桥北侧发现一片土地用挖掘机整地挖掘，10 个挖起来的树头堆放在地上；在北侧水沟边发现 27 株被砍伐遗留下来的木麻黄树头；现场没有发现违法建房和其他建筑物。

　　（2）初步调查情况：位于安平桥北侧的土地原属水头镇西锦村所有（以前是种地瓜的园地），已于 2002 年以 230 万元价格承包给吕金福（澳门南安同乡会会长）。吕金

福准备在这片土地上种植果树,因此雇人用挖掘机平整土地挖穴,并擅自将其土地范围内的林木砍掉。经查阅有关林业资料,该地北侧水沟边的林木权属没有记载。吕金福、安平桥文管所均认为自己对林木拥有所有权,但都无法提供证据。

二、关于下一步工作计划

由于当事人吕金福系澳门南安同乡会会长,现在辽宁,有些问题尚需进一步核实。下一步,市森林公安局将督促吕金福尽快配合森林公安机关调查;对林木所有权问题,进一步调查取证;待事实确认以后,依照《中华人民共和国森林法》有关规定予以处罚。

泉州市委督查室

2009 年 5 月 27 日

关于安平桥周边大片滩涂被毁
百颗防护林遭伐问题查处情况报告

(徐书记批示件 2009-71 号办理情况)

徐书记:

接到您的批示后,洪泽生副市长立即要求市林业局、森林公安局组织专人查清事实,依法严肃查处。6 月 16 日,市委督查室会同市森林公安局、文物局等单位负责人前往现场逐一核实有关情况,协商解决问题的办法和途径。现将有关查处情况报告如下:

一、关于调查情况

经查:(1)今年 4 月份以来,吕金福(澳门南安同乡会会长)未经林业主管部门批准,在承包土地范围内擅自砍伐"木麻黄"37 株,立木蓄积 3.96 立方米,该地段属于沿海防护林。(2)今年 4 月份以来,吕金福未经文物主管部门批准,擅自在安平桥北侧堤岸上挖穴准备种树,该地段属于安平桥 35 米保护区范围;擅自在承包土地范围内挖穴准备种树,该地段不在安平桥 35 米保护区范围,但在 180 米建设控制地带范围。这两个地段涉及约 70 亩土地,为荒杂地,不属于滩涂。

二、关于处理意见

《中华人民共和国森林法实施条例》第三十九条规定；滥伐森林或者其他林木，以立木材积计算 2 立方米以上或者幼树 50 株以上的，由县级以上人民政府林业主管部门责令补种滥伐株数 5 倍的树木并处滥伐林木价值 3～5 倍的罚款。根据《条例》规定，经市林业局研究，决定对吕金福滥伐林木行为作出以下处罚：责令其补种滥伐株数 5 倍的树木，并处滥伐林木价值 4 倍的罚款。目前，吕金福已按照处罚要求交纳罚款 3073 元，南安市水头镇政府负责督促其在 6 月底前补种树木 185 株，并及时将有关情况反馈市委督查室。

《中华人民共和国文物保护法》第六十六条规定：在文物保护单位的建设控制地带内进行建设工程，其工程设计方案未经文物行政部门同意、报城乡建设规划部门批准，对文物保护单位的历史风貌造成破坏的，尚未构成犯罪的，由县级以上人民政府文物主管部门责令改正。鉴于吕金福的行为未对安平桥文物本体造成破坏，尚未构成犯罪，根据《文物法》规定，市文物局已责令吕金福在安平桥北侧堤岸挖穴的地方进行填平恢复原貌。南安市水头镇政府负责督促吕金福在 6 月底前将挖穴地方填平恢复原貌，并及时将有关情况反馈市委督查室。

三、关于保护安平桥的几点建议

1. 抓紧制定安平桥总体保护规划。今年 3 月，市文物局已委托清华大学制定安平桥总体保护规划，规划方案完成后，将按程序报批公布，并按照规划要求加强对安平桥的保护。

2. 开展安平桥周边环境专项整治行动。安平桥地跨晋江、南安二市，管理难度较大。多年来，乱滥建、排污、倾倒垃圾等现象十分突出。市文物局建议市政府协调晋江、南安市政府尽快开展专项整治行动，共同做好清淤清污、清除垃圾、拆除违法建设等工作，改善安平桥的景观风貌。

3. 加大综合管理力度。保护安平桥，整治周边环境，需要各级各有关部门的充分理解和大力支持。市文物局建议成立综合性管理机构，健全管理工作的机制和体制。

泉州市委督查室

2009 年 6 月 18 日

关于安平桥申请省级文化文物专项补助经费的请示

泉文管 [2009]20 号

省文化厅：

安平桥系一级风险文物，根据《福建省人民政府关于进一步加强文物保护工作的通知》（闽政 [1997]26 号和《泉州市人民政府关于加强文物保护工作的通知》（泉政 [1998] 文 022 号）的指示精神和具体要求，为确实加强安平桥的安全管理工作，防止破坏、盗窃文物，有效制止违法犯罪活动，加强文物保护区的日常治安管理，拟采用现代化高科技手段，建设安全技术防范系统。

安平桥为全国重点文物保护单位。根据《福建省文化厅关于上报 2009 年度各级文化、文物专项补助经费申请的通知》闽文财 [2009]75 号的文件精神，我单位按上级主管部门的要求，报送相关材料。恳请省文化厅对该项请示大力支持给予补拨为盼。

泉州市文物保护管理所

2009 年 7 月 20 日

福建省文化厅关于下拨 2009 年度安平桥等保护专项补助经费的通知

闽文物 [2010]12 号

泉州市文物局：

根据福建省财政厅《关于下达 2009 年国家重点文物保护专项经费的通知》（闽财政 [2009]1313 号）。 2009 年度一次性补助你市国家重点文物保护专项补助经费 790 万元，其中安平桥保护规划编制 80 万元，洛阳桥保护规划编制 60 万元， 伊斯兰教圣墓保护规划编制 50 万元，泉州港古建筑保护规划编制 100 万元，泉州天后宫大殿维修工程 300 万元，泉州府文庙维修工程 200 万元。请按照《国家重点文物保护专项补助经费使用管理办法》及国家文物局批准的项目内容，严格专款专用，抓紧落实有关安平桥、洛阳桥保护规划编制和泉州天后宫大殿维修工程事宜。项目进度情况应及时报省文物局备案。同时，请督促经费使用单位于每年 12 月份向省文化厅计财处和省文物局，分别报送《国家重点文物保护专项补助经费决算表》和《文物保护专项经费使用情况年报管理系统（年报报表）》，其中《文物保护专项经费使用情况年报管理系统（年报报表）》请登录 WWW.1581.ORG.CN 网站，录入报表相关数据。

特此通知。

抄送：省财政厅，泉州市财政局

福建省文化厅

2010 年 1 月 20 日

关于安平桥板断裂情况反映

泉文管 [2010] 1 号

泉州市文物局：

2010 年 3 月 16 日，有群众向安平桥管理站举报，在 14 日（星期日）下午 3 时左右，有水心禅寺一辆运沙车将白塔至望高楼楼中端的古石桥板压断 1 条。

接到举报后，安平桥现场管理人员立即前往现场查看，拍摄测量，调查情况确定。被压断的古桥板位置在安平桥东段第 10 墩北侧第 1 板，该石板长 530 厘米、宽 40 厘米。桥板断裂处已被水泥掩盖。现将情况汇报。

附照片

泉州市文物保护管理所

2010 年 3 月 17 日

泉州市人民政府办公室印发
《关于加强安平桥保护和管理的工作方案》的通知

泉政办 [2010] 50 号

泉州市文物局文件传阅单

收文顺序号：157

轮阅通知签名		领导批示：
		请文保科、文管所按通知要求做好移交各项手续，并对中亭开展整治，制定督促、落实各项整治任务的工作计划和时间表。
备注： 已给文保所2010.4.2	处理情况	出4.2

晋江市、南安市人民政府、市直有关单位：

　　根据市政府第 67 次市长办公会精神，经市政府同意，现将《关于加强安平桥保护和管理的工作方案》印发给你们，请认真组织实施。

泉州市人民政府办公室

2010 年 3 月 31 日

关于加强安平桥保护和管理的工作方案

为进一步加强首批全国重点文物保护单位——安平桥的保护和管理，切实改善安平桥环境风貌，根据《中华人民共和国文物保护法》和相关法律法规，结合安平桥保护和管理工作实际，制定以下工作方案。

一、加强管理，完善安平桥保护管理的工作体制和机制

安平桥地跨晋江、南安两市，整座桥缺少整合，原日常管理工作由泉州市文物保护管理所负责，管理力量薄弱，管理难度大，必须进一步加强管理工作的组织协调，理顺保护管理体制。

（一）成立组织机构

为加强安平桥保护和管理工作的组织领导，协调晋江、南安两市以及相关部门共同做好安平桥文物景区的保护和管理工作，决定成立泉州市安平桥保护和管理工作领导小组。组成人员名单如下：

组　　长：潘燕燕　市人民政府副市长

副组长：徐礼哲　市人民政府副秘书长

　　　　龚万全　市文化局局长

　　　　出宝阳　市文化局副局长、文物局局长

成　　员：黄尚模　市民族与宗教事务局副局长

　　　　王卫红　市建设局副局长

　　　　黄世清　市城乡规划局副局长

　　　　陈志勇　市行政执法局副局长

　　　　庄凤鹏　市水利局副调研员

　　　　黄衍庆　市林业局副局长

　　　　林榕加　市环保局副局长

　　　　蔡萌芽　晋江市人民政府副市长

　　　　李清安　南安市人民政府副市长

（二）明确管理职责

1. 根据《中华人民共和国文物保护法》关于"地方各级人民政府负责本行政区域

内的文物保护工作。县级以上地方人民政府承担文物保护工作的部门对本行政区域内的文物保护实施监督管理"的规定，按照文物保护属地管理原则，决定将安平桥的保护管理工作下放由晋江、南安市政府负责。

2. 安平桥的保护范围为桥两侧各 35 米至堤岸，东起晋江安海的瑞光塔（俗称白塔）、西至南安水头的海潮庵。安平桥建设控制地带按市政府《关于划定我市 17 处省级以上文物保护单位的保护范围的请示》（泉政［1995］综 179 号）的申报范围，即"北到桥外 150 米，南到安水公路"。晋江、南安市政府要根据《中华人民共和国文物保护法》的规定，分别负责所属行政区域内的安平桥日常保护管理工作，设立专门机构负责安平桥的日常保护和管理，落实安平桥环境整治、保护、建设、规划等有关经费，履行法律法规赋予的各项权利与义务。

3. 由晋江、南安市参照历史做法和当地习俗，共同做好中亭庙宇的保护管理工作。

4. 市文物局负责做好安平桥文物保护专项规划，对安平桥文物保护、管理进行指导。

5. 市文物局、市文物保护管理所、晋江市和南安市政府应在本方案下发之日一个月内，办理相关移交手续（包括档案材料、保护管理用房、设施及其他不动产的交接）。

二、整治违建，切实改善安平桥周边景观风貌

由于安平桥建设控制地带内的建设项目均未按有关规定进行审批，安平桥周边违法建设相当严重，与景区极不协调，并存在安全隐患。晋江、南安市政府要求对安平桥景区违建项目分期进行专项整治。

（一）第一期（2010 年 3 月至 2010 年 9 月）

1. 拆除安平桥建设控制地带内所有临时搭盖的简易建筑。

2. 对在安平桥建设控制地带内所有在建施工项目一律责令停建，并进行查处。

3. 清除安平桥建设控制地带内堆积的生活垃圾及养鸡、养猪场。

4. 清理在安平桥建设控制地带内违规填埋的土石方，包括安平桥西桥头北侧被填埋的"缓冲池"及建筑垃圾，恢复原有水域的面积及河道泄洪功能。

（二）第二期（2010 年 10 月至 2011 年 10 月）

对 1995 年 8 月 10 日市政府明确安平桥建设控制地带为"北到桥外 150 米，南到安水公路"（泉政［1995］综 179 号）之后，在建设控制地带内违法违章建设的建筑物进行查处。

三、改善水质，彻底解决安平桥水域污染问题

近年来，安平桥水域水污染问题日益严重，直接对安平桥桥墩、桥体形成腐蚀，造成部分桥墩石质剥落、垮塌，使文物主体遭受损坏，影响文物安全；同时，产生的大量有毒气体，对文物景区周边环境也形成较大范围的污染。其中，污染主要来源于安平桥上游晋江、南安市企业未按环保要求进行污水处理而直排入大盈溪。

1. 晋江、南安市政府按照市政府办公室《关于印发安平桥周边水环境综合整治方案的通知》（泉政办 [2005]20 号）、市政府《关于印发泉州市重点流域水环境综合整治工作方案的通知》（泉政文 [2009]163 号），以及市政府、市政协《关于全国重点文物保护单位安平桥环境整治现场督办会议纪要》（[2007]1 号）的要求，严格落实安平桥周边和大盈溪流域水环境整治任务，依法严厉打击环保违法、违规行为。

2. 晋江市负责组织相关单位做好中亭港水域的水质净化，改造严重老化的安平水闸。市水利局负责监督实施。

3. 环保部门应定期对大盈溪安平桥水域水质进行检测，督促有关企业落实整治措施。

四、清理淤积，尽快恢复安平桥景观水域

由于自然淤积、周边民众生活垃圾和建筑垃圾的大量倾倒，安平桥两侧至堤岸范围内的淤泥不断增高，杂草丛生。为恢复安平桥的历史景观及风貌，晋江、南安市政府要分别对各自辖区内的水域进行清淤。

1. 晋江市：负责安平桥"望高楼"以西至中亭港以东，桥以南至安平别墅区围墙，桥以北至堤岸外 15 米（保留"夜光岛"，约 3730 平方米）。清淤面积约 17.89 万平方米。清淤深度为（桥墩以外）水面以下 0.8 ~ 1 米，清淤总量约 18 万立方米。

2. 南安市：负责安平桥"听潮楼"以东至中亭港西侧，桥以南至"振万园"围墙，桥以北至堤岸外 15 米，包括近年被填埋的桥西北侧的"缓冲池"（桥的配套设施）。其中保留桥北侧靠近中亭港的自然小岛（约 2780 平方米），总面积约 20.85 万平方米，清淤深度为（桥墩以外）水面以下 0.8 ~ 1 米，清淤总量约 20 万立方米。

3. 中亭港部分：安平桥中亭港，港面宽 70 米，上游接大盈溪，下游至出海口。清淤深度至少在水面以下 2 米。由晋江市政府协调安平水闸管理处负责组织实施。

五、采取措施，消除保护管理工作的安全隐患

安平桥中亭管理用房建造于 20 世纪 80 年代，为单层仿古石结构建筑。近年来，由于地基基础下沉，墙体开裂，经市危房鉴定事务所鉴定为危房（D 级）。为及时消除

安全隐患，需立即拆除现有管理用房，并着手研究解决新建管理用房问题。此项工作由市文物局会同市文物保护管理所负责。

市直有关单位：市民族与宗教事务局、国土资源局、建设局、城乡规划局、行政执法局、水利局、林业局、文化局、环保局、文物局

抄送：市人大常委会办公室，市政协办公室

泉州市人民政府办公室
2010 年 3 月 31 日印发

关于安平桥水心亭及圣墓回廊出现安全隐患的情况反映

泉文管［2010］2号

泉州市文物局：

根据《泉州市文化局关于立即开展全市文化公众聚集所安全生产大检查的通知》（泉文［2010］53号）精神，结合全市文化系统安全生产工作会议的要求，文管所为落实安全生产管理规章制度和保障措施，对本单位下属3个文物点进行细致的检查，现将发现重大安全隐患问题向行政主管部门报告：

1. 安平桥水心亭，始建于南宋，最后一次大修在同治年间（距今约140多年），由于长年受风雨侵蚀，屋面漏雨，木作横梁虫蛀严重。最近又发现因桥板断裂下陷，引发墙基下沉墙体开裂，严重影响古建筑的承受力，是文物安全生产的一大隐患。

2. 圣墓迴廊，始建于唐，明清时期虽多次重修，因自然力破坏，迴廊墙体变形，且部分石构件断裂，已构成对游客安全的危害。

泉州市文物保护管理所
2010年4月19日

关于申请下拨安平桥保护规划设计专项经费的请示

泉文管[2010]5号

泉州市文物局：

　　安平桥是第一批全国重点文物保护单位。根据文物保护法规定要求，现聘请有资质的北京清华城市规划设计研究院对安平桥的保护编制总体规划，为安平桥的有效保护、合理开发利用提供依据和保障。

　　本单位已于4月1日和北京清华城市规划设计研究院签定保护规划设计合同。根据合同第七条项目费用及支付办法（详见保护规划设计合同第4页），现本单位需向北京清华城市规划设计研究院支付第一次22万元设计费用；另外，由委托方承担的前期资料、图纸、照片等的调查、整理及所在地专家评审等管理费用人民币8万元。请市文物局给予拨款为盼。

　　附件：保护规划设计合同

泉州市文物保护管理所

2010年5月24日

安平桥文化公园拓展改造规划
和周边环境整治工作方案

　　为落实泉州市文物局《关于加强安平桥保护和管理工作方案》和晋江市3.19市长办公会精神，大力推进安平桥文化公园拓展改造和周边环境整治工作，特制定如下工作方案。

　　一、工作目标任务

　　拓展改造及整治的范围：东起白塔，西至中亭，南到安水公路，北到桥外150米。

改造整治区域内强制拆除"两违"建筑及临时搭盖，整顿查处源头污染企业，清理生活及建筑垃圾，清除养鸡、养猪场；清理水域淤泥，进行污水治理和水闸改造；加快安平桥文化公园规划设计及拓展改造工作，加强对现有桥体的常态保护和管理，使安平桥晋江段周边环境得到明显改观。

二、组织机构设置及职责

为加强安平桥文化公园拓展改造和周边环境整治工作的领导，有效协调相关职能部门共同开展工作，特成立安平桥文化公园拓展改造和周边环境整治工作领导小组。名单如下：

组　　长：尤猛军（市委书记、市政府市长）

副组长：吴清滨（市政府副市长）

　　　　蔡萌芽（市政府副市长）

　　　　张文节（安海镇人民政府镇长）

成　　员：尚建萍（市政府办副主任）

　　　　陈诗从（市经济发展局局长）

　　　　庄文斌（市公安局政委）

　　　　李章凯（市财政局局长）

　　　　张志铭（市规划建设与房产管理局局长）

　　　　王清龙（市市政园林局局长）

　　　　颜宏达（市交通局局长）

　　　　吴鸿造（市农业局局长）

　　　　黄锦民（市水利局局长）

　　　　黄延艺（市文体局局长）

　　　　丁尚光（市国土资源局局长）

　　　　陈文艺（市环保局局长）

　　　　吴鸿斌（市行政执法局局长）

　　　　陈健民（市旅游局局长）

　　　　洪永胜（市民族与宗教事务局局长）

　　　　苏延辉（市广电局局长）

　　　　林松庆（安海镇党委副书记）

　　　　周　全（安海镇党委副书记）

张胜利（安海镇党委宣委）

李友加（安海镇政府副镇长）

黄胜鑫（安海镇政府副镇长）

吴金鹏（市文管办副主任、博物馆馆长）

领导小组下设办公室，挂靠安海镇政府，具体负责安平桥文化公园拓展改造和周边环境整治工作。办公室主任由张文节同志兼任。并设拓展改造组、清淤工作组、环境整治组三个工作组，负责保障安平桥规划保护、环境整治各阶段工作的落实。

（一）拓展改造组

组　　长：张文节（兼）

副组长：张诗从（兼）

　　　　张志铭（兼）

　　　　王清龙（兼）

　　　　颜宏达（兼）

　　　　吴鸿造（兼）

　　　　黄延艺（兼）

　　　　陈健民（兼）

　　　　洪永胜（兼）

成　　员：张胜利、黄胜鑫及其他相关单位人员。

职责分工：

1. 负责安平桥文化公园规划设计及拓展改造工作。

2. 负责做好规划设计方案的会审。

3. 负责做好现有桥体的保护和管理。

4. 负责做好区域内历史建筑、宗教活动场所的保护可行性论证。

5. 负责区域内的绿化、美化工作。

6. 负责争取上级政策上的支持和帮助。

7. 负责做好整治区域内下属公司的搬迁工作。

（二）清淤工作组

组　　长：黄锦民（兼）

副组长：陈文艺（兼）

　　　　李友加（兼）

黄胜鑫（兼）

许健成（安平水闸管理处负责人）

成员从相关单位抽调。

职责分工：

1. 负责做好水域水污染治理，组织水质净化。

2. 负责安平水闸改造和安平桥晋江部分的清淤工作。

（三）环境整治组

组　长：周　全（安海镇党委副书记）

副组长：庄文斌（兼）

　　　　颜宏达（兼）

　　　　陈文艺（兼）

　　　　吴鸿造（兼）

　　　　丁尚光（兼）

　　　　吴鸿斌（兼）

1. 负责整治区域内"两违"建筑及临时搭盖的强制拆除。

2. 负责整顿查处区域内源头污染企业，清理生活及建筑垃圾。

3. 负责清除养鸡、养猪场。

三、具体工作要求

（一）拓展改造组立即启动安平桥文化公园拓展改造规划设计，7月底前完成拓展改造方案，并着手进行拓展改造工作。

（二）清淤工作组在9月22日前完成安平桥晋江部分的清淤和水闸改造工作，切实解决水域污染问题。整治范围：（1）安平桥"望高楼"以西至中亭港以东，桥以南至安平别墅区围墙，桥以北至堤岸外15米（保留"夜光岛"，约3730平方米）。清淤面积约17.89万平方米。清淤深度为（桥墩以外）水面以下0.8～1米，清淤总量约18万立方米。（2）安平桥中亭港，港面宽70米，上游接大盈溪，下游至出海口。清淤深度至少在水面以下2米。

（三）环境整治组在9月22日前完成全部整治工作。整治范围：（1）拆除安平桥建设控制地带内的所有临时搭盖的简易建筑。（2）对在安平桥建设控制地带内的所有在建施工项目一律下令停建，并进行查处。（3）清除安平桥建设控制地带内堆积的生活垃圾及养鸡、养猪场。（4）清理在安平桥建设控制地带内违规填埋的土石方，包括安平桥西桥头北侧被填埋的"缓冲池"及建筑垃圾，恢复原有水域的面积及河道泄洪功能。（5）对安平桥建设控制地带"北到桥外 150 米，南到安水公路"（泉政 [1995] 综 179 号）发文（1995 年 8 月 10 日）之后，在建设控制地带内违法违章建设的建筑物进行查处。（范围详见泉州市文物局《关于加强安平桥保护和管理工作方案》第 3 页）

（四）财政局负责及时核拨安平桥文化公园拓展改造和周边环境整治工作中市财政承担的专项经费。

（五）广电局负责宣传安平桥周边环境综合整治工作，加大对城市管理相关法律法规的宣传力度；加强保护环境卫生，爱护公共设施和遵守社会公德意识的宣传，提高市民文明素养，营造全民关心支持参与安平桥周边环境综合整治工作的良好氛围。

晋江市人民政府办公室

2010 年 6 月 10 日

关于对安平桥存在安全隐患整改的报告

泉文管 [2010]11 号

泉州市文物局：

省文物局与省消防总队联合组成的检查组对本单位安平桥文物点进行消防安全检查，发现存在安全隐患问题。现本单位结合自身实际，对存在问题进行分析，作出整改方案如下：

1. 中亭处线敷设不够规范

2009 年对中亭处线存在问题，委托电路公司进行改造设计，现设计方案已报送市文物局、财政局审批、实施。2010 年 5 月底，单位已和安海电广签订重新申请用户的合同书，包括更换电路、电表等解决用电不规范问题。

2. 定期举办群众聚会活动，未依法制定应急预案

我所将按国家文物局突发事件应急工作管理办法制定，建立严格的突发事件防范和应急处理责任制，切实履行各自职责，保证突发事件应急处理工作的正常进行，做

好文物安全保卫工作，定期对突发时间应急处理人员进行相关知识的培训；对公众开展突发事件应急知识的教育，增强防范意识和应对能力。设立疏散通道警示牌，防火消防设备、治安保卫组。

泉州市文物保护管理所

2010 年 6 月 13 日

安平桥保护有关规划编制座谈会会议纪要

泉规纪 [2010]43 号

为贯彻落实第 67 次市长办公会议精神，按照潘副市长 5 月 28 日召开的安平桥保护管理工作协调会暨安平桥保护管理工作领导小组成员会的工作部署和要求，6 月 7 日上午，泉州市城乡规划局在建设大厦五楼第一会议室主持召开了安平桥保护有关规划编制工作的座谈会。泉州市文物局、建设局、环保局、民宗局、旅游局、林业局和文物保护管理局；晋江市规划建设与房产管理局、农业局、文体局、旅游局、博物馆、民宗局和安海镇政府；南安市规划建设局、水利局、文体局、民宗局、林业局、环保局和水头镇政府；福建省城乡规划设计研究院、上海市城市园林设计研究院、清华大学建筑设计研究院等单位参加了会议。会议在听取三家设计单位有关安平桥保护规划的方案汇报后，与会单位代表就安平桥保护规划编制工作展开了认真的讨论，提出了许多意见及建议。现纪要如下：

一、总体评价

安平桥，俗称"五里桥"，原是横跨晋江安海镇与南安水头镇之间海湾的古代石桥，至今已有 800 多年的历史，文化底蕴深厚，是我国古代首屈一指的长桥，素有"天下无桥长此桥"的美誉，1961 年被国务院列为首批全国重点文物保护单位，是泉州市不可再生的文化瑰宝，也是泉州市的十八景之一，必须严加保护。会议认为，安平桥保护规划的编制工作非常重要，是贯彻落实第 67 次市长办公会精神的当务之急。加强安平桥的保护首先要做好安平桥的保护，才能严格地按规划加以控制和管理。晋江市安海镇和南安市水头镇两地政府积极主动开展相关辖区内以安平桥保护为主题的规划编制工作，说明两地政府对安平桥保护工作的重视，对保护、改善和提升安平桥环境品质起了积极的主导作用。但是，由于行政区划的分割和不同的设计单位，导致两地的规划在功能定位、保护与控制范围、景观特色等方面缺乏协调和统一。福建省城乡规划设计研究院编制的安海镇安平桥文化公园拓展改造规划与上海市城市园林设计研究院编制的水头镇安平桥湿地公园保护规划，没有注重从恢复历史风貌、传承历史文化及充分考虑安平桥的整体性出发，在功能定位、设计理念、开发强度、道路交通、景观塑造等方面互不协调，且各自的规划本身也存在着不少问题。会议要求，一是泉州市文物部门要督导清华大学建筑设计研究院加快安平桥保护专项规划编制进度，抓紧对安平桥保护的原则、范围和控制等方面进行论证，以便指导安海和水头镇组织的规划编制工作；二是安海镇、水头镇政府要主动加强沟通与协调，督导两家设计单位进行有效地衔接，统一规划理念，科学合理定位，延续历史风貌，控制开发强度，协调交通组织，塑造特色景观，适度挖掘旅游资源，科学合理的保护建设。

二、意见及建议

1. 编制安平桥片区规划应突出保护主题，不宜按纯粹的公园设计，应结合安平桥的水系、植被等自然风貌，在保护安平桥主桥体的同时，通过水景、人工岛等景观要素的设计手法，来重塑自然的、生态的、壮观的安平桥。

2. 安海和水头镇两地的安平桥公园设计应当遵守安平桥的保护原则，在不影响安平桥周边水质、不破坏安平桥历史风貌的前提下进行合理的景观设计。在规划名称和内容上，应体现对安平桥的保护，维护安平桥的唯一性和整体性。

3. 要加强对安平桥周边地貌特征、建筑和构筑物现状的调查分析，提出合理意见和建议。同时，要进一步扩大安平桥的保护范围，将桥体两侧的水体扩至100米以上，明确安平桥的核心保护区、规划控制区和风貌协调区的范围及相应控制内容，严格控制开发强度。

4. 安平桥保护措施应以保护水环境、湿地和生态林带为重点，以清除违章、违规建筑或构筑物为突破口，以恢复自然景观和历史风貌为目标。可适当引入一些景观设计要素，加强景观塑造，并结合宗教活动场所，合理确定停车场、休闲观赏和亲水平台、公厕等旅游配套设施的布局，确保视觉空间廊道的开敞性、通透性与连贯性。

5. 加强对安平桥主桥体和周边的历史文化遗产、附属建筑物或构筑物的安全性评估，并在规划中提出有效的加固整修的具体措施。

6. 安海镇和水头镇政府要主动做好规划的协调与衔接工作，特别是与泉州市文物局委托清华大学建筑设计研究院着手开展的安平桥保护规划和区域综合交通规划的衔接，同时，要加强休闲、旅游和观赏等慢行道路设计的衔接。

7. 清华大学建筑设计研究院要尽快提交安平桥保护规划的方案，研究确定安平桥保护规划的基本框架和核心区、控制区、协调区的保护范围，为安海镇、水头镇政府组织编制规划提供指导依据。

出席：	付国明	出宝阳	黄禄明	黄胜鑫	吴家栋
	潘晓辉	黄 萌	陈垂执	江 卫	卞欣毅
	朱海南	连进能	蔡 恩	朱宇华	孙亚宏
	黄衍庆	林榕加	潘土水	侯渊祥	杨小川
	周 俊	吴玲娜	蔡荣萍	林春旭	吴金灿
	黄祥波	林周贤	黄佩珍	刘芳萍	陈星辉
	黄建昌	陈小艺	黄尚模	陈温州	留美婉
	郭福强	俞冬生	王双彬	陈鹏翔	汪丽香
记录：	王双彬	汪丽香			

分送：市政府潘副市长、许副市长、许副秘书长、郑副秘书长、市府办、与会单位

泉州市城乡规划局办公室

2010 年 6 月 14 日印发

泉州市文物管理局关于制止安海水心禅寺在安平桥保护范围内违法建设的函

泉文物 [2010] 73 号

晋江市人民政府：

安平桥是全国重点文物保护单位。近期，安海水心禅寺在没有履行任何审批手续的情况下，在安平桥的文物保护范围内（"超然亭"南侧）进行违法建设，我局保管

所人员多次制止未果。

目前，晋江、南安两市正按第67次市长办公会精神及市政府印发的《〈关于加强安平桥保护和管理的工作方案〉的通知》（泉政办[2010]50号）的要求下大决心拆除违建，对安平桥景区进行规划建设和环境整治，水心禅寺这种顶风违建行为应予坚决制止、查处。违建项目应予拆除，恢复原状。希望你市能借此次安平桥景区规划建设之机，把水心禅寺纳入规划建设范围并依法履行报批手续。

抄送：省文物局、市府办、潘副市长

泉州市文物管理局

2010年10月9日

关于发现安平桥（安海段）桥板及桥栏断裂的情况汇报

泉文管[2010]22号

泉州市文物局：

2010年12月4日上午，安平桥保管所工作人员发现桥体1条石桥板断裂（包括防护栏1处），位置在安平桥中亭往安海方向休息亭向东第16孔，北侧第1条，长4.8米，宽0.5米，厚0.2米。该处桥板的断裂或是由于年久及受自然环境影响，桥墩损坏而断裂。现将情况汇报。

附件：照片2张

泉州市文物保护管理所

2010年12月9日

泉州市文物保护管理所
关于安平桥断裂桥板加固维修的请示

泉文管〔2011〕2 号

泉州市文化广电新闻出版局：

2010 年 3 月安海水心禅寺在施工运输过程中，压断安平桥东段古桥板，详见泉文管〔2010〕1 号，致使古桥出现文物安全隐患。经委托"福建省泉州市古建筑工程公司"对安平桥进行文物"修旧如旧"的抢险加固工程。

现将建筑工程预算书上报，提请上级文物行政部门批示。

附：

1. 泉文管〔2010〕1 号
2. 安平桥抢险加固建筑工程预算书

泉州市文物保护管理所（印章）

2011 年 3 月 23 日

泉州市文物保护管理所
关于安平桥中亭危房改造经费的申请

泉文管〔2011〕6 号

省文化厅：

安平桥是首批国家级重点文物单位，又是重要的涉台文物。根据泉州市政府《关于加强安平桥保护管理工作的通知》的文件精神，桥两侧综合整治由晋江、南安两市属地政府负责，桥主体及中亭危房改造等综合项目仍由安平桥文物管理所负责。

其中建于 20 世纪 80 年代的石构危房的拆除、土地平整，同时新建移动管理房（约

200 平方米）用于办公、接待、值班等，中亭周边环境的绿化、美化等项综合整治工作，共需经费约 20 万元。

泉州市文物保护管理所
2011 年 5 月 24 日

国家文物局关于安平桥抢险加固工程设计方案的批复

你局《关于全国重点文物保护单位泉州安平桥抢险加固工程设计方案的请示》（闽文物字［2013］340 号）收悉。经研究，我局批复如下：

一、原则同意安平桥（晋江段、南安段）抢险加固工程立项。

二、对所报方案提出修改完善意见如下：

提出如下意见：

（一）该工程性质为抢险加固工程，要应严格遵守按照"最小干预"等文物保护的原则，对仍能使用的桥板、栏板和望柱等应尽可能使用。

（二）深化安平桥构造特点和文物价值的研究、评估，提高价值评估的针对性。

（三）深化文物现状勘察评估和病因分析，拟定有针对性的抢险加固措施。

（四）进一步细化抢险加固措施。

（五）进一步梳理、规范设计文本和图纸，如补充实测图和方案图的平、剖面图、构造详图等；补充残损标注、尺寸标注等。

三、请你局根据上述意见和《文物保护工程设计文件编制深度要求（试行）》、《全国重点文物保护单位文物保护工程申报审批管理办法（试行）》的有关规定，组织具有相应资质的专业单位重新编制工程技术方案，委托我局认定的第三方咨询评估机构进行方案技术评审，并依据第三方咨询评估机构的评估结论进行审批。

四、如需申请国家重点文物保护专项补助资金，请在工程技术方案批复后，按照预算编制的相关规范要求，编制工程预算按程序报批。

请你局根据上述意见，组织相关单位修改、完善设计方案，经你局审核后，另行报批。

国家文物局

泉州市文物保护管理所
关于申报泉州安平桥中亭保护修缮工程设计方案的报告

泉文管〔2013〕2 号

泉州市文广新局：

安平桥，位于福建省东南沿海的晋江市安海镇与南安市水头镇交界的海湾上，是我国著名的古长桥。素有"天下无桥长此桥"的美誉。中亭原称水心亭、泗洲亭。始建宋绍兴二十一年（1151 年），郡大夫赵令衿倡建。黄逸暨僧惠胜为之，以便休息。天顺三年（1459 年）陈弘道鸠众重修。万历庚子（1600 年）颜嘉梧募缘重修。崇祯十一年（1638 年）郑芝龙倡修。康熙二十六年（1687 年），亭后建寺，原祀泗洲佛，后祀观音。同治五年（1866 年）重建，民国 24 年（1935 年）重修，20 世纪 80 年代重修。1961 年 3 月国务院公布为第一批全国重点文物保护单位。

安平桥中亭保护修缮工程因年久失修，均未按照文物保护原则得到系统修缮，现已存在不同安全隐患。例如屋面瓦片普遍松动，木构件局部有不同程度的糟朽、开裂现象，屋面渗漏，瓦件松动、移位，部分碎裂。此外，各建筑的装修、地面、墙面等方面，均存在不同程度的残损；有些部位在使用过程中改变了原状，还有些部位在维修过程中改变了原材料、原规格和原做法。

因此，我所委托"安徽省文物保护中心"编制的全国重点文物保护单位《泉州安平桥——中亭保护修缮工程设计方案》，本次工程的的性质为保护修缮，即正殿前轩屋面揭瓦落架及修补残损和缺失构件、纠正被改错的部分，保存安平桥中亭的完整和健康状态，尽可能使其最大限度地延续其历史真实性和完整性，目前文本已完成，现呈贵局核准，望尽快转报省、国家文物局审批。

附《泉州安平桥——中亭保护修缮工程设计方案》文本三份。

泉州市文物保护管理所

2013 年 3 月 18 日

泉州安平桥（晋江区域）日常保护管理工作移交协议书

甲方：泉州市文物保护管理所

乙方：晋江市文化体育新闻出版局

根据泉州市人民政府第67次（2010年）市长办公精神及市府办文件《关于加强安平桥保护和管理的工作方案》（泉政办[2010]50号）的要求，按照文物保护属地管理的原则，将安平桥的日常保护管理工作交由属地政府负责。为落实泉州市政府加强安平桥保护和管理的工作方案，完善安平桥保护管理的工作体制和机制，经双方协议：

一、自本协议签定之日起，原由甲方负责的安平桥（晋江区域）日常保护管理权及法律法规赋予的权利与义务将移交至乙方。原由甲方保管的安平桥（晋江区域）及附属文物（见附件文物清单）也自本日起清点移交给乙方管理。

二、安平桥东边桥头（望高楼边）原甲方所有的保管所（管理用房及停车场），自本日起移交给乙方。

三、安平桥中亭待甲方修缮完成验收后，另行办理移交给乙方管理的相关手续。

四、涉及安平桥（晋江区域）的相关档案资料一并移交。

五、本协议一式四份，双方各执一份，双方行政主管部门各一份。

甲方：泉州市文物保护管理所　　　　　　乙方：晋江市文化体育新闻出版局

甲方代表：孙亚宏　　　　　　　　　　　乙方代表：李和范

2013年4月3日　　　　　　　　　　　　2013年4月3日

［附件］安平桥（桥东晋江安海区域）文物移交清单

序号	文物名称	年代	数量	存放位置	残损类型
	超然亭	清	1座	安海	严重
	水心禅寺	清	1座	安海	完整
t-01	瑞光塔（白塔）	宋	1座	安海	严重
	望高楼（隘门）	清	1座	安海	完整
	澄亭院	民国	1座	安海	完整

	路亭	清	1座	安海	完整
t-02	镇风塔（方型）	1987年	1座	安海	基本完整
t-03	镇风塔（方型）	1987年	1座	安海	基本完整
S-01	石狮（望高楼前）	清	1尊	安海	基本完整
S-02	石狮（望高楼前）	清	1尊	安海	基本完整
S-03	石狮（望高楼前）	清	1尊	安海	基本完整
S-04	石狮（望高楼前）	清	1尊	安海	基本完整
S-05	石狮（路亭）	清	1尊	安海	基本完整
S-06	石狮（路亭）	清	1尊	安海	基本完整
S-07	石狮（路亭）	清	1尊	安海	基本完整
S-08	石狮（路亭）	清	1尊	安海	基本完整
x-01	石将军	宋	1尊	安海	基本完整
x-02	石将军	宋	1尊	安海	基本完整
	"寰海镜清"石匾	清同治	1方	安海望高楼	完整
	"金汤永固"石匾	清同治	1方	安海望高楼	完整
	重修水心亭碑记	现代	1方	安海	完整
	文物保管所	现代	1座	安海	完整
	重修水心亭两塔古寺碑记	现代	1方	安海	完整
	告示石碑	清光绪	1方	安海	完整

南安市文化体育新闻出版局
关于申请安平桥（南安段）抢险加固工程补助经费的函

南文体新函［2013］30 号

泉州市文物保护管理所：

　　根据 8 月 13 日泉州市文化广电新闻出版局召开安平桥抢险加固工程协调会确定，南安市文化体育新闻出版局为安平桥（南安段）抢险加固工程的业主单位。由于南安是文物大市，文化遗产保护经费安排较为紧张，按照泉州市文化广电新闻出版局的安排，特向你所申请安平桥（南安段）抢险加固工程补助经费 10 万元。

　　　　　　　　　　　　　　　　　　　南安市文化体育新闻出版局

　　　　　　　　　　　　　　　　　　　　　　2013 年 8 月 19 日

泉州市文物保护管理所
关于停止安平桥中亭周边安海段违法施工的函

泉文管 [2013] 11 号

晋江市安海镇政府：

　　安平桥是 1961 年国家第一批公布的全国重点文物保护单位之一，也是我国现存最长的海港大石桥。安平桥及周边是国家法律法规和各级政府均强调保护的地区。然而，近期晋江安海段在进行五里桥生态湿地公园建设过程中出现了违法建设施工的现象。其施工方在未经文物主管部门审批的情况下，在安平桥安海段的文物建设控制地带（30 米范围内）进行基础建设施工。施工范围已经距离安平桥中亭周边安海段仅不过 15 米范围。其行为重要违法了《中华人民共和国文物保护法》第二章第十七条："文物保护单位的保护范围内不得进行其他建设工程或者爆破、钻探、挖掘等作业。"的规定。为此，现要求晋江市安海镇政府责成施工单位立即停止此违法行为。

　　　附：施工现场照片

抄送：泉州市文广新局　晋江市文体局

泉州市文物保护管理所

2013 年 10 月 14 日

晋江市文化体育新闻出版局关于要求下拨国保单位安平桥
桥板断裂抢险维修加固专项经费的函

晋文体新函 [2014] 8 号

泉州市文管所：

　　去年，国保单位安平桥晋江段出现 4 处桥板断裂及一块栏板倒塌，引起社会关注。市文广新局立即组织专家前往调查并委托泉州市文保中心编制抢险加固维修方案。方案报经省文物局同意后，由安海镇政府作为业主单位依维修施工图委托咨询公司编制工程量及工程预算，工程造价 12.5 万元。鉴于工程量偏小，直接委托有安平桥维修经验的、具有国家文物局确认的一级维修资质的泉州古建公司承担该维修工程。工程如期完工，并通过市文广新局组织的专家组验收。现要求贵所拨给国保单位安平桥抢险加固维修经费共 10 万元整，以支付并结清工程款。

　　专此函。

晋江市文化体育新闻出版局

2014 年 2 月 24 日

国家文物局关于安平桥（五里桥）中亭修缮工程方案的批复

文物保函 [2014] 605 号

福建省文物局：

　　你局《关于全国重点文物保护单位泉州安平桥——中亭修缮设计方案的请示》（闽文物字 [2013] 316 号）收悉。经研究，我局批复如下：

　　一、原则同意安平桥（五里桥）中亭修缮工程方案。

　　二、该方案应在以下方面进行修改完善：

　　（一）深化价值评估，提高价值评估的针对性。

　　（二）进一步补充使用红色调和漆油饰木构架的历史依据和可行性说明。

　　（三）进一步完善地面铺墁、墙体抹灰等具体工艺做法要求。

　　（四）进一步梳理、规范设计文本和图纸，如补充装修大样图、艺术构件和屋脊灰塑等大样图等。

　　三、请你局指导设计单位，按照上述意见，对方案进行修改完善，经你局核准后实施。施工中请加强监管，严格遵循"最小干预"等原则，确保工程质量和文物安全。

　　此复。

抄送：中国文物信息咨询中心、本局办公室预算处

国家文物局

2014 年 5 月 6 日

福建省文物局关于全国重点文物保护单位安平桥
（五里桥）中亭修缮设计方案的批复

闽文物字［2014］216 号

泉州市文物局：

　　你局报送的《泉州安平桥——中亭保护修缮工程现状勘察报告及维修保护设计方案》（安徽省文物保护中心编制）悉，经请示国家文物局，原则同意所报方案。现将国家文物局《关于安平桥（五里桥）中亭修缮工程方案的批复》（文物保函［2014］605 号）转给你们，请组织设计单位根据国家文物局的批复意见，对方案进一步补充、完善，经我局核准后方可组织实施。

　　此复。

福建省文物局

2014 年 5 月 23 日

泉州市文化广电新闻出版局关于全国重点文物保护单位
安平桥（五里桥）中亭修缮设计方案进行修改的通知

泉文广新［2014］195 号

泉州市文物保护管理所：

　　根据《福建省文物局关于全国重点文物保护单位安平桥（五里桥）中亭修缮设计方案的批复（文物保函［2014］604 号）要求，对方案进行进一步完善修改：一是深化价值评估，提高价值评估的针对性；二是进一步补充使用红色调和漆油饰木构架的历史依据和可行性说明；三是进一步完善地面铺墁、墙体抹灰等具体工艺做法要求；四是进一步梳理、规划设计文本和图纸，如补充装修大样图，艺术构件和屋脊灰塑等大样图等。方案修改后请及时报我局初审，然后再报省文物局核准后方可组织实施。

附件：《福建省文物局关于全国重点文物保护单位安平桥（五里桥）中亭修缮设计方案的批复》

泉州市文化广电新闻出版局

2014 年 6 月 5 日

安海镇人民政府关于亟需抢修保护瑞光塔（白塔）的紧急报告

安政 [2014]79 号

晋江市人民政府：

国家级文物保护单位安平桥附属建筑瑞光塔，又名白塔，位于安平桥桥头，始建于南宋，距今迄有 800 余年历史，是我国古代砖塔建筑代表之一，具有重要的历史、文化和艺术价值。由于年久失修，白塔塔身外墙破损，塔内阶梯、门窗破损等问题日益严重。针对这一情况，安海镇已于去年行文（《安海镇人民政府关于请求协调上级文物主管部门尽快启动瑞光塔（白塔）修缮工程的请示》，晋安政 [2013]197 号）向市政府报告。日前，受一个多月来持续降雨的影响，塔檐出现了坍塌现象，第四层塔檐缺了一大片，掉落的砖块砸在了第三层、第二层塔檐上。

在获悉情况后，安海镇党委、政府高度重视，立即组织人员对白塔采取保护性措施，在塔的四周竖立警示牌，同时将掉落在地的砖块妥善保存。

鉴于文物保护及公园景观建设的迫切需要，防止白塔坍塌现象进一步恶化，特请求市政府组织有关部门及专家人员对白塔抢修保护问题进行调查研究，科学制定监测及修缮方案，同时协调上级文物主管部门尽快启动白塔修缮工程。

妥否，请批示。

安海镇人民政府

2014 年 6 月 10 日

泉州市文物保护管理所通告

泉文管［2014］10 号

安平桥中亭（水心亭），由于年久失修，屋面出现严重漏雨及虫蛀，墙体严重倾斜出现裂痕，被相关部门鉴定为危房。现经国家文物局"文物保函［2014］605 号"文的批准同意对安平桥（五里桥）中亭进行修缮。为确保维修工程的安全施工，兹定于2014 年 7 月 22 日（农历六月二十六日）对安平桥中亭实施封闭，如有给游客带来不便之处敬请谅解！

特此通告！

泉州市文物保护管理所

2014 年 6 月 22 日

泉州市文物保护管理所关于呈报泉州安平桥（五里桥）中亭保护修缮工程（修订稿）的请示

泉文管［2014］13 号

市文广新局：

根据国家文物局《关于安平桥（五里桥）中亭修缮工程方案的批复》（文物保函［2014］605 号）文的要求，我所组织设计单位安徽省文物保护中心的设计人员对现场情况进一步核实勘察，并按照要求方案文本补充完善，现将《泉州安平桥——中亭保护修缮工程》（修订稿）呈报贵局，并转报省文物局审批。

附《泉州安平桥——中亭保护修缮工程》（修订稿）文本二份。

泉州文物保护管理所

2014 年 7 月 1 日

泉州市文物保护管理所
关于对安平桥中亭危房实施封闭管理的请示

泉文管〔2014〕14 号

市文广新局：

安平桥中亭（水心亭），由于年久失修，屋面出现严重漏雨及虫蛀，墙体严重倾斜出现裂痕，被相关部门鉴定为危房。现经国家文物局"文物保函〔2014〕605 号"文《关于安平桥（五里桥）中亭修缮工程方案的批复》，批准安平桥（五里桥）中亭的修缮工程。为确保维修工程的安全施工，兹定于 2014 年 7 月 22 日（农历六月二十六日）对安平桥中亭实施封闭管理。

届时（7 月 22 日）恳请局文物执法大队派员协助解决居住在该中亭的当地居民伍进治女士迁出危房，搬回她自己的房屋居住。

特此报告！

抄送：晋江市文体局、南安市文体局

泉州市文物保护管理所
2014 年 7 月 11 日

第八章　论文报告

论文报告

编者按：安平桥历年来进行过几十次大大小小的维修，因而在各个时期的论文报告中，一些数据与现今实测数据有所出入，为体现安平桥原有面貌，对于本章录入的论文报告，其中所载的数据予以保留，不作修改。

重修安海桥募缘疏

佚　名

漳泉通道，指石井为夷唐；溪海金流，卧玉虹于□□。□□□当八景，经营已近十年。寇贼怯而不敢过，险同天堑；□□□而先自弊，半赖地灵。与南廊纡迴，维断杠而渡马；自东桥荡折，恻孤影于存羊。叹反复之无常，觉成亏之有数。昔者君子所履，今者小人怨咨。春水潮头栈道悬，怕生鱼龙怒；霜天人迹板桥滑，愁煞鹧鸪啼。海市刚作汨罗，岂惟醉者坠车之患；江皋不是溱洧，亦有济人乘舆之心。议更沆杭之危途，翻作平坦之新甃。去天才五尺，未能底缚于飞梁；溜雨四十围，聊且抡材以架木。大宋微时编蚁行，遂发状元科；长苏阴骘助□钱，直登菩萨道。况通津多愿出之旅，而民区咸居积之家。因鳌足之故基，屹中流而竖柱；矫游龙之远势，履平底以济川。惟祈长者布金，胜似神人鞭石。鼋鼍代筏，乌鹊填河。虽鱼鸟有利涉之仁，岂士女无乐善之义。随缘贫富，发慈悲心；信步往来，渡亿万众。已符金锁断之谶，伫看甲地破天荒；共喜玉钗完之功，莫道分野色小流。奉大家作成。

【作者简介】

作者不详。该疏撰于明代，载于《安海志》（1983年出版），原文标题下注"明·佚名"。

重修安海西塔募缘疏

黄明起

宝刹凌霄，长阅人天三世；金标涌地，映荫海市万家。撑慧日于上方，播法云于佛界。眷兹西塔，建自宋朝。舍利藏秘之区，如来光耀之域。中遭浩劫，赖神力以护持；出自毗荼，幸灵光之犹峙。巍峨百级，梵声闻缘觉之观；发业五层，现庄严妙明之相。众生于焉仰止，六道由以皈依，矧以影对渐峰，信是形家文笔；抑且脉连曲海，应颁甲榜题名。硕递经乎岁时，渐剥蚀于风雨。陵颓谷震，惧雀篱之变迁；甍落盘碎，惊象教之将坠。匪藉檀樾，孰妥招提。虽曰化工，亦由心舍。昔阿育王广浮图于震旦，顿销八万报身之灾，若谢镇军全像刹于杖头，犹解西南沴气之厄。愿善知识，同发慈悲。效祇园之播金，免虚白业；追眉山之捐壁，何爱青蚨。清丈净土，岿然一新。种种福田，由心宰□□□□，咸正无缺；绵绵智果，应善因各随机缘，共成胜事。谨疏。

万历丙午年九月　日　道人黄明起书

【作者简介】

黄明起，即为黄汝良，字明起，号毅庵，因喜读《易》，改号易庵。明嘉靖三十三年（1554年）生，晋江安平金墩人。万历十四年（1586年）中进士，选庶常，授（翰林院）编修，纂修国史。明天启五年（1626年），熹宗召复黄汝良为礼部尚书，兼掌詹事府，总裁修纂《实录》，清顺治四年（1647年），黄汝良无疾而终。该疏撰于明万历三十四年（1606年），后载于《安海志》（1983年出版）。

西塔记

柯琮璜

西塔名曰"瑞光塔"，后易其名曰"文明塔"。

宋绍兴二十二年，里人以造桥余资造砖塔于西桥头，曰"瑞光塔"。五层六角，旁门，中空一井。架大木一柱，上顶塔尖蒸笼，层层有级。高八丈，周围四丈八尺，径阔三尺余。

明万历三十四年，柱国太傅礼部尚书黄汝良倡修。三十五年五月十三日拆葫芦头，见蒸笼中书："曾生、李五娘祈求子孙安宁。绍兴二十二年九月十一日立。"内粘铜观音一、长剑一、小花簪一、银钩耳三、古拙簪一。是年七月朔，仍其旧物安置葫芦尖，复择十二之吉，冠头易名曰"文明塔"。其安置塔心木及蒸笼内新物者：玉小观音一、金达摩佛一、琥珀戒指一、镀金瑞像一、三仙论道一座、观音经一摺，琥珀念珠一串、玉钮一枚、镀金牌一面、玉头银剑一对、金钱一、银钱二、耳斡一，各以是物镇塔，修竣重封。

嘉靖九年庚寅点塔灯，辛卯科中式黄国宠、柯实卿、林大任三人。万历十八年庚寅复点，辛卯科中式陈廷一、黄志清发解。康熙四十九年庚寅复点灯，越年辛卯中式柯国乔、蔡增勤，副榜颜共书。五十八年己亥重修塔尖，庚子科黄元钟中广东武解元。嘉庆十二年丁卯洲同知黄元礼等重修，戊辰科施继源遂中乡魁。道光十年庚寅柯琮璜、黄元礼点灯，辛卯科中李逢时。斯塔也，不诚瑞光耀彩，文明启运也哉。

【作者简介】

柯琮璜，安海人，道光元年（1821 年）辛巳恩科举人。历任南安教谕，后升泉州府教授，咸丰三年（1853 年）军功升衔候补知州。

水心亭观音考

柯琮璜

水心亭在安海西桥之中，一名中亭。宋绍兴八年，僧祖派造石桥，里人黄护倡修，十四载未成，太守赵令衿乃成之。长八百十一丈，疏水道三百六十二间，东西建亭五。明乡贤王慎中、清进士黄燮、封翁柯敦圃有诗。

顺治十三年丙申迁界，亭毁。康熙二十三年甲子复界，重建水心亭。二十六年提督蓝理填土于水心亭两旁，阔十丈，长里许，筑屋百六十八间为市。市人始就观音亭后建庙祀观音菩萨，呼曰中亭佛祖。灵威显赫，佛火常现于海。安海人有疾，扶神求祷，无不痊愈。道光元年亭后生芝草，是科柯琮璜领乡荐，报到时，龛账发火光焚，而幢幡无恙。后居民以男女焚香艰于渡桥，爰就桥顶西塔前重建小宫，分奉中亭佛祖，又名桥头观音。二十四年同龙山寺进香于浙江南海普陀，而神灵益显矣。

【说明】

该文为柯琮璜所做，载于《安海志》（1983 年出版）。文中阐明了中亭（原名水心亭）与桥头亭（即现在的水心亭）的历史变迁与渊源。

安平桥修建沿革

洪少禄

安平桥在安海的西边，所以也叫西桥，俗称五里桥，因长约五华里。始于南宋绍兴八年（1138 年），落成于绍兴二十二年（1152 年）十一月。全长八百十一丈，宽一丈六尺，分水道为三百六十二孔。据志书和现存碑记的记载，宋元未见有重修，到了明永乐二年（1404 年）因部分毁坏，才由乡人黄韦倡修，其间距离建成年代达 252 年。当建桥的时候，曾建立五个亭以备行人休息的地方。到了永乐十七年（1419 年）秋，将倒坏的超然亭修复，其后当南涯溪潮的地方，桥梁冲毁，乡人用木板暂代桥梁过渡。天顺元年（1457 年）十月，才将木板改为石板，到天顺三年八月竣工，由陈弘撰述碑记。这块碑现在还树立在中亭壁上，可惜石碑断为两截，下截因风化，字早已剥落不堪。这碑是修建西桥现存最古的一块，同时也是安海现存最古老的碑刻。到了成化元年（1465年），桥再有了损坏，由蔡守辉、刘耿等倡修，嘉靖十、十一两年（1531～1532 年）因为海水冲击埭岸，中亭被波及损坏，由黄文器、蔡克振等倡修。万历二十八年（1600 年），中亭再因风雨倒坏，由颜嘉梧发起重建。崇祯十年（1637 年），郑芝龙也倡修了中亭。经阅四个月完工，现仍完好立于中亭。

当清顺治十八年（1661 年）迁界的时候，到了康熙二十三年（1684 年）展界，施琅即于修复。到了康熙五十一年（1712 年）桥梁部分再倒坏，有施韬倡修。到了康熙五十七年（1718年）八月十五日桥坎折断，乡人暂以木板过渡。雍正三年（1725年）秋山洪暴涨，再崩坏数坎，仍然用木板接渡。但屡修屡坏，直到雍正四年（1726年）才由黄振辉、施世榜捐资兴建，改木板为石板。其后乾隆十三年（1748年）和二十八年（1763年），嘉庆十三年（1808年）、二十一年（1816年）都先后修建。到了同治五年（1866年），中亭重新修建，所立的"天下无桥长此桥"的石刻对联，就是这年由黄恩承撰立的。光绪十二年（1886年）再由乡人倡修，共费银1630元，这时以用银圆，所以用"元"记载。

光绪二十七年（1901年）六月，桥再崩坏，陈缆驹等出为倡修。曾因采石而与金门的士绅发生诉讼。查安平桥的桥板，都是二三丈的石料，每条都重数千斤以上的，如果由人工搬运，不但费力，而且途路难行。但是聪明的建筑工人们，想出了巧妙的方法，就是水路运输。将石板绑在船特设的高架上，利用海运载入桥墩的地方，当潮水高涨的时候，船也随涨高而将石板轻易地安放在桥墩上，到了潮退的时候，船随潮下降了，解开了绑石板的绳，这样石板就留在桥墩上，而船也可以脱去了后驶开。既省力又方便，确是巧妙与科学。金门的属岛百屿，石材巨大与坚实，适合板桥的使用，且便于水运。所以自宋以来，安平桥需用的石料，都是从百屿岛开采，但是后来金门的绅士，迷信了风水，以为百屿岛的石是金门的灵脉所在。这年（光绪二十七年）特出面阻挡不许开采，因此发生诉讼。修桥的董事陈缆钧等据理力争，几经交涉，最后由"公亲"洪景云、陈生寅等出面调解，乃获顺利开采，一场无谓的官司才获解决。这也是安平桥修建中的一个插曲。

民国17年（1928年）1月，旅菲乡友，又以桥坏，踊跃输将，交由蔡道基转托安海三益行主持重修。

以上所列举的修建次数是比较大规模的，如果合那些略事修理的，当不只此。

民国24年（1935年），再修建中亭。解放前夕，国民党反动军队，在逃跑之时，竟将安海桥尾埔的桥坎破坏。自有西桥以来，从来有因风雨潮水破坏而加修建，向未有予以破坏的，只有国民党反动军队，竟然作出这无法无天的罪行。及今思之，令人发指。解放后，已将破坏的桥坎加以修复。

或许有人认为西桥是从现在安海桥尾埔的隘门头起，其实不然，西桥原长是从白塔脚水心亭算起的。从水心亭到隘门头这一带叫桥头埔，是康熙十六年（1677年）监理筑西埭时，把海土填在水心亭以下两旁。宽十丈，到现在的隘门头。建筑房屋168间作为街市，把这儿叫做新街（编者注：蓝理填土建街于中亭，而非现今的水心亭）。由于是桥尾（也就是桥头）填成的埔，所以桥尾埔的名被习惯的叫着。

安平桥确是一条伟大的桥梁，体现出劳动人民建筑的巨大成就。解放后，由于中央对文物古迹的重视，已将它列为中央直接保护文物之一，并将拨巨款重新修建，恢复原状，让这伟大的建筑物，万世不朽。

（刊于 1962 年出版的《晋江县文史资料》第 2 辑）

【作者简介】

洪少禄，晋江安海人，安海乡土文史研究者。历任安海培基小学校长、青阳中等文化学校副校长、青阳华侨中学副校长。

安平桥

茅以升

安平桥在福建泉州晋江县安海镇的西南，跨越海湾，通往南安县的水头镇，为南宋绍兴二十二年（1152 年）建成的石梁桥。它又名五里桥，并非离开什么城市有五里路，而是它本身就有五里长，这在世界古桥中，恐怕是唯一的。泉州民间多年来传说"天下无桥长此桥"，却也当之无愧。在我国现代桥梁中，除去郑州黄河桥外，也还没有比它更长的。

安平桥所以要这样长，是因为要跨过一个海湾，从东面安海镇的海岸跨到西面水头镇的海岸，海湾通向台湾海峡，里面的船只虽不能远涉重洋，但在安海与水头之间，却是古代的唯一交通工具。泉州自南北朝起，就有了海外交通，到了唐代，更成为全国对外贸易的四大港之一。安海镇古时名安海渡，原是个水陆码头。由于泉州繁盛，它就跟着兴旺起来。南宋赵令衿《石井镇安平桥记》（据《清源旧志》"安平桥在修仁里、石井镇、安海渡"）云："濒海之境，海道以十数，其最大者曰石井，次曰万安，皆距闽数十里，而远近南北官道所从出也……惟石井地居其中，而溪尤大，方舟而济者日千万计"。可见安海渡需要安平桥，同万安渡需要洛阳桥，同一迫切。由于都是跨海，这两桥的修建，也同样艰难。安海到水头的海面，已经够宽了，同时，还有从西面来的注入海湾的河水。秋季还有台风。当山洪暴发而又加海潮袭击时，海湾里的波涛汹涌，过渡都很危险，何况造桥。上述赵文云："飓风潮波，无时不至，船交水中，进退不可，失势下颠，漂垫相保，从古已然，大为民患。"清代陈万策《重修安平桥记》云："安平地区巨海，广衍数十里，南北往来市舶之区，泉之一大都会也。其西襟九溪之流，波涛濚折，以浚於海。"因此，安平桥建成后，万民争诵。赵文云："老壮会观，眩骇呼午，车者徒者，载者负者，往者来者，祈祈舒舒，无所濡壅。"

《清源旧志》云："安平桥……界晋江南安溪，相望六七里，往来先以舟渡，绍兴八年（1138年）僧祖派始为石桥，镇人黄护与僧智渊各施钱万缗为之倡。派与护亡，越十四载未竟。二十一年（1151年）太守赵公令衿卒成之。其长一千三百四步，广三步有奇，疏为水道三百六十有二，自为记，榜曰安平桥。"赵令衿《石井镇安平桥记》云："……爰有僧祖派始作新桥，今派死不克竟……黄逸为倡，率僧惠胜……经始之日，人咸劝趋，即石于山，依材于麓，费缗钱二万有奇，而公私无扰，自绍兴之辛未（1151年）十一月，越明年壬申十一月而毕，榜曰安平桥。其长八百十有一丈，其广一丈有六尺，疏为水道者三百六十有二，以栏楯为周防，绳直砥平，左右若一，阮然玉路，俨然金堤，雄丽坚密，工侔鬼神。"据福建省文物管理委员会1957年12月调查，"桥现存长度2070米，面宽3～3.8米，设桥墩314座，全用花岗岩筑成。桥面直铺着4～8条石板，板的长短不一，长8～11米，宽0.5～0.8米，厚0.34～0.78米。桥板两端接头处又有横铺的石条。桥墩有3种不同形式。桥墩皆用条石横直交错垒砌而成，一为长方形墩，为数最多，二为船形墩，两端成尖状，便于排水，设在水流较急而较宽的主要港道，三为半船形墩，一端成尖状，另一端为方形，也设于较深的港道部分。（以上见《文物参考资料》1958年第12期。）

从结构形式来说，安平桥几乎是完全模仿万安渡的洛阳桥的，两桥都在泉州濒海地区，都是所谓"简支式"的石梁桥，不过洛阳桥只长540米，但却早在100年前就完工了。很可能，安平桥的建筑方法，也借鉴于洛阳桥，没有什么特殊创造。然而安平桥的长度为洛阳桥的四倍，工作量大得多，但在赵令衿时，却只用了一年时间就完成了。虽然在祖派、黄护、智渊等的提倡下，也许做过一些工程，而这一年的桥工成就，确实是惊人的。难怪赵令衿自夸"实古今之殊胜，东南所未有也。"《清源旧志》说，安平桥成后，"明年复有镇人请于公（赵令衿）曰，镇东南隅，复名东洋，其港深阔，愿复得桥，公许之，不半载而成，长八百六十五步，分二百四十二间"。较安海桥（即安平桥）为三分之二的东洋桥，居然在半年内就建成了，可见赵令衿的造桥队伍中，确实有卓越的工程师。自从东洋桥建成后，安平桥就又名西桥，但东洋桥不久就毁坏无存了。有个《重修安海桥募缘疏》说："自东桥荡析，恻孤影以存羊，叹反复之无常，觉成亏之有数。"

因为桥太长，建桥时就在桥上造了五座亭子，以便行人休息。上述赵文云："又因其余材，为东西中五亭以休。"《安平志》云："桥之东西中半，凡为亭五，后废其二，惟东西中三亭存耳。东为超然亭，以祀观音，后火焚，今已筑城废，中为泗洲亭，祀佛于其中，西在南安三十九都鸡暮山下水陆坊。"根据近年调查，"桥亭现存五座，分设在桥的东、西、中等处，全系清代改建，东端桥亭叫水心亭（亦名桥头亭），中部桥亭也叫水心亭，因位于桥的中部，又称为中亭。中亭规模较大，面宽 10 米，周围保存有重修碑记 13 座……亭的两侧还立着两尊石刻武士像，高 1.4 米，手执长剑……西端桥亭叫海潮庵……在中亭以东 450 米和以西 280 米处，分设路亭 1 座，建筑简单"（见《文物参考资料》1958 年第 12 期）。《安海志·水心亭》节云："水心亭即西桥中亭，附在桥中，丙申迁界毁，康熙丙子（1696 年）复界后重建，居西桥之中，为晋（江）南（安）交界，故号曰中亭。"此外，在桥东端安海境，有六角五层砖塔一座，因塔身涂白，俗称白塔，传说是宋代建筑，今尚完整。在中亭以西 300 米处，还有 2 个方形实心小塔，对立于桥两侧的海滩上，其风格与宋代石塔相近。

桥上原有扶栏望柱，故赵令衿文中有"以栏楯为周防"语，并附以诗云"玉梁千尺天投虹，直槛横栏翔虚空"。但现时一无存者，足见历代遭受破坏的严重。除去山洪与潮水的冲击和台风的侵袭外，还受地震影响。在晋江和惠安两县交界的洛阳桥，就因地震成灾而被损过三次，安平桥也很难幸免。《泉州府志》云"嘉靖三十七年（1558 年）倭又四千余至惠安……倭分两支……一由清源山前寇南安，陷之"，其后两年，又一再犯南安，安平桥为南北孔道，也可能遭到倭寇的破坏。《重修安海桥募缘疏》中有"寇贼怯而不敢过，险同天堑"之语，可见桥是作过战场的。经过这样多的天灾人祸而能保存至今，安平桥的修理，当然是很频繁的了。

在中亭周围保存的十三座重修碑记中，最早的是明天顺三年（1459 年），最晚的是清光绪十二年（1886 年）。但根据记载，明初永乐二年（1404 年）即有修缮（见《安平志》）。在这许多次修理中，比较重要的有：1. 明天顺初年，据陈弘《重修安平桥记》云："……逮倾圮而当南涯溪潮之处，毁断尤甚，乡人以木板代跨以渡……过者病焉……人咸乐输，遂先新水心亭，以次桥道，自北涯起，倾者砌，断者续，因复建亭于上，是岁十月兴工，越三年己卯（1459 年）八月而讫。"2. 明万历年间，据颜嘉梧《水心亭碑记》云："陈弘鸠众重修……绵绵至今一百二十六年有奇，而日毁月损者……时有乡先生……筑城以捍其西，修桥以壮其趾，俱以未遑而先即世……躬执募缘之役，先新水心亭，次及桥道，自是岁（1600 年）十一月兴工，越明年……庶几就绪。"3. 明崇祯十年（1637 年）秋，郑芝龙再倡修中亭，翌年正月竣事，芝龙撰立碑记，竖在中亭对面桥边。其后，清顺治十八年（1661 年），统治者为了消灭郑成功抗清的群众力量，迫令安海居民迁徙内地，把桥上所有建筑物，全部焚毁，中亭也在其内。4. 清康熙二十三年（1684 年）安海人逐渐在废墟上重建家园，施琅复兴中亭。5. 清康熙四十六年（1707 年），蓝理筑西埭，以海土镇水心亭两旁，阔十丈，长一里许，筑屋百余间为市，重拆桥头十余坎，以断西塔路，别于桥旁筑土岸，接三陡门，以通新街市（见《安平志》）。6. 清雍正四年（1726 年）时，因过去部分桥坎被水冲坏，暂以木桥代替，改木为石，翌年完成。张无咎《重修安平西桥记》云："安平镇之里民，以西桥倾圮，万民痛涉，舆徒阗咽，望洋之众，断心如也……先民鼓舞，意劝趋事，赴功不待鼓之督，而圮者齐，断者续，不日而已落成，计所捐兴所乐输，已及千缗。"7. 清嘉庆十二年（1807 年）重修桥道，历时一年多，翌年竣工，有徐汝澜撰《重修安平桥记》。8. 清同治五年（1866 年）修建中亭，门口石柱上，刻有对联一副"世间有佛宗斯佛，天下无桥长此桥。"9. 民国 17 年（1928 年）有旅菲律宾闽籍华侨，捐资修葺桥道。

　　从以上修桥记录，得知几件值得注意的事。1. 不论石刻或文献，都未提到明代永乐以前的修桥的事，而桥成到永乐，已经 250 多年了。也许有过小修理，但桥身坚固，应无疑义。2. 几乎每次修桥经费，都从募化乐输而来，说明民间对这桥的重视。同时也可见历来政府都不把修桥当作本身责任。并且，安平桥之所以能创建，就是由于群众力量。上述赵令衿的桥记中就曾说："斯桥之作，因众志之和，资乐输之费，一举工集，贻利千载，是岂偶然也哉。"3. 靠募捐来修桥，当然也不简单，其中必有热心人，出了力量；但也少不了一些"急公好义"的"士绅"，希图在修桥碑文里留下名字。值得提出的，是这里面的和尚的贡献。根据赵令衿文及《清源旧志》，在建桥时就有僧祖派、僧惠胜、僧智渊等，而且僧祖派还是个工程师，因为赵文里说他"始作新桥"。在历代修桥工作中，和尚关系一定很多，不过上述修桥碑文中未曾提名而已。但是，桥上各亭内，多有佛像，可见佛教对这桥的影响，是很大的。4. 桥上建筑，如五亭的损坏，好像比桥身还多。清顺治时全被焚毁，不必说了。就是一般破坏，也比较严重。在很多修桥文中，都说到"先新水心亭，次及桥道"。这也证明，桥身比亭子坚固。5. 从郑芝龙修桥及安海居民被迫迁徙，看出这座桥在郑成功抗清战役中的作用。6. 清康熙间桥上修了百余间房子作市场，可见那时桥上交通的繁盛。

　　根据 1961 年调查，安平桥的现状如下。由于自然变迁，桥下海滩，渐被泥沙淤塞，除中亭港、西姑港及水头港三港外，其余几乎全部淤成陆地。东首白塔以西的约长 200 米的桥身，自清初填塞造屋后，到现在已成为小街道。中亭以东的海滩，也变为农田。桥的原来长度及桥墩数量，因之大为减少。据实测，现桥长为 2070 米，桥墩存 331 座，内方形墩 259 座，船形墩 27 座，半船形墩 45 座。

　　王世懋《闽部疏》云："闽中桥梁甲天下。"所以能"甲"，就因先有洛阳桥，后有安平桥。

（选自《文物》1963 年 9 月）

【作者简介】

茅以升，中国著名桥梁专家。

宋代泉州石桥与海外交通

童家洲

　　桥梁是陆路交通的重要设施，也是一国文化的标志之一。我国有四千多年文明悠久的历史，桥梁的历史也有三千多年。在幅员辽阔的祖国大地上，江河密布，湖泊星罗，为发展航运交通事业提供了有利条件。历史上我国各种桥梁建造之早、之多，结构之丰富多彩，工程之宏伟壮观，一向著称于世。据史籍记载，我国最早的桥梁，是为周文王迎亲在渭河搭建的浮桥[①]，距今已有三千多年之久。

　　石梁桥在中外桥梁工程史上，是历史悠久的桥型之一。《初学记》写道："秦都咸阳，渭水贯都，造渭桥及拱桥，南渡长乐宫，汉作便桥，以趋茂陵，并跨渭水，以木为梁，汉又作霸桥，以石为梁[②]。"这是我国建造简支石梁桥有史籍可考的最早记录。仅以石桥而言，据专业工作者的估计，全国各种石桥有四百万座之多[③]。本文仅就宋代泉州石桥及其与海外交通的关系，提出一些粗浅的看法。

宋代泉州石桥概况

历史上桥梁的建造和发展，与当时社会经济文化的发展状况，水陆交通事业发展的要求，人民生活的需要，有着极为密切的关系。

据地志记载，宋代以前，泉州境内几乎没有兴建大型石桥。进入宋代，泉州成为我国海外交通、对外贸易的重要港口，也是当时我国东南沿海经济发展较高的地区。为适应内外水陆交通发展的需要，从公元 11 世纪至 13 世纪，泉州地区建造的石桥，特别是大型石桥，如雨后春笋般地涌现。仅举泉州港所在的晋江县为例，《泉州府志》明确记载宋代建造的石桥就有 50 座[④]，未载入史籍的还难以胜计。在这 50 座宋建的石桥中，长达八十丈以上的长桥有万安桥（即洛阳桥）、安平桥、东洋桥、顺济桥、普利大通桥、凤屿盘光桥、玉澜桥、苏埭桥、海岸长桥、石笋桥、悲济桥、陈坑桥等 12 座。安平桥长约五华里，俗称"五里桥"，不仅是当时我国首屈一指的长桥，而且执当时世界桥梁长度之牛耳。洛阳桥长三百六十余丈，东洋桥长四百三十二丈，凤屿盘光桥长四百余丈，无论就当时或现在的标准来说，都不失为工程浩大、雄伟壮观的大型石桥。尤其是洛阳桥、安平桥、石笋桥、顺济桥，都是久负盛名的古代石桥，在我国桥梁史上占有相当的地位。不仅其工程宏伟艰巨，而且结构新颖，堪称当时的奇观，为我国、为世界桥梁工程技术，作出了辉煌的成就。明人王世懋在《闽部疏》中称颂道："闽中桥梁甲天下"，对宋代泉州来说，确实名不虚传。

就宋代泉州石桥发展的趋势而言，南宋时期建造的石桥大大超过北宋，而在南宋期间，尤以绍兴年间建造的石桥为最多。《泉州府志》清楚载明，仅晋江一县，南宋建造的石桥有 35 座，其中绍兴年间（1131 ～ 1162 年）所建的有 13 座。它们是安平桥、东洋桥、石笋桥、普利大通桥、玉澜桥、苏埭桥、古陵桥、龙津桥、建隆桥、梅溪桥、长溪桥、瓮市桥、适南桥等 13 座。南宋时期，是泉州港海外交通、对外贸易进入繁荣的阶段，而绍兴年间又是泉州市舶司舶税收入最高的年代。值此期间，石桥的大批建造，正是为了适应内外交通、货物运输的需要，反映了南宋泉州港海外交通和对外贸易的繁荣景象。

各地桥梁所选取的类型和施工方法，与当地的山川形势特点、材料资源的利用条件，以及社会的生产能力和科学技术水平等有着密切的关系。泉州地处我国东南沿海，它和福建、广东的整个地形特点一样，境内江河自山奔注入海，溪流湍急，尤其在江海交汇处河面宽广，水深流急，风险浪高，波涛汹涌，加之常年受潮汐涨落冲击的影响，桥墩、桥台非有巨重镇压难期稳定。泉州的南安、晋江、惠安等县，又是我国盛产优良的花岗岩的著名地方。这种花岗岩，具有结晶颗粒细而均匀，石英含量大的结构特点。它具有容重高、抗压强度大、坚固、耐冻、耐风化、耐腐蚀等性能，是建造桥梁的天然好材料。故宋代泉州和闽南一带，多以石墩、石梁建造的桥为多。难怪明人王世懋在谈到闽中桥梁的特点时说："虽山坳细涧，皆以巨石梁之。"（《闽部疏》）每根石梁的重量一般为数千斤，大的甚至约达200吨重（如南宋嘉定七年建的漳州虎渡桥即是）。正因为如此，历史上我国华南沿海一带多以建石梁桥闻名，西南地区以建悬索桥，北方以建石拱桥著名，浙江一带以建驼拱桥著称，分别代表了各地的山川、风物和经济文化特征。

宋代泉州石桥与海外交通

一个堪称海外交通发达的港口，若无完善的陆路交通作基础，以连接广阔的内地，便于商旅、货物的畅通，这个港口便难以发展起来。宋代泉州大批石桥的建造，对完善泉州陆路交通起了重要作用。它突出地表现了以下两个特点：

1. 宋代泉州许多大型石桥，多建在陆路交通的动脉干线或大江巨流的渡口处，对通商旅、畅货运，起了很大的作用。如洛阳桥、石笋桥、顺济桥、盘光桥等，就是如此。

洛阳桥，位于泉州东北郊外，晋江与惠安的交界处，横跨洛阳江上，是泉州与福州间陆路交通大动脉的必经之地。在未建桥时，这里原是洛阳江的万安古渡口，历史上向有"天险"之称。据《泊宅篇》记述，泉州万安渡，水阔五里，上流接大溪，外连大海，"每风潮交作，数日不可渡。刘鋹据岭表，留从效等据漳、泉特此以负固"。且常因飓风恶浪为患，每年不知淹溺多少舟楫和行人。

在洛阳桥未兴建前，因阻于万安渡险境，由泉州通往福州，不得不由泉州城北出朝天门，从马坡格入河市，盘绕朋山、白虹山，翻越高山峻岭，崎岖山路，经仙游，抵达福州⑤。即便单身跋涉，也深感疲惫，更何况能畅通商旅货运呢！这种情况严重地影响了泉州与福州间的陆路交通和经济交流。无论从发展地方经济、方便货物运输、商旅往来以及人民生活需要来说，都迫切需要在万安渡架设桥梁。

洛阳桥整个工程自北宋皇祐五年（1053年）四月动工，至嘉祐四年（1059年）竣工，费时6年，建成了长三百六十丈（实测长八百三十四米），宽一丈五（实测宽七米），共四十七孔的大型石梁桥。北宋蔡襄任泉州郡守期间，曾倡导和支持洛阳桥的修建。桥建成后，使洛阳江"天堑"变成通途，不论商旅、货物皆"去舟而徒，易危而安，民莫不利⑥"。使泉州与福州间的交通干线，改由取道平坦的惠安、莆田北上，无需再攀折崎岖的山岭。使福建沿海这条陆路干线从此终于形成，900多年来没有大的更动。既改善了交通条件，缩短了行程，又大大方便了中外商旅往来及物质的运转，密切了泉州与闽东、闽北的联系。

更有特殊意义的是，洛阳江南连泉州、北接惠安、东通泉州湾的乌屿港和后渚港，处于通海联陆的交通要冲。乌屿岛位于洛阳桥东面不到五里的江心，是洛阳与后渚港之间航道的中继站，由于它地处泉州湾的最内层，宜于避风，故"宋明间洋艘岁泊于此"（乾隆《重修乌屿桥碑记》），使乌屿港成为宋元时泉州港中外商舶停靠的一个口岸。岛上"商贾络绎"，贸易繁盛。为了适应内外水陆交通，货物联运的需要，加速货物的运转，于南宋宝祐间（1253～1264年），仿照洛阳桥，在乌屿岛架起了又一座横越洛阳江的大型石梁桥（长四百余丈），称为"盘光桥"。它与洛阳桥海中相望，宛若二虹。盘光桥的建成，使洛阳江的又一渡口——浔美渡，变成了坦途，并使乌屿岛与泉州陆上交通联成一体，极大地方便了中外商船的货物装卸和转运。如果说洛阳桥的建造对宋代泉州港的发展起了开路的作用，那末，盘光桥则是为了加速南宋泉州港进出口货物的转运而兴建的，可以说它是当时泉州港建港的组成部分。

泉州临漳门外的石笋桥，德济门外的顺济桥，原也是晋江下游——笋江上的两个渡口，妨碍了泉州与安海、南安等陆路交通的畅通。北宋皇祐初，泉州郡守陆广，在临漳门外笋江渡，造舟为梁，名曰"履坦"，俗称"浮桥"。至南宋绍兴二十年（1150年），始作石桥，长八十余丈。桥成后，南宋泉州太守王十朋作有石笋桥诗："刺桐为城石为笋，万鬃西来流不尽"，称为"石笋桥"[7]。而德济门外笋江下流的渡口，至南宋嘉定四年（1211年）邹应龙任郡守时，才建造起石桥，长一百五十余丈，因其临近顺济宫，得名"顺济桥"。又因其建于石笋桥之后，俗呼"新桥"[8]。

石笋桥和顺济桥的建成，把晋江南岸的广大平原，与泉州城区的陆路交通紧紧地联系起来。使泉州港与南面安海港之间的陆路交通畅通无阻，并改善了泉州港与南安、同安、漳州闽南等地之间的陆路干线的交通条件，对活跃货物运转，方便中外商旅往来，发挥了重要的作用。

2. 宋代泉州一些大型石桥，直接建在海舶停靠的码头附近，对港口的形成和发展，起了很大的作用，如安平桥和东洋桥就是这样。

安平桥（亦称安平西桥）和东洋桥，均为南宋绍兴年间，泉州地区建造的规模宏伟的著名石梁桥。它座落于晋江安海港与南安水头镇的交界处，横卧在围头湾的海湾上。这里原没有桥，以舟船过渡。安平桥始建于绍兴八年（1138年），全桥长八百一十一丈（实测长 2070 米），约长五华里，俗称"五里桥"，宽一丈六尺，桥孔三百六十二个，是当时举世最长的桥梁。东洋桥建于绍兴二十二年（1152 年），全长四百三十二丈，宽一丈二尺，桥孔二百四十二个。明嘉靖三十六年（1557 年），为抗御倭寇入侵，拆桥石筑安平城，今仅存桥头和桥中的各一段[9]。

安海港位于泉州南部围头湾内，港湾曲折，风浪小，航行安全，号称"通天下之商船，贾胡与民互市"[10]，是宋代泉州海外交通对外贸易的重要口岸之一。绍兴年间安海港的双桥跨海，辽阔海湾一跃成通途，"晋邑南安路可通"，使南安重镇水头与安海联成一体，构成了发达的水陆交通网。泉州南线的商船，从此可直接在桥边码头靠岸，装卸货物，或在此由陆路将货物运往南安、同安、安溪等地，可不必绕过风大浪急的围头，既可避免覆舟，又缩短航程。宋代特在安海设石井镇，对中外商船征收舶税。安平桥和东洋桥的建成，对宋代安海港的发展和对外贸易的繁荣，关系至为密切。

宋代泉州石桥科技上的成就

宋代泉州大型石桥的成批涌现，不仅对泉州社会经济和海外交通，对外贸易的发展，起了重要作用，而且在我国桥梁史上也占有显著的一页，为我国桥梁工程技术也作出了不可磨灭的贡献。

首先，在桥墩水下基础方面，洛阳桥首创世界"筏形基础"的开端。

桥墩水下基础工程的处理，向来是建桥中的一大难关，也是完成桥梁建造的关键一环。洛阳桥建于洛阳江的入海口上，江面宽阔，水深流急，风浪险恶。当时，在建桥过程中，首先遇到的一个难题，就是"波涛汹涌，水深不可址"。如何能使桥基在江底河床中立得牢，不致被急流冲刷走，这是必须解决的一个技术难关。

当时，桥工巨匠们曾群策群力，进行了多次的大胆尝试，经历了不少次的失败。最后终于从失败的总结中，找出成功的路子。他们采用石块抛填江底，铺成一条水下基石河床的方案。即沿着桥位的"纵轴线"，抛石数万立方，铺成一条宽约二十多米，长达约一华里的石堤，提升了江底标高三米以上。接着又采纳船工、渔民们的生产实践经验，在填铺的江底石堤上，繁殖蛎房以胶固石堤，使其稳固形成一条整体的桥下基础。然后在此石堤基础上建筑桥墩。从而成功地创造了现代桥梁工程中"筏形基础"的开端，为世界桥梁工程开辟了一种新的工艺结构。洛阳桥建成后 80 年，即绍兴八年（1138 年），因遭特大飓风侵袭，使桥遭到毁坏，才作首次修葺。实践证明，洛阳桥开创的这种"筏形基础"，是牢固可靠的。采用种殖蛎房胶固桥基也是相当成功的。直到

19 世纪，世界各地在桥梁工程中，才采用"筏形基础"。"这是我国建桥工程中的又一重大发明，也是世界桥梁中的首创"。

洛阳桥的建成，为我国桥梁工程揭开了新的一页，为沿海一带大型石梁桥的建造，提供了成功的先例。继此之后，在闽、粤沿海，仿照洛阳桥结构，陆续建了许多横跨大江巨河的石梁桥。如南宋宝佑间，在洛阳桥东面的乌屿，建起了四百余丈长的盘光桥。泉州的石笋桥，晋江的安平桥、苏埭桥，南安的镇安桥，漳州的虎渡桥，福建闽江的万寿桥，罗源联桂铺的双石桥等，无论在结构、施工方法上，都深受洛阳桥的影响。其他各省仿效兴建者，尤难胜计。

其次，建成了当时举世无双的长桥。

在洛阳桥落成后约九十余年，即绍兴二十一年（1151 年），在泉州安海又建造了跨海五里的长桥——安平桥。安平桥横卧围头湾，架设在惊险辽阔的汪洋海面。如果说洛阳桥以其首创"筏形基础"著称于世，而安平桥则以其惊人的长度，执当时中外桥梁长度之牛耳，这不能不说是一大创举。安平桥比洛阳桥长一倍以上，桥墩多达 362 个，约等于洛阳桥的 8 倍，这在当时是创纪录的。清代人曾在桥中水心亭题有对联，称"天下无桥长此桥"。确实如此，直到解放后，在郑州黄河铁桥建成之前，它仍是全国最长的桥梁。郭沫若副委员长 1962 年在视察泉州安平桥时曾赋有《咏五里桥》诗一首，热情洋溢地赞颂道："英雄气魄垂千古，劳动精神漾九霄"。对 800 多年前古代泉州人民在建造安平桥，战胜惊涛骇浪，征服大自然中所表现的雄伟气魄，高度的智慧，伟大的创造力，和在桥梁工程技术上作出的成就，给予了高度的评价。

再次，在桥墩构造设计方面，也有许多创例。

宋代泉州建造的大型石桥，自洛阳桥始，在桥墩构造上，其上下游两端均筑成三角分水尖形状，以分水势，减少水流的冲击力。这是根据江海汇合处，因受潮汐涨落顶托影响，造成河流两个流向的实际状况而设计的。表现了建桥者们的匠心良苦，说明古代桥工对水流的性质，已有相当的认识。在桥墩构筑上，使墩石横直交错，使其互相牵制，增强整体性，这种施工工艺，也为后代所袭用。还应特别提到的是，洛阳桥在桥墩与石梁支座处，最上两层的石条，左右均挑出于下面墩身。而石笋桥则有四层石条，层层挑出 20 ～ 30 厘米，承托石梁。这就使墩间跨径缩短，增加石梁的荷载量。这种挑梁的作法，对后来梁部结构的发展起了先导作用。

从以上可以看出，宋代我国在桥梁工程技术方面，原是居世界领先地位的。只是到了明清以后，由于封建社会的腐朽，以及欧洲资本主义的兴起，才使我国的桥梁工程技术，逐步落在西方资本主义国家的后面。当前，以华国锋同志为首的党中央正领导我们进行新着我国工业、农业、科学技术和国防的现代化，我国的桥梁工程技术，也必将赶上或超过世界最先进的水平。

注释：

① 〔唐〕徐坚等：《初学记》卷七，"桥七"，中华书局 1962 年版第一册，第 156 页。

② 同上注。

③ 罗英：《中国石桥》人民交通出版社，1959 年版，第 3 页。

④ 《泉州府志》（乾隆版）卷十"桥渡"。

⑤ 同注④卷"封域"。

⑥ 〔宋〕蔡襄：《万安桥碑记》引自《泉州府志》卷十"桥渡"。

⑦ 〔明〕何乔远：《闽书》卷八"方域"。

⑧ 同注⑦。

⑨ 〔清〕何琮璜等：《安海志》（道光版）"东桥"。

⑩ 《安海乡土史话》第二辑引《安海志》"城池"。

【作者简介】

童家洲，福建师大学社会历史学院教授，长期从事华侨华人史及中外关系史科研和教学工作。

安平桥与海外交通的关系

李意标　黄国荡

安平桥（又称五里西桥）为我国宋代现存下来最长的石桥，系全国重点文物保护单位，它为什么能历经 800 余年的沧桑仍能巍然独存？它与安海港历史上对外贸易的关系又是如何？本文试就这个问题作初步的探索，以求教于史学界的同志们。

一

安海港属泉州四大古港之一。泉州港自唐经五代至北宋，海外交通贸易即已相当发达。尤其是在宋室南渡后"经费困乏"，需要"一切依办海舶"来解决，海交贸易更为迅猛发展，跨入了鼎盛时期。安海港为泉州港重要的支港，也随着泉州港的发展而发展。早在唐开元八年（720年），该港便有东石澳林銮者"造海舶航行于渤泥、琉球、三佛齐、占城等地"，並"引来蕃舶通贸"，使"沿海畲家人多从之"。宋元祐二年（1087年），与泉州设市舶司的同时，州官也遣吏榷税在安海设立石井津。南宋建炎四年（1130年）又"建石井镇，委官监临"。宋末，安海港海交贸易之繁荣，正如《安海志》所载："斯时，海港千帆百舸，乘风顺流，出入海门之间：渡头风樯林立，客商云集，转输货物山积，市镇之繁荣，不亚于一大邑。"

南宋时，由于泉州海交贸易发展的需要，大量建筑桥梁。据不完全统计，桥梁建筑将近百座，为泉州建桥的黄金时代。在这些桥梁中有不少是工程浩大的跨海长桥。如苏埭桥长两千四百丈，宏济桥长一千三百零三丈，玉澜桥一千余丈，獭窟屿桥有770跨水道（长约千丈以上）……等。安海港的安平桥和东洋桥，就是在这一时期建造的。安平桥，建于南宋绍兴八年至二十二年（1138～1152年），水道362，长八百一十一丈（实测2255米），宽一丈六尺。东洋桥，建于南宋绍兴二十二年，长五百四十七丈。这两座长桥，同泉州南宋所建诸桥一样，也都是为适应海交贸易的需要，解决"马舆安行商旅通"的。

安平桥与东洋桥的建造，不仅要求有相当的财力，而且还要具有一定的科学技术水平。伴随着海港对外交通贸易的发展，安海周围市场十分活跃，"自镇至郡城，商旅络绎，沿途馆舍驿铺竞立，专为客商驻夜息足而设"。如现在的柑市、曹店、古陵、佘店、五店市、新店、池店等都是。这种经济的繁荣，给当地人民带来收入的增加，安海商人尤获大利，他们"或坐地列肆以谋薄利；或贩干果杂货以应市需；或运珠贝诸蕃货，贾行两京、吴、越、齐、蜀、粤等地，转贩丝绸、锦缎、药材以供贸外海舶。更有梯航海外之海商，远贾琉球、占城、麻逸、渤泥等国，以博厚利"，"转毂千万计而成豪富之大贾"。这些豪富的安海商人，对修建家乡的跨海长桥都非常热心，如绍兴八年（1138年），安海人黄护"舍钱万缗，倡造安海西桥"。此外，还有往来于安海经商的外地商人，也积极捐输。如在修复安平桥时出土的石栏杆，其中有阴刻"浯洲屿（金门）颜达为考妣施此一间"和"崇放里□头保□十六娘□□共施造此一间"等字；宋赵令衿在《石井镇安平桥记》中也记载："斯桥之作，因众志之和，资乐输之费，一举工集"。特别是当时寺庙的和尚，他们把修桥造路视为一项积德修行的善举，积极劝募捐助建桥。安平桥的倡建，便是"僧祖派始作斯桥"，而后由泉州郡守赵令衿成之。由于僧人带头劝募建桥，更能促使富商士信民众的乐于捐献，形成群策群力的建桥力量，至于建桥的科学技术，安平桥比北宋皇佑五年（1053 年）建造的万安桥（即泉州洛阳桥）迟建 85 年，桥却比万安桥（三百六十二丈）长四百四十九丈。它吸取了万安桥的建桥经验，同属于"长桥浅基"的梁架式石桥，但又不照搬其经验。安平桥的桥身基础，既不采用以往的"打桩基"，又不搬用万安桥的"筏形基"，而是采取更科学的"睡木沉基"法。这个方法，既简便，又省工省料。同时，在施工中，安平桥比万安桥更为尊重科学实际，他们非常注意滩土地质的特点和水流深浅缓急的不同，据此来设置桥墩的位置和形状，如墩身的宽窄、墩间的距离、桥墩的形状等，都因地制宜，各有特点，其中就有船形墩、半船形墩和长方形墩等不同形式。这些情况说明，安平桥是在南宋时期，为适应海外交通贸易发展的需要，不断总结吸收闽南各地的建桥经验，以更成熟更先进的造桥技术建成的。

二

安平桥与宋时泉州所建长桥一样，均处于滨海交通要冲之地。它横架于晋江安海镇和南安水头镇的海湾中，把晋南两个县镇联成一体。它建成后，使飓风潮波无时不至，船交水中进退不可的险恶的海湾渡口变成坦途，而与内陆紧密相连，通达四方，"东上郡邑而达省城，西通漳州而至南粤，北经南安而抵安溪、永春、德化诸山城"。由于安平桥成为安海港的交通枢纽，因而使更多的泉州西南线的商船往返，可以直达安平桥边码头停靠，装卸进出口货物，并通过大桥，把货物运送到泉州各地。所以安平桥的建成，对于安海发展成为一个"通天下之商舶"的重镇，起了极为重要的促进作用。而使"行旅往来，民间负载，熙熙攘攘，习而安之，阅元而明以至国朝（清）"，历数百年而不衰。

当然，安平桥也同泉州南宋所建长桥一样，均受海交贸易兴衰起伏的制约。元至正十七年（1357 年），赛甫丁与阿迷里丁相继据泉叛乱后，使来泉州经商的阿拉伯、波斯等外国商人，纷纷离去，泉州海外贸易因之闭绝。继之，自明洪武四年（1371 年）后，又多次下令"禁海"，不准民间使用"蕃货"。明成祖时，还"禁造双桅海船"，防止人民扬帆出海，加之洪武三年（1370年）、嘉靖三十八年（1559年）和四十三年（1564年），倭寇屡犯泉州、安海，沿海人民深受其害，海交贸易濒临绝境。清初，先是"禁海"，继则"迁界"。顺治十三年（1656年）规定，凡与郑成功往来者"不论官民俱行奏闻处斩，货物入官，本人家产尽给告发之人。其该管地方文武各官，不行盘诘拎缉，皆革职从严治罪；地方保甲通容不行首举者，皆从死"。直到康熙二十二年（1684年），台湾抗清力量被消灭后，虽也取消"禁海"，但对海交贸易仍有种种限制。因此，泉州港自元末以后，海交贸易即一蹶不振。海交贸易的衰落，也影响到从海交贸易发展中兴建起来的滨海桥梁的修建，如苏埭桥、宏济桥、玉澜桥、獭窟屿桥等均先后被废弃。但安平桥却能代有修建，而仍存至今。这是由于安海港在泉州诸古港中，有其特殊的地位。安海港的海交贸易，虽也遭到叛乱、禁海、"迁界"和倭患，甚至有如清初的"丙申（1656年）焚毁，化为灰烬；辛丑（1661年）迁界，鞠为茂草"之惨遇。但它与泉州他港有所不同，元末赛甫丁等据泉叛乱，"蕃舶停航，外商裹足"，然"战乱围于府邑省城之间，安海居泉州之南数十里，波所未及"，甚至有私商乘机将"船舶转口而之安海港者……"

明代，虽遭"禁海"和倭患，而"安海距郡之统制偏远，扬帆一出海门，便为外海，最利于海上贸私"，且"东西两洋海上私贸之夷人船队，为避官府禁制，每窃据沿海港澳"，而安海附近之"围头、石井、白沙诸澳均曾为夷人船队所窃据"，故"能贸善贾之安平商人，每奔逐贸私蕃舶窃据之港澳，以获暴利"。因是民间贸易日益发展，逐步取代了以官商为主的海交贸易。安平商人为了抵制封建王朝的海禁，他们各有妙法，或以海港附近山澳轻舟分散出海，以就海转运；或贿赂官吏假给文引丸以渡关卡；或借官许通贸之琉球为转口，再运往日本或南洋各地以牟厚利者。更有"富豪商贾勾结官吏，私造海船，自雇船工，满载货物径自往日本、吕宋、交趾等地贸易"。如嘉靖二十六年（1547年），就有十余艘日本船，由漳州商人引水来围头、白沙碇泊，运来四方土货云集为市，安海私商"窃出酒肉柴米以济"。明末，郑芝龙拥有海舶千艘，以安海为据点，结帮集伙窜行海上，官府无奈他何，安海商民乞其符令，借为保护以畅行海上。

清初，郑成功更延袭其父的旧规，编组东西洋队，航行于日本及南洋各地。直至顺治十三年（1645年），安海被清兵焚毁，夷为废墟，海港闭绝20多年。然而到了康熙二十三年（1684年），施琅平台之后，沿海"复界"，对外贸易便再复苏。以后，清廷设海关于厦门。安海距厦航程较近，港道安全，旅运方便，泉州一带客货往来，均由此集散。如上所述，宋元后，安海港不但不象泉州港那样逐步衰落下去，而且在明代中后期，竟然成为私商贸海之口岸。加之"安平人尚贾，十家而七，以贾为业，致而富商大贾代有所出"。如嘉靖时李寓西、巨商陈斗岩、曾友泉等，均"贾行遍郡国"，冲风突浪"争利于海岛绝夷之圩"，尤其是郑芝龙受抚后坐镇安海，使安海"镇市之繁华，贸易之丛集，乃不亚于省城"。清代，自康熙二十三年"复界"后至乾嘉年间，安海镇民迁回重建家园，百工作坊日趋繁盛。清末，更有"行郊"开设，如：以经营物类为名的杉行、鱼行、布郊、米郊；以贸销地区之称的则有福郊、厦郊、漳郊，北郊、香港郊等。这些行郊均属远贾购销之大商和代理洋货的商行。其间还产生了不少侨居南洋各地的殷实的富侨。

由于安海港自宋元以来，对外贸易基本上持续不衰，所以安平桥也与泉州南宋所建的诸桥不同，能够经过历代维修而长期保存下来。现在桥中亭收存十四方修桥碑记（按：据《安海志》记载共十五方），记载着自明天顺三年（1459 年）至清光绪十二年（1886 年）该桥历代维修的情况。这些桥碑所载内容，从侧面反映了安海各个时期海外贸易的发展情况。如明洪武至永乐间，安海港因受"禁海"影响，海交贸易低落，安平桥即较长时间没有维修的记录。以后，由于泛海私商的活跃，明天顺三年（1459 年）便有商民捐资修桥。嘉靖间，倭寇骚扰沿海，海交贸易一息奄奄，桥又无人顾及。倭患平息，安海城池"金汤永固"（安平桥望高楼上石刻）海交贸易再转生机。明末，更有郑芝龙纵横海上，海港对外贸易迅速发展,故在万历庚子(1600 年)和崇祯十一年(1653 年)，安平桥又由商民颜嘉梧和郑芝龙等先后倡修。清代顺治十八年（1661 年）至康熙前期，先是"禁海"，后又"迁界"，安海对外贸易遭受到严重破坏，桥也长期未修。康熙二十三年（1684 年）"复界"后，从雍正至光绪年间，安海港的海外交通贸易发展较快，于是在雍正五年（1727 年）、乾隆十三年（1748 年）、嘉庆二十一年（1816 年）以及道光、光绪年间，安平桥相继得到维修。虽然，其间也因古桥年代久远，衰朽败落，需要经常修治，然其主要原因还是由于这个时期，海交贸易正常发展，商民经济力量雄厚，才能多次捐资修桥。总之，安平桥之所以能长期保存下来，它与安海港的海外交通贸易的持续发展，有着极为密切的关系。

【作者简介】

李意标，石狮永宁人，毕业于厦门大学历史系，原晋江地区文管会业务干部。

黄国荡，1936 年 12 月生，晋江人。1961 年厦门大学历史系毕业，主要研究福建革命史、福建党史，也兼及研究泉州古代海外交通史。

安平桥

庄为玑

安平桥为全国重点文物保护单位，俗称"五里桥"，在晋江县西南 30 里的安海镇。安平古称湾海，宋初改名安平，后又改为安海。宋时是泉州有名的市镇，原有东桥和西桥两座。明朝倭寇扰乱，市民把东桥毁掉，取石材改建安海镇城。目前只留下安平西桥，又称安海西桥。安平桥是北宋洛阳桥后的又一大型工程。洛阳桥在海湾较深处建造，获得成功。这种经验很快在闽南一带传布开来，到南宋便形成一股造桥的热潮。安平桥就是造桥热潮中的产物。洛阳桥建于 1053 年，安平桥建于 1138 年，迟了 85 年。建造洛阳桥费 7 年之久，安平桥经 13 年才建成。洛阳桥长 1176 米，合 2.3 华里；安平桥长 2070 米（原长 2255 米），合 5 华里，俗称"五里桥"，有"天下无桥长此桥"的誉称。其长度为我国古代桥梁之冠，千年来未尝被突破。

安平镇在泉州围头湾中，是个内港。明《安平志》云："安平地居泉郡西部，去城五十里，自古名为湾海，以长水来往有九曲也"；"海自晋江东南流至石井，江由海门而入安海，靠各处之商船"，"宋曰开建乡修仁里""石井镇尽山滨海，宋号石井津，（渡）海舶就榷焉。"

清《晋江县志》云："八都安海港，有安平桥。晋江南安之界，旧以舟渡。宋绍兴八年（1138）僧祖派始筑石桥，未就。二十一年（1151）宋赵令衿成之，酾水三百六十二，长八百一十一丈，广一丈六尺。"

这样浩大的工程，只费 13 年时间，可称迅速。后因造埭，渐渐变成"陆上桥"。

安平桥工程因地制宜，比洛阳桥又有发展。洛阳桥建在较深的海湾中，创造了"筏形基础"。安平桥建造在海湾边缘，海底有深有浅，所以就采取了多种样式的桥墩。第一种是筑在水流较慢的浅海上，用条石横直交错叠砌成的平面长方形墩，宽 1.82～2 米，长 4.5～5 米；第二是筏型墩，宽 2.8 米，长 6～7 米，两端均呈尖形，形状似舟筏，便于分水，大都筑在水流较急而港面较宽的主要港道间，如桥尾的水头港，这是仿照洛阳桥的做法，第三是半筏型墩，一端尖形，一端方形，宽 2.25 米，长 5.25 米，筑于水流一边急、一边缓的海湾口。在每两个桥墩之间，取纵行式铺 6～7 条石板，每条长达 8～11 米，宽 0.5～1 米，估计每块石板约有 3～4 吨以上。原桥两旁都有简单的护栏，由于自然力的作用和人为的破坏，至今全部无存。

安平桥的附属文物。一方题"安平桥"的宋代残碑，可惜上部已残缺。桥上有亭、有塔、有石将军。据查，石亭现有五座。东桥头有"超然亭"，现名水心亭。桥中有"泗洲亭"，现名中亭。中亭有一对楹联："世间有佛宗斯佛，天下无桥长此桥"。桥亭面宽 10 米，内有修桥碑记 13 座，年代最早的是天顺三年（1459 年），最晚的是光绪十二年（1886 年）。中亭东西各设一四柱小路亭。亭西有石将军两尊，各高 1.4 米，手执长剑。再西曰"海潮庵"小亭。在桥头 300 米处，有两座方形实心小石塔，立于两侧海滩上，下部没入土中，上部仅剩 2 米。西桥头还有六角五层砖塔一座，名"瑞光塔"，俗称西塔，因塔身白，又称白塔，高 24 米，是用造安平桥的余资建起来的。

1981 年和 1983 年政府两次拨款大修安平桥，我身为顾问，有幸作过两次调查。陈鹏先生信云：掘下二桥墩，十二月中，又掘了五墩。先从二侧挖探沟，选择不同类型，证实是"睡木桩"的做法。从地形看，有睡木的墩大都是原来的港道。当时水深泥烂，置石易陷，才放木头。从安海算起，29、85、312 号墩均有睡木。但 29，312 号墩是用木头排放在海滩上，然后上铺石条。185 号墩较为特别，是先打下木柱，而后木头架在两根柱上，排列甚疏，一墩仅五六条，而且在靠外的木头，用二桩挡住，以免木头外滚。

1983 年我到安海开会，见许伟龙等同志，谈桥栏设计，有图册，有照片，其中有几十根栏杆。他们在桥边挖出三种不同的栏杆；一种是目形，一种是口形，另一种是二口形，其中以第一种较多。他们说桥头还有两种栏杆，一种刻石狮，一种刻蟾蜍，是桥头的装饰品。

（摘录自《古刺桐港》）

【作者简介】

庄为玑，泉州市人。1933 年获厦门大学文学院史学系文学士学位并留校任教。先后在厦门大学历史系、人类博物馆、南洋研究所、人类学系从事教学和科研工作，担任教授。一生从事考古、方志学、中外海上交通史研究，发现并参与发掘泉洲湾宋代海船等一批重要文物。编著学术论著 8 部，撰写论文 100 多篇，著有《晋江新志》、《古刺桐港》等书。

国内最长的古石桥——安平桥

杜仙洲

坐落在泉州市晋江县安海镇的南宋古代石桥安平挢，横跨海湾，通往南安县水头镇，长达 2255 米，俗称五里挢，这个长度在我国古代桥梁中首屈一指，在现代桥梁中也可名列前茅。

一、历史沿革

安海又称安平，古称湾海，为泉州围头湾中一处重要的水陆码头，因海外贸易兴盛，来往者甚众，"方舟而济者日千万计"，但从安海到水头这一带海面本来就很宽阔，又有来自西面的河水汇入，再加上时有山洪或海啸，用船摆渡过往行颠簸，漂垫相保，从古已然，大为民患，正是当时景况的真实写照，因此，人们早就盼望能用石桥来替代方舟，使天堑变为通途。

据清《晋江县志》记载："八都安海港，有安平桥。晋江南安之界，旧以舟渡。宋绍兴（1151 年）宋赵令衿成之。酾水二百六十二道，长八百一十一丈，广·丈六尺。"《清源旧志》则更详细记载了祖派开始建桥时，还有"镇人黄护与僧智渊各施钱万缗为之倡"；而赵令衿则有"黄逸为倡，率僧惠胜"之说。看来当时赞助修桥者不止一二人，参加者更多，他们在太守赵令衿的领导之下"即石于山。自绍兴之辛未（1151 年）十一月，越明年壬申十一月而毕"。只用了一年的时间便完成了僧人祖派等未竟的建桥任务。该桥"以栏楯为周防，绳直砥平，左右若一，阮然玉路，俨然金堤，雄丽坚密，工侔鬼神，实古今之殊胜，东南所未有也"。

安平桥的建成，为过往行人带来极大的方便，因而出现了"老壮会观，眩骇呼午，车者徒者，载者负者，往者来者，祈祈舒舒，无所濡壅"的欢愉场面。

根据史料记载，自安平桥建成之后，曾有过多次修理．其中比较重要的有以下几次；1. 明初永乐二年（1404 年）；2. 明天顺初年（1457 年）；3. 明万历年间（1600 ～ 1601 年）；4. 明崇祯十年（1637 年）；5. 清康熙二十三年（1684 年）；6. 清康熙四十六年（1707 年）；7. 清雍正四年（1726 年）；8. 清嘉庆十二年（1807 年）；9. 清同治五年（1866

年）；10. 民国 17 年（1928 年）。

从目前所掌握的材料来看，明永乐以前似乎未有大修，亦即自桥建成之后的二百五十余年里，桥梁仍基本保持完好。此后历次修理的重点部位也主要是桥亭及桥板，因为桥亭系木石结构，易遭虫蛀火焚，石桥板容易损坏则与石料本身抗弯性能较差有关。作为梁式石桥的主体部分，桥墩的坚固耐用最为重要，这也是安平桥至今仍然健在的主要原因之一。

清康熙四十六年修桥时曾"以海土填水心亭两旁，阔十丈，长一里许，筑屋百余间为市，重拆桥头十余坎，以断西塔路；别于桥旁筑土岸，接三陡门，以通新街市。"这一地段现已变为小街道。有些地段的海滩也逐渐淤成陆地，变为农田，使桥的长度及桥墩数量大为减少。到 1960 年代初期为止，桥长已减为 2070 米，桥墩只存 331 座，其中有方形墩 259 座，船形墩 27 座，半船形墩 45 座。

最近的一次大修时间是在 1983 年，经过整修后的安平桥，昔日风采仍在。

二、桥梁建筑技术和艺术

安平桥的建造时间晚于洛阳桥，在结构形式上也几乎完全模仿洛阳桥，但安平桥又决不只是洛阳桥的简单的翻版。撇开长度上的差异不说，安平桥在桥基和桥墩的处理方面都有着独到之处.

在水深泥烂的海滩上，多用"睡木桩"作为桥基，也有将木头排放在海滩上作为桥基的做法。较为特殊者是打下木柱，然后在柱上架起木头，构成底架，再铺石条构成桥墩。至于桥墩形式的选择，则视具体情况而定：在水流平缓的浅海海滩，选用长方形墩，用条石交错叠置而成，宽度为 1.3～2 米，长度为 4.5～5 米。这种形式的桥墩占绝大多数，应为主要的桥墩形式。两头均作分水尖的桥墩多出现在水流较急处，桥墩宽约 2 米，长 6～7 米；这种桥墩数量最少，可能是施工较为复杂的缘故所致。另外一种折衷形式的桥墩则是将一端做成分水尖，另一端仍保持平直，桥墩宽约 1.25 米，长约 5.25 米，这种形式多用在水流一边急、一边缓的地段。

安平桥桥面一般铺有 6～7 条石板，板的长度不一，长 8～11 米，宽 0.5～1 米，厚 0.34～0.78 米，每块桥板的重量估计达 3～4 吨以上。桥板两端接头处横铺石条，可以避免前后错动。

安平桥的附属建筑主要是供人休息用的亭子。在这长约五里的长桥上，为行人提供休息场所大有必要，因而在桥梁建成的同时，"又因其余材，为东西中五亭以休憩。"但后来曾一度只剩下东西中三亭，直到光绪十二年（1886 年）才在中亭东西各设一四柱小路亭，补足五亭之数。东亭原名为超然亭，现名水心亭，曾用来供奉观音；中亭亦称泗州亭，面阔十米，供有佛像，其楹联曰："世间有佛宗斯佛，天下无桥长此桥"十分贴切。中亭两侧也有两尊仗剑而立的石刻武士像，桥上所有桥亭曾在清顺治年间全遭焚毁，现存者均系清代重修时的产物。

在中亭以西有两个方形实心小塔，分立于两侧海滩之上，惜大部被埋于土中，但尚能看出其风格类似于宋代石塔。此外，在桥东端安海境内，还有一座白塔，据传也是用建安平桥的余资兴建的。

（刊载于《泉州古建筑》）

【作者简介】

杜仙洲，1915年生于河北迁安，著名古建筑专家、中国文化遗产研究院教授级高级工程师。1942年开始，他长期从事中国古建筑勘察设计和研究工作，整理编辑北平庙宇调查资料300多处，主持重修山西五台山碧山寺、太原晋祠鱼沼飞梁的修缮工程，担任泉州开元寺正殿、天津天后宫等修缮工程技术指导，率队勘察晋、冀、豫、辽、黔、闽、陕、甘等地古建筑，搜集整理大量文献资料。先后受聘为黄崖关长城、慕田峪长城、十三陵、颐和园、恭王府等重大国家文物修缮工程技术负责人或顾问。

安平桥修复的考古勘探和设计基础

许伟龙

素以"天下无桥长此桥"而著称的安平桥，俗称五里桥，建于南宋绍兴八年至二十二年（1138～1152年），横跨于今晋江市安海镇与南安市水头镇的海湾上，全长2255米，属于梁式石桥，系泉州海外交通贸易发展的产物。1961年，国务院首批公布为全国重点文物保护单位。

据《晋江县志》载，此桥初建时"酾水三百六十二道，长八百十有一丈，广一丈六尺"。这就是说它筑了361座桥墩，疏水道为362孔，整座桥上相隔还有石塔、石将军、镇风塔等附属文物。该桥明清两代均有重修，建国以来又经多次维修，中亭保存着历代修桥碑记 13 座，年代最早的是明天顺十三年（1495 年）所立。现存桥墩计有三种形式：第一种是长方形墩，289 座，筑于上下游水势缓慢水域；第二种是一头尖一头平的半船形墩，45 座，筑于桥身一面急流水域；第三种是双头尖的船形墩，27 座，筑于桥上两面都较深峻处。桥墩均用条石纵横交错叠砌而成，桥面用 5～7 条桥板架设，每条石桥长度为 8～11 米，宽与厚各为 0.5～1 米，重达 5 吨以上。

安平桥因建于波涛汹涌的海湾上，历经沧桑变化，已从水上桥变为陆上桥。由于风浪冲击，车辆行驶，桥墩大多损坏，桥板不断断裂，桥栏荡然无存。新中国成立后，党和政府对保护古桥甚为重视，曾多次拨款维修。然此修彼坏，修不胜修，因此，全面修复，迫在眉睫。

1980 年，国家文物局、省人民政府决定拨款 140 万元，进行全面维修，晋江地区行政公署成立了安平桥修复委员会，抽调文化（文物）干部组成办公室，具体负责维修工作。同年 10 月开始前期工程，1981 年 11 月正式施工，整个工程分三期进行，先修复桥墩，补齐桥板，其次修复桥栏等附属文物，再次在桥两侧各挖沟 30 米，恢复为水上桥，整个修复工程至 1985 年 2 月竣工验收。

维修古建筑，必须保持原来的建筑形制、建筑结构、建筑材料和工艺技术，以达到其历史、艺术和科学的价值。我们自始自终严格遵循"不改变文物原状"的维修原则，一方面积极收集有关资料图片，多次召开修复工程研究座谈会；另一方面对古桥现状进行拍照、测绘、考古勘探，掌握基础结构情况，收集散存文物，在深入调查研究的基础上，制定出维修方案。

修复前的前期工程，首先根据桥墩的形式和损坏程度的不同，选定 78、79 和 39、86、185、234、312 号墩分别进行考古发掘，基础勘探和地基基础设计。经考古发掘，查明该桥石墩基础，多在泥沙冲积层上，属筏形浅基础的形式，其桥基工艺；一是浅滩为基，这种基础不必做任何地基加固，是直接在海滩上用大条石纵横交错垒筑而成的。二是睡木沉基，墩基用卧木沉基，39 号呈平行方向直排，312 号墩采用横向睡木，每根直径约在 15 厘米左右，且保存完好。三是木桩基础，用松木打桩的，先在基础两侧打若干根木桩，然后在木桩上桁架木头固定成同字壳架，再在上面垒筑墩石。这种睡木沉基的方法，据传说是在潮落水枯时，将墩基泥沙抹平，然后用松木变成木筏，固定在筑墩处的水面，再在木筏上垒筑墩石，随着墩石逐渐加重，木筏也就逐渐下沉到海底。这种桥基工艺，过去仅凭传说，无法证实，直到 1958 年泉州宋代金鸡桥桥位置上修筑水闸时，挖开旧桥墩，才发现了"睡木"桥基的实物。安平桥的再次发现，为研究泉州宋代桥梁技术提供了丰富的实物佐证，也是桥基工程中继北宋洛阳桥创造长条石堤式筏形基础后，又一项可贵的创造。

为查明上述桥墩地基土层分布，特邀请华侨大学土木工程系有关科研人员配合进行地基勘探与地基土的物理力学实验，为该桥全面维修工程提供必要的地质资料。地基勘探与考古发掘相结合，全部拆除桥墩条石砌体后，立即在基地面处取原状土四筒，接着在基底面以下 0.2 米及 2 米处分别取原状土各 10 筒，然后使用麻花钻在探坑底中心钻探，每钻进 1 米提钻一次，采集钻头所附全部扰动图样装入铝核密封，至基低下 6.3 米处止，分别提取了原状土样总计 45 种筒，钻孔深度总计 54.3 米，完成的土质试验项目有：天然含水量试验；天然容量实验；颗粒大小分析试验；界限含水量试验；压缩试验；直接剪切试验"三轴剪切试验。以上试验项目 112 项，全部采用国家颁布规程进行。经勘探查明 7 个桥墩地基土系第四纪世浅海沉积物，具有明显层理构造，主要有淤泥质粘土、粘土、亚粘土及轻亚粘土，唯第 321 墩基底有一薄层粗砂。粘土质沉积物压缩系数大、强度低，含水量高并大量含盐，具有膨胀性。根据安平桥修复后只供行人和旅游而并不通行车辆的荷载情况与地基土的物理力学性指标，经过验算，认为 39、185、234、312 号地基承载力均大于基地压力，桥基基础不必处理；78、79、87 号桥墩地基土的性质较差，持力层为饱和软塑状淤泥质粘土，含水量高达 62% 应采用的容许承载力 [R]=5 吨 / 平方米；根据上部荷载与桥墩自重求得的基底压力 P=8 吨 / 平方米，大于地基土的容许承载力其多。考虑到当代的施工条件和技术水平与材料来源，拟采用粗砂垫层人工地基处理方案。

地基挖坑采用粗砂回填，分层压实。第一层回填，分层压实，每层回填 0.25 米，水面高于砂面，采用钢叉摇撼改密，要求 3.5 公斤钢叉自由落高 50 厘米，入砂深度不大于 5.5 平方厘米，方可填回第二层。桥墩基础底面以上三皮条石砌缝采用 100# 细骨科料混凝土填塞，用钢钎捣密实，第四层以上干砌。

基础处理系修复工程之关键，方案一经制定，即报送省文物管理委员会同意，经国家文物局批准后进行试修。在各级领导和有关专家现场评审后进行试修。并在施工中加强现场监督，发现偏差，及时翻工，这样就能保质保量，并最大限度地保存石桥的原状。

（刊载于《泉州文博》第 7 期）

【作者简介】

许伟龙，泉州市博物馆原副馆长。

三顾安平桥

黄真真

安平桥,俗称五里桥,位于晋江安海和由安水头之间的海湾上。安平桥未建时,安海、水头两地居民往来专靠舟渡,故有"方舟而济者日千万计"之说。南宋初,随着泉州海外交通的繁荣发达,单靠舟渡已适应不了社会经济的发展。于是,南宋绍兴八年(1138年),安海大财主黄护和僧智渊带头各捐钱一万缗(一缗为一千文铜钱)由僧祖派主持开始兴建这座大石桥。在工程快完成一半时,因黄护和祖派相继去世而停工,直到绍兴二十一年(1151年)十一月,赵令衿来泉上任郡守后,再主持续建,又花了一年时间,才完成这个浩大工程。"其长八百十有一丈,其广一丈有六尺,疏为水道者三百六十有二。"现实测桥长 2255 米,桥面宽 4 米左右,桥墩 360 座,疏水道 361 孔。

安平桥既是中国古代梁式石板平桥,也是中古时代世界最长的梁式石桥,又是我国现存最长的海港大石桥,享有"天下无桥长此桥"之誉。1961 年 3 月被国务院公布为第一批全国重点文物保护单位。

自宋代以来,安平桥历经数十次重修。800 多年的沧海桑田,水上桥变成陆上桥;风浪冲击、车马践踏、人为破坏,致使桥墩残破倾斜、桥板出现断裂、桥栏荡然无存。新中国成立后,党和政府十分重视安平桥的保护、修缮工作。从 1962 年起,国家多次拨款维修。1980 年,国家文物局拨款 140 万元,在对桥墩进行考古挖掘的基础上,于 1982 年 1 月动工修建,1985 年 5 修复工程竣工。这次整修,不但修复桥墩、补齐桥板、恢复桥板,而且在桥两侧各 35 米挖掘沉积的泥沙,使陆上桥部分恢复历史景观;同时,在桥的南面 400 多米处开辟一条公路,供来往于安海、水头之间的车马通行。

缘　由

近 10 年来,安平桥周边环境脏乱差的现象令人担忧。2004 年 3 月 4 日,泉州市文物保护管理所向泉州市文物局递交《关于安平桥保护整治方案的请示》,提出"管理方面采取统一管理分而治之的办法",强调"安平桥水质严重污染,造成对古石桥桥墩的侵蚀破坏",指出主要的污染源有:(1)水头镇上林村造纸厂排污;(2)埔边村石板厂排放废弃物;(3)埕边村生活垃圾填埋厂污染;(4)水头愚公闸对面轧钢厂排放酸水;(5)埕边溪畔数十家石板材厂排放石料水;(6)埕边村新建皮革加工厂（尚未开工）;(7)安海镇西垵酸洗厂排污。

泉州市文物保护管理所的《请示》得到市政府的重视。5月18日下午，副市长洪泽生率市政府办、财政局、规划局、环保局、旅游局、文物局等有关单位，晋江市政府、安海镇政府、市直有关部门和南安市政府、水头镇政府、市直有关部门的负责人，前往安平桥，现场察看安平桥保护现状，并召开现场办公会议，就有关问题进行协商，形成"会议纪要"，提出三条保护措施:(1)要统一认识，增强抓好安平桥周边环境工作的责任感和紧迫感 ;(2)要把握重点，组织专门力量，限期完成安平桥有关环境整治任务 ;(3)要条块结合，理顺关系，依法管理保护好安平桥。

9月8日，泉州市文物保护管理所又向有关方面提出"关于安平桥文物保护中需要协调的几个问题"，分别提请晋江市、南安市帮助协调一些问题。

2005年2月6日，市政府办发出《泉州市人民政府办公室关于印发安平桥周边水环境综合整治方案的通知》。《安平桥周边水环境综合整治方案》是由泉州市环保局于同年1月制定的。《方案》提出安平桥周边水环境综合整治的计划，近期为:(1)完成工业污染源及牲畜养殖业的整治工作;(2)完成河道沿岸垃圾和危棚简屋的清理工作;(3)着手规划新的垃圾处理场所和建立固废处置体系;(4)完成安平桥附近水域的底泥疏浚工程;(5)实施河道生态修复工程;(6)完成周边景观修复和景观建设工作。远期为:（1)进行大盈溪流域（包括埕边溪）的容量研究和总量控制;(2)完成区域固体废物处置场所及各村垃圾中转站的建设;(3)扩大环卫队伍的规模，建立完善的垃圾处置体系;(4)完成区域污水处理厂的建设。《方案》还列出"安平桥周边水环境综合整治方案计划表"，对19个造纸企业整治、90个石材企业整治、10个陶瓷企业整治、5个畜禽养殖业整治、5处河道垃圾清理、4处临时石粉处置场建设、1处近期生活垃圾处置、8处环境基础设施改造及建设、1种农业污染源整治、1项容量研究和总量控制、2处水环境修复的整治内容、资金来源、计划进度、责任单位等事项都一一说明。整治方案明确而具体，可操作性强。然而，整治工作进展相当缓慢。

2006年12月28日，泉州市政协委员、无党派人士张秀惠向政协第十届泉州市委员会第一次会议递交《关于全国重点文物保护单位——安平桥环境整治的提案》。"提案"指出，随着开放改革的深入发展，（安平桥）大桥两岸开拓了一片生机的景象，但是也随之带来环境的严重污染和文物景观的破坏。首先是大桥水域的极度污染，原来清澈如镜的桥下流水，是人们清闲、游泳好去处，特别是中亭更是年年端午闹龙舟……现由于污染，中亭已变成黑泥潭，污染成灾，迫使多年来都不能举行任何活动。"提案"认为，安平桥地跨两市，客观上给整治工作带来困难，多年来一直未能正常展开。"提案"呼吁，恳请泉州市人民政府协调，敦请晋江、南安两市相关部门具体协调。建议设立安平桥管理委员会，专人看管、整理，全面彻底地对该文物单位进行整治。这是有益当代、造福后代的大事，也是泉州市义不容辞的职责。

张秀惠委员说，安平桥是全国重点文物保护单位，听说其周边环境脏乱差相当严重，心急如焚。她为了写提案，先后3次考察安平桥。写提案时夜不能寐，从晚上8点写到第二天天亮。她认为，治理、整顿好安平桥的周边环境，有利于安海镇经济发展。

此后，政协第十届泉州市委员会主席会议从十届一次会议立案的474件提案中确定12件重要提案，张秀惠委员的提案是其中之一。或许是张委员提案很有份量，她的这一提案由泉州市政协主席林荣取亲自督办。这既说明市政协领导的重视，也看到治理安平桥周边环境的希望。心里非常高兴。

一顾安平桥：感到安海段问题严重

安平桥周边环境是否如张秀惠委员在提案中所说的那样呢？2007年4月17日上午，市政协副秘书长万国章、文史委副主任王明健和有关人员，在提案人张秀惠、晋江市政协文史办副主任朱哲仁、晋江市安海镇党委副书记叶苍瑜等人的陪同下，前往安平桥实地考察周边环境，为市政协领导督办重要提案做好准备。

万国章一行重点考察安平桥安海段，走访水头段，安海段存在的主要问题有3个：一是桥顶至望高楼一带居民乱倒垃圾；二是一些外地人在桥东两侧乱搭盖，所收购的废品随意堆放；三是桥下流水水质极差，呈黑色，臭味难闻。水头段的问题也不少，其一，桥头北侧的古桥配套设施"缓冲港"（消力池）被人用土石填充造地；其二，埕边石板厂、轧钢厂及上游不少企业的工业废水直接排入河道，桥下水呈粉白色，浓度极高。此外，安平桥有些地段桥墩塌毁，桥梁折断，尚未修复。

二顾安平桥：发现水头段污水横流

当地老百姓反映，安海段的污染问题严重，水头段的污染问题更是不容乐观。

2007年4月26日上午，泉州市政协副巡视员郑增辉带领副秘书长万国章、文史委副主任王明健等人驱车前往安平桥水头段上游实地考察。泉州市环保局副局长庄慧，以及泉州市文物局、文物保护管理所负责人参加，南安市政府副市长李清安、市政协副主席谢连树等陪同。

郑增辉一行先后考察下洪溪、外曾溪、上林村蔬菜基地、锦程造纸厂、大盈溪大盈桥下河道、埕边村石板材厂、轧钢厂、机砖厂等。考察时发现，外曾溪河水混浊，呈粉红色。据介绍，其上游有不少染板厂，工业废水直接排入河道。上林村蔬菜基地附近溪水混浊，呈红色，水上漂浮生活垃圾。锦程造纸厂污水处理设备尚未启用。埕边村石板材厂等企业将工业垃圾堆放在河道边，工业废水也流入河道。据市文物保护管理所负责人介绍，安平桥水头段北侧原有一个"缓冲港"（消力池），后被埕边村某企业用土石填埋造地。上游一旦山洪爆发或连日大雨，急剧上涨的河水对水头段桥墩将造成严重威胁。

郑增辉还认真听取南安市政府、泉州市文物局、水头镇政府关于整治安平桥水头段的情况汇报。大家普遍认为，整治安平桥周边环境，任务艰巨，非一日之功，要由泉州市政府主要领导出面，成立一个协调机构，对整治方案进行统一规划，然后分步实施。

三顾安平桥：共同寻找解决办法

两次实地走访安平桥后，有关人员在市政协办公会上向领导作了汇报。领导高度重视。

2007年6月4日，泉州市人民政府办公室、泉州市政协办公室向晋江市、南安市人民政府及市直有关单位发出内部明电《关于召开安平桥环境整治现场督办会议的通知》。

2007年6月6日上午，泉州市政府、市政协组织有关人员实地检查并召开现场督办会议。市政协主席林荣取，市政府副市长林伯前，市政协副主席傅福荣、陈立德，副巡视员郑增辉，秘书长黄利禾，市政府副秘书长吕少俞，以及市政府办、市政协办、财政局、规划局、建设局、环保局、水利局、文物局，晋江市、南安市政府分管副市长及有关部门负责人，晋江市安海镇、南安市水头镇政府主要负责人参加。

林荣取一行先后检查了下洪溪部分河道、上林村蔬菜基地、锦程造纸厂、大盈溪大盈桥下河道、埕边村石板材厂、安平桥中段，现场考察周边环境污染情况和整治进程，并在安海镇政府会议室召开现场督办会议，听取晋江市、南安市政府，泉州市环保局、文物局等有关部门，以及安海镇、水头镇政府的汇报。傅福荣副主席主持会议，林伯前副市长、林荣取主席在听取汇报后讲了话。

此次现场督办会议召开后，泉州市政协文史委代拟《关于全国重点文物保护单位安平桥环境整治现场督办会议纪要》。

2007年6月下旬，泉州市人民政府、政协泉州市委员会以"专题会议纪要"[2007]1号文发出《关于全国重点文物保护单位安平桥环境整治现场督办会议纪要》。全文如下：

为了抓好安平桥周边环境整治，促进市政协重点提案的办理落实，市政府、市政协于6月6日上午组织有关人员实地检查并召开现场督办会议。市政协主席林荣取，市政府副市长林伯前，市政协副主席傅福荣、陈立德，副巡视员郑增辉，秘书长黄利禾，市政府副秘书长吕少俞，以及市政府办公室、市政协办公室、市财政局、建设局、城乡规划局、水利局、环保局、文物局，晋江市、南安市政府分管副市长及有关部门负责人，晋江市安海镇、南安市水头镇政府主要负责人参加。林荣取主席一行先后检查了下洪溪部分河道、上林村蔬菜基地、锦程造纸厂、大盈溪大盈桥下河道、埕边村石板材厂、安平桥中段，现场考察了周边环境污染情况和整治进程，并在安海镇政府召开现场督办会议，会议听取了晋江市、南安市政府和市环保局、文物局等有关部门以及安海镇、水头镇政府的汇报，并就有关问题进行研究和部署。纪要如下：

一、会议认为，近几年，我市各级政府重视安平桥周边环境的整治工作，特别是安海镇、水头镇政府为保护安平桥付出一定的努力，但成效不显著，安平桥周边环保工作仍不容乐观。主要表现在：一是脏乱差现象严重，工业垃圾、生活垃圾随处堆放；二是违法违规现象屡禁不止，个别企业或违法在河道填土造地，或未经审批私自上马；三是水污染非常严重，工业污水、生活污水直接排入河道，水质严重超标。

二、会议指出，造成安平桥周边环境严重污染等问题的原因主要有：一是宣传力度不够；二是环保意识不强；三是管理不到位。

三、会议强调，安平桥周边环境的好坏，不仅与安平桥息息相关，而且事关周边10多万人民群众的生产生活，应该引起全社会的关注和重视。保护安平桥、整治安平桥周边环境，形势严峻、任务繁重，当务之急要解决好以下几个问题：

1. 增强保护文物的责任感和使命感。安平桥是历史文明的见证，是不可再生的文物。如果这一珍贵文物在我们手上受损，那么，我们将有愧于历史、有愧于子孙。我们应本着对历史、对人民，特别是对子孙后代负责的态度，正确处理好发展经济与保护文物的关系，绝不可为获得短期的经济利益，而牺牲长期的环境和谐。

2. 明确整治的目标和任务。要加强领导，高度重视，明确整治安平桥周边环境的目标是恢复其生态环境，目前的主要任务是整治脏乱差。要把安平桥周边环境整治工作摆上重要的议事日程，列入市长、镇长环保目标责任书年度考核内容。由市城乡规划局牵头，协同晋江市、南安市及有关单位尽快启动做好安平桥周边环境整治的规划，切实把文物环境保护和旅游资源开发有机结合起来。

3. 加大整治力度。要把安平桥周边环境整治与近海水域环境污染综合治理结合起来。晋江市、南安市政府要于近期组织检查组，按照泉州市政府办公室于 2005 年下发的《安平桥周边水环境综合整治方案》（泉政办〔2005〕20 号）和近海水域环境污染综合治理 2006 年、2007 年计划涉及安平桥周边环境治理项目的具体要求，逐项检查，逐项落实，并抓紧排出 2007 年、2008 年要实施的项目，请晋江市、南安市政府把这三方面的落实情况专题报告市政府、市政协。

4. 整治措施有力。各级各有关部门要下大决心，督促安平桥周边企业按整治方案要求进行整改，对违法违规企业的查处态度要坚决，对违章建筑，该拆除的要拆除；对达不到环保要求、治理无望的企业要坚决责令停产、关闭。

5. 加强协调配合。各级政府和有关职能部门在整治安平桥周边环境中，既要明确任务，又要协调配合，加强协作。要加强宣传工作，保护安平桥，整治周边环境，不仅需要职能部门的积极努力，也需要社会各界的充分理解，大力支持。

6. 强化监督机制。各级政府和有关职能部门要加强对安平桥周边环境的监督检查，建立定期现场巡查监督制度，加强日常监管，采取切实有效措施，制止影响安平桥周边环境的工业污染和生活污染；要把对安平桥周边环境的整治列入政府督察室督办内容。

四、请晋江市、南安市政府于本月底前向泉州市政府、市政协报告落实这次会议的情况，市政府、市政协将于 9 月底再组织一次现场督办会议，检查安平桥周边环境整治落实情况，给市政协重要提案《关于全国重点文物保护单位——安平桥环境整治的提案》一个满意的答复，给泉州人民一个满意的答复。

6 月上旬的现场督办会议、特别是《纪要》发出后，晋江、南安市政府雷厉风行，着手整治安平桥周边环境。

不是尾声

经过 5 个多月的整治，安平桥周边环境有何改善呢？2007 年 11 月 9 日下午，泉州市政协副秘书长万国章、文史委副主任王明健和有关人员，在市文物保护管理所所长黄真真等人的陪同下，再次走进安平桥，了解四五个月以来安平桥周边环境整治情况。

在走访中了解到，市政府、市政协领导于 6 月上旬带领有关人员到安平桥实地检查周边环境整治情况并召开现场督办会议以后，晋江市政府、南安市政府和有关部门遵照市政府、市政协《关于全国重点文物保护单位安平桥环境整治现场督办会议纪要》精神，提出了综合整治措施并付诸行动，一些企业单位和个人闻风而动，在一段时间内污染行为得到有效遏制。市文物部门也组织建筑工人对出现裂痕的 11 条桥板进行更换、修复。对此，当地老百姓表示满意。

但安平桥周边环境仍不容乐观。从走访的几个地方来看，主要问题是：（1）安平桥水头段缓冲池均为酸性水，呈黄黑色，空气中弥漫着酸味，桥墩受腐蚀。当地群众反映，附近有的工厂每天都有三四车酸水排泄出来。（2）中亭一带桥两侧水质较差，呈黑色，有臭味。（3）内曾村附近的下洪溪水质差，呈黑色，其上游为晋江与南安交界处，有不少企业排泄污染物。（4）市文物部门在组织人员施工中又发现有 14 条桥板出现裂痕，其中，水头段、安海段各 7 条。文保工作者指出，其原因有二：一是可能与安海至水头段公路经常有大型载重、特别是超重汽车经过而引起震动有关。原先这里没有通公路，也没有发现桥板有断裂现象。二是桥墩受污染水源的长久腐蚀而下沉，造成桥板断裂。（5）水头段入口处前方有人违章搭盖店面。

泉州市政协文史委根据所了解的情况，通过省政协研究室向福建省文物局、国家文物局提交《应尽快组织专家学者对安平桥桥板断裂原因进行调研论证》的专报件。"专报件"着重就泉州市文物部门在组织人员施工中又发现有 14 条桥板出现裂痕提出问题。摘要如下：

"文保工作者指出，造成桥板裂痕的原因至少有三：一是可能与安海至水头段公路经常有大型载重、特别是超重汽车经过而引起震动有关。原先这里没有通公路，也没有发现桥板有断裂现象。二是桥墩受污染水源的长久腐蚀而下沉，造成桥板断裂。三是桥南面近几年在兴建大量建筑物时，深度打造地基，对安平桥周边整片地质也造成影响。"

"敬请福建省文物局会同国家文物局组织专家学者前来安平桥实地调研、考察，并召开座谈会进行论证，寻找造成安平桥桥墩下沉和桥板断裂的真正原因，以便及时采取有效措施保护安平古桥，不至于使之葬送在我们这一代人手里。"

在政协第十届泉州市委员会第二次会议上，泉州市政协文史委提交书面发言材料《整治脏乱差，保护安平桥》。郑重提出，切实加大整治力度。安平桥周边环境脏乱差积重难返，整治工作非一日之功。保护安平桥、整治周边环境，形势严峻、任务繁重。建议：政府及有关部门应制定近期、中期和长期规划，先易后难，分步实施。

　　总而言之，安平桥是祖先、是历史馈赠泉州人民的一块无价之宝。要加大力度整治安平古桥周边环境，努力还原海湾碧水蓝天空气清新。否则，我们将有愧于历史！有愧于列祖列宗和后代子孙！

（刊载于《泉州文史资料》新二十七、二十八合辑）

【作者简介】

黄真真，文博研究馆员，泉州市文物保护管理所原主任。

僧祖派辨考

高俊仁　陈冬挺

　　据《安海志》援引《清源旧志》述："宋绍兴八年（1138年）戊午，僧祖派始为石桥，镇人黄护与僧智渊各施钱万缗为之倡，功将半，派与护殁，起十四载未竟。二十一年辛未（1151年），太守赵公令衿卒成之。其长八百十有一丈，广一丈四尺，疏为水道三百六十有二，自为记，榜曰'安平桥'。"可见建桥初始的主要人物是祖派、黄护、赵令衿等人，黄护与赵令衿依稀可考，而"始为石桥"的祖派，是怎样一个人呢？

　　先前，多数人的说法是"无考"。可《安海龙山寺志》却有明确记载："释·祖派，时人称慈惠禅师，号惠行，南安海都江崎（今南安水头江崎村）人。生于宋元丰元年（1078年）戊午二月二十九日，派宿殖之缘，出尘无滞。名节素奇，蹄四圣种。年九岁，投安海龙山寺，礼欣然和尚为度牒师……绍兴六年（1136年）丙辰，晋江知县洪元英委派祖派偕体柔重建泗浦（笔者注：应为"湮浦埭"）水利工程，历时三年而成，增筑陡门二为六陡门，开设塘司，陡首管理……述南北《华严》签文（笔者注：'签'应是'忏'之误）极诣精妙，至今行世"（《安海龙山寺志》第132至133页）。据此，祖派便成了江崎人。《安海龙山寺志》第195页的《福安堂考》载："福安堂，在南安海都江崎乡西北偶，始于南宋绍兴二十五年乙亥仲春，安平龙山寺住持释智渊为缅怀往生师兄祖派倡建安平桥之功德而立江崎俗家。祖派三弟吴俊萱教谕襄助毕工。"如此说来，祖派不仅是江崎人，而且进一步确定祖派俗家姓吴，据说还有族谱为证。亦有人云，吴氏族谱与《安海龙山寺志》是同一作者所为。

笔者不知水头的江崎村成于何年，但笔者知道，村中的吴氏，是明朝末年才迁入的。通常的说法，江崎的吴氏先人，是由安海迁往东石的坑园，再由坑园分支到水头的江崎。笔者未见到江崎的吴氏族谱，而看到江崎吴氏宗祠落成的纪念照片，据照片上的文字介绍为："吴氏属八闽清溪支派，始祖肇基公于明末由晋江安海浦边徙居水头江崎，繁衍至今已二十五世……江崎吴氏人才济济，有闻名天下无桥长此桥首倡建造者左派（笔者注：原文即左派，应为祖派）出生我总后房后裔。"

如上所述，吴氏先人是在明朝末年才由安海浦边迁徙到水头江崎居住，那么生活在明末之前五六百年的南宋时代的祖派怎么会是水头江崎人士？又怎么会有"祖派三弟吴俊萱"协助智渊建福安堂？如果真如某些人所称祖派俗家姓吴，他应该是出身于安海，那么，祖派名副其实是安海人。因为至少在明末之前，江崎吴氏的先人们还都在居住于安海。所谓的安平龙山寺住持释智渊如要"缅怀往生师兄祖派，倡建安平桥之功德"，而在俗家立堂，这个堂也应该立在安海！

综上所述，将祖派俗家归于水头江崎村，无疑是一系列的造假造出来的。显而易见，《寺志》的"祖派传略"有诸多失实之处。

那么，祖派究竟是何方人士？是否有俗家姓氏？与安海龙山寺有何关系？平生还有那些事迹？带着种种疑问，我们进行艰难杂复的查证，终于找出几条与祖派有关的资料，分述如下：

一、乾隆版《晋江县志》卷之八《舆地志·水利》："绍兴六年，邑人李密、李国表，复请筑于令洪元英，仍以僧祖派、体柔领其事，凡二年而成。时守刘子羽闻于朝，锡洪元英章服，赐祖派慈惠大师。民为洪立祠，以祖派、体柔从，危黄皆立祠。州人王瑀为记。有塘司陂长官为之严禁，复增二陡门为六。"

二、1990年出版的《晋江县志》（道光版）第165页："绍兴六年，邑人李密、李国表，复请筑于令洪元英，仍以僧祖派、体柔领其事，凡三年而成。时守刘子羽闻于朝，锡洪元英章服，祖派赐号慈惠大师。民为洪立祠，以祖派、体柔从祀。州人王瑀为记。有塘司陂长官为之严禁，复增二陡门为六。"

三、《闽书》中则称之为"祖派慈惠"。略曰："本州承天寺祖派慈惠禅师，述南北《华严》忏文，极诣精妙，至今传世"。

四、另据《大正新修大藏经》第19册"赵宋泉南沙门释祖派述",记载祖派曾为《大佛顶如来万行首楞严经》作序:"至心归命礼南谟无见顶相首楞严王。圆如来之密因。具菩萨之万行。真修行路妙证悟门。大乘义以了明。一切事而究竟……"序文共有600多字。

五、《枯崖漫录》记载:"慈慧祖派禅师。温陵张氏子。祝发于开元罗汉寺。参文关西之嗣宗岱余。宗举。僧问云门。如何是正法眼。答曰。普。又僧问。如何是正法眼。答曰。瞎。子作么生会。派罔措。由此焦虑忘饥寝。一夜坐至子刻。闻山禽叫一声。省悟。黎明。求宗印证。才入门。便唤曰。和尚。宗曰。子来作么。派曰。东家杓柄长。西家杓柄短。宗曰。子夜来发颠耶。派曰。是和尚颠。是某甲颠。宗下禅床擒住曰。见什么道理。派曰。伏惟和尚尊候万福。宗托开曰。还我前日话头来。派作女人拜。复呈颂曰。问正法眼。答曰普瞎。万里清风。一溪明月。今香泥像留于里之四松。为缁素钦仰焉。"

六、粘良图先生《晋江桥梁见证海港繁荣》(原载《晋江经济报》2006年11月6日)一文中指出:"最先主持建桥的祖派,是泉州承天寺的僧人。据记载,他能精妙地译《华严经》,并着文传世,绍兴六年曾主持修筑烟浦埭水利工程,后又主持建安平桥这一宏浩的工程,实在是一个高僧。"

七、据称,民国出版的《福建高僧传》也有记录祖派其人,可惜目前未能找到该书。

第一和第二段文字,除筑埭年限略有差别外,大致相似。说明祖派是一个水利专家,绍兴六年,受命县令洪元英,重建湮浦埭,并因此被朝廷赐号"慈惠大师"。也是基于这两段记录,才敢断定水利工程的名称为"湮浦埭",而不是《安海龙山寺志》的"泅浦"。三、四、五这三段史料,印证祖派是一个得道高僧,对禅学有很深的造诣,述南北《华严》忏文,为新编《大佛顶如来万行首楞严经》作序等。因而,粘良图先生概括的第六段文字甚为准确。

第五段尤其重要,这段文字不但讲述祖派的禅学造诣,还为我们提供了两条明确的信息。一、祖派俗家姓张不姓吴,是温陵人,而不是江崎人;二、祖派是在罗汉寺出家——"祝发于开元罗汉寺",祝即断,"祝发"即剃度,而不是安海龙山寺削发。至于温陵这个地名,是大泉州,还是小泉州,笔者不敢轻易断定。但根据祖派和尚早年的活动范围,是在开元罗汉寺、本州承天寺,笔者倾向于后者,即泉州城关。比较遗憾的是,我们找不到祖派与安海龙山寺关联的资料证明。当然,祖派有可能驻锡过安海龙山寺——特别是造安平桥期间,即便如此,也不能简单地将其归属于龙山寺僧人。

《枯崖漫录》号称佛门十书之一的,为枯崖和尚编撰。枯崖和尚是一位颇具才华的高僧，晚年驻锡并圆寂于泉州兴福寺。枯崖和尚本为儒生，尤善为文。景定初年，他已开始据所见、所闻、所历而写成一部三卷本的丛林笔记《漫录》（后人又称《枯崖和尚漫录》或《枯崖漫录》）。该书记录多位佛门僧人参禅悟道的事迹，其中就有祖派和尚。本条录载慈慧祖派参学嗣宗禅师时的问答公案，出家人严禁诳语，此文真实度极高。

据以上的资料，笔者认为，《安海龙山寺志》"第二十一世释祖派慈慧禅师画像"并"附记：祖派，俗姓吴，名平，时人称慈慧禅师，宋南安海都江崎人。"及其"祖派传略"、"福安堂考"等内容严重失实。

（刊载于《晋江史志》2013年第2期）

安平桥晋南交界初探

高俊仁　颜呈礼

洛阳桥中段立一界碑，清晰标明"晋惠交界"。可是，同是处于两县交界处，号称五华里之长的安平桥却看不到类似的界碑。于是，有关晋江与南安的交界处、有关安平桥的管辖分界线，一直众说纷纭。笔者仅从学术的角度，对历史文献资料进行挖掘整理，探寻安平桥晋南分界线变化的轨迹，以资文史同仁进一步研究参考。

长期以来，不少人以为晋江和南安的交界，即安平桥地属晋南的范围是以中亭即水心亭为界，部分文史界的朋友亦以为如是，造成这种情况的，是个别志书和相关资料的误导。

一、所谓"中亭为界"的相关依据

1983年内部刊物《安海志》第219页的"水心亭"条目下述："水心亭即西桥中亭，附在桥中。丙申迁界毁，康熙二十三年甲子（1684）复界后重建，居西桥之中，为晋南交界，故号曰中亭。"至于什么时候为界，志书并无说明。该志为何这样的表述，不少人认为是被中亭右侧石柱上的石刻"公定界止，籴货诸人越界者罚戏一台"误导，是当时的编者没有细考，想当然的结果。名曰"中亭"或"水心亭"，是指亭处于长桥的中点、水域的中央，与地界无关。

"公定界止"石刻肇于何时，出于何人之手，目前仍是一宗历史悬案。但是仅从文字的内容，结合一些历史事件推断，石刻应该形成于蓝理筑中亭为街市的康熙年间，是不同商业集团，为了牟取商业利益，在此画地为界，这是种垄断采购的商业约定，纯属商业行为。这行刻在石柱上面的文字，无论其内容或者规制都不能视为县域界碑。

1993年出版的《南安县志》，不但沿用上述的误断，而且给出确定的分界时间。第519页记载：（安平桥）"位于南安水头街东侧，横跨海湾西港与晋江安海镇联接……现存清代修建的水心亭（中亭），是晋江、南安两县的分界线。"其大事记如此表述："绍兴八年（1138），晋江安海华侨黄护与僧智渊捐资倡建安平桥（俗称五里桥），桥未建成，两人先后逝世，绍兴二十一年郡守赵令衿续建完成。桥的中亭为晋江与南安的分界点。"

如此说成立，则中亭为界，是从桥成之日开始的。既有官方志书为证，晋南交界点就是中亭便卯上钉钉了！可惜，此为修志者缺少必备的历史知识，铸成谬说。

其实无论从历史记载，还是当今现实情况，晋南交界处从来都不是中亭即水心亭。那么，历史上的晋南交界点是在那里？笔者近年在修《安平桥志》，有幸接触众多的旧志文献及文书档案，回溯历史，让我们来看看真正的史实如何。

二、安平桥的名称大多与地名相关

我们已知安平桥的常见名称有：安平桥、西桥、安海西桥、安海桥、五里桥等等。在这众多名称里，安平桥是最早的名称，桥成之日由官方所命名，"榜曰'安平桥'"。有一个误区，以为"安平镇"、"安平商人"是明朝才出现的名称，即先有桥名，才有镇名。其实南宋时的安海镇，既称"石井"、"安海"，也称"安平"。赵令衿在《东桥碑记》中写道："……视安平、洛阳，固有增损，而利害实相侔焉。邦人觊前桥之利，不无□望，倘使君一注意，罔不就功，岂使安平之人独受其惠。"（见《安海志》175页）。本段的第一个"安平"是桥名，第二个"安平"显然是地名无疑，即"安平这地方的民众"。再如赵令衿有"题咏东洋桥"诗曰："为问安平道，驱车夜已分"的"安平"，明显也是地名，意为"安平的道路"。著名学者庄为玑在其《安平桥》一文也称"安平古称安海，宋初改名安平，后又改称安海。"是故，安平桥是因地名而得名。

"西桥"是冠以方位词的名称，相对于安海东畔东洋桥而得名，比安平桥命名相差一年，是当地早期最为常用的称呼。茅以升《安平桥》一文也写道："自从东洋桥建成后，安平桥就又名西桥。"在早期的许多志书、碑记、族谱中，我们都能够找到"西桥"的记载，至今当地大部分上年纪的人仍然习惯这一称谓。

"安海桥"这一名称的使用比较少见。因为，安海是个多桥的古镇，这一名称太笼统，不适合与其他桥梁区别开来，所以也就难以长期作为专称。我们今天也只能通过一些文字的记录得以知晓，如乾隆版《泉州府志》的海防图，安平桥标示为"安海桥"。茅以升《安平桥》一文中："较安海桥（即安平桥）为三之二的东洋桥，居然在半年内就建成了，可见赵令衿的造桥队伍中，确实有卓越的工程师"。

我们知道，安海、石井、安平自古就是安海的名称，安平桥的诸多名称除以其长度为称的"五里桥"外，都与安海的地名及其方位息息相关。从以上的分析不难确定：安平桥是以地名命桥名。《闽南方言大词典》的安平桥词条："在晋江市安海镇之西畔，因安海镇古称安平道而名。"也就是说，安平桥成桥之时的管辖权是安海、属晋江。

三、旧志文献相关安平桥的归属记载

安平桥久负盛名，历代典籍、志书和名人不泛为其所属位置的各种记载，归纳总结亦可见其辖地范围。

1.《方舆胜览》："安平桥在石井镇，绍兴中赵令衿造，其长八百余丈。"

2.《大明一统志》："安平桥在晋江县西南石井镇，宋绍兴中赵令衿建，其长八百余丈。"

3.《八闽通志》："在石井镇，宋绍兴八年，僧祖派始议造石桥，镇人黄护及僧智渊各施钱万緡为之倡……"

上面列举的三部志书，都明确记载安平桥在石井镇，即今安海镇，不存在任何歧义。另外，在查阅到的志书，晋江方面，均收录了"安平桥"词目。如道光版《晋江县志》之"津梁志·安平西桥"载"在安海港晋江南安之界"等等。反观南安方面，在民国之前的旧志中从未出现"安平桥"的词目，不管是明万历版的《南安县志》，还是清康熙版的《南安县志》关于"津梁"或"桥渡"卷，有其他的桥的词目，比如金鸡桥、大盈桥、镇安桥等，均没有安平桥或五里桥等词目。如此名桥，如果桥涉及该县辖界，记载遗漏的可能性微乎其微，这样是否可以判断：当时该桥所在位置确实并未涉及南安县版图。

安平桥词条最早见于南安方面的志书是民国版《南安县志》"营建志之四"："安平桥在三十九都水头街与晋江安海交界。"意指安平桥在三十九都水头街与晋江安海的交界处。道光版《晋江县志》的海防图，更加明确，其在水头的陆地上标示"安海西桥"，左侧才标明"晋南交界"。类似的图标还见于乾隆版《泉州府志》的海防图，安平桥直接标示"安海桥"。以上资料说明，历史上晋江的地域比现在大，至少，到清朝末还及于水头的陆地。

根据早期的文献，无论是史志、方志、官方文书或者权威人士表述，安平桥的地理位置都非常明确在晋江安海（石井）。我们编纂《安平桥志》时，收集了300多份法律文书、行政档案文件中，在20世纪80年代前绝大部分冠以晋江县安平桥。所以，安平桥1961年被国务院公布为国家第一批全国重点文物保护单位时，非常清楚的标明：公布所在地为福建省晋江县，公布类型为古建筑及历史纪念建筑物，公布批号为1-0059-012。

四、安平桥的所在水域是安海港

赵令衿《石井安平桥记》开篇"濒海之境，海道以十数，其中最大者曰'石井、'，次曰'万安'皆距闽数十里，而远近南北官道所从出也。"

万历版《泉州府志》："在八都安海港，晋江南安之界，旧以舟渡……"

乾隆版《泉州府志》："在八都安海港，晋江南安之界，旧以舟渡，宋绍兴八年僧祖派始筑石桥，未就……"

同治版《福建通志》："安平西桥在安海港晋江南安之界，旧以舟渡……"

安平桥一开始就建在安海港的上面，安海港的称谓持续到现在，1993年出版的《中国海湾志》仍旧把安平桥所在的水域称安海港。这被诸多碑文志书所记载，无可争辩。但因安平桥跨越的海湾绵绵五华里，北纳九溪之水，南通大海。且因九溪水流过大盈溪，于是，有人就把安平桥所属水域，称为"大盈溪"，此属典型的借代，以上游的名称涵盖下游，这是错误的做法。

据《八闽通志》载："九溪在县西南三十七都。源出柏峰山，逶迤而东，分为九派，汇龙潭，经通济桥、大盈桥，达安海镇，过安平桥入于海。"

《读史方舆纪要》载，九溪："在县西南二十五里。有柏峰山，溪流出焉。逶迤而东，分为九派，汇为龙潭。下流至晋江县之安海镇，过安平桥入海。"

民国版《南安县志》曰："九溪源出柏峰山，逶迤而东，分为九派汇为龙潭，东流至大盈桥，然后经晋江之安平以入于海……"

也就是说，安平桥水域的上游支流，一旦流入安海境内，就叫"安海港"，或者"鸿江"，不能再叫"大盈溪"或别的什么。清代南安陈楷《重修安平桥记》曰："安平之西，鸿江巨浸，中有石桥焉。上通泉郡，下抵厦漳……"《泉州市志》载"雍正七年（1729年），在晋江县安海设立户部税馆，名鸿江澳。"说明安海港亦有"鸿江"之称号，而"鸿江"也一向为安海之别称。

以上情况说明：安平桥的水域管辖权，从宋朝一直到至少至清末，都属晋江安海的辖界。

五、安平桥管辖界限的变迁

当然，县市的辖地范围不是一成不变的，晋南的地界，也是随着历史的变迁而移位，这也是正常的现象。参考一些文献记载、民间约定俗成和实际管辖，晋南的交界自民国以来确实也发生了一些变迁。

1. 民间习惯上八板桥为界。

随着南安水头社会经济的发展，镇街开始形成，尤其是 20 世纪 20 年代末到 30 年代初，陈国辉建成水头街以后，晋南一带民间习惯上以安平桥上唯一的"八板桥"为界。最近，我们在档案资料中查找到多份有关文件资料，印证了这一说法。略举两例，一是 1961 年 5 月 2 日，《南安县文化局呈送省文化局安平桥检查情况报告》介绍（安平桥）"历来有习惯将近水头段其中有一孔八板桥，故为晋南两县分管界，其他板桥一般都以七板。"二是晋江县人民委员会 1961 年 5 月公布的《安平桥管理保护条例》第一条，"安平桥具体由晋江安海南安水头文管会执行管理此桥，按历来群众习惯的以八板桥为晋江南安两县分管界。"

八板桥的具体位置从东边起算，在中亭（水心亭）往西第 94 节桥面；从西边起算，镌刻有"水国安澜"的西隘门往东 63 至 64 桥墩上。

2. 现在，晋南交界是中亭港西岸。

20 世纪 50 年代开始，在"向海要粮"、"围海造田"的新形势下，南安水头方面围垦海埭的造陆运动成果显著，其围垦范围不断东移，这就需要实际管辖范围相应发生变化。1994 年出版的《晋江市志》的《晋江市政区图》标明西至中亭港的西岸。2010 年，南安水头镇建设"五里桥湿地公园"，就在原来其辖区的海埭范围内兴建，五里桥湿地公园范围东至中亭港西岸。至今，安水公路上的安平桥闸亦为晋江管理，中亭港水域属于晋江水利部门部门管理。

3. "中亭"和"中亭港"是两个概念

即便是现在晋南以中亭港西岸为界，也不能说成"以中亭为界"，因为"中亭"和"中亭港"是两个概念，前者是建筑物，后者是水域航道。只要细想一下，便可以发现个中问题，中亭往西还要十几米才是中亭港，此外中亭港还有几十米的水面方及西岸。

结语

综上所述，安平桥的晋南分界点，开始是在桥头及南安的陆地一带，后来是桥之西端的八板桥，现在是中亭港西岸。无论在历史上，还是当今现状，晋南分界处从来都不是中亭。

安平桥具有悠久的历史，是两岸人民密切交往的历史见证，它承载着晋南人民的传统友谊，是先贤为我们留下的宝贵的文化遗产和精神财富。我们之所以对历史资料进行探究和梳理，是为了避免历史的无知而导致与构建和谐社会相背离的无谓争论。无论安平桥的辖界如何变迁，我们都有共同的责任保护好安平桥周边的环境，以实际行动共同呵护它，让先辈们的造桥精神不断发扬光大。

古代安平桥采石场考察记

颜呈礼　龚海乐

安平桥在南宋初建时，"其长八百十有一丈，其广一丈有六尺"，桥墩 360 座，为中古时代世界上最长的梁式石桥。整个工程包括桥墩、桥板、桥栏、桥台、桥头堡等建筑约需石材 45000 立方米。如果用这些石材铺成 1 米宽，0.5 米厚的石板路，长可达 90 公里。如此巨大的工程，其石材来源一直众说纷纭，史书也缺乏这方面的记载。据私家族谱记载和民间传说，多数认为源于近在咫尺的金门岛，也有源于大百屿、泉州石砻、南安石壁等说法。

为了探寻安平桥古代采石场，安平桥历史文化研究会的 9 位会员于 2010 年 1 月 10 日相约到大百屿实地考察，初步证实了那里是建造安平桥的重要采石场。

当天，风和日丽，波浪不惊。上午九时许，我们从南安石井码头租了一艘"机板"直抵大百屿，海上行程 8 公里，费时 60 分钟。

大百屿在安平桥的正南方向十六公里处的围头湾内，位于北纬 24°33′57″，东经 118°27′12″。岛上长轴为北东－南西走向，南北长 0.36 公里，东西宽 0.2 公里，面积 0.06 平方公里，岸线长 0.943 公里，最高点海拔 25.3 米。东南沿岸有一片连绵数百米的岩岸（巨型石窟）。

我们分成 3 个小组，携带铁锹、铁锤、卷尺等工具，分头进入岩岸（巨型石窟），寻找与安平桥石材相关的蛛丝马迹。

几经周折，我们越过一段布满褐色海苔的杂乱礁滩，在海边潮间带发现了一种奇特的景观：一片宽广的"五里桥"横亘水面，无数"桥板"或在水中若隐若现，或袒露水面。在我们这些探寻者的眼里，这些"桥板"的排列竟然错落有致，其色泽、长度、宽度同安平桥的桥板如此惊人的相似。这并非是种巧合，而是先民们得到大自然的启示，巧妙利用大自然的鬼斧神工，节省采石造桥的大量人力的有力见证。

"我们终于找到了！"朋友们不约而同地欢呼起来。此刻，我们没有人再怀疑安平桥的石材就源于这里。

我们正为发现疑似花岗岩石林地貌而惊喜之时，一个小组又有了新的发现：在峭壁和海滩之间的许多巨石上，出现不少整排矩形小石孔。小石孔长8厘米，宽7厘米，最深达16厘米，内壁打磨光滑，呈外宽内窄台形状。每排小石孔少有5洞，多则10洞不等，孔间距不大，罗列整齐，有不同程度的风化现象，显然是人工所为，是常见的采石"凿眼"。

细观察这些"凿眼"的特征，我们认为：一、从"凿眼"风化程度的不同，可以推断形成的时期不同，并且具有一定的时间跨度，说明在不同时期都有在此采过石的事实。二、根据同一石体相邻上下两排"凿眼"的间隔，多数在72～83厘米之间，与安平桥一些大桥板的厚度吻合。三、"凿眼"长度在110～120厘米，是根据天然石头纹理而定，这种选择可以提高采石的效率，是安平桥早期的桥板之所以宽度不同的原因。

为了进一步深入探究，我们在不同的位置取出6种不同的石样带回，想通过与安平桥的石头进行比对，寻找它们的相同之处，以进一步证实建桥的石材确实来源于大百屿。为避免对古桥的损坏，我们仅能从废弃于安平桥周边的断残石板取样进行比对。目前，仅在安平桥找到两例从肉眼看来颜色、纹理、密度、质地等和我们带来的石样非常接近的石板。一例是废弃于中亭港西岸的断残石板，一例是横放于中亭西侧刻有"安平颜……万历庚子颜哲五世孙嘉梧募缘重修中亭并修桥九间立记"的石板。当然，两例石头是否确实与石样同一出处，还有待专业部门进行鉴定方可最终认定。

我们还访问了安海的一位石头行家李琼水老先生。他原籍南安水头，早期居住在安海桥顶，大半辈子陪伴着五里桥。他从事过石头雕刻加工，对石头颇有研究，曾写过有关大佰屿风光，《安平桥石材产地辨别有法》等文章。采访中他说："安平桥的石板除一条与泉州石砻的石头相似外，可以肯定早期造桥没有用石砻的石头。"他还说："泉州地区各地石头的硬度'百石'数第一，'砻石'排第二，'马山石'最适宜雕刻加工。"

　　根据以上勘察考证，综合后来的研究和调查访问结果，我们认为安平桥的大量石材来自大佰屿的理由非常充分。

　　其一、大佰屿的花岗岩石储量非常丰富。据这里留下的痕迹，如此广阔的采石场的石料如果不是用于诸如安平桥，东洋桥之类的大型建筑，大量的石料被开采到哪里去？根据记载，古代建东石寨、大盈寨用的是拆下安平城的石头，而安平城又是用拆了东洋桥的石头。1949年以后，也是石头被广泛运用于各种建筑工程的发展期，大佰屿又是属于前线禁区，现代大量的石头被开采的可能性也很小。其二、大百屿的地理位置得天独厚。这里四面环海，与安平桥距离很近，适合古代发达的水上运输的需要，船只进港顺水，出港顺流。除非大佰屿的石料不能满足安平桥的需要，选择金门岛的石材则是舍近求远，而且更接近外海风浪大，增加运输的难度。

　　希望我们的初步调查结论能引起专家学者的兴趣，让更具专业水平的权威人士来作进一步的论证。我们的探究也还没有结束，如古代安平桥的采石场除了大百屿还有没有其它地方，这些石头是如何装卸并运回来的？一连串的问题还有待于我们去探索。

（刊载于《五里桥》期刊第 3 期）

安平桥上的中亭街

颜呈礼

　　《安海志》多处明确记载，清康熙四十六年（1707年）福建陆路提督蓝理在安平桥附近主持修筑西埭，挖海土填中亭桥两侧，阔十丈，盖屋168间，建了一里长的街市。

　　可是，许多人对于《安海志》提督蓝理建街市于中亭桥的记载持怀疑的态度，地方文史界也常有与史书记载相左的论述。2000年版《安平志》校注者也认为："'中亭街'疑是'桥顶街'之讹。在白塔脚至安平桥头两侧。"

　　综合史料查证，调查访问和实地勘察，可以肯定《安海志》有关蓝理建中亭市的记载是可信的。只是有些地方确实写"水心亭桥两侧"的字眼所导致混淆，而且中亭一带早已没有明显的街市踪迹，白塔前桥头一带却保留着旧街市的模样，才引起这一历史的误会。

"水心亭"，原来是安平桥桥中那座亭子的名称，俗称"中亭"，因早期奉祀泗洲佛，也称"泗洲亭"。清康熙四十六年（1707年），"市人始就亭后建庙祀观音菩萨，呼曰中亭佛祖。灵威显赫，佛光常见于海"，当时，香火鼎盛可想而知。直至清道光年间，"居民以焚香艰于渡桥，爰就桥顶西塔前重建小宫，分奉中亭佛祖，呼曰桥头观音。"人们没有再给这座小宫命名，一直沿用" 水心亭"这一称号。所以，出现了一座桥上有两座"水心亭"的奇怪现象。后来，人们还是习惯称原先的"水心亭"为中亭以示区别，"水心亭"在许多人的心目中则专指白塔前的亭子。在西塔前的水心亭建成之前，《安海志》有关"水心亭"的记载，诸如"水心亭桥"、"水心亭市"等专指中亭是不足为奇的。

"桥顶街"何时鼎盛无考，但应该比蓝理建中亭街时间稍晚。因为，清代之前倭寇常来沿海一带劫掠，这里处于安平城南门外，难以形成稳定的集市。康熙二十三年安海复界，百废待兴，提督施琅也仅仅依明制草创安海旧街区，"桥顶街"应该未成气候。康熙四十六年（1707年）蓝理建中亭街，"四十七年（1708年）又拆西桥头筑土岸以接三陡门。"他拆掉了桥头十几坎桥，目的是为了"断西塔街路"，把往来南安水头方向的客商引导到他兴建中的经三陡门，到西宫、上帝宫直至型厝的有650间店屋的"新街市"，以聚集人气。因此，那时白塔脚至现在望高楼一带是桥断，路不通，街市更无从谈起。

"桥顶街"的规模也远远不如"中亭街"。中亭街长里许（古代一里相当415米），店面168间，而水心亭至望高楼总长仅180米，现在"桥顶"的门牌还不足50号。据长期居住桥顶的老人介绍，1930年前此街东段还有若干坎桥板路面，大部分是小杂石路面，偏西还有一段泥土路面。西段两侧是旷埔，房子很少，没有店铺。当年蓝理所拆掉的十几坎桥也许就在这一带。后来，蓝理被罢职入狱，当地人急于恢复安平桥联结旧街的交通，采取了一个简便的办法，用海土填筑了这段路，然后铺上小杂石，取代被拆掉的桥段。20世纪60年代因引淡水灌溉"解放埭"农田的需要，在"桥顶"路中开挖了一条水渠，再覆盖水泥作为路面。今天我们所见到的花岗岩石桥面则是1980年后人民政府拨款全面修缮安平桥恢复原貌时铺筑的。

中亭街建成，桥头十几坎桥被拆，安海旧街的生意肯定受到很大的影响，当地商家对提督蓝理这些举措的憎恨是必然的。终于，"五十年辛卯（1711年）蓝罢职，田产入官变卖估价"他一手经营起来的中亭市肯定难以为继，甚至遭受毁灭性的破坏也是完全可能的。尽管中亭街存在的时间不长，但还是会留下些许的遗迹。几十年前，中亭东畔桥两侧仍然可见与桥板齐高的旷地，还有厕所、墓葬等都说明这里早有填海造地的迹象。在中亭前西侧一根石柱上，至今还保留"公定界止杂货诸人越界者罚戏一台"字样，也从一个侧面见证这里当时商业的繁荣和商场竞争的激烈。

中亭街是在蓝理提督的大手笔规划实施中迅速崛起，又随着这位大官被罢职而没落，最后永远载入史册。

福建安海宋代安平桥调查记

福建省文物管理会

福建南部宋、元文物很丰富，其中以桥、塔最为突出。晋江安海的安平桥就是保存下来的宋代长桥之一，我会为进一步了解该桥的历史价值及现况，以便提出保护该桥的具体措施，于1957年12月中旬派人到实地进行勘查。现将勘查结果介绍如下：

安平桥又名西桥，全长达五里，故也叫五里桥。位于晋江县安海市区西面，跨海与南安县水头镇相连，为晋江与南安的交通孔道。此地原设舟渡。宋绍兴八年（1138年）僧人祖派、智渊与里人黄护开始倡造石桥，后因工程浩大，未完成。绍兴二十一年（1151年）泉州郡守赵令衿续建，经一年时间才完成。桥全长八百十一丈，宽一丈六尺，共有三百六十二孔，桥旁设有护栏，桥上设亭以供人休息。嗣后因年代已久，亭、桥续有损坏，明永乐、天顺、成化、嘉靖、万历，清雍正、乾隆、嘉庆、道光、光绪时都曾重修。

安平桥原建于波涛汹涌的海滩上，现因海滩逐渐淤浅，潮水能淹到的只有三港，即桥中部的中亭港（潮至时港宽310米）和桥西部的西姑港、水头港（潮至时港宽420米）。桥现存长度2070米，面宽3～3.80米；设桥墩314座，全用花岗岩筑成。桥面直铺着4～7条石板，板的长短不一，长0.8～11米、宽0.5～0.8米、厚0.34～0.78米．桥板两端的接头处又有横铺的石条。桥墩有三种不同形式：

1. 长方形墩 用石条横直交错叠砌而成，平面作长方形，宽1.8～2米、长4.5～5米。这种桥墩数量最多，结构较简单，大都设于水流缓慢而低浅的海滩上。海滩现多已成为陆地。

2. 船墩形　也是用石条交错叠砌而成，墩两端成尖状，便于排水，宽 2～2.8 米、长 6～7 米，结构较精致，大都设在水流较急而较宽的主要港道。如桥西端的水头港就全是此种桥墩。

3. 半船形墩　筑法与上述桥墩相同，墩一端成尖状，另一端为方形，宽 2～2.5 米，长 5.5～6 米，也设于较深的港道部分，西姑港及已淤塞的五港都采用这种桥墩。

桥亭现存五座，分设在桥的东、西、中等处，全系清代改建。东端桥亭叫水心亭（亦名桥头亭），中部桥亭也叫水心亭，因位于桥的中部，又称为中亭。中亭的规模较大，面宽 10 米，周围保存有重修碑记 13 座，年代最早的是明天顺三年（1459 年），最晚的是清光绪十二年（1886 年）。这些碑记系统记述了桥的历史及重修经过。亭的两侧还立着两尊石刻武士像，高 1.4 米，手执长剑，风格较古朴，与福建各地宋桥的石刻像相近。西端桥亭叫海潮庵，庵旁有清嘉庆重修碑记一座，现已倒在海滩上，字迹模糊，在中亭以东 450 米和以西 280 米处，分设路亭一座，建筑简单，仅为普通四柱加顶的小亭。

此外中亭以西 300 米处，还有两个方形实心小塔，立于桥两侧海滩上。塔基系用石条叠砌而成，现高 2 米，下部没于土中。塔身高 2.5 米，分上下两层，上层四面各有浮雕佛像一尊，其作风与闽南宋桥小塔相近。

安平桥与洛阳桥（又名万安桥，位于闽南晋江与惠安交界处）、顺济桥、浮桥（又称石笋桥）为泉州（晋江）宋代四大名桥。安平桥，且有"天下无桥长此桥"之称。像这样巨大的宋代桥梁工程能一直保存到现在，是很难得的。

（调查者：许清泉）

（刊载于《文物》1958 年 12 期）

南安县文化局呈送省文化局安平桥情况检查报告

省文化局：

（一）安平桥情况简介

安平桥位于晋江县西南安海镇（又称安平镇）以西，全长五里（即安海五里西桥）由安海镇白塔处为桥的起点，经桥亭（水心亭）听潮楼（隘门）超然亭（已毁无存）中亭（水心亭）又一座半桥亭，直到南安县水头镇隘门海潮庵为止。桥上共建憩亭五座。

桥头及亭阁皆有石狮、石镇方、石将军分排按次排列装置于两旁栏杆之处。中亭有两尊石将军，和历代修建的石碑，明朝天顺陈弘撰立的为其中最古的一块，但已折两断，下段碑文已风化，亭内有观音佛像和其他泥雕佛。历代皆有僧尼守护，亭至1960年被养正中学用作化肥厂。佛像与僧尼集中于龙山寺。近水头段的半桥亭内有立创桥者，石像现已移在近安海的吕林村。

古时利用山洪与海潮澎涨之时，水位超过桥面，唯见石镇方和五座憩亭于水上，代代皆利用水涨架桥。由于水运便利和桥石宽长坚固的适用，故历来皆石采于金门大百屿，因全桥各段水势急缓不同，故桥板石大小长短不一，水头段水急力大，桥板石一般在二市尺方厚，13米长左右。而安海这段水流冲速力小，故桥板石就用较薄较小，一般只二尺方厚，8米长左右。桥墩也因水势不同而分别三种不同样式建造起来。桥全长为五里。1959年署、县曾会同当地党政领导实地丈量全长八百一十一丈，阔丈六，共三百八十一孔，历来有习惯将近水头段其中有一孔是8板桥，故为晋南两县分管界，其他桥板一般都以7板。

桥建于南宋绍兴八年，至二十二年才建成（即1138～1152年）。明永乐二年（1404年）部分损坏，才由乡人黄韦倡修，离建桥的时间是252年，永乐十七年秋（1419年），重修超然亭和被溪洪潮水冲毁的南汇桥埭，暂以木桥代渡。天顺元年（1457年）十月，才改木桥为石板，至天顺三年（1459年）八月才完工，陈弘撰文立碑，现存于中亭壁间，成化元年（1465年）蔡守辉与刘耿等又倡修。嘉靖十年至十一年（1531～1532年）中亭被冲毁，由黄文器、蔡克振倡修。万历二十八年（1600年）中亭又遇大雨倒塌，由颜嘉梧倡修。崇祯十年（1637），郑芝龙倡修中亭四个月完成，并立碑。

清顺治十八年（1661年）迁界时中亭被毁，至康熙二十三年（1684年）复施琅即予修复。康熙五十一年（1712年）桥梁部分损，施韬倡修，康熙五十七年（1718年）八月十五桥坎折断，乡人以木板代渡。雍正三年秋（1725年）山洪暴涨崩毁数坎仍以木板代渡，直至雍正四年（1726年）才由黄振辉提建，改木板为石板。乾隆十三年和二十八年（1748和1763年）与嘉庆十三年至二十一年（1808～1816年）也先后修建。同治五年（1866年），中亭重修，并刻立"天下无桥长此桥"一联，黄恩承撰立。光绪十二年（1886年）乡人费银元1639元倡修，光绪二十七年（1901年）六月，陈维驹倡修，此时曾因采石与金门士绅闹诉讼，历来桥石在金门百屿岛采用，因其质坚且长，金门士绅以风水关系，不许采之故而闹翻。后因陈景云与陈生寅调解讼事才告结。

康熙十六年（1677年）蓝理筑西埭时，把海土填于桥头亭和听潮楼（即水心亭至隘门）

阔十丈筑房屋 168 间为街市，当时叫新街，因是桥的桥尾故也叫"桥尾埔"。

民国 17 年（1928 年）元月，华侨投资交蔡道基托安海三益行主持重修。以上皆为大型修建记载，小型修建次数不计其数，民国 24 年（1935 年）中亭重修。临解放时国民党逃跑更将桥尾段桥仔破坏。

（二）组织检查情况

解放后中央和省文管会曾于 1956 年与 1957 年到该桥进行调查，1958 年省文管会联合文化馆会同当地党政和文教部门进行检查损坏情况，并丈量拍照，了解散置、挪用当时插碑立匾，通知有关挪用单位送还。组织管委会，张贴布告、宣传、编集资料，进行宣传文物政策法令，发动群众管理爱护，呈报修建计划。1959 年中央、省、县、乡联合组织工作组进行复查（包括有各级文物专家、干部、中央工程师和地方人士等）重新计划造修建计划呈报中央，于 1960 年批下建造费 4 万元，因当时农业生产劳力较缺，调用劳力有困难，故暂时未动，现款尚存县财政局。

1961 年 5 月上旬，接省委通知，在县委重视领导下会同南安县文化局，由晋江、南安县文教局长为首的有文化部门，当地社会人士，当地领导部门参加组成"安平桥检查工作组"，于 9 日上午到安平桥进行检查损坏情况，并了解散置和被挪用的存处。于 10 日上午在安海政协会议室召开座谈会，参加会议的有当地文教部门、工会、公安、商业等单位代表参加，同时成立文物管理委员会安海分会，把安平桥具体交给保护，并确定安海吕贻昌同志兼职具体负责。会议同时研究如何立即掀起保护文物政策的宣传，了解散失、破损，搜集整理有关资料，确定划分安平桥管理范围，研究通过《安平桥管理条例》。

通过以上组织检查，安平桥到目前为止，有如下情况：全桥桥墩损坏 46 座，桥板缺 155 块，损 137 块，栏杆只有一支，石狮两只，石将军大小各一对（大对在中亭，小对在桥尾埔），石镇方仅有两对（一对被安海搬运公司围垦海堤时作为涵洞基石，一对被南安水头搬运公司筑厕所，部分基石被安海、水头两搬运公司挪用作盐场和堤岸涵洞用）。各朝石碑尚存，桥上亭只有中亭尚完整，被养正中学作为化肥厂，亭基被水冲毁三分之一，于要处将倒塌。近水头段尚留半桥亭的一半。靠安海段的半桥亭已于解放初倒塌无存。近安海处基石尽被拆用于海堤建涵洞，目前用海土填塞。近中亭安海搬运公司建一农场管理站，由站到中亭桥下改为畜舍，中亭本一石匾"水心亭"已沉入海，中亭梁也损坏六七支。亭内佛雕以及僧尼于 1960 年并入龙山寺，中亭前仅有一石镇方的零件。近水头段仅存有一半的半桥亭。其中有创桥人石像已被吕林村移去。

靠水头段由于经常停船艇缆绳下锭，把桥板拉得块块裂缝，桥基也稍倾斜，全坏者有 9 孔，目前用木板代替，其木板也已不可靠了。部分折损的已有水泥暂补。近安海段目前已成为陆地良田，靠水头处也有五分之三成为盐场，五分之二尚有水。

（三）处理意见

在当地党委领导下，县安平桥检查组于 9～10 日到实地检查后，5 月 11 日下午 2 时在安海政协召开检查工作会议，聘请当地各部门的代表参加。会议通过晋江安海、南安水头分别成立安平桥管理机构，划分安平桥管理范围，同时制定管理条例五条，在会上通知养正中学化肥厂，立即搬出中亭，安海搬运工会，桥下畜舍应立即搬移，同时派人与政协宗教会联派一僧尼到中亭居住管理，通知安海搬运公司挪用本桥的石镇方、桥基石应立即送还，并由南安县代表开会后通知水头搬运公司归还石镇方与基石，同时由南安通知水兵部门不再停靠船只于桥的保护范围内，规定离桥两丈为保护范围，有水处两丈以外。决定立牌匾保护，开展文物政策宣传，发动群众通风报信，鼓励自动归还，搜集整理有关资料。

南安县文化局

1961 年 5 月□日

安平桥解放前后变迁情况

随着泉安汽车总公司在安海的设立，遂于民国 17 年（1928 年）间开辟海岭线（晋江安海——南安小盈岭）经常每天有 100 多辆人、畜等车来往于桥面，四方行人更是络绎不绝，此桥不仅是宋代中外交通孔道，也是当代泉厦交通的重要枢纽。

军阀时代，驻扎水头反动头子，经常伴随土豪劣绅乘汽车过桥到安海嫖赌饮，近南安水头方面的二座憩亭被军阀陈国辉的连长陈献琛乘的汽车撞倒，由于通车压力而致基础桥板断痕，桥面低凹不平，有的塌陷，曾由安水人力车租赁公司，为了维护本公司的车辆安全，即草率进行填补整修。

抗日战争时期，金门沦陷，于 1938 年农历十月二十六日，日机轰炸西姑港，投弹二枚，命中桥墩附近的北侧海面和桥面，断塌 6 条板，桥墩受震断裂。不久，南安水头伪东南行资本家吕达民，为营建私人楼房，即挖用很多桥墩石，严重影响多处桥墩的牢固，随后由晋江塘东热心侨胞蔡金枪独资修葺。

临解放期间，1949 年农历七月二十九，退驻水头残喘的伪交通警察，为顽抗我人民解放军向西挺进，即施出拙计拆毁二孔桥面；同年 10 月间，蒋匪机疯狂轰炸中亭港，投弹三枚于附近海面；而且解放军大军大批人、马、车、炮造设行军于此数月，加之民用运输的人、畜力车运输车辆来往碾轧于此。

解放后，安海搬运工会为了固堤建堤厕，挖用中亭港桥墩石，加之港深水力集中冲击，以及水头港船艇经常拴缆予桥板石墩，港底桥墩石被群众打海蛎所搬动，而被陷塌倒，后由安、水两处搬运站工人联合架设木桥恢复交通。同时，桥的两侧四座石塔也先后被安海、水头搬运站工人围堤垦植、修庙所拆毁移用（近水头的二座石塔的材料塔尖、雕刻佛像的塔身均由水头搬运站保存起来）。

总之，此桥由于历受强大台风暴雨、洪流巨潮的袭击，遭到有意和无意的人为拆毁及战争的破坏，而桥至今破烂不堪，大失元气，之后出现不幸事故数起，据初步调查和观测：全桥有 33 孔断痕掉落的桥板 43 条，已倒塌或崩裂倾斜将倒塌倾斜的有 13 孔，均在水头、西姑、中亭、五港等四个港湾范围内，其中尤以西姑、中亭二港为最严重。此桥虽是如此破损，目前仍是非机动之车辆、人力挑运、行人的必经之处，经常发生人、畜、车辆穿"桥裤"的伤亡事故。解放初期，我人民解放军 9982 部队夜间行军此桥，不幸牺牲了一位团长，战士、军马、运输车、炮也有所伤亡。最近，即今年元月份，南安仁福大队刘宅村有一位 20 多岁的社员，因事欲行往安海路过此桥不慎失足投海而死。

当地群众及来往行人大都感叹不已，并迫切要求与盼望政府及早进行修复。

通过这次的桥查发现如下问题，有的已经在当地研究做了处理：

（1）对影响安平桥安全的船艇拴缆停靠，群众打海蛎、搬动桥墩石等情事，已同厦门水兵大队驻水头中队段副指导员及水头综合厂（搬运、航运、化工）书记林塔来同志，水头大队、水头城镇委员会、文化馆协商研究，共同制止，避免不幸事故再度发生和保护桥墩安全。而且请当地管区、城镇委员会、大队、文化馆、水管所等，结合当前党的中心，宣传贯彻国务院于今年 3 月 4 日颁布的《文物保护管理暂行条例》及安平桥的重要性，并做经常性的管理保护。

（2）中亭是全桥五亭中最大最清幽雅净，且是客人来往休憩的地方，1958 年晋江养正中学在此拆毁十八罗汉像，建造提炼氯化钾，弄得一塌糊涂。前年虽已停炼，但目前尚堆存氯化钾和提炼工具，腐蚀性很强，严重影响中亭的安全，器具由我县建议或报请省督促责成该县，督促有关使用单位立即搬走。

（3）安平桥文物保护范围初步确定，及树立保护标志，已草拟成文（附后），等送请批准后，在当地订制木牌，以便树立标志。至于科学记录搞成档案，还得请贵文管会插手解决。

（4）由于安平桥地处晋、南二县，其文保组织委二县联合成立或分开建立，请县研究后进行。

南安县文化局

1961 年 5 月□日

晋江专署文化局关于晋江宋代安平桥勘察报告

安平桥在晋江安海镇区之西南隅。横跨海湾，通往南安水头镇，为晋南交通要道。因桥长约五里故俗称五里桥，该桥始建自南宋绍兴八年（1138 年），完工于绍兴二十二年（1152 年）。桥的规模宏伟，工程巨大，为我国东南沿海古代著名长石桥。1961 年被国务院公布为第一批文物保护单位。

解放以来，为保护这座历史名桥，中央及省、专、县文化行政部门和文物管理机构曾多次派员实地调查，搜集有关历史资料，并采取一系列保护措施，成立安平桥保护委员会，专门负责经常的护理工作及对群众进行文物政策宣传教育。通过宣传教育，使广大群众对这桥已逐步引起重视和爱护。鉴于目前桥身因年久失修，损坏情况严重，必须采取措施，以防止继续损坏。由此，晋江专署文化局、晋江县文教局会同安平桥保护委员会有关人员组成安平桥专案调查小组，于 1961 年 9 月 12～15 日对安平桥现状再次进行实地勘察，并通过访问座谈，对方征求意见，提出了相应有效保护措施。在这次勘查中，省文管会派员参加。现将勘察结果及应采取措施分别报告如下：

一

安平桥为梁式架石桥，全部花岗岩石筑成。据记载，原桥长八百八十一丈，宽一丈六尺，疏水道 362 孔。桥墩有长方形、船形、半船形三种。

桥面多用长条石铺筑，每孔用石板 6～7 条不等，每条长 5～11 米，宽 0.5～1 米，厚 0.3～1 米，重约 2～6 吨。桥的两旁原设有扶栏，桥中设有五座亭，分建于桥中和两端，以供行人憩息。桥身两侧建有石佛塔（俗称镇风塔）和石刻武士像与石狮子等附属文物。由此可联想其时这座桥梁建筑的宏伟状况。

由于这桥为晋南交通要道，商旅车辆络绎不绝，且因经常被山洪潮水冲击，虽经历代重修，但尚未完全控制着人为和自然力对桥身的破坏，以至影响它构成的完整。目前桥下逐渐被泥沙淤塞，除中亭港及水头港外，其余几乎全部成为陆地。原桥首自白塔以南约长 200 米的桥身，因早年淤塞，清初已在两旁建房屋现成为小街道。中亭以北地方，其海滩亦建为农田。因此桥的原来长度和桥墩数量也随之缩短和减少。桥上附属建筑及其他文物亦有损坏或无存。据实测现桥全长为 2070 米，桥墩仅残存 331 座，桥中原有五亭现仅存中亭，这亭名为水心亭，面宽和进深各约 10 米，为清代重修。中亭周围立有 13 座修桥碑刻，其中年代最早为明天顺元年（1457 年），最近的是清光绪十二年（1886 年）亭前两侧有两座立身石刻武士像，戴盔披甲，手托长剑，一尊高 1.59 米，另一尊高 1.66 米，作风古朴，系同时物，推测此两尊石刻像原应立于桥首后移中亭。

除外，在桥东端（安海部分）有六角五层砖塔一座，因塔身涂白，俗称白塔。此塔也建于绍兴，据载系建桥余资续造。塔面光整，与桥成一直线。塔下一路亭俗称桥头亭是清代建筑。桥的西端（水头部分）桥头一亭名叫海潮庵亦清代建筑。原桥上栏杆及石佛塔与石狮等附属物均已无存，桥身破损严重。根据这次勘察结果，现存 331 座桥墩中（方形墩 259 座，船形墩 27 座，半船形墩 43 座）已倒塌的 19 座；损坏 106 座，其中水头港部分的船形墩破损最严重，在 27 座船形墩中稍完好的仅有 3 座。桥面板损坏计 294 条，其中缺的 174 条，折断 112 条，掉在桥下的 8 条。桥身损坏最严重的 5 处：

（一）靠水头部分仅有 6 孔桥墩倾斜桥面不整，其中第 3 孔的桥面已塌下。

（二）水头北约 152 米处的西姑港 9 孔其中有 5 孔桥面全部塌下，桥墩倒坏 3 座，现新架木通行。

（三）中亭以南 20 米处的中亭港部分损坏 4 孔，其中桥墩倒 1 座，2 孔桥板无存，亦一架木通行。

（四）中亭以北 200 米处损 5 孔，其中 2 孔桥板大部分掉下去。

（五）中亭以北 250 米处损 5 孔其中 2 孔损坏严重，桥面下凹桥板大部无存。

除这五处外中亭原基堤已被潮水冲倒，中亭的堤坝，及桥身的安全威胁很大。

二

从桥的现状看，损坏是极其严重的，因自然力和人为的事故仍在继续危害桥的安全，较严重的是山洪与海潮的袭击。特别是每年的八九月间的暴风雨季节里，经常有山洪与大潮的暴涨影响最大，而桥身本来就已倾斜不牢，随时都有倒塌的危险。其次是人为的损坏，从目前看，可能引起破坏的是：

一、此地仍为目前交通要道，每日载重牛马车及独轮车等来往不绝，特别是铁轮车辆影响最大，桥板常有被辗折的事故发生。

二、水头港这处原桥身已损坏不堪，加以近来驻地水兵经常于桥墩或桥板上栓缆汽艇，多的数十艘，使部分的损坏程度已越来越加深。

三、当地群众经常于桥下敲蚵（蚵为钳石生长的海产），因而使桥墩逐渐受到损坏。

四、近安海的部分桥下为当地搬运公司垦为农田，近中亭处的桥下现作牧场畜舍，墩石部分被搬动移用，亦危害桥基安全。

为了保护这座历史名桥和维护当前交通安全必须采取如下紧急措施：

一、应发挥已组织起来的"安平桥保护委员会"的作用，加强对群众进行保护这座古桥重要意义的宣传教育，订出切实可行的保护办法，由晋、南两县人委会共同公布。

二、迅速设立保护标志；

三、晋南两县人委会应通知当地群众及有关部门禁止再行搬动桥石、敲蚵以及有妨碍桥身安全的行为。特别是水兵拴缆舰艇，经联系已答应不在桥上拴缆舰艇，应催促从速行动。

四、县人委应责成当地行政部门追回散失的桥石及附属文物，以免散失。

根据该桥目前损坏情况及将来以不可避免的自然力和人为的破坏，必须有计划而及时地对这桥进行抢救性的修缮。否则桥身日益损坏，对将来修建及恢复这座名桥是有很大的不利。

因此修建是必要的，同时也是有可能的。据目前情况分析，有利条件是：

一、此桥于今年被国务院列入全国重点文物保护单位之一，修复必然得到中央及省、专、县各级党政领导部门的支持。

二、桥之损坏严重直接影响交通上的方便，群众对修桥的要求迫切，因此在修桥上的困难都能得到群众的协助解决。

三、修桥计划准备已久，对工程的估计及准备已有一定基础。

但工程的进行仍存在着一些困难；首先是当前大办农业大办粮食的情况下劳力比较紧张，无法抽调大量的民工参加工作。其次是技术条件限制，目前无法抽调工程人员进行全面施工设计．第三石料来源的困难，因历来修桥的桥石均采自金门佰屿，这里石块料长、质优，又可水运直达工地，现金门尚待解放。目前无法再采此地石料，如果就建地取石，十轮卡无法载运一条桥板（因石重6吨超过卡车载重3吨）。同时，目前交通工具缺乏之时，调用汽车难以解决。另外在架板上也有困难。

依上述的困难情况，我们通过访问广泛征求各方面意见，提出如下措施：

一、关于劳力。我们认为工程虽巨但可按损坏程度的轻重与否分段分期进行；第一期可先修水头港西姑港及中亭背后基础；第二期修复中亭以东近安海区段两处破损部分；第三期工程填补残缺桥板，恢复桥上栏杆一切有资料可查的附属文物。这样用少量的劳力即可进行工作，如果劳力调用不多，可以就地解决。

二、关于技术人员缺乏问题。可请老石工参与设计，据说安海打石店的李荣枝和杨传基的父亲和祖父曾参加这修桥工作，具有实际经验，此外也可与惠安县联系，请著名的石工参加工作。

三、石料来源及交通工具问题。目前既无法采用佰屿石料，但据了解靠水的石料尚有南安石井，山仔盐场对面的鸥屿，这里距安海水程甚近。其附近的角山和觅泉二处亦有石料可开采。其次，就是晋江金井的塘东，厦门的高崎均有产石，在这几处采石都可以用水运，可以减少陆运的困难。水运可用绳船拖大戈（卜仔）每船可拖大戈八九只，均可载重百担（即5吨左右的桥板石3～4条）。

另者如大型桥板石料开采不易，亦可将近安海这段已成陆地的桥段上挖用。再将桥面断折的桥板修补已成陆地桥段。

关于修桥的组织领导应由省、专、晋江、南安党政领导部门及有关单位组成"安平桥修建领导委员会"（或工程指挥部），并抽调干部具体负责指挥修建工作。施工时间最好在八九月间，因这时水位较高，大潮可超过桥面，便于水运和架设桥板。

三

关于整个修建工程，按1958年估价进行的修建计划的经费开支应在38万元左右。据目前和县建筑公司联系现在造价须加三倍左右，如果按这样计算所需费用就得114万元左右。然后根据分期的估计：第一期应以全数的一半（即57万元），第二期22万元，第三期35万元左右。

晋江专署文化局
1961年9月18日

附：安平桥历代修复经过资料一份

安平桥历代修复摘录

安平桥建成后，因年湮代远，桥梁和憩亭，历代都有修缮；中亭且曾一度被毁，过后复兴；靠塔前桥道也有更易改建，兹根据旧志和碑石记载，结合调查所得，综合摘录如下：

明永乐二年甲申（1404年）里人黄韦重修桥梁。

永乐十七年己亥（1419年）秋，修建超然亭。

天顺元年丁丑（1457年）十月，安国廣、蔡阳生、蔡逊谕、伍嗣悦、蔡四、郑勤治等，倡修中亭及桥道，越三年己卯八月竣工。陈弘（道远）撰立重修碑记，碑保存在中亭门前左边壁上，碑石高1.8米，宽0.56米。

成化元年乙酉（1465年），蔡守辉、刘耿等，重修桥道。

嘉靖十年辛卯（1531年），知县钱梗、里人黄文器、黄文鼎、黄元景、蔡克振等，继续修葺中亭及桥道，翌年正月告成。

万历二十八年庚子（1599年）十一月，颜嘉梧、陈思远等，再发起捐资修葺中亭及桥道；三十四年丙午完工，勒石留念。现亦保存在中亭门口左壁，碑石高2.20米，宽0.84米。

崇祯十年丁丑（1637年）秋，郑芝龙再倡修中亭，翌年竣事。芝龙撰立碑记，竖在中亭对面桥边，碑高2.30米，宽0.70米，座高0.43米。

清顺治十八年辛丑（1661年），满清统治者为消灭郑成功倒清复明力量，迫令安海居民迁徙内地，把所有建筑物全部焚毁，中亭也不能幸免。

康熙二十三甲子（1684年）复界，安海人民逐渐在废墟上重建家园，施琅复兴中亭。

康熙四十六年丁亥（1707年）蓝理筑西埭，挖土填白塔前桥亭海滩，建屋168间为市，即现在桥头亭下至桥尾埔一段店屋（编者注：蓝理填土建街于中亭，而非现今白塔前的水心亭）。复拆桥头十余坎桥墩筑土岸接三斗门，以通西宫、上帝宫、新街一带新建的街市，与旧街竞夺市场。

康熙五十一年壬辰（1712年），部分桥梁倾圮，施韬重修，黄廷璧撰记。

雍正四年丙辰（1726年），郡守张无咎、里人黄振辉、施世榜，以过去部分桥坎，被水冲坏，暂用木桥代替，崩溃堪虞；发起捐资修建，改木为石，翌年正月完成。张无咎、陈万策各撰立碑记，竖在中亭对面桥旁。

乾隆十三年戊辰（1748 年），二十八年癸未（1763 年），先后续修桥道，黄仕葵、靳起柏各撰立碑记。

嘉庆六年辛酉（1801 年），再度例修桥道。十二年丁卯（1807 年），知县徐汝澜、里人黄元睿、黄仕葵、施继源、颜惇飘、黄拱照、黄元礼、黄啄垒、黄世琛等，继续重修桥道，历时一年多，至十三年十月竣工，糜金一万有奇，徐汝澜撰立碑记。二十一年丙子（1816 年），又再修缮，也竖立碑记。

同治五年丙寅（1866 年），修建中亭，门口所立"世间有佛宗斯佛""天下无桥长此桥"的石刻对联，就是这次由黄恩承撰立。

光绪十二年丙戌（1886 年），再度修葺桥道，共费银元 1630 元，撰立碑记在中亭宫边南畔。二十七年辛丑（1901 年）六月，陈维驹等继续倡修。

民国 17 年丁卯（1928 年）1 月，旅菲同乡捐资交由蔡道基转托王青山、陈润溪等，再行修葺桥道。

民国 24 年（1935 年），继续修建中亭。

1946 年，塘东蔡金枪（蔡尤之子），捐资交由水头人吕承添、陈菜三等修理桥道，缺者损者，改用洋灰修补。

关于安平桥勘察情况与抢修复原意见的报告

中央文化部根据我局的要求，于今年 3 月 1 日派来文物局古建筑研究员罗哲文同志，邀同交通部工程设计院刘济源工程师，来我省勘察和研究安平桥的修缮工作。经与省交通厅联系，在□厅长、侯处长的重视支持下，派出吴、姜两位工程师同我们一起赴晋江专区进行安平桥的实地勘察。到晋江，专署高剑峰副专员亲自主持召开了文化、交通等有关部门负责同志参加的座谈会，研究确定了有关安平桥的修缮方针和组织领导问题。3 月 5 日，由泉州文化局许局长、专署交通局林段长及晋江、南安县文化局长陪同刘工程师和罗哲文同志到安平桥进行实地勘察，并在安海镇开了包括安海领导，安平桥保护小组、华侨、当地驻军等代表参加的座谈会。大家反映了各方面意见，要求修缮。经过一周的勘察座谈，由交通部刘工程师和省交通厅吴、姜工程师研究提出了安平桥抢修和复原的初步方案，征求了专、县领导意见，并于 3 月 12 日上午由省文化局和省交通厅召开了有关单位会议上做了研究。

一、安平桥的现状

安平桥俗称五里桥，位于晋江县安海镇西南隅，横跨海湾，通往南安县水头镇。建于宋绍兴八年（1138年），完工于绍兴二十二年（1152年），距今已有810年的历史，是18世纪前世界上第一长的石桥，是我国古代劳动人民的智慧结晶；不仅在科学研究上具有重大的价值，而且在交通、军事、政治、经济上也有着重要意义。

由于它经历着800多年的历史，遭受山洪潮水的冲击，载重牛、马车辆频繁，两岸行人过往不绝（据当地群众反映，每日来往行人几千，逢节日，假日有上万），又加上解放战争时期国民党军队破坏，长年失修，致使部分桥墩倒塌倾斜，桥顶石板残、断甚多，有的地方搭木板，随时有倒塌的危险，严重地影响交通安全。如归侨郑士美先生在座谈会上很不满意地说："历年来文化、交通、水利部门不断来视察、要资料，我们也花了不少力气尽量供应，可是至今没有很好修缮，不断损坏，老年人过桥走到危险地方得卧身爬过（自己也爬过），十年多淹死过桥群众20多条生命，如果毛主席知道此事也会很痛心。"并说"当地归侨对祖国各项建设都很满意，唯独走到家乡门口看到五里桥就不满意。"当地驻军也迫切要求修缮，部队代表反映，作战重要的是时间和速度，步兵从安平桥上行军只需20分钟，若桥不能通行，需绕路80公里，花16小时。全国人民代表茅以升等此次来视察时，特赴安平桥观看，鉴于当前损坏情况，要求专、县好好保护。

安平桥现有实际长度2070米，332孔，宽3～3.8米，每孔用石板6～7条，每条长5～11米，宽0.5～1米，厚0.3～1米，重约2～6吨。现存石板1717条，缺170条，断83条。严重损坏的孔道共有12孔，其中连墩子被冲毁的有5孔，严重损坏需立即整修的有6孔，桥面全部损坏用木板铺替的有4孔，改用洋灰面铺替的有2孔，其他尚有少数已用洋灰补修过的石板。桥板缝隙较大的有十余厘米。桥墩大部损坏，其损坏情况可分为：倾斜的，被水冲刷中空的，地基下陷的，残缺的和损坏后用小石头垫托的等五类，其中有五个墩子要重建。桥亭仅残存中亭（又叫水心亭），系清末重修。亭的背后护岸已被潮水冲坏，危及中亭安全，必须马上修固。中亭前面石塔已倒塌埋在土里。水头镇护岸已冲坏，也需修固；桥上栏杆全部无存；全桥靠近安海镇部分，约占桥长度三分之二左右，已被围垦淤塞。靠近水头镇部分损坏情况较为严重，如不马上进行抢修就有倒塌危险。

二、修复方案

对安平桥的修复，拟制定长期计划，短期安排的办法，先抢修后复原。

1. 抢修方案：要求文物不再损坏，保证交通安全。

桥面：复原严重损塌的桥面12孔，残缺折断的桥面石板全部补上，整理桥面高低不平的缝隙较大之处。桥墩：新建桥墩5个，又把损坏、倾斜的桥墩予以垫平，残缺的补齐，临时垫塞小石头予以换掉，冲空的予以塞住或灌浆，勾平缝隙，下陷的予以垫高。

护岸：修好中亭背后护岸和水头镇的护岸。建议驻地海军在水头修靠船码头，以免抛线桥上，影响桥的保护工作。

栏杆：在中亭至水头镇的一段桥面两旁安装木栏杆，以护行人、车辆安全。但也可不安装。

预算：抢修约需要15万元。

2. 修复方案（要求按照原样全部复原）：

（1）修复全部石板桥面。

（2）墩子全部整修灌浆，勾缝，整修桥身。

（3）复原桥上石栏杆，石塔和四座小亭子。

（4）树立电灯柱子。

全部复原预算大约需58万元（包括抢修）。

三、步骤方法

1. 省交通厅公路局于4月中旬以前完成抢修测量，提出施工设计书和预算，由文化局、交通厅联合上报省人委、文化部批准，争取5月份施工，年底完成。

2. 省文化局，文物管理委员会，专、县文化主管部门于今年6月份以前共同提出复原资料；省交通厅公路局年底前提出复原施工设计书和预算。

3. 抢修安平桥的整个施工、运料由省公路局第三工程队负责，文物资料收集由省文管会负责。劳力小工问题，晋江专署反映，晋江地区土地少劳力多，尤其石工多，施工中所需劳力当地可以解决，况且修复安平桥与晋江地区群众利益密切，一定会得到当地群众大力支持。

4. 石料问题，由晋江专署、县文化部门协同交通部门立即开始料场的探索工作。如果附近开采大石料有困难，可先将中亭至安海镇无水地带的桥面石板先移来修补中亭至水头镇有水地带残缺折断部分，无水地带桥墩依旧保留，桥面暂填土方，待将来复原。

四、请示解决的几个问题

1. 报请省人委批准抢修方案，并纳入计划批拨资材，安排劳力。

2. 报请省人委批准解冻 1959 年文化部整修安平桥专款 4 万元，和 1961 年省文化局拨修该桥中亭护岸专款 4000 元，共 44000 元。其余不足经费，待实测预算后，报请文化部拨专款解决。

3. 报请省人委批准成立"安平桥修建委员会"专职其事，委员会由省文化局、交通厅、文管会、晋江专署、晋江和南安县文化、交通部门以及安海镇委等单位组成之。

4. 施工期间请批示给予小工粮食补助。

5. 安平桥抢修、复原后，晋江专署提出由文化部门保护，交通部门负责定期保养。

1962 年 3 月 20 日

福建省文化局关于安平桥抢修方案的请示报告

（62）文社字第 020 号

主送：省人民委员会

抄报：省委宣传部、中华人民共和国文化部、文化部文物管理局、交通部。

抄送：晋江专署、省文物管理委员会、省交通厅公路局、省计委。

安平桥俗称五里桥，位于晋江县安海镇西南隅，横跨海湾通往南安水头镇，为晋江、南安两县交通要道；创建于南宋绍兴八年（1138 年）竣工于绍兴二十二年（1152 年）距今已有 810 年的历史，其建筑形式为梁架石桥，全系花岗岩石筑成，据记载原桥长八百一十一丈，宽一丈六尺，362 孔，桥中有亭 5 座，两旁设有扶栏，并有石塔、石刻武士像与石狮雕刻等附属文物，规模宏伟，工程巨大，是 18 世纪以前世界上第一长的桥梁（目前国内除了黄河大桥外，仍为全国最长之桥）。它是我国劳动人民智慧的结晶，不仅在科学研究上有重大的价值，而且在交通、军事、政治、经济上也有重要意义，国务院公布为全国第一批重点文物保护单位之一。

几年来我们对此桥，不断采取了一系列措施，于当地组织社会人士成立了安平桥保护小组，建立了历史科学档案，制定了保护规则，设立了保护标志，划定了保护范围，经常开展文物保护宣传工作。中央文化部、省、专、县文化行政部门及省文物管理委员会，亦曾多次派员实地调查，贯彻保护政策。1959年文化部曾同意对该桥进行加固修缮，并拨专款4万元，交由晋江县负责，但因工程较大，经费、技术、劳力都有问题，无从解决，故未动工。1961年省、专、县文化行政部门和省文物管理委员会，曾联合组成安平桥专案小组，进行实地勘察，结果认为：近两年来由于自然和人为的破坏，桥石损坏更甚，比之1959年时损坏率高达二倍以上。因此，文物局一面专案报请中央文化部派技术人员勘察修缮；另一方面对损坏严重的中亭护岸部分拨款5000元进行抢修，后因时间和备料问题，亦未动工。文化部根据我局的要求，于今年3月1日派文物局古建筑研究院罗哲文同志，并邀请交通部交通工程设计院刘济源工程师一道来省，我局和省文管会派出干部及交通厅派出工程师陪同前往安平桥实地勘察研究，提出了初步抢修和复原方案，并征求了晋江专署、晋江和南安县人委的意见，现将勘察情况和修复方案报告如下：

由于安平桥是经历800多年的历史，遭受着自然山洪潮水的冲击；载重牛、马车辆频繁，两岸行人过往不绝（当地群众反映每日往返行人几千，逢节日、假日有上万人），加上解放战争时期，国民党军队的破坏，当地群众也经常于桥下捕鱼、敲蛎，因此使其桥墩逐渐遭受到人为的损坏。特别是靠水头港的护岸，桥身原已损坏不堪，近年来驻地水兵部队经常于桥墩、桥板上栓缆汽船，使其损坏程度更甚，严重地影响了交通安全。近年来，伤亡事故不断发生，当地群众、华侨极为不满，他们说：历年来文化、水利、交通部门不断来勘察调查材料，老百姓就花了不少力气尽量供应，可是至今没有很好修理，不断损坏，老年人过桥走到危险地方的卧身爬过，十年来淹死过桥群众20多人。（其中有归国华侨、有解放军团长）。驻地部队也迫切要求修缮，他们反映：作战重要的是时间和速度，步兵从安平桥上行军只要20分钟，若桥不能通行，需绕路80公里，花16个小时。全国人民代表大会代表茅以升等此次来闽南视察，特赴安平桥观看，鉴于当前损坏情况，要求我们好好保护。

安平桥现有实际长度2070米，332孔，宽3～3.8米，每孔用石板6～7条，每条5～11米，宽0.5～1米，厚0.3～1米，重约2～6吨。现存石板1717条，断43条，损坏的孔道共有17孔，其中连墩子被冲毁的有5孔，严重损坏需立即整修的有

6孔，桥面全部损坏用木板铺替的有4孔，改用洋灰面铺替的有2孔，其他尚有少数已用洋灰补修过的石板，桥板缝隙较大的有十余厘米。桥墩大部损坏，其损坏情况可分为：倾斜的、被水冲刷中空的、地基下陷的、残缺和损坏后用小石头垫托的等五类，其中有五个墩子要重建，桥亭仅残存中亭（又叫水心亭），系清末重修，亭的后面护岸已被潮水冲坏，危及中亭安全，必须马上修固。中亭前面石塔已倒塌埋在土里，水头镇护岸已冲坏，也需修固。桥上栏杆全部无存；全桥靠近安海镇部分，约占全桥长度三分之二左右，已被围垦淤塞；靠水头镇部分损坏情况较为严重，如不马上进行抢修，恐怕有倒塌危险。

就上述情况看来，对安平桥应急须进行修复，拟采取长期计划，短期安排的办法，根据文物保护维持观的原则，先抢修后复原，抢修作为复原的第一步，做到复原时不必返工，抢修也分二步走，首先抢修危及中亭安全和交通安全的两处护岸。

1. 抢修方案，要求文物不再遭受损坏，并保证交通安全。桥面：复原严重损坏的桥面11孔；残缺折断的桥面石板全部补上；整理桥面高低不平的缝隙较大之处。桥墩：新建桥墩五个，把损坏倾斜的桥墩予以垫平，残缺的补齐，临时垫塞小石头的予以换掉，冲空的予以塞住或灌浆，下陷的予以垫高，勾平缝隙。

抢修工程计划今年完成，初步估计需17万元左右。

2. 复原方案：要求按原来形状全部恢复旧观。

（1）修复全部石板桥面。

（2）墩子全面整修灌浆、勾缝、整修桥身。

（3）复原桥上石栏杆、石塔和四座小亭子。

（4）树立电灯柱子。

全部复原工程计划今年底提出施工，设计书和预算，何时动工明年再说，初步估计复原需70万元左右（包括抢修）。

此外，还有几个具体问题及解决办法是：

1. 经济问题，请省人委批准解冻1959年中央文化部拨修安平桥专款4万元和1961年省文化局拨修改桥中亭护岸专款5000元，作为当前急修中亭护岸和严重损坏影响交通部分之用。其余不足经费，待实察预算后，报请文化部拨专款解决。

2. 实测预算问题：省交通厅公路局和省文物管理委员会即刻组织工作组赴安平桥实地详细测量，于4月底以前提出抢修施工设计和预算，报请中央文化部审查批准，并派干部指导，拨给经费，同时请省人委准予将此抢修工程纳入计划，以便安排劳力，供给材料。为了赶梅潮季节，争取在5月份动工，年底竣工。

3. 文物资料问题：省文物管理委员会同专、县文化主管部门于今年 6 月份以前共同提出复原资料，以供省交通厅在年底前研究提出复原施工设计书和预算参考。

4. 抢修工程施工，运料问题由省交通厅负责，劳力小工由晋江专署当地安排解决（晋江南安地区土地少，劳力多，尤其石工多可以解决，只是若按标准工资计算就产生小工的粮食补助问题，请省人委批拨）。

5. 石料问题：由晋江专署、县文化部门协同交通部门立即开始探索工作，如果附近开采大石头有困难，可先将中亭至安海镇无水地带的桥面石板，先移来修补中亭至水头镇有水地带残缺拆断部分，无水地带桥面暂填土方待将来复原。

6. 关于水头镇驻军利用桥板栓缆汽船问题：目前部队虽已采取措施，搭用木桩，但逢大风浪仍不解决问题，因此请省人委通知支前委员会，同军区联系建议他们在水头镇建筑靠船码头，以保护文物安全。

7. 安平桥原记载八百一十一丈长，362 孔，靠安海部分因早年淤塞，清初已在两旁建有房屋，现已成为小街道，故现长 2070 米，332 孔，按原长复原还是按现长复原？请文化部指示，并派干部参加复原计划工作。

8. 建议成立"安平桥修建委员会"，由省交通厅、文化局、文管会、晋江专署、晋江县和南安县文化、交通部门以及安海镇人委等单位组成，专门负责抢修安平桥的工作。

以上报告是否可以，请速批示。

福建省文化局

1962 年 4 月 11 日

关于安海五里桥围垦调查报告

今年 6 月间，南安县水头公社埕边大队和朴里大队，在大盈溪下游右岸五里桥右半部着手围垦。因事先缺少全面规划安排，致引起上下游左右岸水利矛盾。我局派人于 6 月下旬，协同南安县水电科进行了有关堤段调查以及勘测等工作。兹将情况综合报告如下：

一、洪水问题

关于石壁水库下游洪水灾害,1956 年 9 月 19 日洪水(未建库前)为较大一次洪水,下游两岸均满堤、缺堤成灾,淹没近 2 万亩耕地。1956 年石壁水库建成后,对下游洪水有所减轻,但 1959 年水库泄洪 220.5 立方米 / 秒,下游一带洪水灾害仍然较严重,淹没了朴里一带低地。1961 年水库曾先后泄洪两次,分别为 307.5 与 357 立方米 / 秒;下游仍然是防洪紧张,淹没了一些低地。1962 年水库仅泄洪 70 立方米 / 秒,下游仍然是防洪紧张,淹没了低地。从上述几次洪水灾害对石壁水库下游洪灾分析,洪水成因,主要还是取决于水库下游区间流域。溪南溪、交斗溪、天心洞溪等支流集雨面积 50 平方公里之洪水与海潮顶托有关,对石壁泄洪形式加以人工控制错峰泄流调节,可以减轻下游洪灾。同时,水库加高后泄洪,次数洪量等都会大幅度减少。故对下游洪水分析,不考虑石壁水库泄洪加重下游洪峰。

二、石壁下游区间洪水

区间洪水根据福建省 1964 年水文资料,推算下游 50 平方公里,10 年一遇频率洪水,最大迁流量为 51.5 立方米 / 秒,20 年一遇洪水,68.4 立方米 / 秒,石壁水库 10 年一遇洪水,最大迁流量 928 立方米 / 秒,20 年一遇洪水 1240 立方米 / 秒,故对下游河道洪水分析以十年一遇洪水校核,最大迁流量为 559 立方米 / 秒。

三、下游河道泄洪问题

原下游河道在五里桥上游 1.5 公里处,洪水扩散为海潮位,洪水位,海滩及三道河港分散于五里桥中亭及水头等地的 760 多米桥孔排泄。南安埕边大队围垦后,将河口推移至五里桥下游 250 米处入海。泄洪河道成倍减少,集中一股由中亭 250 多米桥孔泄洪。影响整个河道泄洪能力及安海海堤五埭水闸泄洪时间。原水闸为直接入海,不受洪水顶托。围垦后,变为内河水闸受大盈溪洪水位影响,延长排涝时间。其次朴里围垦缩少河宽,迫使上游左右岸水位提高。

四、围垦后水位改变情况

原河口五里桥上游 1.5 公里处,仅为最大潮水位 6.8 米,埕边围垦后,河口推向下游,按 550 立方米 / 秒推算,原河口大致溪洪水位 7.2 米,朴里再围垦后,缩窄河宽,原河口水位为 7.43 米。

五、围垦后对上下游左右岸影响

1. 对原河口以下堤段的晋江县西垵大队、工人埭等大部分土堤标准不够高，要加高 0.4～0.8 米。其次，新围堤标准仅考虑潮位，没有计入洪水渠高，原计划标准不够。（这些堤段原只受潮位顶托，围堤后亦受洪水位渠高影响，新围垦没有考虑）。

2. 上游堤段除安海海堤 1962～1963 年培修后标准够外，其他右岸朴里大队堤高标准不够，须加高培厚。

3. 河口推移后，影响左岸 3600 亩排涝时间延长 4～8 小时（考虑石壁泄洪，大盈溪、洪峰历时延长）。

4. 河道集中后涉及五里桥安危问题，经核算，原五里桥在没有海潮顶托，过桥孔数多，流量分散，流速在 1 米／秒，河口改变后，在没有潮水顶托泄洪，河口水位突然下降，流量集中，流速增加至 2～3 米／秒。原五里桥已不够稳固，勉强建立在海滩上，流速加大，势必冲垮五里桥中亭附近桥孔及中亭等古老建筑物。

5. 朴里围垦缩窄了河道，使晋江县西安堤段河弯凹岸冲刷加剧，影响现有堤防及耕地安全。

六、围垦工程效益估计

埕边大队围垦堤长 2.2 公里，围垦面积可耕 1100 亩，朴里大队围堤长 1 公里，围垦面积 250 亩，可耕面积 180 亩，围垦后 5～10 年才能有较好的收成。按 10 年后产量估计每亩 800 斤，每年可增加粮食 102 万斤。关于损失问题，挖港占地 20 多亩，对五埭大队排涝延长 4～8 小时，造成淹没损失估算，按年产投 1000 斤的 5% 计，3600 亩及挖港 20 多亩，每年损失近 20 万斤。10 年约 200 万斤。因此，从效益和损失对比，只能是 10 年后才有较大效益。

七、关于围垦工程措施意见

1. 工程规模：应当包括五里桥中亭附近桥孔的加固和重修河港主流的五孔，以及中亭防洪护岸，保证在水位突变下，流速增大，其原建筑物不受损坏。

2. 新围堤堤高增加 1 米，保证 10 年一遇洪水安全泄洪。

3. 右岸朴里新围堤以上堤段全线加固，至少与左岸相等高度的堤高标准。

4. 朴里围垦后，改道河段两堤中心距应保持 150 米宽。同时新挖港道要保持 50 米宽，2.5 米深，底宽 25 米，港道边距堤线最少不得小于 40 米。

5. 朴里新围堤凸出部份堤距不足，应内移，保持原港道 160 米宽度。

根据上述概况，在工程措施上做到上下游兼顾的原则，工程数量还要增加 10 万方左右,投资要增加 2.5 万元左右(包括加固五里桥中亭部分在内),比现有计划要大 3～4倍，围垦面积仅 2000 多亩，是投资大，效益小的工程，特别是朴里新围堤 180 多亩，如果工程搞不好,不彻底，就有因小失大的趋向,造成上游左右岸近 2 万亩土地决堤成灾，尤其是右岸朴里大队，堤身单薄，标准低，堤内 5～6 千亩耕地加重灾害威胁。其次是严重影响五里桥及中心亭等建筑物的安全，因此，对朴里新围堤的意见是最好不建，以降低上游洪水位。关于埕边围垦，必需对五里桥加固方案落实，经有关部门同意后才动工续建。

上述提供领导研究参考。

福建省文物管理委员会
关于 1962 年拨款抢修晋江安平桥中亭背后护岸工程进度和该桥保护情况的检查以及请继续拨款进行抢修的报告

（63）文字第 140 号

主送：省文化局
抄送：晋江专署文化局

今年 3 月初我们曾派人会同晋江县文教局对晋江安平桥（又称五里桥）抢修中亭背后护岸工程进度和该桥保护情况进行了一次检查。现将检查情况和发现问题以及意见报告如下：

（一）1962 年省局拨款 12000 元抢修安平桥中亭背后护岸，由于工程材料未能得到解决，直至 1962 年年底尚未动工。至今年 2 月底为止，已完成了抢修工程所需的石方和木材等备料工作，因当地没有水泥，故仍不能施工。上月间，省局已调拨给该县水泥 6 吨，据称，一俟水泥运抵现场后，便可立即施工，大约 4 月底可以竣工。负责此项工程单位的是晋江县建筑公司安海工段，已设计的护岸图样是在中亭背后筑成一道弧形的堤岸全长 40 米,底部用木桩打深 2.10 米,连木桩上灌浇水泥厚 40 厘米为基础,上筑堤岸块石直砌，高为 4.60 米。堤岸底部宽一米，上端宽半米。根据上述设计意见，我会工作人员曾向施工单位建议将直砌的堤岸改为斜砌，以减少海潮冲击力，并对中亭背后亭基用毛石砌固，以确保中亭的安全。上述建议已为施工单位所接受，该单位并准备会同县水利局技术员共同进一步审定堤岸设计图样，即正式施工。

（二）今年年初，晋江县文教局因该桥靠近南安水头镇部分新塌掉一孔，和 8 年前在海潮庵附近一段已塌的 5 孔所架搭的木便桥桥面木板已大部分腐朽，有碍交通安全，因此今年 2 月间对靠近水头镇的 1 孔，用杉木泥土铺筑 1 孔简易桥面，对海潮庵附近木便桥桥面进行部分木板铺替，共用款 2000 余元。此项费用即在 1962 年省局拨款 12000 元内开支。

（三）上述海潮庵附近前已塌毁，并在以后架设的一共 5 孔木便桥，虽在今年 2 月间修整了一下木板桥面，该木便桥的全部木桩，其底部长期被海水腐蚀，很快就会断折危险，必须立即进行抢修。我们的意见是：如改换全部木桩则需要大量木材，耗资既大，使用时间也有限，倒不如恢复原来五孔石板桥面。据工程人员初步估计，恢复 5 孔桥面（包括 4 个桥墩）约需经费 18000～20000 元。

（四）该桥靠近水头镇一段的护岸久已塌毁，对保护桥基极其不利，在继续遭受强大海潮冲击，可能导致桥头坍塌，造成巨大损失，应该进行抢修。初步估计，需要抢修费用 20000 元左右。在桥头附近，现仍系水兵部队的船只停泊之处，停泊船只的缆索依旧拴在桥墩和桥面的石板上，这对保护该桥极为不利。这次我们现场检查后，除以前已损坏的部分外，发现又有几条石板因被船只缆索拴拉的倾斜得甚为厉害，请参看相片。因此，如何合理地解决船只停泊问题是个亟待解决的问题，建议省局转报省人委会请军区进行研究处理。

（五）上述海潮庵附近一段桥面的复原工程，和水头镇桥头护岸的抢修工程，总共需要经费 4 万元左右。建议晋江县解冻 1957 年中央文化部下拨给该县安平桥修缮专款 4 万元，1961 年省局下拨给安平桥抢修经费 5000 元等二笔专款，立即拨给抢修，以便争取在 8 月大潮到来以前基本竣工。

以上报告，是否妥当，请批示。

福建省文物管理委员会

1963 年 3 月 31 日

政协晋江县安海社会人士学习委员会
关于修建晋江安海安平桥意见书

安平桥（五里桥），在 1961 年国务院公布为全国重点文物保护单位之后，中央、省、专、县各级党政首长和各有关部门，迭经亲临或派员勘察，并拨款进行次第修建，群众莫不欢欣鼓舞。盖符合其历年的迫切要求。特别是前日（14 日），省文化局龚处长会同各级干部前来视察时，虚心征询我们的意见，给我们以极大感奋！同时感觉到，这也是我们应尽的职责。为了进一步明确情况，特于翌早组织十二人前往实地参观考察。兹综合我们的意见，列举如下藉供参考。

1. 中亭宫后和宫边围筑的石坝，因工程草率，叠石不合法，外表既乏斜坡，又无梯田式的叠造。坝内填土不结实，基地不照原有界限兴建，而加以缩小。当时很多人均提意见而不理睬，造成不数月而坍塌，承包人不能不负赔偿责任。闻此事经初步协商解决办法，亟应促成早日施工，不能拖延。因目前崩溃现象，已迫近宫址，极其岌岌可危。

2. 中亭宫后有一条流水冲击甚厉害，为保障安全计，应把宫后"Ɔ"字形的转弯水流，改移溪道，即在转弯上流（靠近十五石、中兴埭、养正中学农场边），建造一座水箭（即石坝籍以缓和水力猛冲）。从这里开凿新溪道成一直线通达中亭港。一面堵塞宫后转弯水道的来源，避免再受冲击。把上流溪水从新凿的港道引导注入中亭港，这样才是根本解决办法，否则石坝再筑造任何坚固仍难以持久。据估计这项工程并不甚大，惟中亭港一段桥梁，必须事先修筑坚固以防万一。

3. 目前急待修建的桥梁，除西姑港一段已在施工外，当以中亭港一段最为刻不容缓；因倾斜颠塌已极厉害。且现在全桥水流以此最为巨大，盖其他港道多已淤浅或围垦为农场，上游各路溪洪多从这里灌注入海，加上早晚潮汐侵蚀，非从速进行修建，倒塌堪虞，行旅过往也极危险，亟应派员勘察在短期内继续筹划修建。

4. 该桥损坏原因，除因年久失修（经历 30 多年未再全盘重修），及反动派国民党破坏和日机炸毁外，以车辆往来的损坏最为厉害（牛车、马车、手推车等）。因此，建议请交通厅在桥畔修筑一条公路，作为车辆道路（包括汽车），即可保护文物古迹避免再受损坏，再对交通行旅也有极大好处，实一举两得。因泉州经官桥通达水头的公路里程 34 公里，若改由安海经桥畔公路到水头只 30 公里，可缩短 4 公里。历年对油料节省和行驶时间的节约，日积月累，数目可惊。对行旅方面，晋江南部一带干部群众往返厦门、漳州、同安等地，必须过桥到水头乘车，因桥梁崎岖难行，特别是碰着大风雨或黑夜或行人、车辆拥挤时危险特别大，历年以此堕落惨死的事件时常发生（具体情况过去各级会议或前来召开座谈会时曾数次以书面和口头反映）。以此，有的为安全计，不得不乘车到泉州，然后由泉州转车到漳厦，要多走弯路 62 公里，对旅费和时间的浪费损失至为重大。因此群众要求把桥畔改建为公路的愿望至为迫切，尤以各地归国华侨历来更提出不少意见。过去省、县人代会，省、县政协会开会时，我地代表委员蔡子钦、倪端仪、高作楫、陈炎书等，曾数次以提案形式提过。查现在桥畔，绝大部分已成陆地，只有中亭港、西姑港、水头港三段，需要架设桥梁，工程不大。数年前，交通部门曾经派员测量计划，惜未实现。为适应目前和长远计，为符合广大人民群众的要求，此举应请给予研究考虑。

　　以上所说，是否有当，请赐予查核是幸！

　　主送：福建省文管会　福建省文化局
　　抄送：福建省交通厅　晋江专区文化局　　晋江县文教科　安海乡委会

政协晋江县安海社会人士学习委员会
1964 年 5 月 6 日

附文：

安平桥

　　安平桥，为全国有名的古石桥梁，横跨在侨乡晋南两县交界的港湾上，桥东属于晋江安海镇，桥西属于南安县水头镇。自昔为沿海南北来往和对外交通的重要孔道。

　　安海市区南隅，有规模宏伟的石桥两座，在东边的叫做"东桥"，又名"东洋桥"。这桥位于西部，故俗称为"西桥"。长约五华里，因此又名"五里桥"。

　　安海倚山濒海，为泉州海港一部分。在宋朝的时候，跟着泉州市对外交通贸易的发达，市场就相当繁荣，船舶云集，贸易兴盛。安海与水头的关系，不但在地理位置上成为交通枢纽，亦且为日常集市贸易互通有无的集散地。在桥未兴建以前，这里的港湾，由于海潮从石井江、东石港而来；山洪由九溪、大盈而下，汇合交流，汹涌澎湃，一片汪洋，鸿沟阻隔，行人过往，货物运输，端赖舟楫过渡，至感不便。每逢狂风巨浪横冲逆击，危险特甚！因此，建筑桥梁，便利来往，适应需要，就成为当时广大人民群众的迫切愿望！

宋绍兴八年（1138年），僧祖派倡首造桥，里人黄护与僧智渊，各鸠金万缗为助。事将半，而派与护先后殁，因而中辍。二十一年辛未（1151年）泉州郡守赵令衿，因群众的要求，再醵资续建；是年十一月动工，翌年壬申十一月告竣。自兹过客免翻船覆舟之患，而有化险为夷之乐；坦坦荡荡，成为康庄大道，熙熙者歌功，攘攘者颂德，惠济人群，厥功甚伟。

落成之日，赵令衿勒石"安平桥"并撰立碑记。盖安海古称安平。桥的工程完成后，再在安海桥头兴建六角形五层砖塔，名叫"瑞光塔"（即白塔），与桥成一条直线。

安平桥，是座梁式石桥，它用花岗岩石和砂石构造；据记载全桥原长八百一十一丈，宽一丈六尺，疏为水道362孔。（根据实测，现存长度2070米，宽3.5～4.5米，桥墩314座）。两旁水深处，如五港、中亭港等处，桥面上翼以石栏杆（现已无存）。桥墩有长方形、船形、半船形三种。桥面全部用长条石板铺成，每孔用石六七条不等，惟有在过中亭的第44孔，靠近新兴宫处用石八条，俗以此为晋南两县分界处。每条石板长5～11米，宽0.5～1米，重约2～6吨。琢造精巧，不亚于全国闻名的"洛阳桥"（即万安桥，长三百六十余丈）。桥上盖有五亭，分建在桥的东、西、中等处，以便行人憩息；中叫"水心亭"，又名"中亭"，祀观世音菩萨，规模颇大，面宽10米，深10米强。左畔为"功德堂"，门首题"水月参禅"；宽7.6米，深10米强。南叫"超然亭"，其他为路亭。过后于清道光二十六年（1846年），在安海白塔前，分建"水心亭"，也叫"桥头亭"，以便信仰者就近焚香致敬。另在水头镇靠桥处，建立"海潮庵"，也崇奉观世音菩萨，庵旁有一座清道光重修碑记。此外，又在中亭以西的第一个路亭，接建"万应公"宫，别称"新兴宫"。现"超然亭"和路亭，均在解放前先后倒废，惟"中亭"仅存。中亭门外塑有两尊立体石雕武士像（守桥将军），躯高一尊1.59米，一尊1.66米；座高一座0.17米，一座0.20米；戴盔披甲，手托长剑，姿态雄伟。"桥头亭"边，原来也塑立石武士像两尊，现一尊移在桥尾埔坊脚，一尊倒坏在亭前砌板边。传闻"中亭"对面，前有黄护父子土像两尊，后桐林村黄姓，抬移在其祠堂内。桥的两旁，原有石刻镇桥塔和石佛、石狮子等多座，古色古香，富有民族形式风格，均为建桥时的建筑物，惜后来被人折毁，现已不见！

"中亭"门口，装着一副石刻对联，其中一句说："天下无桥长此桥"，盖桥的长度，除了现在的郑州黄河铁路大桥,比它长而外,还没有比它更长的,因此,在当时夸称为"冠军",确非过誉。

当时科学不发达,没有起重机等机械设备,仅仅靠着手工操作,该项石板这样笨重,怎样搬运架设,为一值得研究探讨问题。据故老传说:该项石料,都从金门辖的百屿岛采取,用船由水道运来。怎样安设在桥墩上,有两种方式:1. 水深处,把石运到桥墩的地方,利用潮水高涨时,船随潮上升,把石移动铺设在桥墩上;到了潮退时,船随潮下降,然后驶开。有时潮水上涨未能达到一定的高度时,把杉排一排一排地用绳缚在船下,使船浮升至适当的水位时,把石移动安置在桥墩上;待潮水下退时,把船和杉排解开。2. 水浅或海坡上,把石卸在桥墩边,利用绞绳的旋转器(安设在桥墩上),用绳把石缚住,沿着架设的斜辊吊到桥墩上。

安平桥建成后,因年湮代远,桥梁和憩亭,历代都有修缮;中亭且曾一度被毁,过后复兴;靠塔前桥道也有更易改建,兹根据旧志和碑石记载,结合调查所得,综合摘录如下:

明永乐二年甲申(1404年),里人黄韦重修桥梁。

永乐十七年己亥(1419年)秋,修建超然亭。

天顺元年丁丑(1457年)十月,安□国、蔡阳生、蔡逊谕、伍嗣悦、蔡四、郑勤治等,倡修中亭及桥道,越三年己卯八月竣工。陈弘(道远)撰立重修碑记。碑保存在中亭门前左边壁上,碑石高1.8米,宽0.56米。

成化元年乙酉(1465年),蔡守辉、刘耿等,重修桥道。

嘉靖十年辛卯(1531年),知县钱梗、里人黄文器、黄文鼎、黄元景、蔡克振等,继续修葺中亭及桥道,翌年正月告成。

万历二十八年庚子(1599年)十一月,颜嘉梧、陈思远等,再发起捐资修葺中亭及桥道,三十四年丙午完工。勒石留念,现亦保存在中亭门口左壁,碑石高2.20米,宽0.84米。

崇祯十年丁丑(1637年)秋,郑芝龙再倡修中亭,翌年竣事。芝龙撰立碑记,竖在中亭对面桥边,碑高2.30米,宽0.70米,座高0.43米。

清顺治十八年辛丑(1661年),满清统治者为消灭郑成功倒清复明力量,迫令安海居民迁徙内地,把所有建筑物全部焚毁,中亭也不能幸免。

康熙二十三甲子(1684年)复界,安海人民逐渐在废墟上重建家园,施琅复兴中亭。

康熙四十六年丁亥(1707年),蓝理筑西埭,挖土填白塔前桥亭海滩,建屋168间为市(编者注:蓝理填土建街于中亭,而非现今白塔前的水心亭)。复拆桥头十余坎桥墩筑土岸接三斗门，以通西宫、上帝宫、新街一带新建的街市，与旧街竞夺市场。

康熙五十一年壬辰（1712 年），部分桥梁倾圮，施韬重修，黄廷璧撰记。

雍正四年丙辰（1726 年），郡守张无咎、里人黄振辉、施世榜，以过去部分桥坎，被水冲坏，暂用木桥代替，崩溃堪虞，发起捐资修建，改木为石，翌年正月完成。张无咎、陈万策各撰立碑记，竖在中亭对面桥旁。

乾隆十三年戊辰（1748 年）、二十八年癸未（1763 年），先后续修桥道，黄仕葵、靳起柏各撰立碑记。

嘉庆六年辛酉（1801 年），再度例修桥道。十二年丁卯（1807 年），知县徐汝澜、里人黄元睿、黄仕葵、施继源、颜惇飘、黄拱照、黄元礼、黄啄垒、黄世琛等，继续重修桥道，历时一年多，至十三年十月竣工。糜金一万有奇，徐汝澜撰立碑记。二十一年丙子（1816 年），又再修缮，也竖立碑记。

同治五年丙寅（1866 年），修建中亭，门口所立"世间有佛宗斯佛，天下无桥长此桥"的石刻对联，就是这次由黄恩承撰立。

光绪十二年丙戌（1886 年），再度修葺桥道，共费银元 1630 元，撰立碑记在中亭宫边南畔。二十七年辛丑（1901 年）六月，陈维驹等继续倡修。

民国 17 年丁卯（1928 年）一月，旅菲同乡捐资交由蔡道基转托王青山、陈润溪等，再行修葺桥道。

民国 24 年（1935 年），继续修建中亭。

民国 35 年（1946 年），塘东蔡金象（蔡尤之子），捐资交由水头人吕承添、陈菜三等修理桥道，缺者损者，改用洋灰修补。

现保存在中亭周围的重修碑石 13 座；其中明代的有天顺三年（1459 年）、万历二十八年（1599 年）、崇祯十一年（1638 年）计 3 座。清代的有雍正五年（1727 年）、乾隆十三年（1748 年）、二十八年（1763 年）；嘉庆六年（1801 年）、十三年（1808年）、二十一年（1816 年）、光绪十二年（1886 年）计 10 座。（内中雍正五年 2 座、嘉庆十三年 3 座）。

由于上述各个时期的迭经重修，这历史悠久，工程浩大的建筑物，乃得保持 800 多年以至今，绝大部分还保留着原来的面貌！长虹卧波隔海与东桥遥对，每当潮来水涨时，海天一色，两条石桥映现在辽阔的碧海静波上，东西对排，好像两条玉带般的突出，蔚为壮观。因此有"双桥跨海"的称号！成为安海风景名胜之一。特别是建桥以来，征服了过渡的风波险恶，对于沿海一带的交通经济人民生活福利，起着显著的重大作用；建桥与重修者的功绩，同垂不朽！

由于它建筑工程的艰巨浩大，充分显示了我们古代劳动人民的创作才能和克服自然条件战胜客观困难的光辉成就！同时，由于造桥费用的庞大，人流物力的浩繁，也说明了当时安海社会经济和对外交通贸易的繁荣发展与群众力量的伟大，具有重大的历史意义；为研究文物史迹者的有力实物考证。因此，1961年国务院公布第一批全国重点文物保护单位名单，列为其中保护单位之一。

自公布后，省、专、县各级党政首长和有关单位，极为重视，迭经亲临或派员实地勘察。除成立保护机构，订立保护条例外，并拟拨款修建。不久将来，这一建筑宏伟的古桥梁，将以崭新秀丽的姿态，呈现在人们的眼前，迎接来自四面八方的行人过客，发挥更大的作用！

陈炎书

1963 年 4 月 18 日

【作者简介】

陈炎书，民国年间任晋江县参议员，编印过《安海大事记》。曾任安海慈善组织绘保堂和好善堂的主持人，历任多届安海商会常务委员。中华人民共和国成立后，历任政协晋江县第一、二、三届委员，时任安海社会人士学习委员会秘书。

晋江专署关于全国重点文物保护单位晋江安平桥修缮工程中有关问题的请示报告

（64）署文字第 115 号

省人委并报中央文化部：

晋江安平桥修缮工程，去年10月间经省人委以（63）省文办字第6505号的批示后，于同月省文管会韩秘书、省交通厅吴锐工程师和晋江专区养路段唐工程师，先后二次进行实地勘察，当时根据既保护文物、恢复原状又便利群众交通的原则确定二个方案；后经省文化局以（63）11月27日电文批复，同意按58093元先修9孔的设计工程施工，交晋江专区养路段工程队承包。在清基中发现原基底全是烂泥土层，并只铺少量的横木桩，考虑工程质量，后改打竖木桩，再申请追加预计9969.06元，故这段施工费用计近7万元。现工程已近完工，本署文化局于本月6日会同施工单位的负责人，省文管会林剑同志，并乘中央文化部吕科长、省文化局社文处龚处长来我区检查文化工作时，请他们一道前往察看，发现桥墩有问题，跨距比旧有的狭窄。事后于9～11日先后派专人与组织专、县文化、交通及社会人士等有关部门的负责人，前往实地察看，查实有以下问题：

（1）设计问题：整个工程设计桥墩是9个（全修6个）总长度55.20米。而实际原基墩只有6个，长度只54.40米。

（2）施工问题：施工单位发现实际情况与设计有出入，没有向主办单位提出意见，就按设计图墩数施工，其桥墩的位置、墩身、跨距则就地调查，即把原位置改变，跨距缩短（现只有3米多长），二个墩身宽度均达1.80米（设计是2.25米）。

（3）老桥墩砌法是用毛条石，横、直各一层干砌，而现墩的砌法，外面是细毛条石叠砌，内部是填塞块石混凝土。

存在以上这些问题，经征求各方面意见，有如下解决方案（拆墩详细方案请见附图表）：

（1）全拆重建：使桥的面貌，恢复原状；

（2）拆二个并一个：可使墩的个数一样，但跨距仍会长短不一，桥墩砌法只能一个达原样；

（3）拆三个并二个：墩数、跨距、均合设计修建标准，桥墩砌法按原样会有二个。

（4）全部不动，继续把这段工程修完，因该桥历代都有重修，实际原状不明，桥墩各段结构形式不一，加上工程已近告竣，款额、材料基本花光，如按第三方案返工须追加预算14505.00元，第二方案也须款13000.00元。其次，现有桥墩修缮建筑上还牢固，并不影响交通和排水，如要返工还要用开炸，这样会造成国家经济上的损失和群众的不良影响。

目前整个工程暂已停工，急待处理，我们初步意见是按第四方案处理，为此呈报，请速予批示！

附件：附返工工程预算及图表各一份（直送省人委）。

1964年4月16日

安平桥修缮工程检查组检查情况的简报

为了吸取安平桥西姑港修缮工程事故的经验教训，省文化局于 1964 年 5 月 13 ~ 16 日组织有关部门成立检查组，对西姑港工程进行一次全面的检查，参加这次检查活动的单位和人员计有：省文化局社会文化处龚文京副处长，原设计人员之一的前任省公路局设计室工程师、现系交通部第三公路工程局工程处工程师吴锐同志，省文管会陈仲光同志；省公路局代表、驻晋江专区养路段监理工程师郑绵同志，晋江专区养路段代表、主办技术员张以伟同志，晋江专署文化局李贤清股长，晋江县文教科代表、晋江县文化馆颜宗华同志；南安县文化科代表、南安县文化馆张栋梁同志，泉州市文管会秘书周海宇同志。在讨论检查报告草稿时，晋江专区群众艺术馆翁文誓同志也出席参加。

这次检查工作由龚副处长主持，是在晋江专署 4 月 9 ~ 11 日检查基础上进行的。在晋江专署文化局的协助下和全体检查组同志的共同努力下，查清了这次工程事故的经过和原因，统一了认识，总结了经验教训，写出了检查报告，顺利完成了这次全面检查的任务。现将检查组活动情况简报如下：

一、制定检查计划

1964 年 5 月 13 日，在晋江专署召集有关单位人员座谈会，成立检查组，研究制定一个检查计划。计划要点是：明确这次检查目的，主要是吸取经验教训，更好地做好今后文物修缮工作，确定这次检查的任务是摸清全面情况和存在问题，分析工程事故的原因，总结经验教训，研究补救办法，写成书面检查报告。提出这次检查的要求是：统一认识，统一目的，共同检查，共同总结经验，严格按照科学精神办事，如实反映情况，深入开展调查访问工作，进行实地检查，并对西姑港一段修缮工程进行实测拍照工作，同时，附带检查水头港一段和中亭港一段损坏情况，以及 1963 年由安海建筑社承包后随修随塌的中亭背后护岸工程，并提出处理意见。

二、实地检查情况及结果

1964 年 5 月 14 日和 5 月 16 日进行了两次实地检查和调查访问工作。

（一）实地检查工作：主要是根据原设计草图、损坏示意图和重点修复说明书，查明工程中一切不符合"保持现状"与"恢复现状"原则的工程项目，和对新修工程进行实测、拍照。实测工作由晋江专区养路段负责，拍照工作由陈仲光同志负责（实测结果与原设计比较见附页）。

（二）调查访问工作

主要是在西姑港一段桥上召开一次有南安县水头镇张镇长和当地社会人士参加的现场座谈会。访问了晋江县安海镇政协代表人物陈炎书先生，向西姑港工程施工干部、养路段工程队助理设计员叶振赫调查施工经过，向参加清基工程的晋江县安海公社型厝社员曾杏俊了解清基情况（详见附页）。

（三）检查结果

西姑港修缮工程中不符合文物修缮原则的工程项目，是多做了一个桥墩，改变了两个桥墩位置，增加了一孔，缩短了孔径。新建和重砌的桥墩石砌法与旧墩不同，新石料比旧桥墩石料小一些，新铺桥梁石宽度比原设计小 40 ~ 80 厘米，第 10 号和第 11 号桥墩宽度比原设计小 40 厘米。

在检查开始时，施工单位有关人员存在着一定的思想顾虑，不敢大胆反映真实情况，企图推诿责任，一再强调旧基情况不明，否认清基时没有发现两个旧桥墩墩基的事实，认为按原设计施工建造三个墩并没有错。经过反复调查研究后，才最后弄清情况，取得了一致认识，做出了多做一个桥墩的结论。

确定多做了一个桥墩的主要根据是：第一，群众反映说，现在自第 8 号墩至第 12 号墩一段孔距缩小了，一看就知道是多了一个墩。第二，清基工人也反映，在清基时确实只有两个旧桥墩基。一个即现在新建的第 8 号墩，一个即位于新建的第 9 和第 10 号墩之间。肯定第 9 号和第 10 号这两个墩必有一个是多做了。第三，通过实测计算后，确认在第 8 号墩至第 10 号墩之间的距离只有 7.4 米，只能是一个桥孔，因此多做的一个桥墩就是第 9 号桥墩。

在查清多做一个桥墩的同时，也弄清了第 10 号和第 11 号桥墩都没有建立在原基础位置上。这样就改变了自第 8 号至第 12 号墩之间各孔的原来孔径，把孔径长度大大缩小了。由于孔径缩小了，所以工程施工单位也擅自把第 10 号和第 11 号桥墩的宽度相应地缩小了。

实地检查后，由吴锐工程师写成工程鉴定意见（见附件）。

三、统一认识，共同提高

通过全面检查分析后，一致认为文化主管部门和工程设计施工单位及有关人员，对西姑港修缮工程事故都有责任。文化主管部门主要责任是宣传不够，政策交代不清，没有深入调查，缺乏群众观点。特别是主要业务部门（省文管会）对这一重点工程重视不够，没有严格按照修缮规章制度办事。设计人员掌握第一手资料不够，凭主观判断进行设计，向施工单位交底不够。工程施工单位没有根据设计原则进行施工，发现问题不请示报告，擅自处理，致使本来可以避免的错误依然发生，造成了不可挽救的损失。

在总结了这次工程事故的经验教训以后，参加这次检查的人员一致认为：通过这次检查，进一步明确了文物修缮方针、政策，受到了一次深刻的教育，今后继续修缮安平桥工程时，一定要按规章办事，认真做好文物修缮工作。

四、存在问题及处理意见

（一）这次检查后，文化部门和施工单位认为需要和能够解决的几个具体问题是：

1. 为防止山洪潮水冲刷，应在新建墩基旁边抛堆毛石。

2. 桥面宽度应按原设计 3.6 米宽度铺设，宽度不够的一律改铺。桥面石料要求平整。

3. 桥梁与桥墩交接处应该采用水泥胶结。

（二）据工程施工单位反映，自工程动工以来，共用去水泥 33 吨，除省里下拨 25 吨以外，由养路段借给 8 吨，目前尚需要水泥 7 吨，要求省里再下拨 15 吨。专署文化局意见，最多下拨 10 吨就够了。

（三）这次检查工作不足之处是：个别有关人员，如养路段主办技术员和工地施工干部，都没有写出书面报告材料。施工单位人员顾虑较大，对承认工程事故较为勉强，建议有关部门对这次检查报告认真组织传达学习。

五、其他

1. 中亭港及水头港 2 段桥身各有两个桥墩严重倾斜，即将下塌，确实需要抢修。由于晋江养路段行政主管人员不在泉州，所以没有研究设计任务和工程方案，此一工作拟由晋江专署文化局负责具体联系决定。

2. 中亭背后护岸去年新修不久，即行崩塌一半以上，危及中亭及中亭港桥头安全，已再次向原工程承包单位的安海建筑社交涉，答应返工，要求解决技术力量，建议晋江县人委会协助解决。

3. 检查报告草稿，经晋江专署文化局林文明副局长审阅后，基本同意检查组的意见。

福建省文化局

1964 年 5 月 20 日

福建省文化局
报送安平桥（西姑港一段）修缮工程检查报告

（64）文社储字第 546 号

中华人民共和国文化部：

我省安平桥西姑港一段的修缮工程，已于去年年底动工，在工程的进行过程中，曾发生一些问题，这些问题已于今年 4 月 20 日向中央文化部作了请示报告，后又根据中央文化部的电示处理。为了接受这一工作的经验教训，我局会同省文管会、省交通厅公路局、晋江专署文化局、晋江养路段、晋江县文化馆、南安县文化馆、泉州市文管会等单位，组成检查组，并邀请交通部第三公路工程局吴锐工程师参加，在晋江专署 4 月 9～11 日检查的基础上，再作一次检查，现将检查结果报告如下：

一、工程基本情况和存在的问题

安平桥西姑港一段修缮工程，原计划修缮 9 墩 9 孔，现已修好 7 个墩，另外 2 个墩也完成七成。桥面铺好 5 孔，均用石梁。新建的 6 个桥墩，据施工单位反映，不利用原基础，在新墩基础中，用 15×15×（420～450）厘米的松木桩 36 根，并用混凝土凝为整体。墩身砌造均用水泥浆砌。我们认为，在技术上，桥墩建造是合格的，整个工程是牢固的。外形也不觉得太不协调，群众对这段桥梁的修复反映也很好。

但是，经检查，出现如下几个主要问题：

1. 多做了一个桥墩，增加了一个孔，孔径缩小了，第 10 号和第 11 号 2 个桥墩，都没有在原位置上修建，因此，改变了安平桥第 8 号墩至 12 号墩之间一段历史面貌；造成了人力、物力、财力的浪费；排水比较不利，维护不便（为了维护新桥墩，以防冲刷，还得在新墩的旁边，抛下石料）。

2. 6 个新桥墩的砌石方法（第 8、9、10、11、14、15 号 6 个桥墩）与原来不同。原来的桥墩砌法，系一层为丁、一层为顺；现在采用每层均丁顺石相间砌，这就改变了桥墩细部结构的原貌。

3. 新铺桥面，较原桥面宽度为窄，有的只有 2.8 米，这不但与原状不符，而且不

利人车通行（准备按照原来桥面宽度 3.6 米——加以铺宽）

4. 原设计桥墩第 10、11 号的墩身宽度各为 2.25 米，施工后，缩小为 1.85 米。

二、产生问题的主要原因

1. 宣传贯彻"恢复原状"的文物修缮原则不够。在安平桥修缮工程进行的工程中，我们的经办人员向承包单位反复交待文物修缮原则不够，对工人和当地群众开展经常性的宣传也不够。因此，施工单位用修建现代桥梁的方法处理古代桥梁的修缮问题。群众对文物修缮原则，也不清楚，这次检查组在水头镇访问群众时，有三位老人说："我们发现多做了一个桥墩，还以为是政府为了牢固多做一个，所以没有提出来"。

2. 第一性资料掌握不清，设计缺乏可靠的客观依据。原来全桥破坏最严重的是从第 7 号至第 11 号桥墩之间一段，其中原墩全部倒塌，石料零乱穿插，在外貌看来，很难确定原来墩位所在。设计时，没有下水探清实际情况，没有征求当地基层组织的意见，没有向当地群众进行调查访问，只凭该段长度，主观断定有 3 个桥墩，进行设计，起了错误的指导作用。

3. 没有严格按照修缮工程的规章办事。在制订修缮工程计划和技术设计时，我们的经办人员只提出修复情况说明与施工预算书、绘了桥梁损坏示意图，没有绘制施工详图和效果图；没有签订工程合同；没有建立检查制度；因此，不能及时发现问题，及时纠正。

这说明了我们在进行修缮安平桥工程的过程中，存在着官僚主义，整个工作责成文管会负责，但缺乏具体、深入的指导。为了总结经验，改进工作，我们准备组织有关干部认真通过这一事件，接受经验教训，避免再发生类似事件。对未完成工程，将密切配合施工单位，认真进行，对修缮工程中存在的问题，尽可能进行补救。

在检查这段修缮工程时，我们对全桥看了一下，发现水头港一段和中亭港一段各有两个桥墩歪斜愈来愈严重，有倒塌危险，需要修理，否则倒塌后将断绝交通，同时严重危及附近桥墩的安全。据晋江专署文化局报告，预计尚需修缮费 10 万元，水泥 60 吨，打桩用的松木 35 立方米，对此问题，望能给予解决。

以上报告，是否有当，请予批示！

附件：

1. 图一：安平桥西姑港段修缮工程现状正面图和桩基布置图一张；

2. 图二：安平桥西姑港新建桥墩平面和侧面图一张；

3. 照片七张及照片说明一份。

福建省文化局

1964 年 6 月 23 日

照片说明：

照片 1-3：西姑港一段各个桥墩现状（7 号墩至 16 号墩）

照片 4：安平桥原有桥墩砌法

照片 5：安平桥新修桥墩砌法

照片 6：安平桥中亭背后护岸崩塌后现状与中亭的关系。

照片 7：安平桥中亭背后护岸崩塌后现状与中亭港一段桥身的关系（箭头所示处系中亭港损坏最为严重之部位）

安平桥西姑港修缮工程竣工验收报告

一、验收组织与经过

安平桥西姑港一段修缮工程经省文化局委托晋江养路段代办，具体由段工程队负责施工，于 1963 年 12 月 8 日正式开工，至 1964 年 6 月 30 日竣工，并于 7 月 11 日由省文化局代表会同专署文化局及工程队代表等有关单位进行验收，一致认为质量符合要求，同意验收交付保管使用。

二、工程概况

安平桥西姑港一段修缮工程计 9 孔，其中 6 孔全毁，3 孔变形坍塌，内 3 个墩全毁，清理重新砌建，3 个墩倾斜松散，拆除重建，3 个墩帽拆散重新砌建，桥面翻修 9 孔。

墩基部分按原计划修建于原基础原位置上，经清挖后，发现原旧墩基，系用单层木排埋于泥沙层上，原有的用短木桩（50 厘米长）经施工人员研究,为暂保证工程质量，经养路段会同专署文化局实地观察，同意采用基坑挖深 1.5 米、打 $15 \times 15 \times 120 \sim 450$

松木椿，每墩计 36 根，再浇 140# 片块石混凝土基础，使基础置于一般冲刷线下，我们认为基础这样处理足够承载，同时牢固稳定，质量符合。

墩身砌建，系按公路桥梁施工规范办理，外面采用细条石以一顺交错排列，以内 50# 沙浆砌建，整个工程是牢固，质量符合要求。

桥面部分计 9 孔，原计划利用旧石板梁，不够部分以砼梁代用，施工后当时水泥又供应不上，经多方寻找找到石板梁，经文化局同意后，认为采用石板梁较合适，在惠安靠海边开采 32 条石板梁，其余全部利用旧石板梁，经检查新开采石质优良规格符合。

三、存在问题及处理意见

1. 桥面部分内有 8 孔，第 1、2、3、6 等 4 条系利用旧石板梁，其中上游第 23 条靠安海梁端缺角，只靠墩上 15 厘米左右，为着保证桥面安全由施工单位加浇上水泥沙浆在梁端以石料切紧，待第二期施工加以计划抽换，但在第二期工程未开工前有发现掉落须由施工单位负责修复。

2. 石板梁纵向梁与梁间的空隙，尚有部分未抹上沙浆，由施工单位加以修补。

3. 本项工程属于 8、9、10、11、14、15 桥墩基础水下，隐蔽部分因施工时甲方没有进行验收，现由施工单位于竣工日起负责保固二年。

4. 第 14 号、15 号墩河床靠上游，墩头加抛部分石料并加整理 11 号 16 号墩原者基础分水尖处石料松散加以整理，以上由施工单位负责办理。

四、工程评价

通过验收者会同施工单位到工地进行复核及丈量，各项尺寸与原设计基本符合，工程牢固，虽在砌筑风格上与原状略有出入，多做一个桥墩，增加了一孔，新的桥墩与旧桥墩砌法不一致，靠近安海部分有 3 个孔的桥板安装比原水平凸起，但工艺质量很好，群众反映亦佳，今后将大大便利水头安海的交通往来。

五、决算情况

全桥原预算为 67662 元，竣工后全桥总造价 63218.65 元，其中工资部分 17803.26 元，材料及其他直接费 35024.22 元，间接费按直接费 19.67% 计 10391.17 元（详见预算表）。扣除材料回收后，全桥总造价 62117.98 元，较原预算节余 5544.02 元。

验收人员

    省文化局 ——————————— 代表（盖章）

    专署文化局 ——————————— 代表（盖章）

    晋江养路段 ——————————— 代表（盖章）

    晋江养路段工程队 ——————————— 代表（盖章）

附件：

    竣工图一张

    竣工工程数量表一张

    竣工结算汇总表一张

福建省交通厅公路局晋江养路段大中修工程队

1964 年 7 月 11 日

关于晋江安平桥西段围垦海滩
和桥身安危关系的调查处理简报

省人委文教办公室：

1966 年 1 月 8 ～ 14 日，文物管理委员会、农业厅、交通厅、公路局共同组成工作组，会同晋江专署和有关单位，对晋江安平桥西段围垦海滩后影响桥身安全问题，进行一次全面调查研究，提出一些善后处理措施意见，现简报如下：

一、安平桥西段的水头港和西姑港两段港道及其上游海滩，在 1965 年秋季，经南安县水头公社的朴里、埕边、水头等三个大队分别围垦后，可得耕地面积约 1280 亩。这次围垦工程曾遭到晋江安海公社的反对，他们反对的理由是安平桥西段及上游海滩围垦后不利于晋江县原有围垦区堤坝的安全，不利于上游泄洪，不利于安平桥中亭和中亭港桥身的保护。为此，晋江专署曾责成专署水电局负责实地勘测过，认为安平桥西段围垦后，承担上游河道泄洪的水头港和西姑港两段港道被堵截，上游河道水位在一般洪水时期将提高 0.63 厘米，严重影响晋江县原有围垦区 2 万多亩地的安全。同时今后唯一可以泄洪的中亭港港道的洪水流速，将由过去的 1 立方米／秒激增至 3 立方米／秒，中亭港的桥段原已松散倾斜，将经不起急流冲刷，桥上的中亭被冲毁，交通也会因此断绝；结果没有批准水头公社的围垦计划。后来，南安县人委会根据水头公社的要求和意见，认为围垦既不影响晋江县旧围垦区的安全，对安平桥也没有多大关系，后同意。这次围垦，县农业局拨款 3 万余元在安平桥西段南面建造一座泄洪水闸，至 1965 年 11 月 9 日，由于水闸启闭机危机时安装，遇上大潮冲击，随即发生了安平桥西段桥头一墩二孔桥身被冲塌的事故。

二、工作组会同晋江专署各有关部门进行实地勘察后，一致认为安平桥西段及上游海滩围垦以后，上游河道滩区变形狭窄，水位必将骤增，流速加急，流向迫向晋江县安海公社旧围垦区和桥上的中亭，中亭港桥身原已松散残损，不能承担急流冲刷，桥身安全必将受到严重威胁。南安县有关部门和水头公社认为这次围垦海滩工程对晋江县旧围垦区和安平桥没有多大影响的说法是没有根据的。但是鉴于南安县水头公社围垦工程已成事实，目前主要是解决上游泄洪问题，以确保新旧围垦区和安平桥的安全，争取做到既保证发展农业生产，又保护好这一国家重点文物保护单位。为此，提出几项善后处理措施意见：

1. 疏通上游河道，将南安县水头公社朴里大队已围垦的堤坝内移一段，长约 300 米，宽约 50 米。原晋江县在对岸围垦的堤坝也内移约 130 米，俾使河道宽度保持在 160 米左右，以利于上游泄洪，降低下游流速，保证围垦堤坝的安全，和减少急流对安平桥的冲击。

2. 保持上游河道宽度，稳定上游河道基数面积和水位范围，控制洪水流量流速。今后，凡未经晋江专署批准，均不得在上游两岸海滩进行围垦。

3. 由晋江专署水电局负责进一步落实上游泄洪水量、水位和流速，然后将有关水文资料提供省公路局晋江养路段负责勘测安平桥的现有负冲能力，提出可行的加固维修设计书概算。

以上措施意见已得到晋江专署负责同志的赞同和支持。目前晋江专署已责成该署农水办公室负责具体处理这一工作，并计划就这些问题一面督促晋江、南安二县和有关公社共同研究，解决上游河道堤岸内移问题，一面责成水电交通部门落实水文资料和勘察设计工作，争取在春节以后将正式报告报送省人民委员会。

福建省文化局

1966 年 1 月 18 日

福建省文化局
关于安平桥修缮和保护管理问题意见的报告

全国重点文物保护单位——安平桥，建于 1152 年，距今 800 余年。由于建造年代较久，历代失修。解放后，各级有关部门虽曾做了不少工作，使这一文物保护单位得到较好的保护；但是，其损坏程度仍与日俱增。主要原因是：桥身工程结构简陋，墩孔均用大石料和石梁板叠砌筑成，又是位于海湾之上，长年经受海潮山洪冲击；其次，是解放以来，晋江、南安二县有关社队为了发展农业生产，先后在上游海滩围垦农田，迫使水道变迁，水流冲刷集中在部分墩孔，桥上载重板车来往十分频繁。因此，多年以来，桥的西姑港、中亭港、水头港等段桥身的部分墩孔和中亭背后逐渐发生倒塌、倾斜、沉陷和折断等情况。1961 年，我局曾拨款 12000 元维修中亭背后的护岸，1963 年，省人委又批准拨款 68000 元，修复其中最为严重损坏的西姑港桥身一段。

1965 年 10 月初，南安县水头公社在安平桥西湾围垦海滩，兴建水闸，堵塞了两条港道。因水闸启闭机未能及时安装解决，在同年 11 月一次特大海潮冲击下，随后发生了冲塌水头湾桥身一墩二孔的严重事故。经我们会同晋江专署有关部门组织检查了解后，认为南安县在安平桥周围围垦海滩时，事前没有得到晋江专署的同意，没有根据《文物保护管理暂行条例》的规定，向上级主管部门报告请示，围垦工程中也没有充分考虑文物保护单位的安全，因此对这一严重破坏事故应负全责。

1966 年 1 月间，我们根据省人委会办公室指示，会同农业厅、交通厅和晋江专署等有关部门，检查安平桥西湾和上游海滩围垦农田后与安平桥的安危关系以及安平桥的损坏情况，进行了一次详细勘察研究后，一致认为：1965 年 10 月间，南安县水头公社在安平桥西湾和上游地带围垦海滩，堵塞原有两条港道，造成上游河道变窄，水流加急，流速由原来 1.2 米 / 秒，增加至 3.6 米 / 秒，对安平桥桥身安全威胁很大。为了减轻海潮山洪的冲刷，避免可能造成的更为严重的破坏，为了保留南安县已围垦的 1200 多亩的海滩田地，因此，必须拓宽上游港道，解决上游泄洪问题，并对已倒塌、倾斜、沉陷的桥身进行抢修、复原、加固。

关于拓宽上游港道，解决上游泄洪的问题，晋江专署已决定，今后安平桥上游地区海滩一带，一律不准围垦，已围垦的地带，如妨碍河道泄洪，应一律拓宽至 160 米，具体拓宽范围，由晋江、南安二县责成有关社队进行处理。

关于抢修、复原、加固安平桥问题，目前主要是抢修复原已崩塌的和严重倾斜的墩孔，整修松散的部分墩孔，和砌筑中亭背后已崩塌的护岸，以及加固安海桥头的水心亭。据省公路局晋江养路段估算后，共需工程费 11 万元。统筹物资经核实后，需用水泥 80 吨、杉木 40 立方米，松木桩（直径 16 厘米，长 5 米）25 立方米（详见晋江专署文件（66）署文字第 073 号《专署关于请求修复安平桥的报告》）。

以上问题，我们认为：一、安平桥是国务院公布的全国重点文物保护单位，根据《文物保护管理暂行条例》规定：晋江、南安二县负有保护责任，两县有关社队在其周围和上游海滩围垦农田，严重影响泄洪，危及桥身安全，建议请省人委责成晋江、南安二县人委会迅速予以处理。二、目前安平桥损坏程度较为严重，中亭港段和水头港段的桥身以及中亭背后护岸，急需抢修，否则，时日拖延，损坏程度势必扩大，工程费用也将增加（1963 年省公路局晋江养路段估计上述 2 段桥身工程费用仅需 7 万元）。建议省人委会准予拨出专款进行抢修。对于水头港段，因南安县围垦农田直接造成塌毁桥身一墩二孔的工程费用，建议省人委会责成南安县负责修复。三、安平桥全长 2070 米，是晋江、南安二县交通要道，桥的周围及其上游围垦农田多达六七千亩。长年以来，保护这座桥梁和农业生产，交通运输上确实存在着一些矛盾。如今年 3 月 18 日，晋江安海镇人委会竟擅自批准该镇搬运公司在安海桥头修筑水利，又一次造成破坏桥墩和桥梁石板的事故，幸好我们及时发现制止，现尚在处理中。为了更好地保护管理这座长桥，根本解决和杜绝破坏事故的继续发生，建议省人委召集有关交通、农业、文化主管部门和晋江专署、晋江、南安两县人委会和安海、水头两镇人委会的领导干部，共同研究，制定一些有效可行的保护管理办法。

以上报告，请批示。

福建省文化局

1966 年 4 月 14 日

主报：省人民委员会

抄报：省人委文教办公室

　　　中央文化部、谭政副省长

抄送：省财政厅、省计委、省交通厅

　　　省农业厅、省文管会、晋江专员公署

晋江专署文化局、晋江、南安人民委员会

关于全国重点文物保护单位安平桥着手修复的报告

一

> 五里桥成陆上桥，
>
> 郑藩旧邸纵全消。
>
> 英雄气魄垂千古，
>
> 劳动精神漾九霄。

这是郭沫若同志 1962 年考察安平桥时留下的诗句，它概述了安平桥的历史变化，也赞扬了劳动人民修桥的伟大功绩。

安平桥横跨在晋江县的安海镇和南安县的水头镇的海湾上，全桥长约五里，故有称"五里桥"。它是用花岗岩和沙石构筑的梁式石桥，始建于南宋绍兴八年（1138年），历时十四年，至绍兴二十一年（1151 年）告成。《泉州府志》记载：安平桥"酾水三百六十二道（即分水道为 362 孔），长八百十有一丈，宽一丈六尺……"解放后初测，桥身长 2070 米，桥面宽 3～3.6 米。今年重测，确定桥长为 2251 米。如此长桥，在我国历史上是仅见的，所以桥的中亭石柱对联有"天下无桥长此桥"的赞誉之句。

该桥的构筑有显著特点，文献记载：该桥桥面两侧原有石扶栏，还有"憩亭"五座，并有石塔、石将军、石碑刻等附属物。该桥建在宽约五华里的海湾上，潮来时波涛汹涌，一片汪洋，宋代劳动人民，靠手工操作战胜惊涛骇浪，完成造桥任务，所遇到的困难是难以想象的。不论桥墩的砌筑（全桥有墩 363 座，根据水流情况砌成船形墩、长方形墩和半船形墩三种），桥面巨大石板的铺设（最大的宽 89 厘米、厚 80 厘米，长 11.6 厘米，重达 24 吨），以及附属物的琢刻，都表现出工程的伟大艰巨，劳动人民的高度智慧和艺术才能。它是中华民族灿烂文化的结晶，在我国古代桥梁史是占有重要地位，有着重大的科学、艺术研究价值。

这座古桥，是 800 年前南宋社会经济文化高度发展的产物。明代编写的《安海志》叙述古时安海一带人民，飘洋过海，发展贸易的盛况："宋元于今，商则襟带江湖，足迹遍天下，南海明珠，越裳翡翠，无所不有；文身之地，雕题之国，无所不到……"经济的繁荣，促进交通桥梁的建设（据记载宋代泉州建造的大小石桥，数以百计）；大量桥梁的建设，交通的发展，又促进经济的繁荣。

安平桥原有篆书丰碑,早已废。据清人龚显曾《亦园脞牍》载:"丁丑由安平趋漳郡,道出西桥,见篆书丰碑,屹立桥上……碑题'安平桥'篆书三字,字径二尺配搭匀整,气象峻嶒……"可见安平桥建成之后,曾立丰碑,直到清乾隆丁丑年仍耸立未废。

二

安平桥虽经历代重修,但由于年代久远,潮水冲刷,自然灾害袭击(明万历年间,泉州地区发生大地震),山移谷变,泥沙长期淤积,这座长桥几乎要变成陆上的桥了。现该桥南北两侧,经过围垦,或辟为耕地,或办起盐场,362个桥孔,只剩十多孔泻水通道,古桥全貌,远非旧观。桥上两侧扶栏、石塔、石将军等早已荡然无存;五座桥亭也仅存"中亭"和"水心亭"两个;桥板断损556条;桥墩破损共228座,其中严重倾斜、下沉、倒塌的91座。尽管这座宋代石桥如此残缺,但它的主体结构,却没有改变,它的资质,仍然那样雄伟壮观。

解放后,安平桥迈进新的历史时期。1961年,国务院公布该桥为国家级的重点文物保护单位,并竖保护标志。文物主管部门先后四次拨款27万元,抢救了破坏严重的桥墩16座,更新桥板72条。但是,这一长桥系晋江县安海镇和南安县水头镇之间的唯一通道,除大量行人外,板车、拖拉机经常在桥上往返,桥板震断,桥墩受压倾斜、下沉是常见的,因而往往随修随坏。

三

十年浩劫之后,拨乱反正,国家有关文物保护管理的政策法令得到贯彻执行,安平桥的保护、修复引起各方面重视。国家文物事业管理局曾派专家实地考察,认为要从根本上保护这座古桥,关键是必须在附近修建一条公路,供机动车辆行驶,减轻大桥交通压力。对于这一意见,得到了有关部门的重视和支持。1980年初,省计委、财政、交通、水电等部门研究,决定拨款100万元,在桥南440米处建造一条水闸公路桥,建闸修路工程分别交晋江地区水电、交通部门负责。接着,国家文物局也下拨安平桥维修专款40万元。最近,在晋江地委领导下,由地区行署、晋江、南安两县以及安海、水头公社党政领导同志组成"安平桥修复委员会",地委常委、行署副专员段英力同志任主任委员,下设办公室,具体负责修缮工程。

全桥修复工程计划三期:第一期工程,主要是维修桥的主体,按"保持原状"的原则,扶正、整修 319 座桥墩，补齐 556 条桥板；第二期工程，挖掘两侧土方，形成一条深 1 米、宽 25 米的水面（其中 5 米是护坡），恢复该桥为水上桥；第三期工程，复原桥上石扶栏、憩亭、石塔、石将军等附属物。全部修复工程估算约需 135 万元，工期 3 年。目前，测绘、照像、各备料、探挖桥墩基础、组织施工力量等项工程正在紧张进行。国家文物局咨议委员、国家城建总局设计局总工程师陶逸钟，中国建筑科学研究院结构所工程师夏靖华，受国家文物局委托亲临安平桥检查考察，他们听取了关于安平桥维修方案、施工问题，以及准备工作的汇报后，表示满意，并提出不少指导意见，修复委员会办公室正逐项研究落实。

四

安平桥修复工作，当前急待解决的问题主要是：

一、桥南公路急需先行修通。今年 6 月晋江地区行署在安海召集有关部门就修路问题作专门研究，但至今工程进展缓慢。有关这一工程的具体领导、路线走向、施工单位、工期等一些问题尚未完全落实。公路没有修通，交通问题得不到解决，势必影响安平桥的维修工程。建议晋江地区行署尽快督促有关部门，迅速予以落实。

二、安平桥两侧堆料场地必须立即征用。该桥修复所需大量石料即将运入工地，料场不解决，影响开工。建议晋江地区和晋江、南安两县领导，责成安海、水头公社给予妥善安排。

三、国家文物局下达第一期工程费用 40 万元，据初步估算，除备足石料外，只足修复 130 座桥墩及其桥板，尚有 189 座桥墩的维修经费，尚须报请国家文物局继续给予支持。

四、根据文物保护有关规定，安平桥按宋式修复，工程艰巨复杂，科学资料、施工技术要求较严，所需材料的质量要求也较高。现在华侨大学土建系、厦门大学考古专业，已经派出技术力量进行技术指导。希望各有关部门，包括建委、交通、水电、物资等部门都能关心、支持这项修复工程。

文物工作简报

福建省文物管理委员会办公室编

1980 年 11 月 5 日

五里桥 78#、79#、87# 桥墩地基基础设计

　　五里桥横跨于晋江、南安两县交界的海滩上，是一座用条石砌成桥墩，用 6～11.5 米石板做为桥面的简式梁式石桥。全长 2255 米，已有 800 多年历史，历经沧桑的变迁。由于长期失修，以致古桥面貌远非旧观。解放后，被列为全国重点文物保护单位之一，虽经多次维修，然因管理不善，载重车辆超载通行，致使桥墩和桥板破损十分严重。国务院文物管理局拨专款进行修复，计划开辟为旅游区。据目前现场考察，全桥桥板断裂破坏的有 186 条，331 座桥墩中，严重倾斜倒塌，需拆除后对地基基础采取必要的工程措施，再进行修复的有 48 座。1980 年 11 月 24 日至 1981 年元月 14 日华侨大学土木系土力学教研室配合省、地、县文物保管单位考古，对 78#、79#、87#、39#、185#、234#、312# 等桥墩地基，进行勘察与地基土的物理力学试验。根据五里桥修复后只供行人和旅游，而并不通行车辆的荷载情况于地基土的物理力学性指标。经过验算，我们认为 39#、185#、234#、312# 桥墩地基不需进行处理。78#、79#、87# 桥墩地基土的性质较差，应采取必要的工程措施，以确保安全。为此，对 78#、79#、87# 桥墩修复时地基基础方面应采取的工程措施，提出如下设计意见，请参照采用，至于其他需拆除后对地基基础采取必要的工程措施，再进行修复的桥墩，待拆除后，视地基土的物理力学性质的好坏，再行确定应采取的相应的工程措施。

一、78#、79# 桥墩

　　根据地基勘察报告，78#、79# 桥墩地基土持力层为饱和软塑状淤泥质粘土，建议采用的容许承载力 [R]=7.5 吨／平方米。根据 78# 桥墩上部荷载与桥墩自重求得的基底压力 p=8.82 吨／平方米。大于基底土的容许承载力，建议从基底高程下挖 0.25 米，横铺一皮 2.20×0.24×0.24 米的条石，使基底宽度加大为 2.20 米，这样可使基底压力减小为 7.22 吨／平方米。根据 79# 桥墩上部荷载与桥墩自重求得的基底压力 p=9.20 吨／平方米,大于地基土容许承载力,建议采取同 78# 墩措施,可使基底压力减小为 7.50 平方米，详见图 A—001。

二、87# 桥墩

　　根据地基勘察报告，87# 桥墩地基土持力层为饱和软塑状淤泥质粘土，含水量高

达 62%，建议采用的容许承载力 [R]=5 吨 / 平方米。根据上部荷载与桥墩自重求得的基底压力 p=8.0 吨 / 平方米，大于地基土的容许承载力甚多。考虑到当地的施工条件和技术水平与材料来源，建议采用粗砂垫层人工地基处理方案。

设砂垫层的厚度 z=1.0 米，θ =30o，则附加应力为：

Pz=Abp0/（B+2ztg θ）（A+2ztg θ）=4.0×1.65×8.0/（1.65+2×1×tg30o）（4+2×1×tg30o）=3.66 吨 / 平方米

自重应力 pc 为：

pc=Y1（D+Z）=0.65×（0.49+1.00）=0.65×1.49=0.97 吨 / 平方米

PZ+PC+3.66+0.97=4.63 吨 / 平方米＜[R]

砂垫层底部宽度为：

B1=B+2Ztg θ =1.65+2×1.0×0.577=2.8 米

详细尺寸与施工要求见图 A—002

附：需拆除重修的桥墩如下：

47、49、50、59、61、64、65、69、72、75、76、77、78、79、80、81、82、83、84、87、91、92、93、98、111、112、124、170、171、172、191、228、229、231、232、235、286、237、238、243、244、245、260、261、277、297、326、327，共计 48 座。

华侨大学土木系土力学教研室
1981 年元月

五里桥第 39、78、79、87、165、234、312 墩的地基勘察报告

受晋江地区五里桥修复委员会委托，我室对五里桥第 39、78、79、87、185、234 及 312 号等 7 个桥墩的地基，进行工程地质勘察与土工试验工作。勘察试验自 1980 年 11 月 24 日开始，于 1981 年 1 月 14 日结束。

五里桥建于南宋绍兴八年（1138 年），是全国重点文物保护单位，该桥连接晋江安海与南安水头，横跨港湾，全长 2255 米，系石结构梁式桥，共有 331 个砌石桥墩。

解放前，由于长期失修破损严重，为保护国家重点文物，发展旅游事业，计划进行一次全面维修。

这次勘察目的是查明上述 7 个桥墩地基土层分布，测定地基土的物理力学性质，为该桥维修工程提供必要的地质资料。

地基勘探与考古发掘相配合，全部拆移第 78 墩条石砌体之后，立即在基底面处取原状土 4 筒，接着在基底中心处开挖深坑深 2.0 米，开探到离基底面以下 0.2 米、1.0 米及 2.0 米处分别取原状土各 10 筒，然后使用麻花钻在探坑底中心钻探。每钻进 1.0 米提钻一次，采集钻头所附全部扰动土样装入铝合密封。钻至基底下 6.3 米处时，因人工钻进十分困难，加上地下水淹没深坑，故没有继续钻进。

第 79 墩因离第 78 墩仅 6 米远，地基土并无明显差别，探坑仅挖至基底。在基底四角用小型取土器取原状土 4 筒。除此之外，采用麻花钻在靠近墩基南、北边沿处各钻探深 7 米，和上述相同方法取扰动土样。第 39、87、185、234 及 312 墩的勘探方法与此大致相同，探坑及钻孔平面布置参见附图 A—003 号。原状土样总计 45 筒，钻孔深度总计 54.3 米。

完成的土工试验项目天然含水量试验；天然容量试验；颗粒大小分析试验采用筛分法；界限含水量试验分别采用锥式液限仪测定液限，搓条法测定塑限，光电式液，塑限联合试验仪联合测定液、塑限；压缩试验采用杠杆式压缩仪快速固结法；直接剪切试验采用应变控制式直剪仪快剪法；三轴剪切试验采用应变控制式三轴剪力仪分别进行不固结不排水剪。固结不排水剪及固结排水剪全部土工试验项目按我国水利电力部 1979 年颁发的《土工试验规程》SDS01—79 操作。共完成常规试验 103 项；三轴剪切试验 8 项，试验成果见附图 A—004—A—015。

经勘察查明 7 个桥墩地基土系第四纪全新世浅海沉积物。具有明显层理构造，主要有淤泥质粘土、粘土、亚粘土及轻亚粘土。唯第 312—003 综合柱状图。粘土质沉积物压缩系数大，强度低，含水量高并大量含盐，具有膨胀性。第 78 墩、79 墩及第 87 墩地基承载力均小于基底压力，修复时应采取必要的工程措施。其他桥墩（39、185、234、312）地基承载力均大于基底压力，地基基础不必处理。

华侨大学土木工程系土力学教研室

1981 年 1 月 14 日

晋江县关于试修安平桥 4 个桥墩的报告

晋安（81）字第 001 号

晋江县安平桥试修 78#、79#、86#、87# 等 4 个墩，由地区古建队承包。3 月 31 日工人进场，至 5 月 24 日全部完工。在试修过程中，由于基础取土试压，以及行人道处理。单墩拆修及雨季等原因影响了工程进度，为减少工程误工，经请示地委领导同意在试修之 4 个墩外，另增修几墩，以提高工程进度，现已完成翻基墩 6 个，整修墩 2 个，经华大土建系吴教授等现场检查，符合质量要求。试修前为了保证质量，达到整旧如旧，经多方讨论研究，我们采取石工，筑砌工、小工，共同配合的原则，既保证质量，又加速了进度，通过试修我们较详细地摸清每墩的工程量，所需材料，施工造价，为全桥修复工作创造良好条件。

根据试修后的经验，考虑行人及施工场地矛盾的实际情况，我们把全桥修复工程分为二段进行，由安海中亭（150 墩）作为第一期工程；中亭至水头段，作为第二期工程。现将第一期工程计划呈报给你们，请派员对试修 4 个墩进行验收，并及时审批第一期工程计划，以利早日开工。

第一期工程计划

（一）摸底情况

由安海中亭 150 档（单边船形墩 5 个、方形墩 145 个），其中水中墩 8 个，陆地墩 142 个，需围堰抽水的 3 个墩，需吊迁安装（6～8 米）旧桥板 870 条，补充新桥板 159 条，确定翻基 32 个墩。整修墩 114 个，需拆砌 681 皮，其中浆砌 407 皮，干砌 274 皮，挖基土方 73,201 立方米。

（二）所需材料及备料情况：

通过试修，已明确修复工作应分为可见工程（外表可见部分），隐蔽工程（地下基础实质、墩中空洞等不可见部分），二项工程共需材料：（1）粗沙：108,941m³、细沙 24,336 立方米、路面场地用沙 300 立方米。（2）条石：（0.25×0.25 米）386.64 立方米。（3）水泥：500×134.5 吨。（4）拱石：86.9 立方米。（5）新桥板 159 条。（6）碎石片：176.3 立方米。（7）柴油 0.3 吨。（8）木材 30m³。现新桥板已超额完成，条石完成 90%、沙完成 70%、水泥完成 60%。架料用材完成 65%，桥板吊装特殊用材的杉木已报省审批。

（三）工程承包：

根据地区修复委员会会议确定，把全桥修复工程承包给安海公社、水头公社、安海镇建筑队及地区古建队等 4 个单位．按工程量分段，第一段 1 ～ 53 墩，第二段 54 ～ 80 墩，第三段 81 ～ 111 墩，第四段 112 ～ 150 墩。我们拟将四个试修档实施造价公布，提出质量要求。邀请四个承包单位协商各段预算，然后订立合同，采取包工不包料形式。为了节约开支，架料用材、吊装设备、抽水设备，由我们统一筹备。小型工具，造价包给各队，以利于保管及爱护。

（四）桥板吊装：

为了施工安全及质量保证，使修复后桥面平整，以及减少吊装工具设备（尤其大规格杉木）的添置，拟组织专业队吊拆、安装。

（五）计划工程完成时间：

根据试修墩的施工记录情况，单墩维修投入 17 个工人，需 14 个工日。本工程 4 个工程队同时进场，每队 30 人，由于可连续及流水操作，估计平均每墩只需 6 个工日。这样，第一期工程 4 个月内可全部完成。同时于工程开工后，利用空隙抓紧（中亭至水头段）第二期工程试修、计划安排、材料估算，使之紧接第一期工程完工后开工。力争在 1982 年 4 ～ 5 月完成全桥修复任务，以上报告当否，请批示。

此呈省文管会

转呈国家文物局

晋江地区文物管理委员会

晋江地区五里桥修复委员会办公室

1981 年 5 月□日

安平桥调查、发掘、保护工程、文物展示情况

素以"天下无桥长此桥"而著称的安平桥，俗称五里桥，建于南宋绍兴八年至二十二年（1138～1152年），横跨于今晋江市安海镇与南安市水头镇的海湾上，全长2255米，属梁式石桥，系泉州海外交通贸易发展的产物。1961年，国务院首批公布为全国重点文物保护单位。

据《晋江县志》载，此桥初建时"酾水三百六十二道，长八百十有一丈，广一丈六尺"。这就是说它筑了361座桥墩，疏水道为362孔，整座桥上相隔距离还建有5座"憩亭"，以供行人休息。桥侧都设有栏杆，以保护行人安全，还有石塔、石将军、镇风塔等附属文物。该桥明清两代均有重修，建国以来又经多次维修，中亭保存着历代维修碑记13方，年代最早的是明天顺十三年（1495年）所立。现存桥墩计有三种形式：第一种是长方形墩，289座，筑于上下游水势缓慢水域；第二种是一头尖一头平的半船形墩，45座，筑于桥身一面急流水域；第三种是双头尖的船形墩，27座，筑于桥身两面都较深浚处。桥墩均用条石纵横交错叠砌而成，桥面用4～8条桥板架设，每条石桥长度为5～11米，宽与厚各为0.5～1米，重达5吨以上。

安平桥因建于波涛汹涌的海湾上，历经沧桑变化，已从水上桥变为陆上桥。由于风浪冲击，车辆行驶，桥墩大多损坏，桥板断裂，桥栏荡然无存。新中国成立后，党和政府对保护古桥甚为重视，曾多次拨款维修。然此修彼坏，修不胜修，因此，全面修复，迫在眉睫。

1980年，国家文物局、省人民政府决定拨款140万元，进行全面维修，晋江地区行政公署成立了安平桥修复委员会，抽调文化（文物）干部组成办公室，具体负责维修工作。同年10月开始前期工程，1981年11月正式施工，整个工程分三期进行，先修复桥墩，补齐桥板，其次修复桥栏等附属文物，再次在桥两侧各挖沟30米，恢复为水上桥，整个修复工程至1985年5月竣工验收。

维修古建筑，必须保持原来的建筑形制、建筑结构、建筑材料和工艺技术，以达到其历史、艺术和科学的价值。我们自始至终严格遵循"不改变文物原状"的维修原则，一方面积极收集有关部门资料图片，多次召开修复工程研究座谈会；另一方面对古桥现状进行拍照、测绘，考古勘探，掌握基础结构情况，搜集散存文物，在深入调查研

究的基础上，制定出维修方案。

修复前的前期工程，首先根据桥墩的形式和损坏程度的不同，选定 78、79 和 39、86、185、234、312 号墩分别进行考古发掘，基础勘探和地基基础设计。经考古发掘，查明该桥石墩基用卧木沉基一层，39 号呈平行方向直排，312 号墩采用横向睡木，每根直径在 15 厘米左右，且保存完好。三是木桩基础，用松木打桩的，先在基础两侧打若干根木桩，然后在木桩上横架木头固定成同字壳架，再在上面垒筑墩石。这种睡木沉基的方法，据传说是在潮落水枯时，将墩基泥沙抹平，然后用松木编成木筏，固定在筑墩处的水面，再在木筏上垒筑墩石，随着墩石逐渐加重，木筏也就逐渐下沉到海底。这种桥基工艺，过去仅凭传说，无法证实，直到 1985 年泉州宋代金鸡桥桥位上修筑水闸时，挖开旧桥墩，才发现了"睡木"桥基的实物（编者注：1963 年年底维修西姑港时，就已经发现"睡木"的实物）。安平桥的再次发现，为研究泉州宋代桥梁技术提供了丰富的实物佐证，也是桥基工程中继北宋洛阳桥创造长条石堤式筏形基础后，又一项可贵的创造。

为查明上述桥墩地基土层分布，特邀请华侨大学土木工程系有关科研人员配合进行地基勘探与地基土的物理力学试验，为该桥全面维修工程提供必要的地质资料。地基勘探与考古发掘相结合，全部拆除桥墩条石砌体后，立即在基底面处取原状土四筒，接着在基底面以下 0.2 米及 2.0 米处分别取原状土各 10 筒，然后使用麻花钻在探坑底中心钻探，每钻进 1 米提钻一次，采集钻头所附全部扰动土样装入铝盒密封，至基底下 6.3 米处止，分别提取了原状土样总计 45 筒，钻孔深度总计 54.3 米。完成的土质试验项目有：天然含水量试验；天然容重试验；颗粒大小分析实验；界限含水量实验；压缩试验；直接剪切实验；三轴剪切试验。以上试验项目 112 项，全部采用国家颁布规程进行。经勘探查明 7 个桥墩地基土系第四纪全新世浅海沉积物，具有明显层理构造，主要有淤泥粘土、粘土、亚粘土及轻亚粘土，唯第 321 墩基底有一薄层粗砂。粘土质沉积物压缩系数大、强度低，含水量高并大量含盐，具有膨胀性。根据安平桥修复后只供行人和旅游而不通行车辆的荷载情况与地基土的物理力学性指标，经过验算，认为 39、185、234、312 号地基承载力均大于基底压力，桥基基础不必处理。78、79、87 号桥墩地地基的性质较差，持力层为饱和软塑状淤泥粘土，含水量高达 62% 应采用的容许承载力〔R〕=5 吨／平方米。考虑到当代的施工条件和技术水平与材料来源，拟采用粗砂垫层人工地基处理方案。

地基挖坑采用粗砂回填，分层压实。第一层回填，分层压实，每层回填 0.25 米，水面高于砂面，采用钢叉摇撼改密，要求 3.5 公斤钢叉自由落高 50 厘米，入砂深度不大于 5.5 平方厘米，方可填回第二层。桥墩基础底面以上三皮条石砌缝采用 100# 细骨混凝土填塞，用钢钎捣密实，第四层以上干砌。

基础处理系修复工程之关键，方案一经制定，即报送省文物管理委员会同意，经国家文物局批准后进行试修。在各级领导和有关专家评审后进行试修，并在施工中加强现场监督，发现偏差，及时翻工，这样一来就能保质保量，并最大限度地保存古桥的原状。

（摘录自泉州市文管会 1985 年档案文件）

泉州市水利电力局
关于晋江县安平桥闸级别核定的报告

泉水电（93）第 053 号

省水电厅：

安平桥闸位于晋江县安海镇西南历史名桥——安平桥下游 400 米处，是挡潮、蓄灌和交通等综合作用的枢纽工程。1981 年 10 月 27 日正式动工，1984 年 10 月主体工程桥闸部分通过竣工验收，工程级别未定。现根据验收材料核定，该工程的级别为"大 III 型"水闸，特此报告（核实材料附后），呈请审批。

核实材料如下：

一、基本情况

水闸共 17 孔，每孔净宽 5.0 米，全长 102.6 米，净宽总长 85 米，闸底高程 2.75 米，闸顶高程 8.0 米，闸墙高程 9.0 米，闸上公路桥宽 7.5 米，长 103 米，双车道，桥面高程 9.0 米。

正常蓄水位 7.0 米，港道蓄水 77.5 万立方米，加上原围垦海滩港道约 100 万立米，设计洪水位 8.3 米，校核洪水位 9.0 米。设计洪水标准 p=10%，三天来水三天排完，按

p=2% 校核。十年一遇设计洪水流量经石壁水库调洪后同频率组合 QI0%=1249M/s。

二、级别核定计算（经查原设计书）

1. 泄洪能力计算：

（略）

2. 孔口面积计算：

根据规定，无胸墙敞开式闸门，最大排洪水深按校核洪水位计算水深。

即闸前水深为 9.0-2.75=6.25 米

则孔口排洪面积为 6.25×85531.25 平方米

三、核定结果

根据水闸工程等级分类规范规定：同时满足

（1）Q 下泄 =1000 ～ 5000 立方米 / 秒　　　　（2）S 排 =400 ～ 1000 平方米

则该水闸为"大（III）型"水闸。

泉州市水利水电局

1993 年 3 月 14 日

泉州市林业局、泉州市文物管理局、南安市水头镇人民政府 关于《东南早报》报导"安平桥周边大片的滩涂被毁 百棵防护林遭伐"情况联合调查的报告

泉林 [2009] 133 号

市委督查室：

　　你室于 5 月 19 日转来市委徐钢书记、市政府洪泽生副市长批示件后，张建生局长非常重视，专门召集有关人员进行研究，指派森林公安局进行调查处理。市森林公安

局于 5 月 19 日会同南安水头镇政府、安平桥文物管理负责人一同前往安平桥水头段进行调查取证，通过实地踏查、查阅有关资料、走访有关人员、聘请南安市林业局工程技术人员进行技术鉴定，现已查清，并报告如下：

一、调查结果

经查:《东南早报》于 5 月 13 日报导"安平桥周边大片的滩涂被毁百棵防护林遭伐"情况部分属实，部分失实。

（一）2009 年 4 月份以来，吕金福在承包土地范围内砍树，经技术人员现场鉴定共计砍伐"木麻黄"37 株（与泉州市文物保护管理所向水头镇行政执法中队报告安平桥北侧被砍伐 30 多棵防护林数量基本相符），立木蓄积 3.96 立方米，属沿海防护林。砍伐林木数量与东南早报报导的百棵防护林遭伐有出入，但是，吕金福未经过林业主管部门批准，擅自砍伐林木违反了《中华人民共和国森林法》第三十二条规定。

（二）2009 年 4 月份以来，吕金福在安平桥北侧堤岸上挖穴并在承包地内整地挖穴准备种树，土地面积约 70 亩属荒杂地，不是滩涂。

（三）吕金福在堤岸上挖穴地点属安平桥 35 米保护区范围内，在承包土地内整地挖穴、砍树地点不在安平桥 35 米保护区范围内，但在 180 米建设控制地带范围。吕金福未经文物主管部门批准，擅自在安平桥堤岸上挖穴并在承包地内整地挖穴准备种树，违反了《中华人民共和国文物保护法》第十七条、第十八条规定。

（四）2009 年 4 月 11 日，市文物保护管理所向水头镇行政执法中队通报了吕金福在安平桥建设控制地带内砍伐"木麻黄"及在安平桥保护范围内倾倒建筑垃圾的违法行为，并一同到现场制止。4 月 28 日文物保护管理所下发《关于制止水头镇新兴艺石业破坏安平桥防护堤及填埋土石的函》（泉文管［2009］6 号）给南安市水头镇行政执法中队，请水头镇执法中队对水头镇新兴艺石业吕金福在安平桥文物保护区域建设控制地带内的违法行为进行查处。

吕金福整地挖穴、砍树行为已得到制止，堤岸上挖的穴已回填。

二、处理意见

（一）吕金福未经林业主管部门批准，擅自砍伐林木，违反了《中华人民共和国森林法》第三十二条规定：采伐林木必须申请采伐许可证，按许可证的规定进行采伐；

根据《福建省森林和陆生野生动物刑事案件管辖及立案标准》的规定：滥伐森林或其他林木立案起点为 15 立方米或者幼树 750 株和《中华人民共和国森林法实施条例》第三十九条第二款规定：滥伐森林或者其它林木，以立木材积计算 2 立方米以上或者幼树 50 株以上的，由县级以上人民政府林业主管部门责令补种滥伐株数 5 倍的树木并处滥伐林木价值 3～5 倍的罚款。吕金福无证砍伐 37 株木麻黄蓄积量 3.96 立方米，没有达到砍伐 15 立方米立为刑事案件标准，但违反了《中华人民共和国森林法实施条例》第三十九第二款规定，经市林业局研究决定，对吕金福滥伐林木行为依照《中华人民共和国森林法实施条例》第三十九第二款规定：责令补种滥伐株数 5 倍的树木并处滥伐林木价值 4 倍的罚款。

（二）吕金福未经文物保护主管部门审批，擅自在安平桥防护堤岸上挖掘作业违反了《中华人民共和国文物保护法》第十七条规定：文物保护单位的保护范围内不得进行其他建设工程或者爆破、钻探、挖掘等作业。又在建设控制地带整地挖穴的行为，违反了《中华人民共和国文物保护法》第十八条第二款规定：在文物保护单位的建设控制地带内，进行建设工程，不得破坏文物保护单位的历史风貌；工程设计方案应当根据文物保护单位的级别，经相应的文物行政部门同意后，报城乡建设规划部门的批准。根据《中华人民共和国文物保护法》第六十六条第一款规定：擅自在文物保护单位的保护范围内进行建设工程或者爆破、钻探、挖掘等作业的；第二款规定：在文物保护单位的建设控制地带内进行建设工程，其工程设计方案未经文物行政部门同意、报城乡建设规划部门批准，对文物保护单位的历史风貌造成破坏的，尚未构成犯罪的，由县级以上人民政府文物主管部门责令改正。鉴于吕金福的行为未对安平桥造成严重后果，文物主管部门已责令吕金福在挖穴的地方进行回填平整并恢复原貌。

泉州市林业局

泉州市文物管理局

南安市水头镇人民政府

2009 年 6 月 8 日

泉州市文物管理局
关于《东南早报》报导"安平桥周边大片的滩涂被毁百棵防护林遭伐"情况调查的补充材料

市委督查室：

一、对责令吕金福填平在安平桥北侧堤岸所挖坑穴恢复原貌的说明

2009 年 4 月份，吕金福在安平桥文物保护范围内北侧堤岸进行挖穴作业，违反了《中华人民共和国文物保护法》第十七条规定：文物保护单位的保护范围内不得进行其他建设工程或者爆破、钻探、挖掘等作业。但是，因特殊情况需要在文物保护单位内进行其他建设工程或者爆破、钻探、挖掘等作业的，必须保证文物保护单位的安全，并经核定公布该文物保护单位的人民政府批准，在批准前应当征得上一级人民政府文物行政部门同意；在全国重点文物保护单位的保护范围内进行其他建设工程或者爆破、钻探、挖掘等作业的，必须经省、自治区、直辖市人民政府批准，在批准前应当征得国务院文物行政部门同意。

吕金福在安平桥建设控制地带进行砍树挖穴违反了《中华人民共和国文物保护法》第十八条规定：在文物保护单位的建设控制地带内进行建设工程，不得破坏文物保护单位的历史风貌；工程设计方案应当根据文物保护单位的级别，经相应的文物行政部门同意后，报城乡建设规划部门批准。

根据《中华人民共和国文物保护法》第六十六条规定：有下列行为之一，尚不构成犯罪的，由县级以上人民政府文物主管部门责令改正，造成严重后果的，处 5 万元以上 50 万元以下的罚款；情节严重的，由原发证机关吊销资质证书：

（一）擅自在文物保护单位的保护范围内进行建设工程或者爆破、钻探、挖掘等作业的；

（二）在文物保护单位的建设控制地带内进行建设工程，其工程设计方案未经文物行政部门同意、报城乡建设规划部门批准，对文物保护单位的历史风貌造成破坏的；

鉴于吕金福的行为未对安平桥文物本体造成破坏，尚未构成犯罪，根据《文物法》规定，我局已责令吕金福在安平桥北侧堤岸挖穴的地方进行填平恢复原貌。

二、关于加强安平桥保护的建议

1. 抓紧制定安平桥总体保护规划。今年三月，我局已委托清华大学制定安平桥总体保护规划，规划方案完成后，将按程序报批公布，并按照规划要求加强对安平桥的保护。

2. 对安平桥周边环境进行专项整治。安平桥地跨晋江、南安二市，管理难度较大。多年来，乱滥建、排污、倾倒垃圾等脏乱差现象十分突出。因此，建议泉州市政府协调晋江、南安地方政府，尽快开展安平桥周边环境专项整治工程。共同做好清淤清污、清除垃圾、拆除违法建设等工作，以改善安平桥的景观风貌。

3. 加强综合管理力度。建议成立一个综合性的管理机构，健全管理工作的机制和体制。各级政府和有关职能部门在加强安平桥保护、整治安平桥周边环境中，既要明确任务，各司其职；又要协调配合，加强协作。要加强宣传工作，保护安平桥，整治周边环境，不仅需要职能部门的积极努力，也需要社会各界的充分理解，大力支持。

泉州市文物局

2009 年 6 月 17 日

第九章　诗词文联

诗词文联

编者按:本章作者简介均附于作者第一篇作品之后,若录入同一作者两篇或以上者,则不重复附录作者简介。

第一节　诗词

咏安平桥

南宋·赵令衿

维泉大海濒厥封，余波汇浸千里同。

石井两间道所从，坐令往来划西东。

怒涛上潮扩天风，舟航下颠一瞬中。

孰锐为力救厥凶，伟哉能事有南公。

伐石为梁柳下扛，上成若鬼丽且雄。

玉梁千尺天投虹，直槛横栏翔虚空。

马舆安行商旅通，千秋控带海若宫。

震惊蛟鼍骇鱼龙，图维其事竟有终。

我今时成则罔功，刻诗涯涘绍无穷。

【作者简介】

赵令衿，宋宗室。绍兴二十一年辛未（1151年）知泉州。是年继成安平桥，翌年又建东洋桥。著有《石井镇安平桥碑记》与《东桥碑记》等。

咏东洋桥

南宋·赵令衿

为问安平道，驱车夜已分。

人家无犬吠，门巷有炉熏。

月照新耕地，山收不断云。

梅花迎我笑，为报小东君。

【说明】

该诗载于《安海志》（1983 年出版），而《安平志》（2000 年出版）则将此诗以《咏东洋桥》为题，但在《晋江县志》（道光版）内，此诗却是录入于"安平西桥"的条目内。

过安平渡

南宋·吕大奎

此日江山倍有情，怒涛万顷一书生。

丹诚欲挽东流水，古渡安平恨不胜。

【作者简介】

吕大奎，南安人，南宋朝散大夫吏部员外郎。

题西桥

南宋·张逸老

五里江桥涌暮涛，漫挥羽扇望江皋。
平沙水退鱼鳞露，远浦天晴雁影高。
何处酒帘看更远，几艘渔艇漫相招。
平生浩气冲牛斗，一逐江湖兴益骄。
长空雁落双行下，岸帻江头看暮潮。
□□□□□□□，乾坤浩气扶秋娇。
□□□□□□□，□□帆归一叶飘。
何处孤飞华表鹤，几人共话灞陵桥。
五湖范蠡归何晚，谁肯中流辄见招。

【作者简介】

张逸老，晋江古陵（今晋江市磁灶镇五龙村）人。

前题

陈汉民

闲步石梁看远潮，水晶境界绝尘飘。
潮生海角蓬莱近，风到亭心兴趣遥。
是处鸥盟应共适，谁家鱼曲若相招。
何当了却生平愫，可逐江湖游衍桡。

前题 其一

明·龚 照

鸡暮山前古渡横，东西南北尽通程。
潮来风猛应难渡，潮退沼深岂易行。
欲得地除千种苦，直须心运一般平。
世间要问轮蹄路，管看□魄水上生。

【作者简介】

龚照，晋江县永宁沙堤（今石狮市永宁镇沙堤村）人。

前题 其二

明·龚 照

杖筇扶我过江干，五里桥西一倚栏。
拍石声声清浪急，映波片片白云闲。
数行雁影夕阳外，几叶渔舟烟霭间。
始觉乾坤静里大，无端诗兴激狂澜。

前题　其一

陈健齐

五里桥头一解鞍，偶因诗兴自盘桓。
数村桑柘斜阳外，两叶扁舟香霭间。
稚子拾蚶通海汐，老翁扶杖入天坛。
那堪吟罢长延伫，海面东风似雪寒。

前题　其二

陈健齐

欲去不去又徘徊，诗景栲人喜似堆。
海水遥光鸥社散，石桥倒影船头回。
谁家车马长亭下，何处人烟曲港隈。
多老乾坤真乐事，一时收拾在诗怀。

前题　其一

陈周民

行逢海国落寒潮，一望怅然发兴骄。
海水无情长浩浩，扁舟何处去飘飘。
随波野鸟泊沙渚，溯影游鱼戏石桥。
到此登临幽意惬，五湖风景自相招。

前题　其二

陈周民

水心亭下望春潮，幽入襟怀兴自骄。
极目那堪沧水碧，知心惟有白鸥飘。
怅思范蠡归何处，肯学相如过此桥。
乘兴欲寻蓬岛去，鳌头风雅正相招。

前题

李钦所

正月二十日与鳌头诸友来游于此，快睹古陵遗墨，偶题以赓余韵。

适情拉友望江潮，乌帽欹斜醉兴骄。
波底天汲空碧映，湖头风簌雪花飘。
摩阿充斥空盈座，行旅纷纭日满桥。
惟恨古陵兹不觏，诸君明日赖相招。

双桥跨海

明·黄伯善

王孙驱石作天津，乌鹊鼋鼍语不真。
潮落潮生皆逆旅，石亡石在等微尘。
纵然题柱非吾事，岂必济川尽古人。
天意欲教金锁断，为歌松柏诉江神。

【作者简介】

黄伯善，字兼达，号菊山，晋江安海人。少聪颖，九岁能属文，读书寓目即记。天资粹美，学力高迈。文章继芳躅于秦汉。诗学擅一时之宗派。领嘉靖十九年（1540年）庚子科乡荐，初选昌化教谕，后迁衡州府同治，会守缺，摄守。著有《菊山文集》。卒年八十六，祀名宦乡贤祠。其孙即黄汝良。

前题

陈文鹤

安海城边水若濛，一桥西跨一桥东。

石长石短双双卧，潮去潮来格格中。

过客虽无司马志，将军应有子龙风。

渔灯明灭江心照，虹背逍遥接太空。

前题

清·黄帝赉

安海旧传九曲川，双桥横亘海城边。

盘空宛转金鳌壮，绝岛崎岖玉练悬。

潮分树色东西嶂，人在水心上下天。

千古论功歌赵守，长虹遥对锁村烟。

【作者简介】

黄帝赉，名以孝，晋江安海金墩人。清乾隆二十一年（1758年）丙子科举人。官教谕。

前题

清·黄　燮

海畔双桥碧草连，东西形胜锁长川。

乾坤路接青虹背，潮汐人行白浪边。

天上银河须一线，云间乌鹊亦多年。

山翁总是灞陵客，日暮楼头醉欲颠。

【作者简介】

黄燮，原名中，号勉敬，晋江安海金墩人。清乾隆十八年（1753 年）癸酉科举人。乾隆四十年（1775 年）乙未科进士。

前题

清·柯敦圃

安平自古筑双桥，跨得鸿江压水遥。

晋邑並连南邑界，皇山直接井山腰。

鲸分左右涛千尺，虹判东西路两条。

为说绵长夸第一，鳌梁相对亦名标。

【作者简介】

柯敦圃，号希九，晋江安海西柯人，其人精研易学。

二塔凌霄

明·黄伯善

半空楼阁翠重重，万井烟花眺望中。
突兀奇观相伯仲，飞腾远势谁雌雄。
天高云暗独凭久，潮怒风号一啸同。
谩说退之非旷士，太华感慨泣途穷。

前题

清·黄帝赉

觚棱海角两相连，峭级危栏俯碧川。
佑圣长依宫燨燄，文明曾记塔灯悬。
晴开海国万方仰，驭转乌轮一柱先。
脚蹑层层随步上，却疑人在九重天。

前题

清·黄 燮

沧海何年二塔崇？古苔蒙宇上穹苍。

风烟暗触蛟龙舞，星月晴分玉翠凉。

似有仙人来掌上，遥怜行客认家乡。

衣冠大地他时赋，错落天花人籁长。

前题

清·柯敦圃

宝塔层层两处攒，巍峨相对在斯安。

瑞光壮采疑栖凤，佑圣奇观欲舞鸾。

势耸桥头星可摘，晕悬海口月为端。

祗今惟有西铃响，东址无情剩废峦。

西桥水心亭

明·黄伯善

寻春偶憩水心亭，一聚行尘两觉清。
草入西坡翻燕羽，风来南浦带鸥声。
不知客路迢迢远，只动渔舟泛泛轻。
未必力稀绿树歇，徘徊难去海山青。

与以载侄游西桥

黄逢春

四望青山带晚云，寒云碧练一溪分。
轻摇过橹声咿喔，打动鱼竿水乱纹。
飞鸟影浮天外没，夕阳已向岚中曛。
偷闲半日上方坐，心旷神怡我与君。

泛舟西埭

颜石亭郡守见招，同詹司寇泛舟西埭诗。

明·黄凤翔

别浦风光海色连，菰蒲荡漾小春天。
盤坏颜阖偏留客，垂钓詹何共泊船。
堤涨潮痕新雨后，桥横塔影夕阳前。
行吟不是湘潭侣，闲听渔歌一叩舷。

【作者简介】

黄凤翔，晋江人，明代礼部尚书。

和曾敦厚西桥春望

明·黄腾舆

洲渚春风百草菲，石桥散步不知归。
蓝浮东海千峰霁，青破南山一鹭飞。
□□潮生回古渡，牧童沙暖卧蓑衣。
回头万井轻烟起，长啸一声月色辉。

【作者简介】

注：黄腾舆即黄堪。

秋日安平八咏　其四

明·何乔远

西桥五里海门遥，小阁观音压岸腰。
陡见莲花清宿淤，拍天白雪是秋潮。

【作者简介】

何乔远，字稚孝，号匪莪，晋江人。明万历进士。崇祯间累官南京工部右侍郎。立朝持正敢言，博览好著书。辑明十三朝遗事为《名山藏》，纂《闽书》百五十卷，著《何镜山文集》等。

安平怀古　其四

清·施　钰

往事低徊慨正深，兴修义举纪南浔。
月斜老寺惟钟磬，风递环溪自古今。
故苑莺花羁客梦，荒碑苹藻子民心。
夕阳遥下西桥外，听尽啼鸦杂暮砧。

【作者简介】

施钰，原居晋江安海，后寄籍台湾淡水并参与科举，道光年间考为贡生，又在台湾彰化任盐课大使，后迁居泉州西门隅。著有《石房樵唱》四卷。

市桥古塔

清·施 钰

市桥三里五里，谿港前汀后汀。

相赏波涵月镜，微闻塔语风铃。

瑞光自昔钟瑞，青嶂还期送青。

拜手题碑祖德，长歌过水心亭。

登安平浮屠晚眺

簧山堂伍

拾级登层塔，螺旋只折腰。

天风生肘腋，平地上云霄。

舞凤盘高阁，长虹卧石桥。

苍茫烟树外，落日海门潮。

古塔凌烟

清·安清湘

野寺荒芜碎瓦砖，尚存一塔独巍然。
苔依宝盖全高古，雨落巡檐似懒眠。
有鼍中唐悲剥啄，无风倒挂冒云烟。
消磨岁月还逾壮，直共苍松不老天。

安平怀古——东西桥

清·伍　常

石梁跨海卧晴虹，晋邑南安路可通。
传说绵长天下冠，金鳌遥对列西东。

【作者简介】

伍常，字祥甫。晋江安海人，清光绪间庠生。

黄金缕·抵安海感赋

廖仲恺

五里长桥横断浦，不度返乡，只度离乡去。

剩得山花怜少妇，上来椎髻围如故。

冉冉斜阳原上暮，罂粟凄迷，道是黄金缕。

彩斾红旗招展处，几人涕泪悲禾黍。

【作者简介】

见本书《人物传略》。

咏五里桥

郭沫若

五里桥成陆上桥，郑藩旧邸纵全消。

英雄气魄垂千古，劳动精神漾九霄。

不信君谟真梦醋，爱看明俨偶题糕。

复台诗意谁能识，开辟荆榛第一条。

【作者简介】

见本书《人物传略》。

安平桥

陈泗东

安海苍茫隔水头，长虹何计卧奔流。

横波石锁千寻浪，酾水桥成五里舟。

番舶交通书早志，先民劳动迹今留。

红旗此日开新宇，卷世东风广结俦。

【作者简介】

陈泗东，中国海交史研究会主任，福建文史研究馆员，泉州历史研究会会长。

夜西桥

颜长江

白塔灯辉里

稻花香染鸿江潮声

海门鱼火，晃鲜了小镇

迷落半轮月亮

淀影水上

远岸峰峦

绵延泼墨的神韵

憩亭残碑朦胧

那缆绳磨滑的护栏石狮

有情侣潇洒倚傍

叫人忆不起出洋伤别

古渡断肠

旅人蹀躞凌波

跫音是谶语的优美遗响

澄渟院外，借得

几盏飞萤流光

读一位挂锡僧的晚晴

很瘦，很豪放

游船剪凄清星鳞

摇入梦境金黄

夜光岛的劲歌狂舞

逸出芳醇余兴

谁家的南曲，还在

骤然阒寂的心空

悠扬

【作者简介】

颜长江，中国作家协会会员，晋江市作家协会副主席。

五里桥

吴谨程

坚硬的骨胳。五里桥像泉州男人的矫勇

更就一条脐带，柔韧源自它内部的秩序

剥开它的表层，浮出水的围裹

石头为骨。石头更是它灵魂
浮出水面躁动着的语词
词不达意,只抵消水中藏匿着的隐秘

那一块庞然的石板,就这样横架在船上
一头连着泉州湾的烟波浩渺,一头
连接安平港远航的船螺,声声激越

就这样浮于海,多好!这蔚蓝的色调
被泉州人种植于身体内
那些自由的人,于是走进海洋的舞台

从一头走向另一头,时间还不曾衰老
从那头到这头,泉州湾抒情的波涛
抽身而出,海峡的帷幕正徐徐拉开

【作者简介】

吴谨程,中国作家协会会员,中国诗歌学会会员,泉州作家协会诗歌创作专业员委会副主任,晋江市蓝鲸诗社社长,晋江市作家协会副主席兼秘书长。

第二节　楹联

水心亭对联

远水近山环古刹
明心见性到空门

水月松风参妙谛
心灵手敏赞天功

水底窥天空色相
心中有佛悟禅机

著贝叶经洒杨枝水
施大慈惠发菩提心

波长水曲成南海
路转山迴即普陀

澄淳院对联

如来境界无有边际
普贤身相犹如虚空

水心禅寺对联

三圣宝殿正面外柱

能立无上正教法

常为世间良福田

三圣宝殿正面内柱

善知一切真实相

深入无边法界门

三圣宝殿左侧立柱

一切如来同赞喜

十方众生悉慰安

三圣宝殿右侧立柱

雨大法雨令开悟

行菩提行利众生

三圣宝殿后面外柱

随顺诸佛真实教

增长众生清净心

三圣宝殿后面内柱

能于众生施无畏

普传世间得大明

三圣宝殿大殿立柱

如来境界无有边际

普贤身相犹如虚空

三圣宝殿佛龛外侧

水平无波澜险阻三圣降临福地

心正有菩萨支持八闽崇奉神州

三圣宝殿佛龛内侧

举华藏世界诸庄严圆彰净土

引娑婆世界众凡圣同往莲邦

弘法楼千佛宝殿

千年胜迹先哲法音传古镇

佛日长辉弘公律范著安平

弘法楼甘露讲堂

甘霖润物诸佛传灯源广舌

露液滋生弘公说法悟原音

弘法楼三楼

桓林增瑞秉慧炬聆梵音六时恒吉祥

楼阁重辉仰莲池循道业一心常精进

弘法楼四楼

藏书探赜贝叶千函开有识

经论钩玄佛光万道照无明

中亭牌坊对联

水原似静实不静

心本无为即有为

中亭对联

水面偏呈长自在
心头常现大慈悲

水上无波　愿大众回头抵岸
心中有佛　为世人说法现身

世间有佛宗斯佛
天下无桥长此桥

新兴宫对联

长桥胜迹蜚中外
碧海清风自古今

五里烟波成坦道
十三神圣护平安

海潮庵牌坊对联

沧海桑田同讴兴革事
神州画景共谱治平章

重镇雄风丝绸商埠通中外
长桥盛誉桑梓人文贯古今

东观鳌海水天齐碧
西览鸡峰山地共荣

海日生辉慈航普度开三泰
潮声醒世黎庶和谐获万安

海潮庵对联

海景犹如画景邀君共赏
潮流却似时流适者齐兴

黎民敬佛敬千载
水国安澜安万年

奎峰献瑞添丰彩
鳌海澄波兆吉祥

慧日高悬护民有法
慈云广荫济世无私

海刹钟灵光佛法
潮声警世渡慈航

虔诚悟理去烦心
着意参禅寻觉路

殿宇辉煌香火盛
神恩浩荡庶民安

第三节　散文

行吟五里桥

万国智

　　几次叩访过五里桥？恐怕难说确切了，却是记忆依然生动呐喊，每当穿过古镇的深腹，登上五里桥头，足踏波涛的节拍，视读石块的音符，就仿佛倾听到一曲恒久而强劲的奏鸣，飞越时空的长风云天，悠悠唱彻了古今⋯⋯

　　其实未必全是虚拟的比喻，也不一定是缥缈的幻觉，五里桥大真大美的旋律，撼动了我的心灵，激发我意绪的冲动！

　　散漫的步履，压住五里桥面走过去走过来。原野漠漠，潮水汤汤，坚实的一座石桥逶迤而去，牵挽远近一片江山。特别令我惊叹的，是五里桥潜在的诱惑力度，让我的视点抛出了现代，去和古老的山林大海人物对话。

　　而一旦摆脱了狂热，我又会觉得不安，至今我一直拿不出妥当的文字，为五里桥来一笔描绘来一声抒发，表白我的友好与推崇。原因是五里桥有了太多供人一说的话题，也有太多的人说过了五里桥。

　　我不想人云亦云。我常常这样认定，屹立于庞大的桥梁家族，大度、大节、大为，洗尽铅华，方显本色，这才是五里桥的品格与英气。

　　有感于此，我当然要以负责的态度对待五里桥。我开始小心地放飞灵感，时而挂竹移步，时而临水照影，寻找思索与情愫的爆发点。

　　于是，在一个偶然的机会，我邂逅了一位清纯活泼的女孩，她向我提了个问题：对五里桥有什么想法，打算写出什么样的五里桥？⋯⋯这是春夏之交的晴日，晚风温柔地吹拂，浩大的夕光勾勒出她酷扮的身姿轮廓，写成一个立体的诗句，青春的容光闪烁在五里桥畔。

　　五里桥，先辈留给后人的一部压世之作，标示了遥远岁月的一个"黄金时段"。那么，是推测1000多年前的情景：顶着烈日，冒着狂风，淋着豪雨，人们艰辛而执著地掘山填海，终于开创了"天下无桥长此桥"的人间奇迹？是追踪刺桐港的繁荣年代，五里桥上下一派忙碌欢悦，番船密集泊靠，成为"海上丝路"不可或缺的船坞货埠？是记述世世代代的当地人，怀揣着"大字"，拎着行李布包，一步一回头走过五里桥，漂洋渡海去"过番"？还是渲染今日五里桥的无限风光，城垣大跨步往外扩张，楼厦丛立、长街纵横、商场如网，崭新的容貌处处光彩照人？还是描写古寺仄巷瓦屋挺起了精神，珍惜昨天不寻常的经历，收藏不可多得的淳厚拙朴？或者歌吟五里桥接受桥之两端的父老的监护，在四面八方关注的目光下，坦然卸下生命的重任，作为价值重大的文物，赠与人们一份荣耀？

我无可奉告。从某个角度分析，单凭考证史载的方法来说现实，可能最为无聊，而抄摘现实去否定历史，也可能最为愚笨。

不妨再深一层来解读，百朝千代直至今天，五里桥在人们心目位置中，完全不仅是石头砌造的形体，而是饱和了理想化的内涵。说怪不怪，美化乃至神化崇仰之物，是膜拜者顶礼的必然。五里桥不能除外，虽然不一定是先例。

极有意味的是，五里桥持有的"先例"却是独特的，使我联想起第一次见识五里桥的往事。

难忘那突然遭遇的惊诧，横卧我面前的五里桥，不论桥面或桥墩，石板石条石块上苔痕斑驳、锈迹重重，有的斜欹有的断折；在我想象中一泓江波海涛的蓝色，不知何时消失了。原本是海底的滩涂大片大片地浮升上来，赤裸裸地向外曲折延伸，和高低错落的沙丘土坡连成一线……当时我打了个比方，古桥"休克"了。

就是这样，五里桥被挟持架空了，无奈而又寂寞。飞越碧波的雄姿为什么沦落了？搏击风浪的气魄何处可寻觅？这一切和我读过听过的五里桥对比，反差太大了，以至我险些错怪记忆的失误，接受不了事实。

事实毕竟是事实呀，左右近侧的旱坡湿地，种上番薯芋头，播下水稻大麦，插入甘蔗玉米，五里桥呢，尴尬地缩进了"青纱帐"内，不见前头也断了后尾，有如一弯石板铺设的田间小径。偶尔一二人影出没，其形其状肯定是耕作的农人。他们回头一瞥，表情怪怪地又匆匆走开了。

又记得，当天陪行的安平镇朋友，大失了诗人的狂妄与浪漫，一路行来双手摞在裤袋里，懒得为解说作一下比划动作，甚至措词谨慎地告诉我，这里发生过"围海造田、向海要粮"的革命性壮举。我明白了，即使这么轻描淡写的一句，可是概括中肯地点明了要义。给人的感觉有点别扭有点滑稽，诗人还会有诗吗？

特殊年代的特殊际遇，五里桥是不止经受这么一次。我又联想起一则史载，不失真实地记录清朝当局实行"海禁"政策，屡次刃兵洗劫安平镇，百姓被驱赶而迁界。从此，一方繁荣富庶的华夷集墟地带，方圆百里不见人家烟灶。五里桥遭火烧遭毁坏，乃至

最后被废弃。

是的，时光去远了，莫再多提前尘旧迹也罢。此刻最实在明朗的"镜头"，是五里桥敞开了襟怀，迎纳一群风尘仆仆而来的"老家伙"。骄阳似火，他们个个热汗涔涔，却是一样的步伐稳健目光冷峻。这些来自市区各方面的专家学者，爱激动爱发牢骚的权威性人士，情不自禁地投给五里桥深挚的注目礼，胸中荡起一腔义愤：讨回清净空明的山水，还给五里桥原貌！

在这里，我为五里桥额手称贺，历史从来是铁面无私的，科学从来是严肃不苟的，使五里桥终于盼来了这么一天，光明与希望的一天。

如果说还有点遗憾的话，那就是这一天来迟了。试看吧，以五里桥为核心的风景区，土巴佬的洋化了的建筑物，杂乱无章地抢占地盘，都想沾光啃上五里桥一口；摩托三轮车铁架车闯过"严禁车辆通行"警示牌，辘辘碾压桥面，"造"下一窟窟叫人心悸的"黑洞"，且慢诧异桥墩下混浊不堪的流水，"五岭"逶迤的垃圾，从桥头包抄五里桥，黑白相间的色调，在侵蚀古老文明的象征！

类似种种，是我表面上能目击的，至于暂看不见还有什么呢？劳驾专家学者去实地考察取证。一位权威人物简洁概括观感，对我说，五里桥枉受太多大不该的委屈，我们来晚一步，应担一份责任啊！

绝妙的"立案"之言，只有清醒的反思，才是对五里桥的真正理解。古往今来，是五里桥教懂人们从海洋获得灵感，创造性地缩短了世界的距离，是五里桥坚忍沉默，背负它的子民去开拓生存的空间，而五里桥罹受自然的人为的蹂躏，也从无休止过。屹立城门头的白塔作证，守护江桥中心的石将军作证。

应是涨潮的时候，港坞上腾跃喧哗的浪涛，交错而行的帆篷，突然拉回我绵长的思绪，我凝眺五里桥，不能不为之慨叹，在无私奉献的同时，却在蒙受残酷的摧折，像五里桥命运"冤案"者，能有几多人能有几多物？

是不是我太着意于行吟？是不是太过于苦涩不中听？任凭说去吧。总有一天，五里桥真正人气旺、声气足、心气壮，我将它不被扭曲的灵魂，交给提问题的女孩，权作小小"答案"，那么，苦行披吟又何妨？

（选自《泉州晚报》2000 年 6 月 27 日）

【作者简介】

万国智，中国作家协会会员、福建省作家协会全省委员会委员、泉州市作家协会顾问、中国报告文学学会会员。

古桥依旧

王巨才

到晋江，不可不去安海。去安海，不能不到安平桥。安海，这个新兴产业集群迅猛崛起的经济强镇，历史上又是著名的对外交通古港，千百年来标新立异、名人辈出，朱熹、郑成功、施琅等先贤名臣都曾于此建功兴业。而安平桥，则是别在安海乃至晋江、泉州胸前象征悠久文明的一枚精致的徽章，其风神气韵，再融入李叔同、丰子恺、郭沫若等大师的彩墨华章，令多少人吟颂追慕、心驰神往。

同去的朋友中，我算得上是"旧地重游"了。10年前，到厦门出差，事毕，写过《富起来需要多长时间》和《世纪预言》的许谋清兄约我一定来晋江走走，老许当时正在晋江挂职，任市长助理，他的意思，是让我亲身感受一下当地得风气之先的飞速变化，以及作家深入基层、体验生活之必要。但来去匆匆，只两天时间，说实话，除过石狮街头熙熙攘攘的作坊、店铺，堆积如山的建材、服装，以及周边地带一幢幢豪华气派而又略显空旷的民居楼群外，给我印象最深的，就是这座阅尽沧桑、旧迹斑斑的古桥了。

桥在安海老街中山路的西头，街桥相连；由此再往西，中间跨过5条深水港道，与对面南安市的水头镇隔海对接，全长5华里。据说这是迄今为止世界上最长的石梁桥了，晋江人每每以此自炫。"安平商人遍天下"，因此，便是在海外，这座石桥也是赫赫有名，是众多侨民们思乡念国时经常念叨的话题。如不是身临其境，你不会想到，这么长的跨海桥，其结构竟全是由花岗岩石块砌筑而成。桥下有分水道362孔，根据吃水深浅和行水缓急，桥墩分别呈四方形和船形。桥面则是由2000多条粗砺的巨型石板铺就，石板长短分别在4～8米，条条挨紧，一字排开，两边望不到头。桥面虽不算太宽，但赖有两边的护栏遮挡，人来车往（自然只能是手推车了）可保无虞。最令人惊讶的是，那一根根粗重的石条，每根都有好几吨的分量，最重的可达20多吨，900年前，这么重的石块怎么从海峡东岸的金门运来，又如何将它拖上桥墩？这至今尚是一个谜。据老人们传说，当时的工匠们竟是巧妙地运用了潮汐进退涨落的自然之力，完成这些难度极大的艰巨工序的。若此说是真，则晋江人今古一脉，其来有自的聪明与坚毅倒是于此得以印证了。

为方便过往行人换肩歇息与暂避风雨，桥上原先建有"憩亭"5座，现存3座。其中最中间的一座，里面供有菩萨像，前方左右各有真人大小的石雕护桥将军像一尊，皆着甲戴盔，手执宝剑，状甚威武。我们去时，亭子里只有两位上年纪的老人闲坐，供桌上香烟袅袅，地上散落着燃烧过的香头纸灰。此外，整座桥上再见不到游人的踪影。我们问是否常有人来供香，老人回答："不多。人们都在忙各自的营生，没有功夫。"这情形，与我上次见到的几乎完全一样，也是这样清静，这样安谧，海风透衣而过，甚至能觉出些许的寂寥。看来安海人尚没想到或者根本不愿用祖宗的这份遗产去"变现"，没有想方设法地去招徕一拨拨蜂拥而来的公款或私费的游客。但转念一想，伴随经济的发展繁荣，安海的总人口已达到9万多，外来人口也有近8万，这举世仰慕的安平桥上，怎么会见不到他们身影呢？这原因，恐怕也正如老人所言，大家都在忙各自的营生。再说，安平桥原本就在他们身边，在他们的生活里，如同朝夕相处的中山街和镇上的十多处古塔一样，已成为他们浸淫其中的人文环境的一部分，举头可见，信步可达，不须买票，不必排队，如是则又何必人头攒攒、一身臭汗地去挤大堆、凑热闹呢？晋江人是忙碌的，少有闲人；又是心态沉静的，摒弃了浮躁。

安平桥的修建，动工于南宋绍兴八年（公元1138年），前后经过14个年头方告完成。如此宏大的工程，投入的人力物力财力可想而知，想来不会出于哗众取宠、沽名钓誉的"政绩"用意，而应是当地经济社会发展的需要，又是政府财经与民间实力可资调度。盘桓长桥，放眼欣欣向荣的古镇新貌，你会想象到当年的安海作为东南巨镇、通海口岸，客商云集、舟船往来的繁华景象，从而对晋江人在我国文明进程中所作出的历史和现实的独特建树肃然起敬。自然，他们也和全国人民一样，承载过民族的苦难，遭受过历史的屈辱，只是在这个过程中，晋江人不屈不挠、愈挫愈奋的个性却是始终如一，丝毫未销其锋芒。据史料记载，这安平桥自建成以来的800多年中，历经战乱损坏，每一次，晋江人都凭着对中华古老文明的珍爱、敬畏与责任感，把它精心地修复如初。不是兴师动众、大兴土木，没有招摇的牌楼、广场、大厅，一切都自自然然，原汁原味，修旧如旧。以安海镇政府每年五六个亿的财政收入，再造一座"标志性"的桥梁并不困难。镇上的企业家，单是"恒安集团"老总许连捷，用于慈善事业的捐款就动辄百万元、千万元，多出几个"脂粉钱"也不在话下。但晋江人有钱，从来不会去乱花，要花就得花到点子上，花出实实在在的绩效来。你不看，现在的安平桥仍就是这样如一位质朴沉稳、波澜不惊的老人般，恬适、自在地躺在那里，素面朝天，气定神闲，古风犹在。晋江人的人文情怀与见识、素养，不能不让人高看一眼，深为赞许。

　　这些年，跑了一些地方，看了不少名胜，让人流连忘返、暗自庆幸的不是没有，但说真的，多数都会留有一些遗憾，甚至大失所望。俗不可耐的人造"洞"、"宫"，华丽无当的附属设施，零乱不堪的环境布局，叠床架屋的购票收费，穿凿附会的导游解说，常常让人大倒胃口，徒唤"上当"。即使还算有几处真迹、几件珍藏值得一看吧，也让这些喧宾夺主的内容挤兑得烦不胜烦，没了静心观赏的兴趣和情绪。这正像时下千篇一律的舞台演出，好好的一个所谓原生态的演唱，却非得弄一群怪模怪样的俊男靓女去伴舞，让人怎么看都觉得拙劣、别扭、生厌。有了这样的经验，我现在对本来有机会出去的游览观光，也总有一些"懒寻旧梦"的游移和怠惰，以至一听说某地在为发展旅游、招商引资而对风景名胜进行"开发"、"利用"，心下都会凭添一层担忧、一种无奈、一番惋叹，就像又看到身边的一条条胡同、一座座宅院被"改造"、"扩建"得面目全非一样。

　　正因为如此，对于这次的重访安平桥，我原本也是怀着类似"近乡情怯"的忐忑意绪，是非常勉强的。乃至穿过新楼林立的街区，踏上荒草凄迷的海堤，朝北一望，隐隐约约中觉得海天相接处，风景依然，古桥如昔，我这颗悬着的心才终于落到了实处。是的，这就是安平桥，我记忆中的安平桥，简括、笃实、蜿蜒、透迤，若游龙，若长虹，那种从老远处扑面而来的神韵，直如一首唐人绝句，凝练隽永；一阕宋代小令，清丽典雅；更像是一帧功力遒劲的画卷，出神入化，寥寥几笔，一丛幽兰，几枝老梅，便神形皆备，意趣无穷了。

　　古桥依旧！古桥依旧！踏访归来，不禁欣然跃然，如同啜饮了一坛醇美的陈年老酒般，于痴迷沉醉中竟信口妄改乐天诗句，胡诌道：闽南好，风景旧曾谙；闽南忆，最忆是此桥……又仰天期许：今生有缘，我当还来斯地！

（选自《福建文学》2006年第4期）

【作者简介】

　　王巨才，曾任中共陕西省委常委宣传部长、中国作家协会党组副书记、主席团成员、书记。现为全国政协教科文体卫委员会副主任、中国作家协会主席团委员、中国散文学会会长。

依旧长桥

王充闾

一

面对长城、故宫、大运河这些顶儿、尖儿的人工绝景，心头总有一种朝圣的感觉、自豪的情愫；此刻，置身于世界最长的梁式石桥——晋江安海镇的五里桥上，那种景仰、敬佩之情立刻又涌现出来。

5月的闽南，丽日当空，红花照眼，街头该已是满眼轻衫短袖了吧？而长桥之上，水面风来，顿感遍体清凉、神舒气爽。

大桥像一条蜿蜒的石龙伸向迢遥的海域，真的是"神龙见首不见尾"，目力再好，怕也要望不到彼岸而幻入沧溟。巨型石条铺就的桥板，看上去有些粗糙，走起来脚掌略感凸凹不平。这是很自然的，当日建桥的基准是坚牢、实用，可以越千秋百代，度人走车，负重致远；原未想到什么风裳水佩、烟柳画桥，供人游赏。

800载风烟掠过，潮涌云飘，依旧长桥。这雄踞于万顷沧波之上的庞然大物，气势不减当年。不过，时间老人终竟没有放过它，还是刻下了或隐或显的印迹，条石上那些磨光了的凹痕，及其一圈圈的黛色波纹，便是。沧桑变易，动辄以亿万年为期，除了麻姑仙子能够看到东海三度变作桑田，一般的肉眼凡胎是无缘得见的。哪怕是感受到些许氛围，几丝风色，也算幸会。——眼前的这些凹痕与波纹，该是看得见的沧桑吧？

走了好长一段，才到达长桥中部，我们健步跨上了水心亭。右侧观音殿的一副旧日的对联，引发了大家的浓厚兴趣：

世间有佛宗斯佛，

天下无桥长此桥。

下联，尽管口大如天，其势汹汹，却无可挑剔，因为它是"实话实说"；而上联，有的就不以为然了：若说释教以观音为宗主，那将置佛祖释迦牟尼于何地？退一步讲，即便是宗法观音，何以此地的观音就天下独尊？也有人认为，这种质疑过于穿凿，文学描述毕竟不同于科学结论，用不着丝丝入扣、尽合榫卯。

其实，我倒觉得，如此立论，恰恰凸显了晋江以及安海人自古以来养成的争强赌胜、独占鳌头的心性。就说科举应试吧，1200 年间，全国出了 502 名状元，泉州地区占了 8 个，竟被晋江一县包揽无遗；历代相爷，整个泉州有 20 人，晋江占去了十分之七。当地有一句谚语："摆三文钱的土豆，也要做个头家。"他们"宁为鸡头，不为凤尾"。即使暂时受雇于人，寄人篱下，一朝羽翼长成，便要自立门户。而且，不干则已，要干就争第一。他们把拿破仑的话："不想当将军的士兵，不是好士兵"，改换成"不想当老板的小贩，不是男子汉"。

此间，流传着这样一段对话：

"你的厂子有多大？"记者问一位初出茅庐的企业家。

答复是："眼下我还没有厂子，可是，别人有厂子。"

问："那你有资金吧？"

答："我手头没有资金，可是，别人有资金。"

问："那你肯定是有技术了？"

答："暂时我还没有技术，可我盯住了别人的技术。"

借鸡下蛋，白手起家。巧抓机遇，敢倾血本。一般人要有 10 万元的积蓄，才敢作 5 万元的生意；而他们只要认准了，就会倾其所有，把 10 万元全部投入，还要再借 10 万元进行风险投资。

二

还是回到桥的话题。

翻开地图，八里桥、六里桥之类的地名不时可见。我想，这该是表明那座桥与某一坐标物的距离。至于杜诗《狂夫》、《野望》中的"万里桥"，原是成都南门外的一座小石桥，传为当年诸葛亮送费祎处，寓有"一出都门，便成万里"之义。总之，都和桥本身的长度无关。唯有脚下这座全长 2000 多米的五里桥，是名以实出、不折不扣的。这若在别处，恐怕早就会以绚丽的文词相标榜了，什么"卧虹"啊，"苍龙"啊，"冠华"啊，百般渲染；而安海人却不在这方面动脑筋。他们不尚奢华，务求实际，尽管其间不乏满腹经纶的秀才。

一方面壮志冲天，一方面脚踏实地。这"天"与"地"一交合，还愁结不出硕果、干不成大事吗？交谈中，听我发此议论，东道主不无调侃地说，生孩子倒会，只是不会起名。我说，有些地方恰好相反，光会起名，却没有本事生孩子。

五里桥构建于南宋绍兴八年至二十二年(1138～1152年)，其时正值奸相秦桧当权，岳飞父子遇害；而南宋朝廷则纳表于金，称臣割地，赵构由金人册封为宋帝，算得是中国历史上既腐败又屈辱的黑暗时期。然而，与帝都临安同属滨海一线的一个东南小镇却显现出另一种气象。这里像是完全逸出动荡不宁的现实社会，别有一番洞天：港湾帆樯林立，转输货物山积，店肆客商云集，一片百业繁兴景象。适应海内外经贸与交通需要，大桥应运而生。它像一条浮海的游龙，负载着安海小镇，连带着晋江，冲向世界；回转头，又输入了滚滚财源和八方资讯，扩展着人们的思路。

于是，成群结队的村民，在五里桥头龙山寺敬过香之后，便捎上简单的行囊，满怀着梦想与希望，跨过长桥，登上南去的帆船。他们一面同送行的老母、妻儿挥手告别，一面贪婪地看上几眼这连心锁与脐带般的石桥，从此，便一生一世也不会忘却；并且通过口耳相传，让记忆递接到远托异国的下一代，像当年先辈述说着洪洞县的大槐树那样，世代传颂着故乡的五里长桥。

这里自古就有儒、商结合的传统，人们奉行着"君子喻于义亦喻于利"的更加注重实际的人生观。看来，理学大师"过化"中的空洞义理，终究敌不过地少人多的生存困境的现实。古往今来，吃饱肚子都是硬道理。他们重商、善贾，"北贾燕，南贾吴，东贾粤，西贾巴蜀"，"浮海趋利者，十家而九"，"襟带江湖，梯航万国，足迹遍天下。南海明珠，越裳翡翠，无所不有。文身之地，雕题之国，无所不到"，从而形成了广泛的商贾阶层。

安海市井繁兴景象，古诗中多有题咏：

灵岩山下万人家，古塔东西日影斜。

巷女能成苎麻布，土商时贩木棉花。

村落里，"山野田稀多贾海，小村市镇亦成圩"；港湾中，"南风一片飞帆入，泉布人夸欲斗量"，随着货物输进输出，银钱（泉布）源源涌来。

当然，繁荣、富庶的背后，也笼罩着贾客生命轻抛与女性默默承受苦难的暗影。"商人重利轻别离"，横海漂游，风涛莫测，葬身鱼腹、以身殉货、客死他乡者不知凡几。有的离家十几年杳无音信，返回则儿郎不识生父，盖新婚数日即遽然远逝也。无怪乎安海人要把遥遥相对的扬子山称为"眼泪山"——丈夫、儿子久客不归，妻子和母亲挥泪瞩望亲人的去向。

民初，著名革命家廖仲恺先生行经安海时，满怀深厚的同情与人文关切，填词调寄《黄金缕》，上阕是：

> 五里长桥横断浦。不度还乡，只度离乡去。
>
> 剩得山花怜少妇，上来椎髻围如故。

长桥迎送往来人，怎么竟会偏起心眼，只度离乡之人而不载还乡游子呢？原来这里是说，出去的多而回来的少。"日暮随潮人去远"，只剩得烂漫的山花怜惜着妙龄新妇。而少妇却无心妆扮，只是将头发简单地扎起，看去髻如椎状。

三

大家把目光投注到水心亭前的《剔奸保民》碑上。

这是一座纪胜碑，但既非平倭，也不是荡寇的，而是记载着"民告官"的获胜始末。原来，清代食盐实行官卖。乾隆二十七年（1762 年），安海盐官洪达为谋私利，勒索百姓，强令各店铺多购食盐，激起商民的公愤，上诉于泉州参政谭公，最后争得了公道。扬眉吐气之余，民众自发地树碑纪念。看过之后，我们也心胸为之一快，便七嘴八舌地议论开来：

"听说，雍、乾、嘉年间，这一带发生过多起庶民不畏官府，参倒贪官的案件。"

"心雄胆壮，可圈可点。"

"八面来风，总会吹进一些现代的民主意识。"

"历史总的趋势是后来者居上。但在有的方面，也未可断言今人的见识就一定胜过古人。比如说，古人强调'天地与我共生，万物与我为一'，看重人与自然的关系，较之现代人，环保意识强一些。《孟子》中有'数罟不入洿池（细密的鱼网不到大的池沼里捕鱼），鱼鳖不可胜食也；斧斤以时入山林，材木不可胜用也'的说法，可见，那时已经注意到资源合理地开发、利用。"

"眼前的事更能说明问题，老祖宗历经千难万险，凿石架桥，渴望开放，志在四方；而后来者，元代，清代，还有'大跃进'时期，总有少数地方官员，眼睛就是紧盯着那点'蝇头微利'，毁桥填海，围堰造田，干下了徒劳无功的蠢事。"

　……………

作为历史的见证人，对此，也当有一些感慨要倾诉的，然而，石桥无语。

石桥，是一座人生大舞台。商家、海客、僧侣、官员、文人、武将，各色人等齐集此间，登台亮相，桥上衫履杂沓，人影憧憧。其中有宋代的朱松、朱熹父子，明代的郑芝龙、郑成功父子，清代的施琅、施世纶父子，他们或为敷扬文教的一代儒宗，或为拓展海洋商贸文化的先锋，或者创建收复台湾，开疆保国的殊勋，或者获得"天下清官"的令誉，堪称文经武纬，各有千秋。

石桥，又是一座凌烟阁、纪功碑。如需画影图形，首倡建桥者僧人祖派以及醵资筹款的僧人智渊，应该施以浓墨重彩。为着"建此般若桥，达彼菩提岸"，他们含辛茹苦，之死靡他。当地富商黄护受到感召，输财相助，鼎力扶持。嗣后，祖、黄中道崩殂，郡守赵令衿力肩其任，使此震古铄今之杰作终于告竣。当然，最应大书而特书的还是石工的双手。他们构成信念、资财、权力与劳动之结合。后之期于成事者，四者未可缺一也。

（选自《文艺报》2006 年 7 月 1 日）

【作者简介】

王充闾，曾任中共辽宁省常委宣传部长、辽宁省人大常委会副主任、作家协会主席。中国作家协会第五、六届主席团成员、第七届名誉委员。南开大学、辽宁大学中文系兼职教授。

五里桥长镇安海

关圣力

走在安海的五里安平桥上，我的心就被这座石桥和石桥的历史和现状震撼了。

不是因为桥的长度，也不是因为它的古旧，更不是因为它的残破。而是在看到它的第一眼时，便觉得这桥所承载的人文历史，像许多记忆一样熟悉和触目惊心。它的现状和经历，深深地探进我心里，在那里搅扰，演绎着人文文化的深层内涵。还有就是福建经济、文化和文学的红火发展，让我思索。这一方土地上，生命的活跃蓬勃，使人激奋。

长居北国都市，习惯了气候干燥，看惯了大路和小桥。生活中熟悉的那些桥，古旧的显得精巧霸气，炫耀着封建帝王的丰功，记录着民间能工巧匠的手艺；并不古老的则仅仅为了使用的简便，一律单薄呆板，千篇一律，走在上面，便能感到钢筋铁骨的冰凉。很快就能走过的桥，不能产生记忆和对它的兴趣。

这桥，安海的安平桥，却以自身的价值和厚重的文化内涵，带给我心的震颤。爱和恨的感觉便接踵而生。古来闽南民风多淳朴、热情，闽南人的智慧和勤劳，更是天下人尽知。而安平桥，承载着闽南的历史和文化，就那么静静地伸展在我的眼前了，不由得你不去为它的珍奇和恢弘赞誉，为它的老态龙钟惋惜。

站在安平桥头放眼望去，巨大的条状桥石纵向排列，连绵远去，无论你怎么努力踮脚眺望，也不能看到它的尽头。随着它逶迤前展的桥体，看到的是桥的粗犷、沉稳和厚重。可以猜想到，这五里桥建筑的当初，是多么地威武，一定像训练有序的将士般，列队跨越着大海，默默地为安海人带来了无穷无尽的便利。啊，古老的安平桥，你无声地诉说，你自在的价值，让我感动。

史载宋元时期，安海人商则襟带江湖，足迹天下，南海明珠，越裳翡翠，无所不有，文身之地，雕题之国，无所不到。这赞誉一定与五里长桥跨海通衢的功绩牵连在一起。

古往今来，天下文人、官宦，为安平桥赋诗唱颂者甚多，大都有感于宋官爱民、勤政之情，并赞叹闽南匠人鬼斧神工般的造桥奇迹。许多文字，也融在历史中，与石桥一起给后人留下了深刻的记忆。

今日安平桥，由于20世纪中的围海造地，旧时原貌遭毁，已不是什么跨海大桥，根本无从看到它三面环海的壮观，看不到它身展大海之中的宏伟，完全成为了一座陆上桥。值得庆幸的是，安平桥虽残迹斑斑，却没有随着那场造地运动，在"与天奋斗其乐无穷"的疯狂呐喊和无知的兴奋中，而惨遭人为毁灭！这桥，仍然能在历史中艰难地苟延残喘，颤微微地走向未来，大约就是闽南人自觉保护祖宗文化的集体意识吧。

当我在朋友的呼唤下，踏上安平桥的那一刻，我的心中顿起一股刺疼。桥面上铺满了沧桑痕迹，每一处裂开的缝隙，每一块巨大的条石，仿佛都含着眼泪。我轻轻地迈步，悄悄地落脚，真的是怕惊醒了它千年的梦，但是我仍然听到了安平桥的呻吟。厚实的石条，不再规整有序，它们凹凸起伏，有的被时间摩擦得光洁，也有被风雨侵蚀的伤痕和被外力重压的扭曲。

　　望桥的左右，两道狭小的水沟，被绿色植物簇拥着，随桥一起伸向远处。桥下有的地方已经拥塞着淤泥厚土了。有水的地方，也是平静而寡淡，没有海的蔚蓝，没有海的神秘，当然更没有海的波澜。我问当地的诗人朋友刘志峰先生,桥下的水是海水吗？他说是引进的海水。

　　听他如此说，我的心便一疼。不由得想到了今人赞誉这座石桥"成陆上桥"的"豪情"。读着这样的文字，心更疼。感觉文化人对桥因爱而生的题诗、赋词，至此已经改变了味道。奴颜软骨样的奉承时尚，使安平桥的历史停步。说什么"英雄气魄垂千古，劳动精神漾九霄"。实在地说，五里长桥跨大海的神圣威武,这一珍贵的人文瑰宝的价值,就是让这样的喧嚣，活生生地给扭曲了。在这种没羞没臊的人文意识里，安平桥的过去，就像眼下的圈地造楼、毁旧弄新一样，摧毁了我们太多太多的文化古迹，难道也是"英雄气魄垂千古"吗？当初的围海造地，改变了安平桥真正价值的同时，也暗地里截断了它存在的根本。是功是过，怎么评说呢？或许也无须评说。

　　想一想，如果安平桥今日仍然跨海，在晨光暮色里，有商贩、渔民往来于桥上的奔忙，该是怎样生机勃勃的繁荣景象啊。那一条银白色的长桥，悬架在大海之上，人们在桥上或生意往来，或踱步逶巡，看脚下海水荡漾，该是怎样舒坦的心情？想到此，我真的为今日安海人守护石桥，没有任其毁坏的责任而由衷地叫好！虽然它已经不再跨海，毕竟给我们留下了一睹其闽南民风、智慧的机缘。

　　有联说"天下无桥长此桥"，由此可见五里桥弥足珍贵。

　　而今，古石桥还在，虽然它已无昔日的跨海功能，却成为历史功过的见证，在它诉说安海古今的同时，安平桥或许也正在独自呜咽。闽南人的智慧结晶，闽南人的勤劳象征，平静地伸展存在安海一隅，固执地张扬着晋江文化、经济的发展。

　　我见我思索，我见我祈祷，为安平桥厚重的历史，为安平桥的平安，愿它长镇安海到永远！

【作者简介】

　　关圣力，中国作家协会会员、《北京文学》选刊编辑室主任。桂林高等师范专业学校客座教授。

护海石将军的威严

许谋清

将军并不是人们想象的那样，天圆地阔，鼻直口方。将军的长相平平，扁脸、塌鼻。你以为将军虎背熊腰？不。将军胖胖的，矮墩墩的。你以为将军的战绩彪炳史册？将军口讷，无人知晓他们的文治武功。

问：在大海里你最喜欢干什么？

答：沉默。

这是电影《基度山伯爵》里的对话，一个很好的问答。

沉默不语的是横跨大海的古桥，是世界上最长的古代人工石桥安平桥，以桥长（用鲁班尺算）俗称五里桥。

守桥者谁？石将军也。至今858年。

中亭的两位将军刚直不阿，两位将军石心肠，不搞歪的斜的，不腐化堕落，知晓自己守桥护海的使命。桥当然也会有暴雨滂沱，但他们有海的心胸来容纳它。也会有台风咆哮，但他们有石的根基站立不动。也会有闪电长剑的袭击，他们抓住那些烧红的剑，团在手里浸到海水里边。也会有乌云铺天盖地往下压企图吞噬他们，云以为已经把他们咽下了，他们这时却穿透云层从高处俯瞰降到他们脚跟的流云。夜晚，他们借着星月在眼里有几点幽幽的光，那是他们在思索。早起，迎着朝日他们四目如炬，那是对于生活的热情和希翼。平日，他们不是怒目金刚，眼里含着的更多的是爱怜。他们不是舞枪弄棒，而是双手抱着剑把，把剑尖杵在地上。自信、平和，带着一种文气。

人间的争斗，将军看得很淡。既然得到海的启示，这种囿于一隅的龌龊实在已经没有多大的意思。将军有将军的幽默，所以800年，只在身后的石柱上刻下这么一句：

公定界止籴粜诸人越界者罚戏一台

到20世纪50、60、70年代，围海造田，把古石桥弃于海埭地里。将军也默默无言，但将军是忧伤的。细心的人曾注意了他们的眼神，他们眼睛里边清朗的蓝波变成忧郁的绿波。

20世纪80年代，古文物得到重视，重新挖海，石桥回到水里。石将军掸去浑身的尘灰，重新抖擞精神。

谁曾想，800多年德高望重的老将军会遭人暗算。

月落星稀，几个黑影在这古老的石桥上出没。这是1993年某日夜，窃贼在绑架石将军。不过，很快地，将军又回到了大桥上，而窃贼有死有伤。有人想，将军这回是怒而拔剑……

后来听说，将军仍然没有动剑，否则窃贼的头壳就全都摸不着了。将军不屑动手，只是翻身一压，一名窃贼当即一命呜呼。我们看那些武侠小说，高手是不轻易动兵器的，杀鸡不用牛刀。在那个令人发指的时刻，将军只杀了一个毛贼。很多人都切齿说，为什么不把他们全都咔嚓了？事后，很多人都去看将军，将军一脸正气。将军这是杀一儆百。

窃贼一个个面如土色，只有他们看到将军是怎样惩治恶人的。他们的牙齿打战。他们说，800年的将军，是神了，这回是将军显圣。窃贼万分惶恐，是他们自己把将军送回桥上的。

没想到事隔3年，到了1996年，又有一批丧心病狂的窃贼在将军的身上打主意。

又是一个月落星稀的夜晚……中亭庙里的一个小和尚听到外面一片嘈杂，但他一个人不敢贸然开门……第二日清晨，几位早起散步的老人发现，两位石将军双双失踪了……人们不解，将军这回怎么啦？是将军手软，还是将军老了？很快地，人们便发现了，将军以他们的功夫，在这大石桥上留下了他们的脚印，谁也擦不掉的脚印。但窃贼把将军绑架上车，车开走了留下车轮印，但轮印和别的车的轮印混在一起，又被无数轮印覆盖，于是消失了。

人们注意到，在各条要道和每一个港口都贴有晋江市公安局安海分局的缉拿窃贼寻找将军的悬赏告示。

多日，杳无消息，人们万分焦虑。

终于，有2人来报案。这回窃贼和上回的窃贼不一样，不是本地的，窃贼的窝在漳浦。石将军安然无恙，还在漳浦。

安海分局的探长带着人马直扑漳浦，和漳浦的公安局同时到达，如囊中探物，把窃贼上铐归案。

两位将军回到大桥上，安海镇人都到大桥上欢迎他们，发现，二位老将军威风不减当年，才明白将军跟着窃贼走的良苦用心。将军是想查寻一下窃贼究竟想干什么？原来在沿海一带，有一些专事盗窃文物的团伙，他们把文物弄到手，通过中转，从海上运往台湾……窃贼从中牟取暴利……两尊石将军这回的卖价为 10 万元。

石将军的脸上带着轻蔑的微笑：老夫一副石肝胆，10 万，太便宜了。数百年眼望大海，心系石桥，谁买得动我俩？

（选自 1996 年 12 月新华出版社《负债功勋》）

【作者简介】

许谋清，中国作家协会会员、太湖文化论坛理事，曾任《中国作家》副编审、晋江市人民政府市长助理（挂职）。

长桥长

吴克敬

世俗的脚，催我走过长城时，未能感受到好汉的情怀；又同样催我，走过运河时，亦未感受到贤达的风流……然而，在我走上晋江安海镇的五里长桥时，心头却蓦然涌起一股难以抑制的冲动，很想大喊一声，用以表达我的景仰和崇拜。

不比长城和运河，那是两个皇帝的杰作，一个叫秦始皇，一个叫隋炀帝，在他们耗费了举国的力量，修筑了一座长城，挖掘了一条运河后，却都十分悲哀地死在了两项伟大工程的脚下，成了后世儿孙不断反省与追问的历史教材，有人啼血赞颂，也有人飞沫痛骂，总难取得一个公认的结论。而这座石梁式长桥，从它建起的那一天起，就为人们所称颂、所歌赞，便是 700 多年后的民国初年，国民革命的先行者廖仲恺先生行经安海时，亦然感慨长桥的壮美，悲然慨之，填词调寄《黄金缕》：

> 五里长桥横断浦。不度还乡，只度离乡去。
>
> 剩得山花怜少妇，上来椎髻围如故。

走在长桥上，我吟诵着才刚读熟的前辈的词句，感知他们悲伤妙龄新妇，正是那个时候的晋江民情，因为战乱，因为贫穷，总有不忍离家的汉子"日暮随潮人去远"，空留心爱的人在庸常的生活中煎熬着，无心妆扮，随意地扎起一个椎状的头发，苦盼着离乡讨生的亲人归来。这样的平民心肠，与这座古老石桥是太吻合了。南宋绍兴八年（1138年）开始架设的石桥，便完全是由安海的平民百姓，以他们平民力量架设起来的，到绍兴二十二年（1152年）架设竣工的那天，又为石桥起了一个非常平民化的名字：安平桥。

为安平桥的雄伟壮丽而感动、而歌赞的还有现代著名诗人郭沫若，他于1962年的秋天赴闽，慕名游览了安平桥，他激荡如潮的诗心，在他游览时大为悸动，展纸运墨，写下了《咏五里桥》。诗曰：

> 英雄气魄垂千古，劳动精神漾九霄。
>
> 不信君谟真梦醋，爱看明俨偶题糕。

郭老的题词是恰当的，安平桥的架设绝对是个人间奇迹。据1957年的一次调查证实，桥长2070米，宽3～3.8米，建有桥墩314座，不仅为我国最长的石梁桥，在世界上亦为最长的石梁桥。

追溯历史，宋时晋江的安海镇该是十分繁华了，与之相对的水头镇亦然物丰人茂，隔海相望的两地百姓，随着集市贸易的日趋旺盛，痛感相互往来的不便，于是心生修建一座长桥的打算。自然的，建桥者的初衷是要造福乡梓的，不想成为廖仲恺笔下凄清的景象。但有什么办法呢？事与愿违地又常要使人喟叹了。

喟叹当初架桥时，就颇为困厄。当然，这是不好抱怨的，其时正值南宋小朝廷执政，算得是中国史上既腐败又屈辱的一个时期。但安海人不畏艰难，逆时而上，想得到做得到，为了地方经济的发展，也为了国家民族的强盛，义无反顾地开始了安平桥的架设。但是，要建这样一座桥又谈何容易，便是那架桥的每一块石料都要利用大船，从海上的金门岛运来。到过安平桥的人知道，桥面上铺设的石梁，长度都在8～11米之间，宽和厚也在0.5～1米之间，最小的石梁也有3吨多重，而最大的石梁不下25吨，工程之浩大，没有非凡的毅力和勇气是无法完成的。安海人合理运用海水涨落的规律，以自然的力量帮助他们架桥。有位戴着一副花镜的老先生，大概就住在安平桥边吧。在我疑惑着脸向人打听建桥的情况时，他自觉地迎了上来，用他闽南味很浓的普通话告诉我：潮水的力量是巨大的，既有害于人，又有利于人，关键在人怎么认识，认识到潮水有利它便是有利的。譬如架桥，船载着大石，潮涨时划到预定位置，潮退时石头自卸下来，空船离去，载石再来，把一个今天看来都难完成的架桥工程，便很容易地做到了。听着老先生不无骄傲的介绍，我心是飞扬的，感动安海人的非凡毅力，创造性地、智慧地架设起来了。

　　为了石桥的安全,安海的建设者根据地理位置的不同,选择了不同的桥墩砌筑形式。若是水流湍急的深港,便都砌成船形桥墩,使两端尖出,用以减少流水的阻力。若是一边水急、一边水缓的港道中,则又采用鞋形桥墩的样式,向上游的一边尖出,向下游的一边直出,以便利于泄水。若是水浅流缓的地方,便都砌成长方形的桥墩,也可增加桥的稳定性。更为叫绝的是,离开长长的桥身,还筑起数座方形实心石塔,不知利害的人看去,以为那样的石塔只是为了长桥的美观,岂不知亦有非常实在的作用,便是能够很好地缓解潮水涨退对桥梁的冲击。凡此设计,无不显现古人的科学精神。严谨而缜密,是我们今人要认真学习的。

　　走在安平桥上,敏感的脚底板体会得到,宽厚结实的花岗岩桥梁,有些光溜溜呈现出历史的痕迹,有些粗瓦瓦显系新铺设的。这没有错,现在的安平桥确是1982年整修过的,好像从长桥架设起来后,历朝历代都有整修了,从有记载文字看,自明朝永乐二年(1400年)到清朝道光二十九年(1849年),其间就有十数次的大规模整修。

　　然而,日久天长的整修挡不住长年累月的泥沙湮塞和人为围垦,使一座曾经跨海而过的水上桥变成了陆上桥。安海人的记忆不能断裂,他们心中的安平桥还应该是水上桥,到了1962年,老百姓刚从一场大饥荒中苏醒过来,他们就又开始了对安平桥的整修。这次整修得到了国务院的大力支持,拨了巨款,派了专人,不仅整修了损坏的桥墩、桥板、桥栏,还在桥身两侧开挖了一条30余米宽的海渠,使他们魂牵梦萦的安平桥大体恢复了旧有的模样(编者注:安平桥于1982年开始进行全面大修)。

　　不过,这时的安平桥已渐失其通衢大道的作用,而变身为一处旅游观光的景点。

<blockquote>
玉龙千尺天投虹,

直槛横栏翔虚空。
</blockquote>

　　有着宋家皇室血统的赵令衿,是很有一些诗学修养的,他对安平桥的架设功不可没,这两句咏唱安平桥的诗句,是他在安平桥建成之初信手写来的,到今天读来,依然不为过时,倒像是为现在整修过的安平桥而吟诵的。波光粼粼的海渠上,倒映着安平桥长长的虹影,让我走在上面,大有蹈海而行的感觉。

　　这样的感觉是不错的,便是为了修桥作出巨大贡献的这位赵令衿太守,在桥成之日,就先不胜喜悦,写下了一篇碑记,记叙了当时的胜况:"……阮然玉路,俨然金堤。雄丽坚密,工佹鬼神。又因其余财为东、西、中五亭以附,实古今之殊胜,东南未有也。涓是良辰,属宾落祭其上。老壮会观,眩骇呼舞。车者、徒者、载者、负者、往者、来者,祈祈舒舒,无所濡壅。日出雾除,海风不扬,岛屿潆湾,寂寞无声。空水苍苍,千里一色……"素有读碑雅好的我，在赵太守的笔墨中，不仅读出了他的喜悦，还读出了他心跳的力道，那可都是拳拳为民的心跳啊！

感觉着赵太守热扑扑的心跳，我从历史的大幕背后，看见了两个白髯飘飘的僧人和一位长袍翩翩的商人，从他的身侧影影绰绰地走了出来。我知道，那两个僧人一是祖派，一是智渊，而那个商人就是黄护了。《清源旧志》上的寥寥数语，把他们3人活生生地画给了热爱他们的后人，在此我绕不过去，别人也绕不过去，因为那样的记载只能为他们所领受了："宋绍兴八年戊午（1138年），僧祖派始为石桥，镇人黄护与僧智渊各施钱万缗为之倡，功将半，派与护殁，越十四载未竟。"

长桥未竟身先死，按说该是一个遗憾，但我要说，那也是个美丽的遗憾。我们今天景仰安平桥，所景仰的就包含着3位事功未竟者的遗憾。

水心亭在我们走了很长一段桥，才一点点地明晰在渴望看到它的眼睛。在石垒的亭舍里，大家围在一位陪同而来的长桥通跟前，聆听着他的讲解。很快地，就都对观音殿上的那副旧联，发生了浓厚的兴趣。

世间有佛宗斯佛，

天下无桥长此桥。

好大的口气呀！在我读得摇头时，看见同来的几位也摇头了。我想大家和我想法也许是一样，觉得写此对联的人该是怎样的口大如舌，气势汹汹。这么揣度着，只一会儿，却又不得不钦佩人家的那一份气概了，而且是，下联实话实说，人家长桥就是长嘛。至于上联，本来就是为了下联而起兴，说得过分一点又有什么不对呢？

便是我在晋江以及安海活动的这些日子，无论历史的，无论现实的，感觉到闽南这一方水土，为人所养成的品性，尽皆逞强争胜、鳌头独占的气势。他们晋江安海的人干什么事，都一定要干出个名堂来，就如他们祖先修筑安平桥一样，修出来就是天下唯一。

喜欢体育运动，也爱看体育比赛，央视5套（体育频道）上的插播广告，十有八九是晋江的产品，有服装，创出名牌的服装有七匹狼、劲霸、利郎、柒牌等几十种；有鞋子，创出名牌的鞋子有爱乐、德尔惠、特步、安踏、喜德龙、贵人鸟等几十种。明星周杰伦、周星驰、谢霆锋、郭富城、刘德华等等，凡是在世人眼里红火着的，几乎都成了晋江人鞋子和服装的代言人。

晋江人敢说，全球运动鞋，晋江制十居其一。

联合国派来了官员，拟在晋江设立专门的采购中心，对此，来晋江考察的中国纺织工业协会的权威人士不无豪迈地说，他们的鞋服产业链已非常完整，实力企业积累了大量的原始资本，并在市场上形成了一定的渠道垄断优势。

似乎不仅在鞋子服装方面，唯晋江人领了时代潮流之先，在制造业、化学工业、电子科技等多个领域，都有不俗的表现，整体化向产业高度挺进。

我这么梳理晋江的现实经济，也许只能是个挂一漏万的梳理，但我想这已经能够说明我最想说的一个理由了，那是安平桥给桑梓百姓带来的福气。

长桥长，最长的是长桥的精神、长桥的感情！

（选自《延河》2007 年第 6 期）

【作者简介】

吴克敬，西北大学文学硕士、中国作家协会会员、陕西省作家协会理事。现为陕西省西安市作家协会主席。

凭吊一座古桥

李灿煌

五里桥，跨海五里的石梁桥。

850 年前，我的家乡晋江就拥有这么一条长桥，无愧后人称它"天下无桥长此桥"。公元 1905 年郑州黄河大桥建成前的 750 年间，国内以至世界林林总总的古桥中是没有那一座桥敢与它比短长的。当你走在桥下，看到 361 座坚固的船形桥墩从海底森然耸起，像 361 艘巨船一字排开，高高托举一条宽长的白石大道，你一定会感到吃惊，叹服古人智慧的创造。它以朴拙而凝重的形象与尊严，穿越千顷波涛，使人感受到一种敢为天下先的骄傲。假如有人问我晋江精神是什么？我会不假思索地告诉他去问问五里桥。

五里桥变了，它的容貌可能使今天的来访者感到失望。它本来的雄姿大气，被岁月风云剥蚀了。一座横空出世的长桥，早成为古迹让人凭吊。1962 年秋，郭沫若南行到此，作《咏五里桥》诗云："五里桥成陆上桥……"那时，桥不在海上，而在陆上，像一条离了水的龙，没了生气和活力。许多来访的人，只能凭想象去把它复活了。

50 年代末大办农业，战天斗地，山和海作出了可歌可泣的牺牲和奉献。记不起哪个时日了，五里桥下的碧波清浪，鸥鹭鱼鳖，突然遭驱逐，被惊赶，别无选择地慌忙逃离这片海域。晋江人以坚强粗壮的手与海争地，脚当坝桩身挡浪，筑起了一道堤坝，顶住海的报复。把沧海变为桑田，表面看来不也是敢为天下先的壮举？

海枯了，五里桥风光不再依旧。

只见"乾坤路接青虹背"，再不见"潮汐人行白浪边"。

只见"石长石短双双卧"，再不见"潮去潮来格格中"。

声声拍石的急浪呢？

片片映波的飞帆呢？

远了，杳了！海退到很远很远的地方，只有风在海的遗址上流连徘徊，在泥泞的滩涂上收集浪的遗响……

一次又一次，我聆听安平父老讲述五里桥的故事；一次又一次，我看过五里桥下潮涨潮落的画面：一湾浩淼的海水，把晋江安平与南安水头截然切开，两地临海相对，望洋兴叹："怒涛上潮纩天风，舟航下颠一瞬中……"这个广袤数十里的海面，不知颠覆了多少船只，埋葬了多少商旅？公元 1138 年始建石桥，停停打打 14 年，到 1152 年建成。

读一读现存 13 座重修碑记，会见到几个古人的面容在字里行间晃动。时隔 800 多年，我们还能感知他们的人格魅力。

头两个人是僧人：倡造石桥的祖派和率先呼应并捐资万缗的智渊。两宋僧人造桥很多，但造此长桥却前所未闻。这么个大工程，两个僧人能胜任？当他们自告奋勇把担子挑在肩上，他们的生命也就溶进这座桥了。

"无商不奸"这句俗语在民间流传久远，事实不会是所有商人都为富不仁。五里桥刚动工兴建，安平富商黄护一出手就捐了一万串铜钱（古时千文为一串），临终时还倾家以援。有人说他是想在碑文中留个名，这有可能，也无可非议。但在碑石上刻上黄护两个字，得用那么多钱去换取吗？黄护若是个沽名钓誉者，捐五百、一千串铜钱足矣！

祖派、黄护先后辞世，工程中断了。南宋绍兴二十一年（1151 年），奉调来泉州主政的郡守赵令衿，一到任就接见来访的安平父老，一口答应亲自主持五里桥的修建。也许这是安平父老没有料到的，他们的感激之情很快就传为家喻户晓的喜讯。在庸官昏官贪官招摇过市的南宋官场，这位姓赵的宗室贵胄像一阵清风拂过晋江，吹抚人心。他在郡守任上，没有大兴土木，建造堂皇富丽的府廨官邸，没有猎艳藏娇，倚红偎翠，享受醉生梦死的人生。也许他认为，造一条通天下商舶，让商旅安行的长桥，是他主张御侮抗金、富国利民意愿的延伸。

赵令衿在《安平桥记》中说得好："斯桥之作，因众志之和……"信哉斯言。有了利乐众生的僧人，有了乐善好施的商人，有了胼手胝足的安平人，再加上有了一个勤政爱民的官场中人，众人融成一人，众心拧成一心，何难不克，何事不成！

海在蓝天下涌动，围头湾的风浪遮不住运石的帆影。潮水把一块块重达万斤的桥板浮上桥墩，嵌进波涛，铺成一条八百一十一丈长的跨海通道。远远看去，像一条凌波戏水的龙，从此岸游向彼岸，从安平游向水头，缩短了通往厦门、漳州一段长长的行程，让泉州与世界靠得更近，贴得更紧。

桥上，走过了东西南北客，走过了四海五洲人，每一块桥板都录下宋元明清人的雅韵清音："平沙水退鱼鳞露，远浦天晴雁阵高"，"波底天涵空碧映，湖头风簇雪花飘"，"彩舶来宾百贝呈，大江南北渡千航"，"南风一片孤帆入，泉布人夸欲斗星……"骚人墨客们，深情抒写他们对五里桥的钟爱，写出海的空阔、天的高远和飞帆竞橹的自由与快乐，写下许许多多蔚蓝色的眼睛、蔚蓝色的心、蔚蓝色的风景，仿佛有无数目光汇集桥上，穿越风浪，抵达遥远的天涯海角……

郑芝龙海商集团的船队在这里升帆起碇。

郑成功在这里毁家纾难，举义抗清。

时光流走了无数平凡和不平凡的岁月，流不走的是桥上斑斑驳驳的时代烙印。明代的"寸板不许下海"，清代的"迁界"、"海禁"，黯淡了五里桥昔日的光彩。喧腾的海港渐趋寂静。到了上个世纪中叶，雷厉风行的与海争地，向海夺粮，终于使五里桥完全成了陆上桥。海在十里之遥的堤外呼啸，桥下的中亭港已载不起一只小船轻舟了。

海枯，桥仍在！

水瘦，仍有桥！

五里桥在漫长的时间中固守凄寂，岂止让人瞻观凭吊？我常常到这里来，听它在迷惘中呼唤潮汐，期盼复苏。然而，海不再归来，浪不再回头，帆依然在远方飘。今日映入眼帘的另一种景观是：蓬勃生长的钢筋水泥和默默沉淀的历史。

（选自《福建旅游》2001 年第 4 期）

【作者简介】

李灿煌，中国音乐文学学会会员、福建省作家协会全委委员、福建省音乐文学学会理事、泉州市作家协会副主席、晋江市文联副主席。

五里桥：天下无桥长此桥

陈志泽

　　泉州的另一座世界最长的古石桥，同洛阳桥一样，亦为全国重点文物保护单位。它像一座历史的丰碑，记录着我国古代劳动人民的伟大智慧和卓越才能，这就是"安平桥"，又叫"五里桥"。

　　驱车朝泉州城南行走大约 30 公里，便来到安海镇安平桥畔。昔日雄伟壮美的长桥，虽然创伤累累，但 800 年的漫长岁月的风雨，一次次的地震、兵燹，未能把它摧毁，至今雄风犹存！

　　安平桥又叫五里桥，因桥长五里而得名。它有 361 座桥墩，362 孔疏水道。桥的东西、中部建有 5 座憩亭，供行人歇息。桥的两侧设有栏杆，以保护行人的安全。还有石塔、石将军、石碑刻等附属文物。而今，经过多次维修的安平桥虽然变得短了，但长度仍达 2070 米长，桥面宽 3 米多。漫步长桥，从不远的石井港外传来的涨潮声隐约可闻，桥两旁成排的青松奏起了雄浑的乐章，令人豪情满怀！

　　这是一座用花岗岩石筑成的梁式石桥，桥面全数用石板拼成，每条石板长 10 米左右，宽 1 米，厚 0.5 米，重达 5 吨以上。六七块大石板拼成一节桥面，铺排过去，铺成了如此壮观的长桥！据说，这样的巨石都是从隔海相望的金门岛上运来的。

　　长桥上常常是车水马龙，人来人往，络绎不绝。桥下海湾大部份都已成了陆地。可是，想起 800 年前建桥的一幕幕，眼前如见一片汪洋，在惊涛骇浪之中，载着石料的木帆船从金门岛驶来厂，趁着潮涨，又利用海水的浮力，将石板托起，依次铺架桥面。眼前仿佛能看见，赤胸跣足的工匠汗流浃背，忙个不停……一天天，一年年，14 个年头过去了，终于完成了这个闻名中外的巨大工程！

　　每一次来到石桥中间的水心亭，我都要咏诵那亭上佛殿前石柱上的一幅对联："世间有佛宗斯佛，天下无桥长此桥。"我为故乡的能工巧匠的伟大创造而感到自豪和骄傲！有一块石碑记着，此桥"长达八百十一丈。其直如绳，其平如砥，隐然若长虹卧波，行旅往来，民间负载熙熙攘攘，习而安之。"据说明朝时，有一群文人畅游安平桥，遇上大雨，游兴无减有增，竞谈论起雨中的长桥胜景。一个出了一偶道："暴雨骤倾万斛珍珠浮水面。"一位即对道:"长虹高挂一条金带束天腰。"1962年郭沫若同志视察安平桥时曾挥笔题诗:"英雄气魄垂千古,劳动精神漾九霄。"

石桥的西南端叫水头镇,再往前就是石井。当年民族英雄郑成功收复台湾之前,曾在那里练兵。爱国名将戚继光和俞大猷曾在那一带统率军民堵海口,击倭寇,建立了不朽的功勋。

漫步安平桥,何止走过五里路程?我穿过了漫长的历史,看到了一个古长桥,更看到中华民族的智慧和气魄,更加坚信中华民族的壮美未来……

【作者简介】

陈志泽,《泉州文学》编辑部主编、副编审。中国散文诗学会及研究会第一、二届常务理事、泉州市文联副主席、泉州市作家协会主席、福建省作家协会第一、二届常务理事。

安平桥漫步

陈瑞统

桥梁,往往是一个时代崛起的象征。我国古代最长的石桥——安平桥,是历史留给后人阅读的一首不朽长诗!

每回陪友人到安海古镇,总喜欢到安平桥流连漫步。

在我国古代名桥之中,势若巨龙、逶蜒五里的安平桥以其长而独占鳌头。伫立这座横跨晋江、南安两邑的古长桥上,凝望水天澄碧,长虹卧波,不禁令人油然想起古代诗人描绘古桥雄姿的诗句:"玉帛千丈天投虹,直拦横槛翔虚空";"西桥五里海门遥,拍天白雪是秋潮"……踏过桥上一方方磨得平滑的石板,驻足水心亭憩息片刻,顿觉神清气爽。亭内有一座观音殿,香火袅袅,飘逸出缕缕幽香;亭周围竖立13座历代修桥碑记,显示其年代之久远。亭柱上刻一联句曰:"天下无桥长此桥",概括了安平桥的最大特点——长度冠于古代桥梁之首。

安平桥坐落于泉州城南约 30 公里的安海镇，为全国重点文物保护单位。据《晋江县志》载："晋江、南安之界，旧以舟渡。宋绍兴八年（1138 年），僧祖派始筑石桥未就。二十一年（1151 年），宋赵令衿卒成之。酾水（分水孔）三百六十二道，长八百十有一丈，宽一丈六尺。"因桥建于安平（安海镇），故称"安平桥"；民间以其"如渴虹饮流，蜿蜒五里许"，俗称为"五里桥"。

该桥全部用花岗岩构筑，桥面用阔厚大长石条铺成桥板，最长者达四丈余。据说当时建桥的巨石，多系从咫尺相对的金门岛开采运来。安平桥的桥墩有长方形墩、半船形墩和船形墩 3 种形式。宋代泉州海外交通事业发达，相继建造各种石桥多达 200 多座，誉称"闽中桥梁甲天下"，诚非溢美之词。安平桥规模之宏伟，工程之浩巨，结构之壮美，展现了我国古代劳动人民的非凡才智和创造的伟力！ 1963 年，当代学者、诗人郭沫若漫步安平桥，赋诗吟颂："英雄气魄垂千古，劳动精神漾九霄"，对我国桥梁史上这一杰作赞叹不已。

桥梁，往往是一个时代崛起的象征。近几年来，国家拨巨款重修安平桥，使这座古代名桥更为奇伟壮观，雄姿不减当年。每逢春秋佳日，常可见到风姿翩翩的红男绿女前来游赏，长长的白玉桥上，洋溢着充满青春气息的欢声笑语，形成一幅桥上行人如云、桥下碧波如镜、桥畔风光如画的"清明上河图"，令人心迷神醉，陶然忘归。

尽管当今世界已有跨越江海的大铁桥、凌空飞架的立交桥等现代化桥梁，但海内外游子还是喜欢到安平桥游览漫步，摩挲石刻碑记，观赏魁伟英武的护桥石将军，领略一番古桥情趣。古代先民胼手胝足、垒石成桥的惊人毅力和开拓精神，经历 800 多年风涛洗礼巍然屹立的长桥雄姿，在人们心中留下深刻难忘的印象！

安平桥，是历史留给后人阅读的一首不朽的长诗！

（发表于 1997 年 8 月《泉州晚报》，收入散文集《泉州游踪》，上海文化出版社 1998 年 11 月出版）

【作者简介】

陈瑞统，泉州市文联原副主席，中国作家协会会员，冰心文学研究会常务理事兼秘书长。

走过五里桥

郭志杰

或许，一生将走过许多的桥，许多桥仅仅是个桥，仅仅是个让人通过的物体，在我们的记忆系统里，它们的存在是淡漠的。

但有座桥，却给我带来特别的感觉，这一特别所形成的记忆的痕迹，将难以泯灭。当我的脚从它的上面经过，周遭的一切显得那么宁静，时间显得那么宁静。宁静本身就适合记忆，再加上历史的宁静，切入时间深部的宁静，更适合记忆。五里桥不仅为历史搭建，同时，也为记忆搭建，是为记忆而生的桥。

它是坚固的，因为它已经过时间的验收，多少世纪惊涛骇浪的验收，人世沧桑巨变的验收。你的存在，终于让历史有个通过的途径。历史需要一座桥，让人们经过之时，不仅感受到历史，并触摸到历史，尤其是历史的变迁，身临其境的历史的变迁。

在这里，人们通过这座桥，目睹着历史的变故所带来的自然的变故，桥本身所固有的功能的变故。尽管，我们不可能像古人一样经由这座桥，摆船渡海，并在上面赶集。做为桥质的功能，早已不存在了，但它仍然屹立着，因为它并不是虚设的架构，它的坚持本身就足以说明一切。

五里桥不会垮，现在与未来也不会垮，当桥引导着我们进入一个有目的的方向，五里桥的方向是历史，是记忆，是难以揣度的时间驿站。作为一个现代人，一个区别于古人的现代人，古人经历的事，我们有必要感同身受，古人走过的桥，我们也有必要走走，只要条件允许，但这并不是重蹈覆辙，当历史经由这座坚固的石桥，连接着不同时代的生命，说明了这座桥仍没有废弃，有生命的桥必须用生命来考证，用时间来考证，而最悠久的桥，必须用历史来考证。

这是一座历史的桥，时间的桥，同时也是一座现实的桥。

许多经过这座桥的人们，已经消失，甚至连海所具有的力量，也已消遁，因而，你存在的价值已经转换，这是历史给你的一种转换，时间给你的一种转换，一种不可抗拒的转换。

作为连结、沟通的一种标志，你是牢固的，石头的生命是牢固的。当漫漫的岁月从你悠长的身躯铺展开，你究竟从中得到什么，或失去什么，我们无法从统计学的角度对你作精确的价值评估，你的价值已超越了时空，尽管你已失去实用的功能。

你屹立着不垮，本身就是一种划时代的跨地域的胜利，一种历史性的胜利。有的人将沧桑写在脸上，但这种沧桑对于你来说，只是忽略不计的瞬时。你的沧桑不仅写在脸上、身上，也写在你脚下的每一层波浪、每一寸土地上，写在岁月的根部。

因为，你见证了巨变，在千变万变之中，唯有你坚持着，以不变应万变。你不仅让人们从大海走向大地，也让人们从现在走向过去。或许，你还将见证未来。从现在到未来之间，需要一座坚固的桥，更需要一座历史的桥，你构成了这座桥的全部要素。

尽管你无法支撑起现代交通的全部负荷，在这端与那端之间存在的仅仅是一种历史的过渡，历史的过渡并不是所有的桥都可承受。你以历史的名义支撑到现在，尽管连海都失去能耐，远远地向后退却，退到你的沧桑之外、历史之外、永远之外。

但你的存在，谁也无法摇撼，谁也无权摇撼。当我们漫步在你的悠长的身躯，生命仿佛拥有了一份更为厚重的分量，那就是历史的分量。

属于历史的也属于现在与未来。

五里桥是连接着千里、万里的神圣之桥。

【作者简介】

郭志杰，中国作家协会会员，《福建文学》编辑部主任、副主编。

五里桥：天下无桥长此桥

章　武

在首批全国重点文物保护单位中，作为桥梁古建筑中的佼佼者，河北省的安济桥与福建省的安平桥双双榜上有名。

安济桥，坐落在冀中平原的赵县，俗名"赵州桥"，诞生于隋代。它是中国古桥中年岁最大的老寿星了。

安平桥，横贯于闽中沿海的晋江安海与南安水头之间，建于南宋，因长达五华里，俗称"五里桥"。它是中古时代世界上最长的梁式石桥，故称"天下无桥长此桥"。

赵州桥的设计者，传说是鲁班——举国公认的建筑行业祖师爷。

五里桥的创造者，则是古代闽南先民，集体智慧与力量的结晶。

如果说，赵州桥是藏在传说中的一个谜，那么，五里桥则是一首诗，一首写在大地上的充满传奇色彩的长篇抒情诗。

它，经历 800 多年的风涛洗礼，依然气贯长虹，雄姿不减当年。

铺架桥面的大石条，长达三四丈，来自隔海相望的金门岛；巨石垒砌的桥墩，分别呈船形、半船形和长方形，历久而弥坚。长长的石护栏，在蜿蜒起伏中连接着石门，石塔、石亭、石碑、石狮子和石将军。整座长桥就是一件用花岗岩精细打磨出的艺术品，一件安放在蓝天碧海之间的艺术品，一件坦坦荡荡堂堂正正，与日月同辉，与海潮相伴的不朽的艺术品！

尽管在闽南大地上，早已横空飞架起许多新桥，新建材、新科技，洋溢着崭新的现代气息。但人们还是忘不了古老的安平桥，还是愿意踩着前人的无数脚印，在平滑光亮的桥面上漫步。读一读庄重的古碑文，看一看魁伟的石将军，再到水心亭上，临风凭栏，极目远眺，让绵绵不尽的思绪，和长桥一样长，一样悠远。

毕竟，历史是昨天的辉煌，而今天的创造，又将成为明天的历史。

（选自《泉州晚报》2004 年 4 月）

【作者简介】

章武，原名陈章武，曾任福建省文联秘书长、书记处书记、中国作家协会全国委员会委员。现为福建省文联副主席、作家协会主席。

安平桥

曾　阅

在晋江侨乡，有一条横卧海上长达五里的长桥，叫做"安平桥"，又称"五里桥"。

因为它是处在晋江县安海镇西畔，所以俗称"五里西桥"。

闽南的大小桥梁，数以千计。如果从建筑时间上来看，以唐五代时候的偃月桥、浴日桥最古。如果从建筑工程之艰巨看，习惯上推洛阳桥；可是，从建筑的长度上说，便应该要推举安平桥了！

安平桥位于晋江县安海镇和南安水头镇之间的海波上。据《晋江县志》载："晋江、南安之界，旧以舟渡，宋绍兴八年，僧祖派始筑石桥未就。二十一年，宋赵令衿成之，酾水三百六十二道（即分水道为 362 孔），长八百十有一丈，宽一丈六尺……"

安平桥筑成之后，赵令衿兴致勃勃地写了一首诗：

> 为问安平道，驱车夜已分。
>
> 人家无犬吠，门巷有炉熏。
>
> 月照新耕地，山收不断云。
>
> 梅花迎我笑，为报小东君。

安平桥的结构，全部用花岗岩石平构而成。桥面用大长石条铺成桥板；桥板又阔又厚，最长者可达四丈左右。可见当时石料工程之艰巨。桥之每间，都是用六、七、八条不等的石板平铺而成。据传说和私乘族谱记载，这样的巨石，多从咫尺遥对的金门岛开采海运而来的。每座桥墩，皆用方石条和方石块混合砌成长方形和一边或两边筑成船形之状。

长桥上面两旁，置有形式浑朴的石塔和石雕佛像。其桥端还有惟妙惟肖的石狮子柱和石将军，以及各种花边图案雕刻。

整座桥上面，分别置有五小亭，多祀菩萨。它不但是这长桥的装饰艺术，也好让长桥上的行人在此小憩。亭之外面，有雕成各种体式的石栏杆，作为桥上的遮护。可惜，今仅存中亭和桥头的水心亭了！那中亭有 2 尊石雕的守桥将军，躯高 1.59～1.68 米。头戴盔，身着甲，手执剑，其形象魁伟英武，显示了我国劳动人民的艺术才华和创造智慧！

使人印象最深刻的是：这中亭的石柱上，镌有姿势飘逸的对联，曰"世间有佛宗斯佛，天下无桥长此桥"的名句。

安平桥原有篆书丰碑，早已废。据清人龚显增《亦园脞牍》载："丁丑由安平趋漳郡，道出西桥，见篆书丰碑，屹立桥上……碑题'安平桥'篆书 3 字，字径二尺，配搭匀整，气象崚嶒，旁款一行，正书云：'左迪功郎南安县尉陈大方立'。刊者刘师岳。大方绍兴末任南安县尉。”

可知安平桥建成之后，曾立丰碑，而且至清朝丁丑龚显增时候还耸立不灭。经福建文管会呈报中央，于中亭也立一丰碑，上镌隶书"安平桥"3个金字，款题"全国重点文物保护单位"。

和我国其他很多伟大的桥梁建筑一样，安平桥历代以来被诗人词家冠以"卧龙"、"飞虹"等等壮丽的称号。明朝时候，闻名全国的学者蔡清的得意学生陈紫峰，有一天和他的好友黄凯、史笋江、曾渐溪同游安平桥，正遇骤雨，他们在桥上却兴致勃勃地聊起雨中的海上长桥胜景。史笋江于是出了一偶，道："暴雨骤倾万斛珍珠浮水面。"黄凯不假思索，信口对道："长虹高挂一条金带束天腰。"不但对得很工整，意境也甚佳。

势若巨龙的安平桥和赫赫有名的洛阳桥，是名闻海内外的两座奇伟壮观的古代长桥。安平桥的建筑工程之伟大，结构艺术之优美，体现了我国劳动人民非凡的艺术才能和伟大的创造力量！

当代诗人郭沫若 1962 年间到这里来，曾为它留下了一首律诗：

五里桥成陆上桥，郑藩旧邸纵全消。

英雄气魄垂千古，劳动精神漾九霄。

不信君谟真梦醋，爱看明俨偶题糕。

复台诗意谁能识，开辟荆榛第一条！

由于时代久远，山移谷变，这海上的桥几乎已经变成陆上的桥了。近年来，政府拨款重修安平桥，恢复其原先风貌。海内外游子漫步在长虹般的白石桥上，无不对我国桥梁史上这一不朽杰作深为赞叹！

（选自《厦门日报》1979 年）

【作者简介】

曾阅，晋江市文联原副主席，中国民间文艺家协会会员、福建省作家协会会员。

五里桥断想

蔡飞跃

奔波了半辈子，究竟走过多少座桥，数不清了，巴黎塞纳河大桥、贝宁科托努大桥、北京卢沟桥、武汉长江大桥……虽各具神韵、光彩夺目，但仅在记忆的云泥印下浅浅的鸿爪。我最爱的是故乡的一座桥，它让我魂牵梦绕，没齿不忘。

这是座宋代石桥，从母校南安南星中学附近横跨五里海岬，直抵邻县安海镇，雅称安平桥，俗称五里桥。这条古驿道，像朵花，开在泉州，香溢海内外。

我念高中时虚龄15岁，由于老家离学校挺远，只好寄宿。"文革"期间读书像玩，晚上更是闷得慌，能够解烦的便是上桥消磨时光。用过晚餐，嘴巴一抹，便与同窗们嬉闹着奔向桥上放浪。有时也会款步徐行，走熟了，石桥的一石一亭自然了如指掌。每次仁身中亭，读着柱上"世间有佛宗斯佛，天下无桥长此桥"的楹联，都能咀嚼出不同的滋味来。

有自豪，也有遗憾。长期淤积和围海造田，海域只剩四分之一，千里一色的风光已成童话。活在这块年轻土地上的乔木已能参天，野草也不知几度枯荣，然稍不注意，桥便将沦为旱桥了。更痛心的是，人为的糟践，古桥已塌成好几段，行人只好被迫摆渡过海。遗憾而又无奈。可叹自己人微言轻，无力改变沧海桑田的现实，能做的，无非是默祷淤积不要太急，多留点怀古想象的空间给后人。

后来出了远门求学，念的是建筑专业。教科书竟有五里桥的技术范例，且有大段文字盛赞先人们的魄力和匠心，心里热乎乎的。这几年，旅游成了人们的新时尚。五里桥吃香了，整天挤满看热闹的、看门道的，我则想以专业人的目光来审视它的价值。

翻烂几本有关史籍，跶上这座不知走过多少趟的石桥，头脑乱嗡嗡的。东瞧西望，不时掏出记事本写写记记。我的行状和举动遂被游人当成记者或是考古专家，他们哪里能够理解，一个故乡的游子对一座故乡桥的痴情！

宋代，这里一片汪洋，水急浪高，来往离不开舟楫。而遇台风登陆，海啸浪动，人运愆期，物运阻行，偶敢冒风险者难免葬身鱼腹。胆小的躲起来，胆大的收敛了，人们出门先看老天爷的脸色好不好。

偏有两人要吃不烂芋，想干几千年没人敢干的大事。这就是智渊和黄护，一僧一俗。他们经过慎重考虑，决定要跨海造桥。由谁督造？自动请缨的是素有人望的祖派，这位高僧参透禅意，深晓修桥补路胜造七级浮屠。振臂一呼，人如潮涌，许多热心工匠云集麾下，港湾沸腾了，这是公元 1138 年的事。

岩石本是寻常之物，一经泉州人的巧手，便成屋、成塔、成佛……年久月深便成国宝。土砖质弱，木材易腐，岩石理所当然成了建桥材料的首选。沙基为底，卧木为桩，桥墩平面根据潮汐冲击力而确定：有的长方形，有的半船形，有的船形，没有图纸可参，没有先例可依，五里桥的所有技术难题都是在急中生智的实践中解决的。14 年后，一座长 2000 余米、300 多座桥墩的跨海梁式石桥落成。有些工艺至今还用得上，学问比那大海深。

没有曲折显不出悲壮，在这 14 年间，建桥人不知付出多少心血和汗水。潮起运料，潮落砌墩。桥板太笨重了，工匠们就巧妙地利用涨潮的浮力架设。就这样，千万块岩石组成凝固的史诗，张扬着力和美。它们交错层叠，互相帮衬，顽强地抵御着恶浪。碑文中记有这样一段插曲：建桥进入尾声，祖派和黄护撒手人寰，群龙无首，工程时断时续，惊动了官府，泉州太守赵令衿心急如焚，召集工匠重新上马，大功终于告成。

这赵令衿虽来自宋廷宗室，却不染纨绔陋习。不仅颇有政绩，而且博学多才，一篇《安平桥记》写得情景交融，跌宕有致。

时光过去 800 多年，这桥实在争气，海水曾经无数次漫过桥面，但它总是在诡谲海浪里挺直着脊梁，未曾丢过祖派的脸。古桥不知负载多少行人货物，记住它的好处又有几人？是该引它为荣了，这条石桥之所以能够成为全国重点保护文物，我想不仅因它是天下第一长石桥，历史悠久，工艺精湛，而且蕴藏着建筑美学，包含着丰富的文化——古越族文化、中原文化、海洋文化的底蕴。当然，这些深奥理论建桥人不懂，他们凭着感觉造桥，凭着直觉创造，对于创造者来说，有时候直觉比理性更重要。

石桥宽仅 6 米，只宜步行，时下人太娇贵，没车不成行，便在附近修起新桥，但五里桥没有被抛弃，人们终于识宝了，知道应该保护它，尽管这个醒悟迟来些，但也足以看出一个民族的希望。以后呢？它必然会被作为宝贝呵护着，作为感动的催化剂作为古人智慧的结晶。如果没遇天灾人祸，这个史迹定会传给一代又一代。看看眼前，满心欣喜。旧貌基本恢复，五里桥变壮了！变美了！沿桥两侧特意拓出 30 米水带，潮海浪涌时，烟波浩淼的景观虽然不再，可绿水、桥影、烟霞，仍够你尽情领略。

裹在暮色里的我，数着桥面上的缝缝隙隙，思绪犹如高天上的风筝。我走在这座距台湾岛最近的石桥，蓦想起世上的另一种桥——心灵之桥，要是人与人之间的心海也有虹桥相连，世界就不会再有隔阂、再有敌视、再有战争。不过我想，在不久的将来，五里桥畔肯定会架起一座跨越台湾海峡的大桥。因为在此岸和彼岸，都有架桥的基础，架桥的渴盼。只要心灵之桥不坍，世界定会诞生一座独一无二的大桥，这同样是两岸人民的直觉。到那时，与大桥相映成趣的五里桥，将是另有一番气象了。

（选自《散文百家》2000 年第 11 期）

【作者简介】

蔡飞跃，现供职于泉州市洛江区建设局，中国作家协会会员、泉州市作家协会副主席。

松蕾撒满安平桥

曾明路

我们小镇西南端有一条五里长的古石桥，我们叫它西桥。小镇叫安海，西桥又叫安平桥。儿时心目中的西桥就跟一座山、一棵树一样，自自然然地在那里，从来就在那里。

黄昏，太阳快下山了，我和俞扬跑上了石桥。这是我们幼儿园大班生活的最后几天了。

西桥的风景非常美丽。桥的东边有一片甘蔗林，透过林间小垄，隐约可以看到远处的农田和青山。西桥边是一个辽阔的盐田，晚霞倒影在盐田水里，闪烁着五颜六色的光，就像是一个美丽的大万花筒。

"咱们开始拣松蕾吧。"我捅了捅俞扬。她没吱声，只是出神地望着沙沙作响的甘蔗林。

"怎么啦？"我又拉了她一把。

她突然轻声问我："红丽，还记得住在我家后院的那个卖碗糕的老婆婆吗？"

"记得，我还吃过她的碗糕呢。"

"昨晚她死了。"

"死了？……"

"她跌了一跤就再也起不来了，她女儿哭得好大声！"

我暗淡了一会儿，很快又明朗了起来。我开始沿着石桥找松蕾，想拣回一篮给祖母生炉子用。

"红丽，你怕死吗？"俞扬在后面问了一句，我回过头来一看，她显得很忧郁。

"我不怕，干吗要怕？"

"我祖母，头发都快掉光了，我真怕有一天早晨她不起床了。"

"我祖母不会死的。"我认定自己和自己的亲人与别人不同，死亡不会降临我们。

"哪有不会死的人？"

"我就不会，我祖母也不会！"

"会的！"

"你再说，我不跟你好了！"我愤怒了。

俞扬像是没听见，她继续说着："人死了就什么也不知道了，好可怕呀！"

我实在受不了了，提起篮子跑下了西桥。

我一口气跑到了祖母跟前，一下子搂住了她。"祖母，您不会死，对不对？"

"怎么问这个，小心肝？"祖母很惊讶。

"告诉我，我们永远在一块儿，是不是？"

祖母慈爱地摸着我的头："当然喽，祖母总是在这里的，就像五里西桥总在那里一样。"

"那我就天天到西桥上给祖母拣松蕾！"我搂着祖母的脖子。

吃过晚饭，我搬了个小凳，挨着祖母坐了下来。

"红丽，你知道那西桥是怎么来的吗？"祖母问我。

我摇摇头。

"传说呀，从前有一条凶猛的蛟龙在这里作怪，掀翻船只，吃掉人畜，闹得百姓不安宁。玉帝知道了，就派了个神仙，变出一条长虹来，捆住了蛟龙，把它锁在灵源山里。那虹后来就变成这五里桥了。"

祖母的故事总是这么好听。我听得津津有味。

"祖母，玉帝是谁呀？"

"玉帝是天上的皇帝。"

"玉帝不会死吧？"

"不会，天上的人怎么会死呢？"

天上的人……我若有所思。

晚上，我依偎着祖母躺着。冬天时，祖母怕我冻着，每晚都要帮我把卷起的裤管一次次拉下来。夏天，我身上爱闹痒。

"祖母，我背上痒。"半夜里我说。

于是祖母就在睡梦中把手伸进我衣服里，轻轻帮我挠背……我睡着了，做起了梦，梦见我和祖母沿着长长的西桥走呀走，一直走到桥尽头。突然，祖母的身体变得轻盈，竟离开我飞了起来。她越飞越高，到了云端……

"祖母，祖母！"我在梦中连连呼唤。

"红丽，醒醒！"祖母拍着我的肩膀。

"祖母，我梦见你飞到玉帝那里去了……"我揉眼呢喃，在祖母轻柔的抚摸和同样轻柔的笑声中重新进入睡乡。

30年过去了。当我和俞扬重新站在西桥上时，我们各自亲爱的祖母都相继离开了我们。

"你是对的。"我说，"你还给祖母织了毛衣和帽子，我都没给我祖母做什么。"我心里伤感。

"人生哪能都尽意。再说你的心意你祖母肯定知道的。"俞扬安慰我。"对了，还记得那位卖碗糕婆婆的孙女美玲吗？"

"记得，你还跟她打过架。"那次俞扬和美玲因为抢松蕾而打了一架。

"她走了。"

"走了？！"我惊愕，"她跟我们年纪相当，怎么会……"

"她得了很怪的病，两天就没了。唉，"俞扬叹气，"我当初不该踹她那一脚。"

"小时候的事，都过去那么久了。"轮到我安慰她了。

"五里桥成陆上桥……"俞扬若有所思地吟着郭沫若的诗句。

"咱西桥是世上最长的古石桥。"我回应道，"你看现在，西桥又是水上桥了。"我指着桥两旁粼粼的波光说。改革开放后，家乡的人们在桥下建了人工河道并蓄了水。

我注意到俞扬胸前佩戴着一个小玉佛。留在老家的她信了佛，飘洋过海的我信了主。和安平桥的初衷一样，我们丢掉了童年的迷茫和幻象，各自找到了生命的支撑。

又是夕阳西下时，看着满天晚霞，想着西桥的千年伸展，尽管人生脆弱短暂，我们的心却有了温暖的依归，有了一份安然和宽广。

（荣获首届大礼堂杯全国怀旧故事大奖赛一等奖）

【作者简介】

曾明路，旅美作家，美国洛杉矶华人作家协会会员，海外文心文学社会员。

第十章　人物传略

人物传略

祖　派

　　祖派，南宋绍兴年间僧人，生卒不详。时人称之慈慧禅师。据《枯崖漫录》记载，祖派为泉州人，俗姓张，出家于开元罗汉寺。《闽书·方外传·泉州府》中载："本州承天寺祖派慈惠禅师，述南北《华严》忏文，极诣精妙，至今传世。"另据《大正新修大藏经》第19册所收录的《大佛顶如来万行首楞严经》内有名为"赵宋泉南沙门释祖派述"，记载祖派曾为该经文作序。

　　南宋绍兴六年（1136年），邑人李密、李国表，复请筑湮浦埭于令洪元英，仍以僧祖派、体柔领其事，凡二年而成。时守刘子羽闻于朝，赐洪元英章服，赐祖派慈惠大师。民为洪立祠，以祖派、体柔从，危黄皆立祠。州人王瑀为记。有塘司陂长官为之严禁，复增二陡门为六。

　　南宋绍兴八年（1138年）僧祖派始筑安平桥。石桥未建成，祖派圆寂。

智　渊

　　智渊，生卒不详，安平桥的倡建者之一。《八闽通志》载："安平桥在石井镇。宋绍兴八年（1138年），僧祖派始议为石桥，镇人黄护及僧智渊各施钱万缗为之倡。"

黄 护

黄护（《八闽通志》称为黄濩），讳宏隆，生于宋元祐年间，晋江安海人。生平轻财重义，乐善好施。南宋建炎四年（1130年），安海建镇，号石井镇，以迪功郎监税，并欲征民居为办公地，民众称难也。黄护独曰："息贫风、补弊政，此善事可为也。"为解民困，黄护献地建廨。

安海古镇与对岸水头之间，隔一海沟，其间海浪滔滔，往来舟楫，不时为海浪吞没，行旅艰困。南宋绍兴八年（1138年）僧祖派倡建安平桥，黄护捐资万缗为之倡，卒后被追赠文林郎晋江县尉。淳祐十年（1250年），泉州知州韩识作《清源志》时，为不没人善，乃纪其名，以垂不朽云。

赵令衿

赵令衿，生年不详，字表之，号超然居士，宋宗室。他博学能文，宋徽宗大观二年（1108年）中舍选。靖康初（1126年）任军器少监，因对国事陈述见解而触怒皇帝被革职。绍兴七年（1137年），以都官外郎被召回。坚持抗金主张的张浚被罢官时，他挺身而出，"请对留浚"，又遭到罢官，送吏部议处。经吏部核查后，复官，委以德安府通判，绍兴二十一年（1151年）升任泉州知州。

在泉州任内，他留意教养民疾，为了追悼前贤，在九日山建姜公辅、秦系祠，并写下《姜秦二公祠记》。修建安平、东洋二桥。泉州人感激他修桥造福地方，为他修建了赵公祠，以示怀念。

赵令衿修建安平桥、东洋桥，对繁荣泉州经济，发展海外贸易，起过重要作用。赵令衿撰写《石井镇安平桥记》、《东桥碑记》记载建造东西二桥始末。其诗："为问安平道，驱车夜已分。人家无犬吠，门巷有炉熏。月照新耕地，山收不断云。梅花迎我笑，为报小东君。"亦千古传诵。

赵令衿卒于绍兴二十八年（1158年）。

黄 逸

黄逸，字德后，晋江人。绍兴中兴化知县。为政根于至诚，尤崇尚学校，建议道堂，日集诸生，刮劘切至。邑人郑侨以文章魁天下，实其所造就云。

颜师鲁绍兴中兴化县主簿。时黄逸知县事，有贤名，师曾与县尉葛元樵协力赞之，邑以称治。

安平桥建造未半，祖派与黄护先后去世，后经郡守赵令衿援促，黄逸秉承父亲黄护建桥遗志，率僧惠胜、谨洁而力实，后先之。

黄逸与黄护合葬于东石镇许西坑村西，阳紫山（俗称羊屎山）之阳。1999 年被列为晋江市文物保护单位。

陈大方

陈大方，字广少，宋霖兄。福建长乐县岱边村人，绍兴十八年（1148 年）中进士，绍兴中任安溪县尉，绍兴末年任南安县尉，右迪功郎、新安教授。《八闽通志》载其为：高州教授。

陈大方任南安县尉时曾书"安平桥"篆书三字，立碑于桥西头。

陈 弘

陈弘，字道远。与理学张廷芳为友，倡明道学，不仕。自修著作，乱后无传，唯有谢乡耆黄廷芳《祈雨文》、《昭惠庙叙》、《水心亭重修碑记》至今犹存。年八十余卒。

明天顺三年（1459 年），陈弘撰写《重修安平桥记》。

卢仲佃

卢仲佃，生于明正德十六年（1521 年），字汝田，后号怀莘，东阳卢宅人。明世宗嘉靖三十一年（1552 年）中举，三十五年（1556 年）中进士。知晋江县，请筑安平石城，民以其城匾曰"卢侯城"。

卢仲佃任晋江令期间，节减民费，减免杂税。时倭寇为患，安海号称大镇，民数十万皆沿海而居，仲佃建议在安海筑城，拆废寺圮桥筑城，居民凭城拒守，得无恙。军饷缺乏，上级建议加征税收，卢仲佃再三申请免除税收，得百姓感激，立祠二，一在郡东郭，一在安平城。

仲佃为人，性淡重然诺，节俭好施予，置义田千余以赈宗族。家居俭约，终身不纳姬妾。所著有《何莫轩集》数卷。

明嘉靖三十六年（1557 年）知县卢仲佃拆安平东洋桥石造安平城以防倭寇，桥废。

卢仲佃卒于明万历十五年（1587 年）。

黄汝良

黄汝良，生于明嘉靖三十三年（1554 年），字明起，号毅庵，因喜读《易》，改号易庵。晋江安平（今晋江市安海镇）人。出身官宦世家，祖父黄伯善，嘉靖十九年（1540 年）举人，浙江衢州府同知，权摄知府事，有政声。黄汝良从小知书好学。万历十三年（1585 年）乡试中举，次年会试第二名、廷试二甲第十六名进士，授翰林院编修。

明万历三十四年（1606 年），柱国太傅礼部尚书黄汝良倡议修塔，并将瑞光塔更名为"文明塔"。

黄汝良卒于南明隆武二年（即清顺治三年，1646 年）。

颜嘉梧

颜嘉梧，晋江安海西垵人，明朝万历年间人士。明万历二十八年（1600 年）募缘并出资六十二两银子，与众人合资修桥九间，并重修中亭，且作《水心亭碑记》立碑。

郑芝龙

郑芝龙，生于明万历三十二年（1604 年），字日甲，号飞黄，小名一官。福建南安石井人。在 17 世纪世界海权勃兴的时代与明朝封闭海疆的背景下，以民间之力建立水师，周旋于东洋及西洋势力之间，并成为在台湾海峡抗击及成功击败西方海上势力的第一人。

郑芝龙是明朝末年以华南、台湾及日本等地为活跃舞台的商人、军人、官员兼海盗，以其经营的武装海商集团著称，发迹于日本平户，为明郑势力的滥觞。在欧洲文献中，则以"Iquan"（一官）闻名于世。

明崇祯元年（1628 年），郑芝龙受到明廷招抚，官至都督同知。崇祯元年至八年（1628～1635 年），他先后消灭了李魁奇、杨六、杨七、钟斌、刘香等海商集团，夺取了中国东南沿海的控制权。从此，郑芝龙家族独霸福建乃至东南沿海各省的海上贸易权，这个地区的海上船舶须向其缴纳费用，因此郑芝龙富甲八闽。郑芝龙开府泉州安平，海舶直通其内，贸易丛集，繁华不亚于省城。郑芝龙于清顺治三年（1646 年）投降清朝后，被软禁北京。清朝多次招降其子郑成功不成，遂于顺治十二年（1655 年）入狱，于顺治十八年（1661 年）被杀。

郑芝龙是开台先驱，他继承李旦和颜思齐等人及部众在台湾西南海岸魍港建立基地，为汉人移台的主要据点。郑芝龙的儿子郑成功后来于攻台之役时，即以收回郑芝龙暂借给荷兰人为理由，成功驱逐荷兰人，使台湾成为以汉人为主流的社会。

明崇祯十一年（1638 年），由郑芝龙倡议，商人吴寰宇、曾希止等人重修水心亭，郑芝龙撰写《重修水心亭记》。

施　琅

施琅，生于明天启元年（1621年），字尊候，号琢公，明末清初军事家。晋江县龙湖衙口（今晋江市龙湖镇衙口村）人。

施琅原为郑芝龙的部将，降清后被任命为清军同安副将，不久又被提升为同安总兵、福建水师提督。他先后率师驻守同安、海澄、厦门，参与清军对郑军的进攻和招抚。清康熙二十年（1681年）康熙授施琅为福建水师提督，加太子少保衔，命其"相机进取"，施琅遂得积极进行攻台的部署准备。

清康熙二十二年（1683年）六月，施琅指挥清军水师先行在澎湖海战对郑氏水师获得大胜，后郑克塽发令率臣民降清。他还反驳当时清廷内部有人提出"宜迁其人，宜弃其地"的意见，上疏吁请清廷在台湾屯兵镇守、设府管理，力主保留台湾、守卫台湾。施琅因功授靖海将军，封靖海侯。

清康熙二十二年（1683年），施琅捐资重修安平桥，重建水心亭。同时捐俸修浮桥、顺济桥。

施琅卒于康熙三十五年（1696年），赐谥襄壮，赠太子少傅衔。

蓝　理

蓝理，生于顺治四年（1647年），字义甫，号义山，漳州漳浦县赤岭畲族乡人。他勇武有力，参加清军平治"三藩之乱"，积累军功，后来成为施琅麾下大将，随征澎湖，海战中腹破肠出，裹创力战，为收复台湾立下赫赫战功。康熙皇帝称之为"破肚将军"，并亲书"所向无敌"、"勇壮简易"赐给他，以示表彰。他历任宣化总兵、定海总兵、天津总兵、福建提督等要职。

蓝理骁勇善战，性率直。官福建提督，政行于乡里。捕治盗贼，遂及诸豪家。修桥梁，平道路，率富民钱，益积怨。"

清康熙四十六年（1707年）提督蓝理筑安海西埭，将土填安平桥水心亭两旁，阔十丈，长里许，盖屋百余间为市。翌年又拆西桥头十九间以断西塔路，筑土岸以接三陡门。

建新街在朱子祠前，自福埔坑而下，建天财街、日胜街、月胜街、中天财街、永丰街、长兴街、地赞街计 650 间店面。

清康熙五十五年（1716 年），蓝理罢职，田产入官，变卖估计。

康熙五十七年（1718 年）蓝理抱病还京。

康熙五十八年（1719 年）蓝理在天津蓝田庄病逝，还葬原籍。

施世榜

施世榜，生于清康熙十年（1671 年），字文标，号澹亭，原籍晋江龙湖衙口，后随父施秉移居晋江安海和台湾凤山。清康熙三十六年（1697 年），他选为台湾凤山县拔贡，受任福建寿宁教谕，期满告归安海经营房产。四十岁其父去世，他赴台袭职凤山兵马司副指挥，为开发和建设台湾作出较大贡献。他以施长龄为垦户名，先后购买半线（今彰化地区）东螺平原大片埔地和鹿仔港的港汊海坪滩地，召募大陆的移民进行开发，并修筑清代台湾三大水利工程之一的八堡圳（又名施厝圳）和福马圳，为台湾彰化地区农业的发展奠定了基础。后来，施世榜在安海续建三座大厝（其父施秉已建成六座大厝），人称"九房施大厝"。

清雍正三年（1725 年）秋山洪暴发，安平桥崩坏数坎，乡人用木板接渡。直至雍正四年，才由施世榜、黄振辉等人捐资兴建，改木板为石板。

施世榜卒于清乾隆八年（1743 年）。

陈万策

陈万策，生于清康熙十三年（1674 年），清著名数学家，詹事府詹事。字对初，号谦季。晋江九都安海庄头村人。

陈万策幼颖悟，9 岁能文，17 岁，学使拔他为全县童生之首。不久，被选入国子监学习，每次考试，均列第一。康熙三十二年（1693 年），万策参加顺天（京都）乡试，中式第一名，仍留京侍奉老父。当时同乡先辈李光地在京为阁臣，对他深为器重，经常与之讲究经学及律法、四声、六书、九算等。康熙五十二年（1713 年），同李光地分修《御纂周易折中》，他所绘启蒙诸图，都经康熙指授，并得到认可。又分修《性理精义》、《钦定诗经汇纂》等书。

康熙五十七年（1718 年），陈万策中进士，选馆后即为武英殿纂修兼蒙养斋纂修参修子平诸书。康熙六十年（1721 年），任翰林院编修，被召往热河行在，撰写文章，因词采华赡，深受赏识。世宗登位，他首被召见，那些祭告典册，铺陈功德的文章，都出其手，有的是倚几立办，每篇都得到赞赏。

雍正二年（1724 年），陈万策奉派主持湖南乡试，事竣擢升中允。此后大约 3 个月升一次官。雍正四年（1726 年），升为詹事府詹事，充讲官，掌管起居注。雍正五年（1727 年）陈万策为安平桥重修撰写了《重修安平桥记》。雍正十一年（1733 年），迁侍讲学士，奉派教习癸丑科庶吉士。雍正十二年（1734 年），陈万策在京病逝，享年 61 岁。（另据《晋江县志·名臣》载："年六十八，卒于官。"）

张无咎

张无咎，字惕斋，山东蓬莱人，雍正三年（1725 年）由部郎知泉州府。洁清镇静，每月会诸生课文，手为评隲。岁饥开赈，越年又饥，加意抚恤，捐俸赈济，全活者众，后以盘仓失额解任，百姓乐输代补，负担相继，填满厅堂，得不堕职，升云南道。去之日，绅士相率燕饯于明伦堂，送者盈郊。后历山西按察使。

雍正四年（1726 年），张无咎捐银倡修安平桥，隔年重修完成，张无咎撰文立碑。

靳起柏

靳起柏，安徽舒城贡生，乾隆二十六年（1761 年）任泉州府通判，掌管安海分府。当年秋天，他组织士绅重修朱祠，及治理古陵孔道三十余里。

乾隆二十八年（1763 年），靳起柏为安平桥重修撰写了《重修安平桥碑记》。

乾隆二十八年（1763 年），靳起柏倡修龙山寺后大路。

马镏

马镏，字玉轩，河北昌黎人。雍正丙午举人，授闽盐场大使，署泉州粮捕驻镇安海分府。乾隆十四年（1749 年）任福建清流县令，复调邵武，署建宁府同治。

乾隆十四年（1749 年），通判马镏召集安平绅士于石井书院创台门及两庑，聚生徒肄业其中。安平绅士立碑公记。

马镏驻镇安海分府三个月后，经过安平桥，见桥坍严重，往来行人跋涉艰难，遂感怜悯。马镏随即请求上级拨款维修，带头捐出俸银 12 两，并向地方士绅募款，于乾隆十三年（1748 年）八月二十一日动工重修安平桥。延请乙丑科进士佘汉章任修桥董首。历三个月重修竣工，马镏亲自撰《重修安平西桥碑记》。

施士龄

施士龄，名妙，系施世榜第四子，生卒不详，曾仟山东宁海洲司马。他热心于地方文教，曾在乾隆十六年（1751 年）与张方大等人倡议重修彰化县学，但因故搁置，直到乾隆二十四年（1759 年）彰化知县张世珍才进行扩建工程。此外施士龄在乾隆二十七年（1762 年）捐献在彰化县德兴庄的十甲水田，给府城海书院为学田，每年除完正供、耗羡、丁饷等费用外，还有田底租二百石，折官斗实粟为一百七十石。

台湾县署从城守营、镇標右营旁迁到赤坎楼旁时，施士龄与弟施士膺、侄施国义也有捐助。乾隆二十八年（1763 年），施士龄独资重修故乡福建安海安平桥。

徐汝澜

徐汝澜，顺天府宛平县（今北京市）人。进士出身，乾隆四十五年（1780 年）庚子恩科进士。

嘉庆六年（1801年）初授晋江县令，署蚶江通判。

嘉庆十一年复任晋江县令，嘉庆十三年（1808年）任满后，升台湾府知府，治台八年政绩突出。

嘉庆二十年（1815年）再迁为泉州知府。

徐汝澜于清嘉庆十三年（1808年）、二十一（1816年）年两次重修安平桥。他从晋江县令任上丁卯二月即为重修安平桥而奔波。他发动泉州、晋江、南安、台湾等地百姓共120户捐输白银九千余两。自己两次带头捐俸白银六百两，并于嘉庆二十一年（1816年）任满，提升回任泉州知府时再次带头捐款续修。同年，晋江三十二都池店耆老为徐汝澜立功德碑，以表彰他重修冷水井、大桥至小桥南北大路的功绩。

由于徐汝澜多次倡修安平桥，董事们感其德，建长生祠于龙山寺东。

盛 本

盛本，字伦先，号小垞，浙江慈溪（今宁波市镇海区骆驼镇）人。乾隆五十四年（1789年）拔贡生，嘉庆四年至五年（1799～1800年）任宁德知县。后调闽县知县。工书法，遗墨流传，人皆宝之。光绪《慈溪县志》称其"工隶草，尤善擘窠书"。

嘉庆十年（1805年）八月担任南安知县。

嘉庆十三年（1808年），安平桥西端(水头)建造牌楼，牌楼上的石匾楷书"水国安澜"四字由盛本所题。

陈庆镛

陈庆镛，生于乾隆六十年（1795年），字乾翔，号颂南，泉州西门外塔后村人。道光十二年（1832年），登进士第。初选庶吉士，散馆授户部主事，迁员外郎，再迁监察御史。

陈庆镛于道光二十九年（1849 年）之前，经过安平桥，眼见安平桥破烂不堪，有坍塌之虞，遂倡议重修。

陈庆镛卒于清咸丰八年（1858 年）。

林瑞岗

林瑞岗，生于道光十年（1830 年），乳名昆官，字定仑，号碧岩。晋江安海人。咸丰初年（1851 年后），林瑞岗与其兄林瑞佑相议，由兄长居守治家，他前往吕宋谋生，后又转至上海经商。由于经营得法，略有积蓄，即由行商改而开设振隆春记商号，通过多年辛苦经营，成为富商。光绪四年（1878 年），林瑞岗倦于商场奔波，乃将上海振隆春号交与其侄林启升、林启曾经营，自己携眷回归故里，在安海开设德丰典铺和裕源油坊，并购置店房 20 余座。又在西河境营建两座恢宏华丽的堂宇，称为顶下林。从此息足故乡，不复远游。林瑞岗平生好行善事，在上海时曾因协助复办"果育堂"、主持"协赈公所"，赈救灾民，得到各界人士的赞誉，声名远播京师，受到朝廷的褒奖。

同治七年（1868 年），林瑞岗捐赠同知衔。光绪二年（1876 年），福州洪水成灾，他捐银 3000 两赈济灾民，获朝廷奖授运同知衔，诰赠两代，俱从三品。翌年，刑部主事黄贻楫劝赈京畿，林瑞岗复捐银 1000 两，会劝赈结束，即以所捐转充资善堂经费，复由部议请赐林瑞岗"乐善好施"匾额。光绪四年（1878 年），林瑞岗回安海后又复助赈山西、河南两省灾民银 4000 两，旋又应黄贻楫劝赈增捐 1000 两拨充河南省。后由河东道总督李鹤年、河南巡抚涂宗瀛奏请赏戴花翎。光绪七年（1881 年），林瑞岗居乡期间，澎湖岛受灾，他又捐献大洋 1500 元救赈灾民，受澎台兵备道奖赠"行道有福"匾额。林瑞岗对于家乡的慈善事业也很非常热衷，如光绪元年（1875 年），在安海倡办"明善堂"慈善机构，他与其兄林瑞佑首捐白银 5000 两，购置房产以作明善堂基金。翰林院庶吉士林梁材撰碑记称："由是合镇贫乏家，孤寡有月资，病有医药，死亡有棺槽，行李困乏者助，济急扶危，遂以开一郡未有之善举。"之后，又为惠安崇武乡育婴堂捐银 600 两。光绪五年（1879 年），林瑞岗兄弟合捐白银 1500 多两，修建安海东洋桥；此外又先后捐资倡修东村桥，修铺曾埭经潘径（内坑潘厝）至古陵驿道。

光绪九年（1883 年）十月，林瑞岗偕同其兄林瑞佑合捐银二百圆倡修重修安平桥，直至光绪十一年（1885 年）十一月重修竣工。

光绪十年农历十二月（1885 年 2 月），林瑞岗在家逝世。

蔡　浅

蔡浅，生于清道光十九年（1839 年），名资深，字永明，号安亭，"浅"是乳名。原籍为晋江安海西溪寮村，后迁居南安官桥漳州寮村。16 岁时随父蔡启昌到菲律宾马尼拉经商，翌年他父亲年老回乡，他继承父业。经十多年经营，资产从原有几千元，迅速增至百万元，到晚年，资产积累至数百万元，成为马尼拉屈指可数的巨商。

蔡浅在南洋获得巨大成就后，认为"久远之业、商不如农"，他每次回乡探亲，都与家人一道在田间劳动，早出晚归，并用心物色，用巨资购买住处附近一片荒地，纵横各一里余，组织族亲共同开垦，得良田百亩，又植荔枝、龙眼数百株，今果树依然郁郁葱葱。

蔡浅热心公益慈善事业，泉州筹办中学堂，本县筹办小学堂，经费缺乏，他都首捐巨款为他人榜样。光绪九年（1883 年），蔡浅参与捐资修建安平桥。至于收育弃婴、办团防卫乡里、平息地方械斗等，多有参与。光绪三十年（1904 年），晋江、南安、安溪三县遭受水灾，他率先独捐万余金，又集捐数万金赈济难民。因功诰赠"资政大夫"衔。

蔡浅卒于宣统三年（1911 年）。

陈　楷

陈楷，南安水头人。清秀才，善书。光绪十二年（1886 年）撰文《重修安平桥记》。

郑怀陔

郑怀陔，生于清咸丰八年（1858 年），字子源，号笙南，光绪十四年（1888 年）戊子科解元。祖籍南安石井，世居安海。

郑怀陔系郑成功之叔父郑芝豹第八世裔孙，由其编撰的《乡试硃卷·郑怀陔》（木刻印本）中的 25 页内容，由"履历"、"乡试硃卷"和"总批"组成，印制于光绪十四年（1888 年）。该孤本载明，康熙二十二年（1683 年），清廷收复台湾后，康熙"嘉其忠贞"，特旨"专祠特祀，赐葬覆船山（今南安市水头镇橄榄山）"，以褒扬郑成功收复台湾的壮举。

光绪十二年（1886 年）重修安平桥，郑怀陔任南邑董事。

郑怀陔卒于光绪二十二年（1896 年）。

廖仲恺

廖仲恺，原名恩煦，又名夷白，字仲恺，广东归善（今惠阳县）人。

光绪三年（1877 年）廖仲恺生于美国加州旧金山旅美华工家庭。光绪十九年（1893 年）回到中国。光绪二十三年（1897 年），与同为左派的何香凝结婚。

光绪二十八年（1902 年），廖仲恺留学日本，先入读早稻田大学预科，后在日本中央大学政治经济学毕业。光绪三十一年（1905 年）加入同盟会，任执行部外务科负责人。宣统三年（1911 年），辛亥革命后，到广东任都督总参议。民国 2 年（1913 年），随孙中山亡命日本。

民国 3 年（1914 年），廖仲恺任中华革命党财政部副部长，之后随孙中山反对袁世凯，参加护法运动；并在国民党刊物内发表文章，赞扬十月革命。

民国 9 年（1920 年），廖仲恺受孙中山之托，到闽南召陈炯明回粤讨伐桂系军阀，廖仲恺到泉州，过安平桥时，留下《黄金缕·抵安海感赋》一词，抒发忧国忧民之情。

民国 10 年（1921 年），孙中山到广州任非常大总统，廖为财政部次长。之后在第一次国共合作期间，廖任中国国民党中央执行委员、财政部长、工人部长、农民部长、黄埔军校党代表等职。

民国 14 年（1925 年）8 月 20 日，在设于惠州会馆的中国国民党中央党部（今越秀南路 89 号），廖被暴徒刺杀身亡。

弘一法师

弘一法师，俗名李叔同，法号弘一，浙江平湖人，清光绪六年（1880 年）阴历九月二十日生于天津官宦富商之家，他是中国近现代佛教史上杰出的一位高僧。

民国 27 年（1938 年）农历九月二十日，弘一法师由漳州经同安梵天寺来到安海，驻锡在安平桥上的水心亭澄渟院，并书题"澄渟院"匾额。他居此整整一个月中，每天都有各界人士前来探望、求字。他在安海写了几封信寄出给外地的友人，信中描绘了安海的繁华。

弘一法师于民国 31 年（1942 年）10 月 13 日（农历九月初四），圆寂于泉州温陵养老院晚晴室。

郭沫若

郭沫若，出生于清光绪十八年（1892 年）11 月 16 日，中国现代著名学者、文学家、社会活动家。原名郭开贞，四川乐山人。早年赴日本留学，后接受斯宾诺沙、泰戈尔、惠特曼等人思想，决心弃医从文。与成仿吾、郁达夫等组织"创造社"，积极从事新文学运动。这一时期的代表作诗集《女神》，摆脱了中国传统诗歌的束缚，充分反映了"五四"时代精神，在中国文学史上开一代诗风，是当代最优秀的革命浪漫主义诗作。民国 12 年（1923 年）后系统学习马克思主义理论，提倡无产阶级文学。民国 15 年（1926 年）参加北伐，任国民革命军政治部副主任。民国 16 年（1927 年）蒋介石清党后，参加了中国共产党领导的南昌起义。民国 17 年（1928 年）2 月因被国民党政府通缉，流亡日本，埋头研究中国古代社会，著有《中国古代社会研究》、《甲骨文字研究》等重要学术著作。民国 26 年（1937 年）抗日战争爆发后回国，任国民政府军事委员会政治部第三厅厅长，后改任文化工作委员会主任,团结进步文化人士从事抗日救亡运动。民国35年(1946年)后，站在民主运动前列，成为国民党统治区文化界的革命旗帜。中华人民共和国成立后，当选为中华全国文学艺术界联合会主席，历任政务院副总理兼文化教育委员会主任、中国科学院院长、全国人民代表大会常务委员会副委员长等职，当选中国共产党第九、十、十一届中央委员。主编《中国史稿》和《甲骨文合集》,全部作品编成《郭沫若全集》38卷。

1962年11月郭沫若偕夫人于立群到安海考察郑成功史迹，搜集相关资料，并参观安平桥，亲笔题写《咏五里桥》七言律诗一首。

郭沫若于1978年病逝。

茅以升

茅以升，字唐臣，江苏镇江人，生于清光绪二十二年（1896年）。结构工程师，桥梁工程专家。中国近代桥梁事业的先驱、铁道科技事业的开拓者，同时也是中国土力学的开拓者、科普工作者。

1963年茅以升到安海考察，对五里长桥赞叹不已。他写了一篇《安平桥》的文章发表在1963年9月号的《文物》杂志上，他说："安平桥又名五里桥，并非离什么城市有五里路，而是它本身就有五里长，这在世界古桥中，恐怕是惟一的。泉州民间多年来传说'天下无桥长此桥'，却也当之无愧。"

茅以升于1989年逝世。

丰子恺

丰子恺，生于清光绪二十四年（1898年），原名丰润，又名丰仁，浙江桐乡石门镇人。中国现代画家，散文家，美术教育家和音乐教育家、翻译家，是一位多方面卓有成就的文艺大师。曾任中国美术家协会常务理事、美协上海分会主席、上海中国画院院长、上海对外文化协会副会长等职。被国际友人誉为"现代中国最像艺术家的艺术家"。丰子恺风格独特的漫画作品内涵深刻，耐人寻味，深受人们的喜爱。丰子恺是我国新文化运动的启蒙者之一，早在 20 世纪 20 年代，他就出版了《艺术概论》、《西洋名画巡礼》等著作，一生出版的著作达 180 多部。

民国 37 年（1948 年）12 月 16 日，丰子恺偕其女丰一吟到访安海，追寻其师弘一法师的足迹，举办画展，住进了十年前弘一法师曾住过的安平桥水心亭澄亭院。

丰子恺于 1975 年逝世。

蔡金枪

蔡金枪，晋江金井塘东（今晋江市金井镇塘东村）人。菲律宾华侨，曾任菲律宾柯蔡宗亲总会五十七、五十八届理事长，历任菲律宾蕊省甲万那端菲华商会理事长和中华学校董事长等职。他热心公益，济困恤贫，备受各方尊重。

安平桥自清末以来，年久未修，加以抗日战争中频遭日机轰炸，战后桥梁桥板毁坏不堪，难以通行。民国 37 年（1948 年）9 月，蔡金枪因事往厦门，途经安海，目睹名桥破损，交通梗阻。他遂立下独资修桥的宏愿。即由人引见安海董其事者，洽谈后由蔡金枪解囊捐献 300 包洋灰，钢铁 70 担，金圆券 8000 元。重修安平桥，恢复了晋南交通要道。

吴修潭

吴修潭，生于清宣统元年（1909 年）9 月，原籍晋江县安海灵水村（今晋江市灵源街道灵水社区）。

民国 16 年（1927 年），吴修潭在安海与人合股经营荣懋杉行。抗日战争营业中断，改营皮业。抗战后恢复杉行，除杉木外，兼营水泥、钢材、小五金以及家具和棺木等。几年后成为安海杉木行业之首，也是安海镇的商界巨户。

1949 年，吴修潭独捐杉木 176 根，作为修复安平桥的桥板。

1994 年 8 月 5 日，吴修潭因病逝世，享年 85 岁。

附　录

东桥大事记

南宋绍兴二十二年（1152 年）

十月，西桥造成。十一月，温陵太守赵令衿继筑东桥，翌年癸酉（1153 年）三月，未半载而桥成，长六百六十余丈，广一丈二尺，分为水道二百四十二间，曰"东洋桥"。东洋桥（又名安平东桥、东桥）位于安海东南隅（今安海镇黄墩村一带）。东洋桥建成后，与安平桥并称为"双桥跨海"。

南宋绍兴二十四年 (1154 年)

里人高仕舍地造东塔，曰"龙兴"，高准西塔，而大倍之。自从，龙兴塔与安平桥桥头的瑞光塔并称为"两塔凌霄"。

明嘉靖三十六年 (1557 年)

知县卢仲佃拆安平东洋桥石造安平城以防倭寇，桥废。

清康熙三十四年 (1695 年)

四月二十日，大雨，东塔至五月初六日辰时倒塌尽坏。

清道光元年（1821 年）

周仕泰与一时好义者，乐输架石为桥，安平东桥复兴。共造三百二十六坎。

清咸丰四年（1854 年）

安平东桥年久损毁，陈鹏方倡捐修葺。

清光绪三年（1877 年）

安平东桥倾折已多，将有断绝之忧，不胜罅隙之处，凡车马之驱驰，商贾之过从，甚为不便。是前之济人者，今适以病人矣。林瑞佑、瑞岗悯行人之艰，襄整顿之举，欣然以为己任。爰邀明善堂诸位，请陈磊金督视，于三年仲春兴工，越四年秋竣事。林君昆仲自发帑金，计费白镪一千五百有余奇，使斯桥倾者植基，折者易其石，既无断绝弗修，亦无罅隙于待补。凡直栏横槛，基址梭尖，一一重新坚固。往来是桥者，咸喜履道坦坦矣。

民国 17 年（1928 年）

安海各界重修东桥。

民国 19 年（1930 年）

3 月 5 日，东桥重修完工。此次重修由安海商人集资计 3934 银元，各乡捐助小工者共计 790 工。

民国 36 年（1947 年）

11 月 12 日，因东桥年久失修，安海地方人士发动募捐，筹集 3000 万元（旧币）进行重修。

民国 37 年（1948 年）

3 月 5 日，东桥重修竣工，此番除重修外，还在井林桥端新建雨亭一座，并修补其他栏杆与土岸。

1968 年

是年，因兴修水利拆毁东桥。

1991 年

4 月 9 日，东桥被晋江县定为县级文物保护单位。东桥主体现仅存十余间桥面。

东洋桥旧貌

东桥碑记

宋·赵令衿

　　绍兴二十二年冬十一月，安平桥成。十二月，泉之父老复予曰："东洋之渡，海港深夐，济涉断续，凡三绝水。方抵岸浒，南北所从，冲冲霏霏，不可胜计。夭或暴风，怒涛震作，行者病焉。揆之面势，与夫修阔空旷，视安平、洛阳，固有增损，而利害实相侔焉。邦人觊前桥之利，不无□望，倘使君一注意，罔不就动，岂使安平之人独受其惠。"予嘉其意，而愿为之倡，未见尸之者。有里人前进士新临漳户椽史君清修之外，慨然有请，愿以身任，用工取材，响合而云应，人皆乐趋，有不期而然者。凿石横空，架梁为陆。水光清明，山势窅窕。朝日东升，暮云焕发。使龙蛇之窟宅，肆蚶蛎之栖托。一日肇兴，千古用壮。坦然砥平，四民帖泰。向之临深履危者，今则阔步徐行，无复留碍。往来慰悦，老稚呼舞。观者山立，叹未曾有。能是既终，又请予记其始末，欲侈大于将来。呜呼！河梁之事，郡政之先也。遵依诏旨，有司之职也。予虽固陋，尚可辞乎！又为之铭曰：

　　大哉东海，渺云翻天。瀚海澎湃，渤澥沦涟。荡拆余波，短缺岸墙。人不敢越，马不敢旋。嗟尔黔黎，游步良病。高风架潮，轻委性命。鼍怒鲸嗔，鳄狂蛟冲。岂无一石，为彼作填。岁月滋远，艰险是防。徒御相顾，胡越相当。奥有使君，志大而刚。展撼心府，化为川梁。财以悦输，功无劳瘁。勇于为山，起乎一篑。不日成之，万灵斯会。累趾渊中，悬车烟外。截如缟带，隐若明虹。百年斯阻，一旦而通。无思无虑，自西自东。安平洛阳，鼎立争雄。我顾斯桥，与天同固。不骞不坠，高视终古。又顾斯桥，导水不注。无漂无垫，永清同路。太岁癸酉，维天壬春。三月初吉，岁功告成。岩岩苍苍，石坚如清。

温陵太守赵令衿铭

【说明】

　　《东桥碑记》系南宋绍兴二十三年（1153年）泉州知军州事赵令衿在东洋桥落成后所撰写的碑文。原碑已废，碑文引自《安海志》。

东桥碑

安平东埭，元至元间自黄墩直抵宋埭，堰海为堤，南开五陡门，北造九坎桥以杀潮势。明季以来，堤旋修旋废，国朝乾隆间，乡先辈陈公冕世仍旧筑堤以便经过，奈海涛冲复坏，人终病涉。道光元年，东石周君仕泰过焉心怆，先后乐输架石为桥。中间好义者群然兴起，陆续营造，共襄厥成。自兹易危而安，化险为夷。往来人人履道坦坦矣。《阴骘文》云："造千万人来往之桥，训修福也。"诸君非必求福，而颂德歌功者众，福自靡有涯也，爰勒芳名，以为后之君子劝。孝廉方正敦堂萧汉杰记。

姓名开列于左：

周仕泰倡始致功造壹百柒拾陆坎，蔡时绍造肆拾坎，蔡笃志造叁拾坎，黄信观造贰拾坎，周兰观造拾玖坎，萧允迪造拾陆坎，黄庇观造拾陆坎，陈尊观造肆坎，林世忠造叁坎，叶庆观造贰坎，桂林乡等筑堤贰拾壹丈，山前乡等筑堤拾叁丈。

道光拾壹年岁次辛卯花月

【说明】

碑在东桥头，清道光十一年（1831年）立。高197厘米、宽66厘米。额刻"东桥碑"，楷书横排，字径10×10厘米；碑文楷书竖排，计12行，字径4×4厘米。记东桥由周仕泰首倡，由埭岸改建桥道的经过。原碑文漫漶缺字，现据周氏族谱补全。

重修东桥

东埭筑桥始于道光元年，数次倾坏，易于修葺。上年六月风雨交作，洪水冲倒港中六坎，病涉□□，后库陈君鹏方有心倡捐，邀同我族人及黄墩陈论语观等远近捐题，共襄义举。就六坎疏为□□固□同址高，筑梭尖，凡有倾颓尽行坏补。以上年十一月兴工，至本年二月竣事。四方君子好善乐助，□□□□以垂不朽。因建护碑一小亭于桥头，往来行人久远共知，洵阴骘中之一事也。桂林□□□记。

都阃府陈、分县主孟倡捐谕修，陈鹏方捐钱卅肆仟，陈论语捐钱拾仟，桂林乡各房捐工助修，周信顺捐钱乙拾贰仟，周礼记捐钱乙拾仟，周智记捐钱乙拾仟，蔡源利拾仟，蔡永盛捌仟，蔡世荣捌仟，蔡世鸿捌仟，陈怡□陆仟，周成记陆仟，蔡兴隆伍仟，许西坑二房伍仟，陈光恬肆仟，陈光荒肆仟，蔡振胜肆仟，新源铺叁仟，陈建源贰仟，黄合发贰仟，蔡谦记贰仟，蔡荣发贰仟，萧金堵贰仟，张源利贰仟，黄港观贰仟，蔡信泰贰仟，黄丽兴贰仟，林协茂贰仟，蔡瑞记贰仟，许亥光贰仟，许日利、高顺浮、高隆源、王源发、张金胜、叶祖观、林泉茂、王安和、陈丰美、陈协升、陈万源、高渊源、蔡连理、周信□、蔡永□、颜□□、萧跑观、曾成裕（以下约22位人名漶漫不清）。

咸丰肆年桐月　吉旦　公立

【说明】

碑在东桥头，清咸丰四年（1854年）立。高195厘米、高60厘米，碑额横刻楷书"重修东桥"，字径12×12厘米，碑文楷书竖排13行，字径3×3厘米。

重修东桥碑记

安平之有东桥，自道光元年周君仕泰与一时好义者乐输，驾石为桥。迨咸丰四年陈君鹏方出为倡捐修葺。嗣是以来，倾折已多，将有断绝之忧，不胜罅隙之处。凡车马之驱驰，商贾之过从，甚为不便，是前之济人者今适以病人矣。光绪三年，林君瑞佑、瑞岗悯行人之艰，襄整顿之举，欣然以为己任。爰邀明善堂诸位请陈君磊金督视，于三年仲春兴工，越四年秋竣事。林君昆仲自发帑金，计费白镪壹仟伍佰有余奇。使斯桥倾者植基，折者易其石，既无断绝弗修，亦无罅隙于待补，凡直栏横槛、基址梭尖，一一重新坚固。往来是桥者，咸喜履道坦坦矣。然其时有乐助者，并勒芳名，以为后之好善者劝。

林瑞佑、瑞岗捐银壹仟伍佰叁拾员，桂林乡捐捌佰工，萧下乡捐贰佰工，下房王学司捐葛石贰拾丈，许文铿捐银贰元，施妙舍、苏仕桂、许宗酸、吴港姆、高福官、苏金成、陈川流官、陈老园、陈串官以上捐银壹元，许古麻、许仕锭、宋遣官、萧栋官以上捐钱五百文，许光仲捐钱叁百文，丁保伯、王成老各捐钱贰百文，丁保伯加捐钱叁百文，陈川流官加捐银壹元，陈磊金捐银贰拾大元。

光绪伍年岁在己卯闰三月谷旦立

【说明】

碑在东桥头，清光绪五年（1879 年）立。高 155 厘米、宽 61 厘米，碑额刻碑题，楷书横排，字径 10×10 厘米，碑文楷书竖排 13 行，碑记字径 4×4 厘米，捐资人名字径 2×2 厘米，末行纪年字径 6×6 厘米。

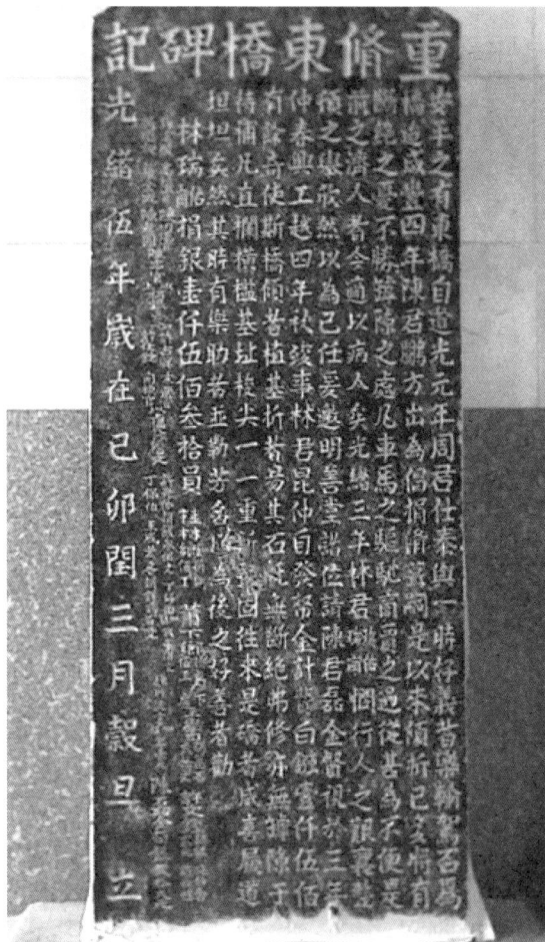

重修东桥碑记

　　安海之有东桥，创自绍兴癸酉，成于太守赵公，事纪前碑，民歌德政。年湮倾圮，代有创修。第自近以来，复见倒坏，行旅为艰。适后库陈伯元君提议兴修，爰商新、元等，招集同志，与其乃郎梁灏同襄厥事，募款兴工，化险为夷。糜费达三千之谱，计工在二十左月，兹幸告成。谨将题捐芳名、出入用途勒石，以垂不朽。是为记。

　　明善堂倡捐大洋一佰元，泉安汽车公司捐大洋贰佰元，陈伯元捐大洋一佰元，黄立记捐大洋一佰元，黄弈住捐大洋一佰元，聚隆行捐大洋一佰元，井林捐二百柒十陆工，萧下捐二百伍十二工，皇恩捐柒拾伍工，庄头捐伍拾柒工，后蔡捐三十八工，下山后二十七工，前林二十六工，后埯捐二十二工，前蔡捐十三工，西安蓝十工。王顺发栈、苏谷南、吴义成、谦顺行、鼎美行、茂记行、哲记行、宜美行以上各捐大五十元，宋埭捐三工，裕发行、永复顺、乾元行、绵瑞行、启诚行、美记行、永福行、泰兴行、蔡友德以上各捐三十大元，新协泰捐四十大元，陈佑煌、许昔森、美纶号、张毓钧、捷顺安、陈秀如、许美南、黄信万、陈图南、陈国勤、天一局、陈泉利、杨长秩、黄毓欣、森兴行、施致和以上各捐二十大元，王益记、蔡世锦捐十二大元，新泉兴、陈联兴、东兴公司、光利、丰源号、王溪水以上各捐十五大元，许金厂、颜策勋、蔡德核、蔡世看、庄头乡、倪瑞丰、蔡春津、蔡膺玉、蔡世午、蔡世胄、尤德成、蔡同庆、田乾美、黄清源、苏子雁、林天元、高梧桐、曾国敬、高日升、陈协泰昌、高埏础、有名斋、许诗文、陈顺发、胡其蓁、陈文床、蔡德生、王协发、赖合益、陈联顺栈、陈赞成、林显荣、益达号、金同成、老吉□、王源美、黄裕记、谦兴号、高□愿、吕学□、陈启□、陈□益、许昌□、张庆兴，陈尚记、□源号、王晋隆、杨□启、□□昌、□□□、□□□、□□标、□□□、李思藻、许□郡、陈仰山、许泉兴、蔡尤石、庆胜号、陈昭槌以上各捐十大元。

　　民国十七年桂秋

　　董事：王铭新　陈伯元　许朝元　黄信万　萧光丙　许宗和　许金厂　陈权达

　　　　　蔡金保　丁启成　林昭荣　王秋凉　洪春树　黄年经　陈国安　郑万波

　　　　　陈国勤　黄宗仁　育婴堂督修

【说明】

　　碑在安海东桥头，民国17年（1928年）立。高204厘米、宽71厘米，碑额刻碑题，篆书横排，下刻碑文楷书竖排16行，字径3厘米。

重修东桥碑记

东桥事迹前碑已详，兹将告竣，适周起搏、特君追念乃祖仕泰先生于道光元年捐赀倡修，欲继先志，乐助钜款，聿观厥成□□□之□□□□□□两边道路，并购旧厕而填平焉。且推及于西桥、庄头桥，全已告成。特碑以诵厥德。后有继其知所劝已。

周起搏、特君捐大银乙千元，陈烈怡捐大桥板五条，高宏泰、陈佑柳、吴复兴、华文号、赵后圃、陈复利、吴瑞德、丁启成、洪成益、合成号、藏山号、建东号以上各大艮（银）五元，张文章、王源兴、合丰号、川美号、颜德源、高中平、亦宜安、振泰成、王协成、蔡成□、陈家福、许诗谭、陈顺益、益泰号、德泰号、许昔森、周正胜、蔡尤廉、大川号、谢南兴、高长发、王隆美、许□君、启祥号、陈佑劝、曾人金、晋合隆、叶隆胜、颜宏昌、高洽兴、陈长发、施东美、蔡尤穴、陈双塔、万庆瀛、赖洽益、周万顺、常宽师、茂成号、许朝元、王金鹿、颜恒安、大美号、经纶号、王秋凉、高烶明、陈希裁、泰兴隆、颜复兴、曾蛏君、和记号、欧阳景、荣圃号、后垵乡、高协顺、妙月师、冰珍号、李业酒、林文炮、王亦礁、邻竹山房陈以上各大四元，蔡德澳、怡春号、仁兴堂、曾益圃、晋春号、叶□君、井林防一排、蔡福君、曾文助、伍和源、许昌飘、曾阳君、许锐君、许宗和、谢店娘、王亦渠以上各大三元，同声小五元，通利小四元，蔡鲂小三元，陈傅恐、许宗飓、佛道师、林斗箫、许松柏、蔡协成、张□君、曾文揽、萧前柑、王泉兴、萧前地、颜鉴君、陈樵君、蔡帐君、杨金钱、萧迪肯、萧光涉、李德枞、田文纪、曾焕兑、潘明德、黄劣□、许培梭、陈锦记、永崇兴、陈如川、苏源成、曾焕乔、吴客高、萧迪燕、王名猪、王名鑪、建鑑号、萧光饼、黄家泼、李业吉、许昌兵、王亦川、黄魁元、颜福田、许昌霏、许则明、王孝宇、颜庆昌、源茂号、协兴号、复春号、陈茂胜、陈合珍、颜洽兴、德记号、张馥春、陈显班、黄种铨、李业续、萧只君、王椿君、陈凉君、五谷公司、华安号、曾万益、曾南发、黄钱君、李兴且、颜受续、丁合福、丁振利、史晋发、发珍号、张泉发、和泰号、黄得利、施钰记、协德珍、黄广泰、高业□、陈华唇、黄宝鉴、曾降和、洪含珍、新泰成、周大同、陈合成、高成兴、陈□昌、黄□□、陈顺记、□□□、黄□□、王亦仁、福山号、蔡世□、许培尚、许培梅、许炽发　以上各□大元　许昌□、萧□君、周峥墨、黄□□、蔡尤石（以下尚有85人名字漶漫不清）

民国十七年　　月　　董事陈烈怡

【说明】

　　碑在东桥头，民国 17 年（1928 年）立。高 234 厘米、宽 75 厘米，碑额刻碑题，篆书横排，字径 8×10 厘米，下刻碑文，楷书竖排 19 行，字径 3×3 厘米。

参考文献

《方舆胜览》，祝穆编纂，宋嘉熙三年（1239 年）。

《大明一统志》，李贤、彭时等编纂，明天顺五年（1461 年）。

《大清一统志》，和珅等编纂，清乾隆四十九年（1784 年）。

《中国海湾志》第八分册，中国海湾志编纂委员会编，海洋出版社，1993 年。

《中华人民共和国文物地图集·福建分册》，国家文物局编纂，福建地图出版社，2008 年。

《中国古代桥梁》，唐寰澄编纂，中国建筑工业出版社，2011 年。

《八闽通志》，黄仲昭编纂，明弘治三年（1490 年）。

《闽书》，何乔远纂，福建人民出版社，1994 年。

《福建通志》，孙尔淮、陈寿祺、程祖洛、魏敬中等编纂，清道光九年（1830 年）始修，清同治十年（1871 年）出刊。

《闽中金石略》，陈棨仁编纂，民国 23 年（1934 年）由林尔嘉出版。

《泉州府志》（万历版），阳思谦、黄凤翔、林学曾等编纂，明万历四十年（1612 年）。

《泉州府志》（乾隆版），怀荫布、黄任、郭赓武等编纂，清乾隆二十八年（1763 年）。

《泉州文史资料》（内部资料）。

《泉州古建筑》，泉州历史文化中心主编，1991 年。

《古刺桐港》，庄为玑编纂，厦门大学出版社，1989 年。

《泉州桥文化》，林建筑主编，中国画报出版社，2009 年。

《晋江新志》，庄为玑编纂，1985 年。

《晋江县志》（道光版），周学曾等编纂，福建人民出版社，1990 年。

《晋江市志》，晋江市地方志编纂委员会编，上海三联书店，1994 年。

《晋江市人物志》，晋江市地方志编纂委员会编，上海三联书店，1994 年。

《晋江交通志》，许显荣主编，上海社会科学院出版社，1996 年。

《晋江碑刻集》，粘良图、陈聪艺编著，九州出版社，2012 年。

《晋江文史资料》（内部资料）。

《晋江史志》期刊（内部资料）。

《南安县志》（民国版），戴希朱编纂，民国6年（1917年）。

《安海志》，俞少川、洪谷主编，1983年。

《安平志》，陈方圆等编纂，中国文联出版社，2000年。

《风雨如磐话安海》，陈方圆等编纂，中国文联出版社，2002年。

《安海港史研究》，福建教育出版社，1989年。

《千年安平》，许谋清、刘志峰主编，中国文联出版社，2009年。

《洪少禄文集》，洪少禄著，香港风雅图书出版有限公司，2010年。

《安海商会志》，高俊仁主编，2012年。

《五里桥》期刊（内部资料）。

安海安平桥文化公园主入口景观提升设计册（内部资料）。

安平桥文化公园（安海园）设计方案（内部资料）。

泉州安平桥文化公园规划设计——安海园（内部资料）。

泉州安平桥抢险加固工程竣工资料（内部资料）。

福建省泉州市安平桥文物保护规划方案（内部资料）。

水头镇五里桥文化公园规划设计方案（内部资料）。

福建省档案馆馆藏资料。

泉州市档案馆馆藏资料。

泉州市文物保护管理所记录档案。

泉州市城市建设档案馆馆藏资料。

后　记

　　1961 年国务院公布的第一批全国重点文物保护单位——安平桥，始建迄今 876 周年。作为世界上现存最长的石桥，安平桥不仅是历史悠久的文物古迹，还是一座兼具丰富的科学与人文价值的桥梁，八百多年来却没有一部介绍该桥的专业志书，不能不说是一个遗憾。直到 2013 年春节，我们得知泉州市文管所黄真真女士亦有此夙愿，决定合作修编《安平桥志》。在大家共同努力下，得到泉州市文广新局、泉州市文物局等单位的支持，这个问题才得以彻底解决。

　　春节期间，我们便组织成立了编纂委员会，配备了专职的修志人员，正式启动编纂工作。到 6 月份，基本上完成人物传略、碑记石刻、诗词文联、大事记等部分初稿。2013 年 10 月间，我们打出第一稿模拟样，文字部分只有 A4 纸 200 页，深感份量不够，有些资料也不够翔实，于是进入第二轮的材料搜集。

　　再经过两三个月的努力，承蒙福建省档案馆、泉州市档案馆、泉州市城建档案馆、泉州市图书馆、泉州市海交馆与泉州市文物保护管理所等部门多方帮助，我们获取安平桥的相关行政文书、调查报告、论文图片等 300 多份，时间跨度从 20 世纪 50 年代直到现在。

　　但这些深具存史价值的珍贵材料，让编委会诸位同仁深感难以整理，一方面，不少资料是手写件油印本，字迹模糊，辨别起来十分困难；另一方面，因年代久远，缺页掉字的现象不少，即使是铅印版，复印文本亦不清晰。对于这 300 多份文件，我们四五个人，认真地进行了辨别、誊写、打字、校对、甄选等工作，花了将近 4 个月的时间。录入的档案资料，竟有 300 多张 A4 纸之谱。而这么繁杂的资料，如何取舍颇费周折，经过编纂人员再三筛选、甄别，并将这些资料归纳、总结以及进行规范性编排，于 2014 年 7 月完成第二稿。紧接着，我们向泉州市、晋江市、南安市等地的方志与文史等部门征求意见，再根据多位专家学者的宝贵建议进行反复修改，逐步完善本书。这部倾注全体编纂人员心血的志书，最终在 2014 年 10 月定稿，并交付厦门大学出版社审定出版。

　　《安平桥志》的出版，是集体智慧的结晶，是通力合作的成果。在编纂过程中，我们严格按照第二轮专业志书规范和中国地方志指导小组下发的指导文件的要求，在实践中不断学习、摸索，多轮推敲纲目，反复增删文稿，力求志书的完整性、真实性和科学性。本书的编修，始终得到泉州市方志委、晋江市方志办、南安市方志办等单位的悉心指导，多位专业人士从篇目提纲、框架结构，到文字内容、照片编排等方面提供了宝贵的意见，并给予我们实际的帮助。其中，特别感谢中国考古学专家黄展岳与厦门大学教授陈支平二位先生，在百忙之中为本志作序；感谢厦门大学出版社、厦门大学国学院为本书出版给予大力支持，感谢黄护·黄逸研究会、五里桥海潮庵管委会、泉州赵宋南外宗正司研究会等民间社团的支持。同时，我们对所有关心和支持《安平桥志》编纂工作的各界人士，表示深深的感谢。

　　由于本志所涉及的时间跨度长达876年，大多数的原始资料早已散失，我们只能根据现有资料编辑成书，加之修编如此大型的专业志书实在繁杂，难免有遗漏与错误，敬请广大读者和学者，指点批评，不吝赐教。

《安平桥志》编委会

2014 年 10 月

图书在版编目(CIP)数据

安平桥志/黄真真,高俊仁主编. —厦门：厦门大学出版社，2014.10
ISBN 978-7-5615-5235-3

Ⅰ.①安… Ⅱ.①黄… ②高 Ⅲ.①古建筑-桥-史料-晋江市 Ⅳ.①K928.78

中国版本图书馆 CIP 数据核字(2014)第 245955 号

责任编辑:薛鹏志　查品才
装帧设计:向前走

官方合作网络销售商：

厦门大学出版社出版发行
(地址:厦门市软件园二期望海路 39 号　邮编:361008)
总 编 办 电 话:0592-2182177　传真:0592-2181253
营销中心电话:0592-2184458　传真:0592-2181365
网址:http://www.xmupress.com
邮箱:xmup @ xmupress.com
晋江市向前走彩色印刷有限公司印刷
2014 年 10 月第 1 版　2014 年 10 月第 1 次印刷
开本:889×1194　1/16　印张:27.25　插页:28
字数:500 千字　印数:1～4 000 册
定价:150.00 元
本书如有印装质量问题请直接寄承印厂调换